KB021285

# 전쟁사
# 문명사
# 세계사

## 일러두기

- 서양어 표기는 영어 표기를 기본으로 하였다.
- 영어 표기를 원칙으로 하되 원어 발음이 필요하거나 특정 언어로 대중적인 인지도를 가진 인물, 지명 등은 해당 국가 및 시대의 문자를 따랐다.
- 헬라어나 라틴어 등 고유한 언어로 알려진 경우 관행에 따라 표기하였다.
- 한자 표기는 정자체를 기본으로 사용하였다.
- 모든 외래어 번역 표기는 표준 외래어 표기법을 따르되 실생활과 크게 차이가 나는 경우 예외를 두었다.
- 뒤표지에 실린 댓글은 팟캐스트 〈휴식을 위한 지식〉의 후기 중에서 발췌한 것이다.

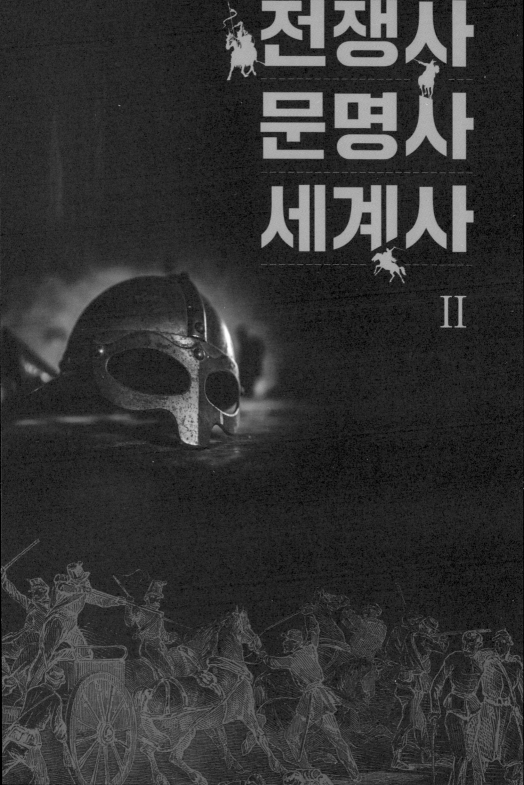

# 전쟁사
# 문명사
# 세계사

## II

인류가 처음으로 맞은
천 년의 세계

1권은 기원전紀元前까지의 동서양을 다루었다. 2권은 기원을 지나 인류가 처음으로 맞은 천 년의 세계를 담았다. 인류가 등장한 이래, 또 문명이 태동한 이래 한발씩 내딛던 밀진은 점전 그 속도를 올려 지금은 제대로 느끼는 것은 고사하고 눈으로 따라가는 것도 어렵게 되었다.

'역사는 발전하는가'라는 물음이 역사학의 큰 화두가 된 것은 오래전의 일이다. 이에 대한 논의는 '발전'이란 용어를 어떻게 정의할 것인가부터 논해야 하는 결코 쉽지 않은 일이지만, 문명만을 놓고 보면 인류는 진보하고 있음에 틀림없다. 왜냐면 문명에는 기술技術의 개념이 들어 있고, 적어도 인류는 모든 분야에서 끊임없는 기술 향상을 이루어왔기 때문이다. 따라서 인류에게 있어 발전은 방향의 문제일 뿐 앞으로 나아가고 있다는 것은 틀림없는 사실이다.

서력西曆 기원을 지나 첫 번째 천 년의 시간 안에서 인류는 큰 변화를 맞는다. 발전이라는 개념에 대해 고민하게 된 것도 바로 이 시기 인류의 모습 때문일 것이다. 역사에서 주시하는 문제들 가운데 하나는 현대 인류문명을 있게 한 결정적 순간들을 찾는 것이다. 문명의 태동 이래 인류는 이 시대에서도 그런 순간들을 맞이하게 된다. 변화가 없었던 시대가 있을까마는 예측할 수 없는 여러 방향으로 굽이치던 거친 물줄기가 서서히 지금 인류가 서 있는 곳으로 크게 몸을 움직인 시대가 바로 인류가 맞이한 처음 천 년이 아닐까 생각한다.

본서는 연구자의 문장이 아니다. 물론 연구자의 글이 따로 있는 것은 아니나 문체를 이루는 단어와 어투는 물론이고 역사를 논할 때 연구자라면 반드시 따라야 하는 형식을 이 책은 무시하고 있다. 1권이 나왔을 때 동료 연구자들로부터 참 많은 소리를 들었다. 논문의 형식은 고사하고 가담항설街談巷說과 도청도설道聽塗說 따위를 말할 때나 나올 법한 말투가 글로 펼쳐져 있으니 많이도 어설퍼 보였을 것이다. 물론 이를 우려하지 않은 것은 아니나 필자는 그런 어설픔에서 왠지 모를 자유를 느꼈다. 오래전부터 학계의 글과 대중의 글은 다르다고 생각해온 것이 이런 글쓰기를 가능하게 했을 것이다. 하지만 막상 쓰려니 개인적으로는 제법 용기가 필요했다. 그래서 나의 글쓰기 방식을 '흡수력 높이기'라 이름 붙여 보았다.

다만 1권에 비해 후퇴한 것이 있다면 주석을 쓰지 않는 서술을 하겠다는 다짐을 지키지 못했다는 것이다. 이는 불어나는 인류의 지식에 대한 기록을 간결하게 표현하기에는 능력이 부족했기 때문이다. 알려야 할 역사적 사건들의 의미를 필자의 문장력으로는 도저히 감당할 수 없는 지경에 이른 탓이다.

역사가 학자들만의 것은 아니며, 대중은 '학문스러운' 역사가 아닌 재밌는 역사를 접하고 싶어 하기에 전달방식 또한 연구자가 고민해야 할 문제라고 생각해왔다. 하지만 그들만의 문체를 스스로 높다 생각하고 그것에서 조금이라도 벗어난 경우 아예 보려 하지 않는 학자들도 있는 것이 현실이다. 그 또한 전문가의 영역에서 이루어지는 것이니 존중해야 할지 모르겠으나 학교라는 곳에서 볼 수 있는 모습 중 일부는 학문적 성과와는 별개로 학문을 통한 수양이 이루어졌는지 의심을 자아낼 때도 있다. 물론 이것이 역사학의 문제만은 아니다. 그렇기에 이는 실망하고 말고 할 문제가 아니라 그냥 재미없는 사실일 뿐이다.

전문적인 교육을 받기 이전부터 필자는 분명 더 재미있는 역사의 세계가 있을 것이라는 생각을 품어왔다. 그리고 분명 어린 시절에는 그런 재미 넘치는 역사의 바다에서 마음껏 헤엄쳤을 것이다. 그런 마음이 좀 더 깊은 학문의 세계로 걸어가게 만들었을 텐데, 이젠 글을 쓰는 데 방해가 되다니……. 게다가 연구라는 핑계로 재미는 온데간데없는 밥벌이가 될 뻔했던 것이다. 어쩌면 옛날이야기로만 역사를 대한 사람들이 훨씬 더 행복할지 모르겠다. 필자는 그 세계에서 살고 싶다. 사실을 왜곡하지만 않는다면 이런 점잖지 않은 '막쓰기'가 나와 독자를 그 동경의 세계로 이끄는 열쇠가 되지 않을까 생각해본다.


일반적으로 인정되는 통설通說과 논쟁의 과정을 거의 끝낸 정설定說만을 담은 책을 '기본서'라고 한다. 그야말로 기본적이라고 무언의 동의를 받은 지식의 모음이다. 이제 기본서라고 해서 시험을 치기 위한 교과서처럼 대할 것이 아니라 글을 처음 배울 때의 동화책처럼 대했으면 좋겠다.

세상에 심각한 지식은 없다. 또한 진지하게 대해야 할 지식 또한 없다. 지식은 그저 사고를 위한 연료일 뿐이다. 지식이 부담스럽다면 접하지 아니함만 못하다. 학창 시절 우린 이 지식을 너무나 진지하게 대했다. 게다가 정답이라고 불리는, 세상에 존재하지도 않는 것을 찍어내야 하는 훈련에 시달렸다. 정답은 없다. 가장 근접하고 비슷한 것이 있을 뿐. 그리고 반드시 알았으면 하는 것은, 그 무엇이든 재미있게 대하고 부담 없이 잊어버려도 아무 상관이 없다는 것이다. 한 번이라도 나를 사고하게 만들었다면 찌꺼기라 여기고 버려도 되는 하찮은 것이 바로 지식이란 놈이다.

역사歷史는 인간이 해온 행위를 기록해놓은 것이다. 세상의 모든 것에는 각각의 역사가 있다. 개개인에게도 역사가 있고 물건에도 역사가 있으며 머릿속에서 이루어지는 작용에도 역사가 있다. 그래서 역사라는 말에는 세상 만물의 시작이, 그리고 지금까지의 이력이 들어 있는 것이다. 왠지 거창하게 들린다. 하지만 역사를 대할 때 별스런 자세가 필요한 것은 아니다. 심각한 것이 없다는 얘기다. 우릴 주눅 들게 만들었던 것은 지식이 아닌 평가였고, 지배했던 것은 나의 기호가 아닌 사회의 잣대였다. 생각할수록 이 재미있는 역사를 재미없게 놔둘 수 없다는 확신이 든다. 부디 즐기시길 바란다.

또 하나. 부디 이 재미 넘치는 역사에 감정을 '이빠이いっぱい' 담아 방구석에서 민족혼까지 끄집어내어 불사르는 우愚를 범하지 마시기를.

부모님과 식구들, 스승이신 서운학 선생님과 김현구 교수님, 지금도 부족한 제자를 놓지 않고 이끌어주시는 지도교수 조명철 교수님과 송완범 교수님께 언제나 감사하다는 말씀을 드리고 싶다. 그리고 항상 기다려주는 아내에게 고마운 마음을 전하며 좀만 더 기다려 달라는…… 퍽.

2020년 8월
허진모

# Contents

중국의
위진남북조
시대와
로마의 4세기

중세에
대하여

IV

역사는 선택을 받을 때 비로소 역사가 된다. 모든 분야의 모든 사건을 다 이야기할 수는 없다. 더욱이 통사通史란 과감한 선택이 없으면 백과사전이 될 수밖에 없기 때문이다. 본서는 인물과 왕조, 정치권력 관계를 중심으로 천년의 틀을 잡으려고 하였다.

# I

역사의
이해를 돕는
인물들

역사를 이해하고 습득하는
방법 중 하나는
인물을 중심으로 접근하는 것이다

# 역사는 곧
# 인물이다

## 1

역사란 사건의 나열, 정확히 말하면 '사건에 대한 기록'의 나열이다. 그 사건이란 인간이 한 짓이고, 또 인간을 둘러싸고 일어난 일이다. 자연현상에 의해 일어나는 사건도 있지만 그것마저도 인간이 인식해야만 역사에 남을 수 있는 사건이 된다. 굳이 레오폴트 랑케 Leopold von Ranke의 독일 역사주의를 끌어들이지 않아도 대중적으로 친근한 역사란 곧 인간의 나열인 것이다.

역사를 알고 이해하기 위해 반드시 어렵고 복잡한 과정을 거쳐야 하는 것은 아니다. 가장 간단한 방법 하나를 말하자면 사람 몇 명을 아는 것이라 하겠다. 한 사람을 안다는 것은 그 사람의 이력履歷, 즉 그 인간이 한 '일'을 아는 것이다. 흔히 그것을 '일화' 또는 '에피소드'라고 하는데 그런 '일'이 사건이 되어 일화가 생기고 그 일화의 연속이 기록이 되고, 또 역사가 되는 것이다. 인간과 역사가 다시 순환을 하였다. 중언重言이지만 역사는 곧 인간이다.

인간이라는 말은 종교적으로는 신의 상대적인 용어이고, 생물학적으로는 동물의 일부이며 사회적으로는 동물과 짐승, 금수禽獸의 상대적인 용어이다. 역사에서는 인간보다는 인물이라는 용어가 더 적합할 것이다. 인물

기원부터 천 년까지 전문세

의 여러 의미 중에는 '일정한 상황에서 어떤 역할을 하는 사람'이 있는데 이 것이 역사에서 말하는 인물이다. 그렇다면 이렇게 규정해볼 수 있겠다. 역사는 곧 인물이라고.

살아오면서 학교에서 배우고, 책에서 읽고, 방송에서 보고, 할머니의 이 야기에서 스쳐갔던 수많은 인물은 가장 기초적인 역사 지식이다. 본장에 나오는 인물들을 보기 바란다. 이것은 본서가 서술하는 통사通史를 잘 받아 들일 수 있는 워밍업이다. 가장 기초적인 지식으로 어쩌면 수없이 반복해 들었던 이름들일지 모른다.

# 기원후의
# 인물들

## 2

## ▎인류 역사에 가장 큰 영향을 끼친 인물, 예수

본장에서는 기원후紀元後의 인물을 위주로 훑어 보고자 한다. 먼저 예수Jesus Christ다. 인류의 태동 이래 지구를 살다 간 모든 인간 중에 가장 큰 영향을 미쳤다고 평가받는 인물은 누구일까. 각자 주관적인 평가가 있겠지만 객관적으로는 단연 예수이다. 예수는 특정 종교에서는 인간이면서 신神이기도 하다. 종교적인 논쟁을 떠나 인류 역사에 끼친 영향력만을 놓고 본다면 신이라고 해도 무방할 것이다. 그런 이유로 많은 부문에서 그는 인간의 서열에서 아예 열외로 놓이는 경우가 많다. 이런 막대한 영향력은 종교라는 특수함이 더해져 더 크게 작용했다.

종교적인 분야를 논하자면 예수보다 600여 년 뒤에 태어나 이슬람Islam을 창시한 무함마드Muhammad 또한 비슷한 위치에 있다. 그는 아라비아반도의 메카Mecca에서 태어나 다신교多神敎가 굳어진 사회에서 새로운 종교, 그것도 일신교一神敎를 일으킨 인물이다. 21세기 현재 세상을 지배하는 거대 종교들 중 가장 최근에 등장한 종교를 세운 인물로서 실로 대단한 업적을 이룩하였고 그 영향력 또한 막대하다.

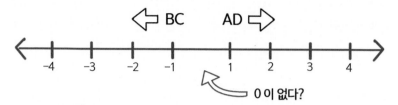

| x, y축 그리고 양쪽으로 백 년, 0이 없다? |
BC와 AD 사이에는 0이 없다. 따라서 BC 100년~AD 100년은 200년이 아닌 199년이 된다.

예수의 출생이 기원전(BC)과 기원후(AD)를 구분하는 기준으로 알려져 있으나 정확히 말하면 예수는 기원전과 기원후의 중간인 0년에 태어나지 않았다. 사실 예수의 정확한 출생 시기는 아무도 모른다. 그리고 서력에서 0년은 존재하지 않는다. 예수를 기준으로 하는 서력(AD)을 정립하던 시기[1]에는 0이라는 숫자가 도입되지 않았기 때문이다. 따라서 BC 1세기부터 AD 1세기까지는 합쳐서 200년이 아닌 199년의 기간이다.

이런 이유로 이 시기를 셈하는 데 있어 여러 가지 애매한 점이 생기게 된 것이다. 현재 예수의 출생은 일반적으로 대체로 BC 1년도, AD 1년도, 그 중간도 아닌 BC 7년 혹은 BC 4~2년 사이 정도로 추정한다. 사망 연도 또한 AD 30년 전후인데 이 또한 추정이다. 넉넉잡아 30대 중반에 불과했던 이 사나이가 인간 세상에 끼친 영향은 종교를 떠나 BC와 AD라는 현재 사용되는 전 세계적 연호年號를 보면 실감할 수 있다.[2] B.C.의 C와 A.D.의 D는 모두 예수를 가리키는 명칭이다. C는 Chirst, D는 라틴어로 예수를 의

---

1  예수를 기원으로 하는 AD 표기는 AD 6세기 초 동로마 소스키티아(Scythia Minor)의 수도사 디오니시우스(Dionysius Exiguus)에 의해 시도되었다. BC는 AD 15세기 이후에 사용되기 시작하였다.

2  종교 색을 배제한 BCE(Before Common Era)와 CE(Common Era)를 쓰는 움직임도 있다. 이러한 표기는 학계의 암묵적인 합의가 이루어지면 언제든 바뀔 수 있는 것이다. 다만 BC·AD 사용의 역사가 길어 쉽지 않을 뿐.

미하는 Domini이다.[3] AD 570년생으로 추정되는 무함마드의 경우는 이슬람의 원년인 AD 622년을 기준으로 보면 50대, 동굴에서 깨달음을 얻은 때를 기준으로 보면 40대에 종교를 창시했다.

## ▌아우구스투스, 왕망, 유수

예수의 생존 시기, 서양에서는 로마Rome라는 대단한 나라가 새로운 전기를 맞았다. 공화정共和政에서 제정帝政으로 넘어간 것이다. 세계 역사, 특히 정치사에서 이는 매우 중요한 사건이다. 제정의 첫 번째 황제는 아우구스투스Augustus. 존엄한 자라는 뜻의 이 명칭은 이후 로마의 황제 그 자체를 의미하는 단어가 되었다. 본명은 옥타비아누스Octavianus. 카이사르의 양아들이나 그렇다고 피가 섞이지 않은 것은 아니다. 카이사르 누나의 손자, 그러니까 카이사르의 조카 아들로 손자 항렬이다. 손자가 아들이 된 경우.

옥타비아누스는 BC 31년 악티움Actium 해전에서 안토니우스-클레오파트라 연합군을 물리치고 로마의 정권을 잡은 후 훌륭하게 로마를 다스렸다. 살아생전에 가장 큰 존경을 받았고 가장 큰 부자였으며 당시로서는 매우 장수했다(BC 63~AD 14). 현생에도 전생에도 나라를 구한 케이스. 이때 지구 반대편에서 멀쩡히 잘 있던 나라를 말아먹은 자가 있었으니 그 이름은 왕망王莽(BC 45~AD 23)이다. 권모술수로 한漢을 멸망시키고 신新을 세웠다. 한을 전한前漢으로 만들어버린 것. 왕망은 유혈 사태가 아닌 선양禪讓의 형태로 제위에 올랐으나 급진적인 개혁에 대한 반발로 그의 나라는 건국 15년 만에 멸망하고 만다. 중국에서 나라를 망하게 한 역적逆賊 '판타스

---

3　domini는 주(主), 폐하 등을 나타내는 남성명사 dominus의 소유격(속격) 형태이다. 복수형 주격과도 형태는 같다. d를 대문자 D로 쓰면 그 자체로 예수를 나타낸다.

틱 4'인 망탁조의莽卓操懿⁴의 첫 번째 주자이다.

다음은 유수劉秀. 후한後漢을 세운 인물이다. 곤양昆陽 전투에서 왕망 정권에 결정적 타격을 주긴 했으나 유수가 직접 그를 죽이고 멋지게 나라를 세운 것은 아니다. 왕망은 유수의 입성 전 이미 난리 통에 살해되고 없었다. 이후 유수는 AD 25년에 나라를 건국하고 다시 한漢이라 이름 붙였는데 후세는 이 나라를 후한 또는 동한東漢이라 하였다. 그는 광무제光武帝로 등극해 10여 년 만에 반란을 평정한 후 나라를 편하게 만들었다. 그의 출생은 예수와 비슷한 BC 5년이고 사망은 AD 57년이다. 예수보다 조금 먼저 태어나 많이 늦게 죽었다. 그리고 로마의 제정 시대에 맞춰 후한을 세웠던 덕에 정치적으로는 아우구스투스와 비슷하게 놓고 보면 이해가 쉬울 것이다.


## ▌로마의 폭군들과 《삼국지》의 영웅들

다음은 칼리굴라Caligula와 네로Nero. 로마의 폭군으로 유명한 인물들로서 칼리굴라는 로마의 3대 황제, 네로는 5대 황제이다. '칼Cal폭군'은 AD 37년부터 4년간 재위했고 '네Ne폭군'은 칼폭군이 황제로 즉위하던 해에 태어나 AD 54년부터 14년간 재위했다. 둘 다 후한의 광무제가 살아 있을 때 황제가 되었던 것이다. 네로가 자살함으로써 아우구스투스부터 시작된 율리우스-클라우디우스 왕조가 끝이 났다. 카이사르와 아우구스투스의 혈통이 끊긴 것이다. 5대 만에.

중국의 후한 말은 《삼국지三國志》로 유명한데 이때가 AD 2세기 말에서

---

4  전한을 멸망시킨 왕망, 후한을 멸망 직전까지 몰고 간 동탁(董卓), 《삼국지》의 주인공 중 한 사람이자 후한을 멸망시킨 조비의 아버지인 조조(曹操), 조씨의 위(魏)나라를 멸망시킨 사마씨의 대표 인물인 사마의(司馬懿)를 말한다. 이 히트 멘트를 만든 사람은 당(唐)의 조인(趙璘)이라는 사람이다. 《인화록(因話錄)》이라는 책에서.

| 칼리굴라의 조각상 | | 네로의 조각상 |

AD 3세기 초이다. 《삼국지》의 주인공인 조조曹操, 유비劉備, 손권孫權은 각각 55년생, 61년생, 82년생이다. 각각 태어난 연도의 앞에 1을 붙이면 정확한 시대가 나온다. 양띠, 소띠, 개띠라고 하면 곤란. 손권이 다소 늦은 것은 그의 아버지가 조조, 유비와 청춘을 같이 보낸 사이이기 때문이다. 수백, 수천 년을 관통하는 기나긴 역사에서 20여 년이 무슨 의미가 있겠냐마는 우리가 사는 이곳은 70대 노인들이 나이 한 살 갖고 목숨을 건 드잡이를 하는 동방예의지국이니까.

이들은 왔던 순서대로 떠나는데 조조가 220년, 유비가 223년, 손권이 252년이다. 이들의 몰년沒年은 각 나라의 운명과 밀접한 관계가 있다. 그사이에 제갈량諸葛亮이 왔다 간다. AD 181~234년. 공교롭게도 《삼국지》에는 제갈량과 생몰 연대가 똑같은 사람이 있었으니 바로 후한의 마지막 황제인 헌제獻帝 유협劉協이다. 삼국지에서 가장 똑똑한 인물과 가장 비극적인 인물이 같은 해에 태어나 같은 해에 세상을 떠난 것이다. 저세상에 가서 할 말이 많을 듯하다. 동기는 중요하니까.

기원부터 천 년까지 전문세

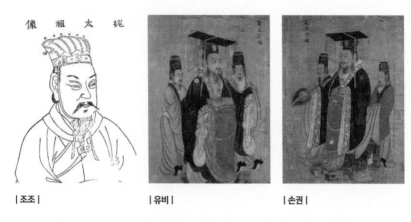

像祖太魏

| 조조 |　　　　　| 유비 |　　　　　| 손권 |

유비와 손권은 염립본의 <제왕역대도권>에, 조조는 <삼재도회>에 나오는 초상화이다.

## ▌ 디오클레티아누스, 콘스탄티누스 1세, 사마염

다음은 디오클레티아누스Diocletianus 황제. 로마의 혼란기인 군인황제 시대는 중국의 혼란기인 '삼국지 시기'와 일부 겹치는데 이 군인황제 시대를 마감한 인물이 바로 디오클레티아누스이다. 후대의 콘스탄티누스Constantinus 대제에 가려진 측면이 있지만 정치적인 면에서 디오클레티아누스의 업적은 결코 그에 뒤지지 않는다는 것이 후세의 평가이다. 그는 로마를 4분하여 통치하였는데 이를 사두 정치四頭政治, 4제 정치四帝政治, 라틴어로 테트라르키아Tetrarchia라고 부른다.

그는 스스로 권력을 내놓으면서 제국을 분할 통치하였고 전설을 제외하면 기록상 세계 최초로 생전에 권력을 이양하고 은퇴한 황제이다. AD 245년 출생, 285년 군인황제 시대 종결, 316년 사망. 고대의 인물들이 대개 그러하듯 디오클레티아누스의 생몰 연도 또한 추정이다. 이어 콘스탄티누스 대제인 콘스탄티누스 1세가 등장한다. 4등분 된 로마를 다시 하나로 합치고 기독교를 공인한 밀라노 칙령(AD 313)을 반포한 것으로 유명하다. AD

**| 4제 정치 조각 |**
베네치아 산마르코 대성당에 있는 것으로,
4차 십자군 전쟁 당시 콘스탄티노플에서
약탈해온 것이다.

272년 생, 337년 몰.

비슷한 시기 중국에는 사마염司馬炎이란 인물이 있었다. AD 236년생이니 로마의 디오클레티아누스보다 열 살 정도 형이다. AD 280년 오나라를 멸망시키고 삼국시대를 마감한 인물인데 제갈량의 숙적이었던 사마의司馬懿의 손자이다. 후궁 1만 명을 채운 기록의 사나이. AD 290년 사망.

## ▎테오도시우스, 부견, 광개토대왕

사마염이 죽고 약 100년 후에 로마의 테오도시우스Theodosius 황제가 죽는다. AD 395년 사망. 망해가는 로마에 마지막 심폐소생술을 했던 황제로서 이 사나이도 대제로 불린다. 테오도시우스를 끝으로 로마는 동서가 완전히 나뉘어 다시 합치지 못하는데 이 인물은 태어난 해보다 사망한 해가 크게 중요하다. 출생 연도는 AD 347년. 향년 48세로 사망.

부견苻堅이란 인물이 있다. 중국의 남북조南北朝 시대에서 북조北朝의 혼란기인 5호 16국 중 저족氐族이 세운 전진前秦의 3대 황제이다. 그는 세계 전투사에 길이 남을 비수淝水 전투에서 불가사의한 패배를 하면서 중국 통일을 눈앞에 두고 꿈을 접어야 했다. 고구려에 불교를 전한 인물이기도 하다. AD 338~385년.

전진의 부견이 전한 불교를 받아들인 인물은 고구려의 소수림왕小獸林王이다. 고구려의 17대 왕. 소수림왕의 아버지는 백제 근초고왕近肖古王에게

| 테오도시우스 |

| 디오클레티아누스 |

| 사마염 |

목숨을 잃은 고국원왕故國原王이고 광개토대왕廣開土大王은 소수림왕의 조카이다. 전성기를 이끈 왕은 좋은 선왕을 만나야 한다. 선대에서 잘 닦여진 토대 없이 세력을 떨치는 경우는 없다. 광개토대왕의 업적은 삼촌 소수림왕이 세운 기초 위에 이루어진 것이다. 광개토대왕은 19대로 그 사이에 18대 고국양왕故國壤王이 있다. 이분이 광개토대왕의 아버지인데 존재감이 부족한 탓에 소수림왕이 광개토대왕의 아버지인 줄 아는 사람이 많다. 광개토대왕의 재위 시기는 AD 391~412년.

## 아틸라, 탁발도, 유의륭

5세기 유럽을 공포에 빠트린 아틸라Attila란 인물이 있다. 게르만족을 이동하게 만들었다고 알려진 훈Hun족, 그 훈족의 왕이다. 아틸라의 생몰 연도는 정확하게 알려져 있지 않으나 대략 AD 405~453년으로 추정하고 있다. 재위 기간은 10년 정도이나 그가 로마와 게르만족에 안긴 공포는 실로 대

| 아틸라 | | 유의륭 | | 탁발도 |

▌ 나이 갖고 싸울지 모르니 순서대로 나열했다.

단했다. 분명히 알아야 할 것은 게르만족은 아틸라 이전부터 이동하고 있
었다는 것이다.

아틸라와 꼭 같은 시기, 중국에서는 걸출한 두 명의 인물이 존재했다. 탁
발도拓跋燾와 유의륭劉義隆. 둘 다 남북조 시대 인물이다. 탁발도는 북위北魏
의 태무제太武帝로 5호 16국을 통일한 황제이고 유의륭은 남조南朝 송宋의
문제文帝로서 유송劉宋의 전성기를 이끌었다. 탁발도는 생몰 AD 408~452
년이고, 유의륭은 생몰 AD 407~453년이니[5] 세 사람은 같이 왔다 같이 간
사이이다. 아틸라, 유의륭, 탁발도. 저세상에서는 친하게 지내고 있지 않을
까. 동기라고.

---

5 탁발도의 재위는 AD 423~452년, 유의륭의 재위는 AD 424~453년이다.

기원부터 천 년까지 전문세

# 중세의
# 인물들

# 3

## ▍오도아케르, 테오도리크, 탁발굉, 클로비스

서로마를 멸망시킨 사람은 오도아케르Odoacer
이다. 그는 게르만족 용병 대장으로 알려져 있는데 이는 최초 번역자의 표
현이 끝까지 따라다닌 경우라고 할 수 있다. 오도아케르는 그냥 여느 게르
만족 출신 로마 군인과 같이 로마군에서 오랫동안 짬밥을 먹은 사람이다.
그리고 승승장구해 장군에까지 올랐다. 그러니 당시 흔하게 있었던 이민족
출신의 로마군 장군일 뿐이다. 오도아케르는 서로마의 마지막 황제 로물루
스 아우구스투스Romulus Augustus를 폐위시키고 스스로 서로마를 다스린 인
물인데, 이때가 AD 476년으로 서로마가 멸망한 해로 본다. 오도아케르는
AD 433년에 태어나 동고트Ostrogothic족의 왕 테오도리크Theodoric에 의해
AD 493년 살해되었다. 이 AD 493년이 중요한데 테오도리크의 동고트 왕
국이 건국된 해이기도 하다.

비슷한 시기 지구 반대편엔 탁발굉拓跋宏이란 인물이 있었다. 탁발씨이
니 앞서 나온 탁발도의 후손이리라. 탁발굉은 탁발도가 5호 16국의 혼란을
끝내고 화북華北을 통일한 이후 북위의 전성기를 이끈 황제로서 시호諡號는

효문제孝文帝. AD 471년에 즉위해 499년까지 약 30년 동안 나라를 다스린 효문제는 한족漢族의 문화를 적극적으로 받아들여 선비족의 성姓 탁발을 한족의 성인 원元으로 바꾸었다. 그래서 원굉元宏이라고도 한다.

효문제 탁발굉은 네 살에 즉위했다. 나이가 나이인 만큼 처음엔 섭정이 이루어졌다. 이후 친정親政으로 전성기를 이루었던 원굉이 죽은 후 맞이한 500년대는 북위의 내리막 시대가 된다. 영국의 아더왕King Arthur이 이 시기의 인물이다. AD 5세기 끝에서 6세기. 물론 실존했다면 말이다. 그는 로마 멸망 이후 AD 6세기 초 게르만족의 브리타니아 침략을 막아낸 브리튼Britons족 지도자로 알려져 있다. 지금도 실제라고 굳게 믿고 있는 사람들이 많다. 하지만 현재 아더왕은 설화상의 인물이라는 것이 일반적인 견해이다.

클로비스Clovis. 이 사람은 실존 인물이다. 로마 멸망 이후 서유럽에서 가장 먼저 나타난 걸출한 사나이. 그는 로마에 이어 서유럽을 차지한 메로빙거Merovingian 왕조 프랑크Frank 왕국을 세운 인물이다. 생몰 연도는 AD 466~511년. 하지만 로마의 동쪽은 계속 로마였다. 그래서 동로마. 동로마

▌ 유스티니아누스 대제 시대의 동로마 판도(AD 560년경).

기원부터 천 년까지 전문세

| 양견 |　　　　　　　　| 양광 |

제국은 초기인 6세기 유스티니아누스Justinianus 대에 가장 넓은 영토를 차지했다.

　역시 대제라 불리는 유스티니아누스의 또 다른 업적은 《로마법대전 Corpus Juris Civilis》을 편찬했다는 것이다. 그의 이름 'Justi-'는 라틴어로 법 Justitia이다. AD 483~565년. 82세에 죽었다.


## ▎양견과 양광, 쇼토쿠 태자, 무함마드

다시 동양. 양견楊堅과 양광楊廣. 양견은 589년 남북조 시대를 끝내고 중국을 다시 통일한 수문제隋文帝이다. 양광은 양견의 둘째 아들로 아버지가 세운 수나라를 끝장낸 양제煬帝이다. 양견은 AD 598년, 양광은 AD 612년 각각 고구려를 침공했다가 크게 패했다. 양견은 아들 양광에게 살해당했고 양광은 부하에게 살해당했다. 그때가 각각 AD 604년, AD 618년이다. 수나라도 618년에 망했는데 양광만큼 제멋대로 살고, 거대하고 시원하게 말아먹고 간 인간이 있었을까 싶다. 부러운가.

이즈음 일본에는 걸출한 지도자가 왔다 갔다. 바로 쇼토쿠 태자聖德太子이다. 한반도와 대륙의 문화를 적극 받아들여 일본이라는 나라의 기틀을 잡은 인물로 추앙받고 있다. AD 622년에 사망했는데 이때 나이가 48세였다. 일본인들 사이에서 실질적 건국 시조로 여겨지지만 쇼토쿠 태자는 사실 실존 여부가 의심스러운 인물이다. 암튼 이 쇼토쿠 태자가 죽은 AD 622년은 이슬람의 원년으로 무함마드가 메카에서 메디나로 탈출했던 '히즈라Hijrah'가 있었던 해이다. 이때 무함마드의 나이 52세였으니 쇼토쿠 태자보다 네 살 형이다. 참고로 무함마드가 AD 570년생이고 쇼토쿠가 AD 574년생[6], 양광이 AD 569년생이다.


## ▌김유신, 이세민, 무아위야, 무조

20여 년이 흘러 AD 595년에 한반도의 신라에서는 김유신이라는 걸출한 인물이 태어났다. 가야 왕족의 후손으로 신라의 삼국 통일에 가장 큰 공을 세운 인물이다. 김유신은 AD 673년에 사망했는데 그가 모신 왕은 진평왕(AD 579~632), 선덕여왕(AD 632~647), 진덕여왕(AD 647~654), 태종무열왕(AD 654~661), 문무왕(AD 661~681)이다. 참고로 김유신은 어머니 만명萬明의 배 속에 20개월 동안 있었다고 한다.[7] 의학적으로 가능한지 묻는 것은 삼가길 바란다. 난생卵生이 수두룩한 민족이다.

---

6  실존했다면 그러하다는 말이다. 실존하지 않았다는 설이 힘을 얻고 있다.

7  《삼국사기(三國史記)》〈권 제41〉〈김유신 열전(列傳)〉에 "有娠 二十月而生庾信(태기가 있고 스무 달이 지나 유신을 낳다)"라고 기록되어 있다.

| 무함마드 |

| 김유신 |

| 당태종 |

| 쇼토쿠 태자 |

　비슷한 또래로 옆 동네에 살았던 아저씨 중에 이세민李世民이 있다. 당唐나라 여권Passport 소지자. 정관의 치貞觀之治로 불리는 성세成歲를 이룩했으며 묘호廟號는 태종太宗이다. AD 599년생으로 AD 649년 사망.

　당태종 이세민이 돌잔치 할 때 한반도의 백제는 30대 무왕이 즉위했다.

AD 600년. 무왕은 〈서동요薯童謠〉의 주인공이고 AD 641년에 사망했다. 백제의 마지막 왕인 의자왕은 무왕의 맏아들이다. 이세민이 세 살 때 태어난 무아위야Muawiyah는 AD 661년 우마이야Umayya 왕조를 세웠다. 선출제였던 칼리파khaliifa 제도를 세습제, 즉 왕조로 바꾼 것이다. 그는 AD 602년에 태어나 AD 680년에 사망한다.

무조武曌[8]는 중국의 유일무이한 여성 황제이다. 황제와 같은 권력을 휘둘렀던 여성은 있었으나 정식으로 황제가 된 여성은 무조가 유일하다. 당태종 이세민의 후궁이었다가 AD 655년 태종의 아들 고종高宗의 황후가 되고, 아들의 태후가 되었다가 마침내 황제가 되는데 측천무후則天武后, 무측천武則天으로 불린다. AD 624~705년. 15년간 재위했다.

무측천이 초등학교 갈 때 즈음 신라의 선덕여왕이 등극했다. 이해에 무함마드가 세상을 떠났다. 선덕의 생년은 미상이나 추정상 선덕이 측천무후보다 언니다. 재위 기간은 공교롭게도 똑같이 15년. 통했나. 측천무후가 황제로서 당을 다스릴 때 고구려 유민 대조영이 발해를 세운다. AD 698년. 대조영은 생년은 미상이고 몰년은 AD 719년이니 발해를 세워 20여 년을 다스렸다.

## ▌단신왕 피핀, 현종과 양귀비

로마 멸망 후 클로비스가 서유럽을 평정하고 세운 프랑크 왕국을 빼앗은 사람은 피핀Pepin이다. 프랑스어로는 페팽Pépin. 단신왕The Short이라고 불

---

8  측천무후의 이름 '曌'는 무후가 직접 만든 한자이다. 무후는 많은 한자를 새로 만들었는데 그것을 측천문자(則天文字)라고 부른다. 한자가 새로 만들어지는 경우는 많다. 그것은 현재도 마찬가지인데 일본이 가장 활발하다. 물론 한국에서 만들어진 한자도 있다.

기원부터 천 년까지 전문세

| 당현종 |

| 피핀 |

| 양귀비 |

■ 동네는 달라도 같은 시기에 살았던 사람들이다.

렸던 피핀은 이슬람 세력의 서유럽 침입을 막아낸 메로빙거 왕조의 궁재 Majordomus 칼 마르텔Carl Martel의 아들이다. AD 751년 메로빙거 왕조를 무너뜨리고 카롤링거Carolingian 왕조를 세웠다. 아버지는 나라를 지켰고 아들은 그 나라를 빼앗았다. AD 714년 출생, 768년 사망. 피핀이 남의 나라를 차버리고 자기 나라를 올린 데 반해, 자기 나라를 높이 올리기도 하고 땅에 내동댕이치기도 한 사람이 있다. 당의 현종玄宗이다.

양귀비楊貴妃로 유명하고 막강 당나라군을 바로 그 '당'나라 부대로 만든 이가 현종이다. 본명 이융기李隆基. 현종은 무위의 화武韋之禍로 불리는 혼란을 끝내고 성세를 이룩했으나 말년에 정사를 돌보지 않아 나라를 멸망 직전까지 내몰았다. 현종의 실정에 있어 가장 큰 원인으로 지목되는 인물이 유명한 양귀비이다. 하지만 웬 여자 핑계인가. 모든 문제는 황제 자신에게서 온 것을. 현종과 양귀비는 35세 차이인데, 현종은 피핀보다 먼저 태어났고(AD 685) 양귀비는 뒤에 태어났다(AD 719). 양귀비가 사망한 해와 현종이 천자의 자리를 내놓은 해가 같다. AD 756년.

## 알 라흐만, 사카노우에노 다무라마로, 샤를마뉴

알 라흐만Abd al-Rahman은 우마이야 왕조의 왕자이다. 대부분이 살해당한 우마이야 왕족 중 생존자.[9] 우마이야 왕조는 아바스Abbas 가문에 의해 멸망당하면서 왕족들이 모조리 살해되었다. 기울어진 왕조의 마지막은 대개 몰살沒殺이다. 피동被動으로 몰사沒死란 표현이 맞겠다. 새로운 왕조에 의해 지난 왕조가 뿌리째 뽑히는 것. 이는 동서가 같고 고금이 다를 바 없다. '피의 밤'이라는 살육의 현장에서 알 라흐만은 기적적으로 탈출하여 이슬람 세력이 진출해 있던 이베리아반도에서 왕조를 이어간다. 이때가 AD 756년. 이를 후後우마이야 왕조라고 한다. 생년은 AD 731년이나 몰년은 명확하지 않은데 AD 786년 전후로 추정한다.

사카노우에노 다무라마로坂上田村麻呂라는 인물이 있다. 흔히 쇼군將軍이라 불리는 일본의 세이이다이쇼군征夷大將軍으로 실질적으로 에미시蝦夷[10]를 정벌한 인물이다. 최초의 세이이다이쇼군으로 거론되는 몇몇 인물 중 하나인데 사후 현재까지도 신망이 높다. AD 758~811년.

샤를마뉴Charlemagne는 단신왕 피핀 3세의 아들로 기원후 유럽에서 가장 추앙받는 인물 중 하나이며 중세 최고의 영웅이다. 샤를마뉴는 프랑스어 발음이고, 영어 표현으로 하면 '찰스 대제Charles The Great'라는 뜻이다. 샤를

---

9　단 한 사람은 아니고 여러 명이 살아남았다. 한 사람임을 강조하는 극적 효과인 '단(但)'을 자주 사용하는 역사의 일화이다.

10　일본의 동북 지방에 살던 원주민으로서 야마토 민족에 의해 야만족 또는 오랑캐로 규정되었던 민족 집단을 지칭하는 말이다. 야마토족은 이들을 토벌 또는 정벌의 대상으로 만들어 덴노(天皇)의 권위를 높이려고 하였다.

**| 샤를마뉴 |**
교황 레오 3세가 샤를마뉴에게
왕관을 씌워주고 있다.

마뉴 시대에 서유럽은 비로소 비잔틴 제국이나 이슬람 제국과 버금가는 독
자적인 국력과 문화를 이룩했다고 평가받는다. 그는 교황 레오 3세에 의해
서로마 제국의 황제로 추대되어 왕관을 쓰게 된다. 이날이 AD 800년 크리
스마스였다. 샤를은 AD 814년에 사망한다. 아버지와 달리 장신이었다고
한다. 작은 가문의 한恨은 안 당해본 사람은 모른다.[11]

## ▌최치원, 주전충, 아율아보기, 왕건

최치원은 AD 857년에 태어났다. 당시 슈퍼파워 당에 유학해 우수함을 인
정받았다. 하지만 공부 실컷 해서 개인적으로 팔자 좀 펴나 했는데 운 없게
도 당나라가 개판이 된다. 〈토황소격문討黃巢檄文〉으로 황소黃巢를 말에서
떨어뜨렸다는 일화가 있으나 황소는 그 정도로 심신이 허한 인물이 아니
다. 실의에 빠져 28세에 신라로 돌아왔지만 신라도 거기서 거기인 상태. 예

---

11  이 한은 주로 며느리를 통해 풀려고 노력하는 경향이 있다.

| 야율아보기 |

| 최치원 |

| 왕건 |

나 지금이나 유학도 운대가 맞아야 하는 모양이다. 의지와 상관없이 전 우주의 기가 도와야 한다. 교과서에서는 이것을 신라 말기의 정치 상황과 신분의 한계로 그 뜻을 펼치지 못했다고 점잖게 써 놨다. 호號가 다소 연예인 스러운 '고운孤雲'이다.[12]

최치원이 태어나기 5년 전인 AD 852년 주전충朱全忠이 태어났다. 주전충은 AD 907년 당을 멸망시킨 인물. 본명은 주온朱溫. '전충'은 황소의 난을 진압한 공로를 인정받아 당의 황제로부터 하사받은 이름이다. 그는 황소의 부하였다가 배반했고, 당의 신하였다가 당을 무너뜨렸다. 이름은 온전全히 충성忠을 다하라는 뜻인데 누구한테도 충성을 바친 적이 없는 자다. 그리고 아들에게 살해당했다. 부전자전父傳子傳. AD 912년.

---

12  최치원은 조기유학이라 할 수 있는 12세에 유학길에 올랐다. 《삼국사기》에 의하면 부친 왈, "10년 내에 과거에 급제하지 못하면 내 아들이 아니다"라고 했다고 한다. 1,200년 전의 타이거 파파. 다행히 최치원은 아버지와 연이 끊기지 않았다. 최치원은 실제로도 외로운 구름(孤雲)처럼 살았다. 떠돌다 죽었다는 소리다. 따라서 사망 연도는 알려져 있지 않다. 해운(海雲)이라는 호도 있었는데 부산의 해운대(海雲臺)가 여기서 비롯되었다.

기원부터 천 년까지 전문세

최치원이 외국에서 한창 고시 공부를 하고 있을 때인 AD 872년[13], 거란족의 영웅 야율아보기耶律阿保機가 태어났다. 그는 여러 부족으로 나뉘어 있던 거란족을 통합하여 요遼나라를 세운다. AD 916년 황제를 칭하고 10년간 나라를 다스렸다. 발해를 멸망시킨 인물이 바로 야율아보기인데 발해가 망한 해에 야율아보기도 죽었다. AD 926년.

야율아보기가 태어나고 5년 후(AD 877)에 왕건이 태어났다. 고려와 거란이 같이 존재했던 것은 창업자가 비슷하게 태어났기 때문이다. 왕건은 불혹을 갓 넘긴 AD 918년 고려를 세웠고 AD 935년 신라를 병합했으며 AD 936년 후백제를 멸망시켜 삼국을 재통일했다. 고려의 건국은 당이 건국한지 정확히 300년 되던 해에 이루어졌다. 결혼으로 나라를 안정시키겠다며 부인 29명을 두었다. 거기서 나온 자식이 34명. 아들 25에 딸 9. 자식이 하나만 되어도 집안에 바람 잘 날이 없는데 나라에 토네이도가 잘 날이 없었을 것이다. 그런 나라를 남겨놓고 66세에 사망했다. 더불어 〈훈요십조訓要十條〉도 남기고.


## ▌오토 1세, 조광윤, 위그 카페

오토 1세Otto I는 독일 왕국의 왕이었고 나중에 신성 로마 제국의 황제가 된 인물이다. 동양의 주전충이 죽었던 AD 912년에 태어났다. 오토는 정치적으로 분열된 독일 왕국을 통합하여 영토를 넓히고 국력을 떨쳤다. 제2의 샤를마뉴를 자처했던 인물이었던 만큼 교황청과의 관계로 여러 차례 이탈리아 원정을 감행했고 AD 962년 2월 2일 교황 요한 12세에 의해 신성 로마 제국의 황제로 인정받는다. AD 973년 세상을 떠났는데 죽기 1년 전에

---

13  최치원은 12세에 유학길에 올라 AD 874년 빈공과에 급제하였다. 18세였다.

| 오토 |   | 조광윤 |   | 위그 카페 |

비잔틴Byzantine의 공주와 결혼했다. 공주는 무슨 죄.

　송宋을 세운 조광윤趙匡胤은 AD 927년생이다. 오토의 15년 동생이고 왕 건보다 50년 아래다. 이때 중국은 5대 10국의 혼란기였다. 후주後周의 무장으로서 제위를 선양 받아 AD 960년 송을 세웠다. 그가 5대 10국의 혼란을 수습한 것은 맞으나 통일을 완성하지는 못했다. 통일은 동생 태종이 완성했다. AD 976년 사망.

　위그 카페Hugues Capet는 카롤링거 왕조의 마지막 혈통이었던 서프랑크 루이 5세Louis V의 사망으로 인해 왕으로 선출된 인물이다. 그는 AD 941년 태어나 AD 987년 왕이 되어 카페Capet 왕조의 시조가 된다. 그로 인해 프랑스의 역사가 시작되었다고 본다. AD 996년 사망했다.

　앞서 언급한 대로 기원후 천 년 동안 살았던 몇 사람을 설렁설렁 짚어보았다. 세계사를 공부하는 사람을 곤란하게 하는 것 중 하나가 바로 인명, 즉 이름이다. 수많은 나라의 수많은 인물, 그것도 제각기 다른 언어의 이름

　　　　　　　　　　　　　　기원부터 천 년까지 전문세

들. 이는 장애물이기도 하지만 반대로 세계의 문화를 이해하는 훌륭한 수단이자 기회이기도 하다. 이름은 해당 언어의 독특한 발음과 문자, 뉘앙스와 같은 문화적 특성 등 많은 정보를 담고 있다.

역사를 알게 되는 과정에서 지리와 언어는 필연적으로 따라오는, 피할 수 없는 요소이다. 어렵더라도 즐거운 마음으로 받아들여 보길 권한다. 지명 또한 인명과 더불어 그 언어를 접하는 마중물과 같은 것이기에 새 이름들의 등장을 반가이 맞이함이 어떠할까.

# II

기원후의 서양과 동양

기원전에서 기원후로 넘어가는 시기에
로마는 제정 시대를 맞이하고
중국은 전한에서 후한으로 넘어간다

# 서양사와
# 중국사의 큰 줄기

# 1

앞에서 인물들로 대략의 틀을 살펴보았다면 이
번에는 왕조와 사건들로 동·서양사의 틀을 잡아보고자 한다. 이때의 서양
은 로마가 건재했던 시대였다. 로마는 BC에서 AD로 넘어가는 예수 탄생
을 스음해서 공화정共和政 시대를 마감하고 제정帝政 시대를 맞이한다. 이
후 로마는 멸망할 때까지 그 흐름을 되돌리지 못한다. 그래서 기원후의 로
마를 이해하는 방법 중의 하나는 500년 가까운 시간 동안 로마를 다스렸던
왕조를 파악하는 것이다. 왕조란 서양식 명칭으로 Dynasty로 하면 될 것이

| 예수 |

| 아우구스투스 |

| 왕망 |

기원부터 천 년까지 전문세

| 네로 |　　　　| 도미티아누스 |　　　　| 콤모두스 |

▮ 각각의 왕조를 말아먹은 황제들.

나 동양식으로는 이미 로마의 통치자Augustus를 '황제皇帝'로 칭하였기에 왕
조王朝가 아닌 황조皇朝라고 해야 더 정확하다고 할 것이다. 그러나 왕을 집
단의 우두머리라는 의미로 본다면 왕조 또한 틀리다고 할 수는 없다. 어느 명
칭이든 무방할 것이나 본서에서는 모든 황조와 왕조를 왕조로 통일하였다.

　아우구스투스Augustus, 즉 옥타비아누스Octavianus 이래로 로마를 다
스렸던 왕조는 7개 정도라고 할 수 있다. 율리우스Julius－클라우디우스
Claudius 왕조, 플라비우스Flavius 왕조, 네르바Nerva－안토니누스Antoninus 왕
조, 세베루스Severus 왕조, 콘스탄티누스Constantinus 왕조, 발렌티니아누스
Valentinianus 왕조, 테오도시우스Theodosius 왕조이다. 테오도시우스 왕조
이후로 동·서로마가 완전히 나뉘기 때문에 여기서 로마라 함은 통일로마
또는 서로마를 의미한다. 동로마 제국, 즉 비잔티움Byzantium 제국의 왕조
는 테오도시우스Theodosius 1세 사후의 테오도시우스 왕조로부터 시작된다
고 할 수 있으니 이 왕조는 통합로마의 끝이자 동로마의 시작인 셈이다.

　왕조가 바뀌면 국가도 바뀌는 것이 보통인 동양과 달리 로마는 지배자의

혈통이 국가와 정부를 이루는 절대적인 요소가 아니었다. 세습과는 거리가 먼 공화정이 종말을 맞이한 후 세습이 권력 이양의 주된 방법으로 자리 잡은 것이 로마의 제정이다. 따라서 세습이 불가능한 상황이 되면 자연스럽게 선출이라는 뿌리 깊은 과거의 방식으로 위정자를 만들어냈다. 물론 여기서 선출이라는 과정은 공화정에서처럼 절차를 따르는, 건설적인 것이 아닌 특정 집단의 무력과 협잡으로 이루어졌음을 말한다. 그래서 초대 황제 아우구스투스 이래 로마 제정의 정권 창출은 '세습'과 '기형적 선출'의 반복이었다.

로마의 왕조는 개국과 시조를 논하는 동양의 거창한 의식을 생각하며 볼

| 로마 제정 시대의 왕조들 |

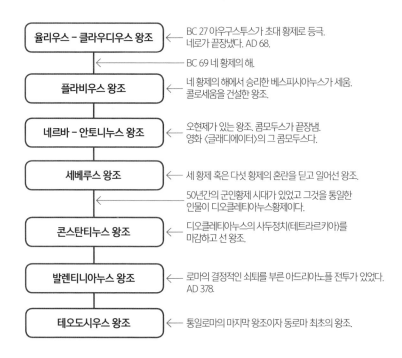

율리우스 – 클라우디우스 왕조 ← BC 27 아우구스투스가 초대 황제로 등극. 네로가 끝장냈다. AD 68.

← BC 69 네 황제의 해.

플라비우스 왕조 ← 네 황제의 해에서 승리한 베스파시아누스가 세움. 콜로세움을 건설한 왕조.

네르바 – 안토니누스 왕조 ← 오현제가 있는 왕조. 콤모두스가 끝장냄. 영화 〈글래디에이터〉의 그 콤모두스다.

세베루스 왕조 ← 세 황제 혹은 다섯 황제의 혼란을 딛고 일어선 왕조.

← 50년간의 군인황제 시대가 있었고 그것을 통일한 인물이 디오클레티아누스황제이다.

콘스탄티누스 왕조 ← 디오클레티아누스의 사두정치(테트라르키아)를 마감하고 선 왕조.

발렌티니아누스 왕조 ← 로마의 결정적인 쇠퇴를 부른 아드리아노플 전투가 있었다. AD 378.

테오도시우스 왕조 ← 통일로마의 마지막 왕조이자 동로마 최초의 왕조.

기원부터 천 년까지 전문세

필요가 없다. 그저 어쩌다 권력을 얻은 상태에서 아들, 손자 등의 피붙이로 무사히 그 권력이 넘어가면 왕조라는 이름이 붙었고, 당대當代에서 끝나 버리면 왕조가 아닌 그냥 로마 황제 아무개 일인一人으로 기록되었다. 물론 군인황제 시대에는 세습을 하고도 왕조라는 칭호를 얻지 못했거나 왕조를 이루고도 남을 힘을 갖고도 스스로 다른 사람에게 물려준 예외적인 경우도 있다. 현재 로마의 왕조는 일곱 개로 보는 것이 일반적이다.

로마 제정 시대의 시작은 동양에서 중국의 후한後漢 시기와 얼추 들어맞는다. BC 202년 중국을 통일하면서 시작된 한 왕조는 AD 8년 시호를 받지 못한 15대 정안공定安公 유영劉嬰을 끝으로 왕망王莽에 의해 멸망한다. 이때가 로마의 초대 황제 아우구스투스 시대, 즉 율리우스−클라우디우스 왕조 시대이다. 건국 15년 만인 AD 23년에 왕망의 신新이 망하고 광무제光武帝 유수劉秀에 의해 후한이 건국되었다. 그 후한의 말엽이 소설로 유명한 '삼국지三國志'의 시대이다. 《삼국지》는 황건적黃巾賊의 반란으로 시작되는데 이때가 AD 184년, 로마에서는 오현제五賢帝 시대가 막 끝난 시점이다. 즉 네르바−안토니누스 왕조의 끝부분이다.

중국은 사마씨司馬氏가 세운 진晉이 AD 280년 삼국의 혼란을 매듭지었으나 30년도 지나지 않아 남북조南北朝 시대라는 대혼란기를 맞는다. 유명한 5호 16국五胡十六國의 시대는 남북조 시대의 일부분으로 북조北朝에만 해당하는 혼란기였다. 이 5호 16국은 AD 439년 북위北魏에 의해 통일되었고, 남북조 전체를 통일한 나라는 수隋이다. 이때가 AD 589년. 서로마가 멸망한 지 113년 되던 해이고 유럽은 비잔티움 제국이 건재했던 동쪽과 프랑크족이 주도권을 잡은 서쪽으로 나뉘어 있던 시기였다. 단명한 수에 이어 등장한 당唐은 300년 가까이 중국 대륙을 지배하였으나 정확히 300년은 넘지 못하고 AD 10세기 초 멸망하여 5대 10국五代十國이라는 분열의 시대를 다시 맞는다. 수는 30년을 못 넘었고, 당은 300년을 못 넘었다.

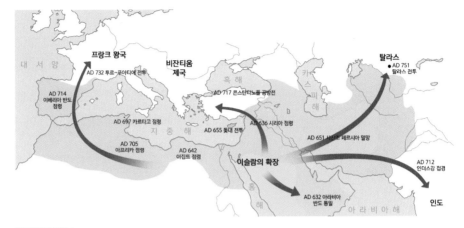

| 이슬람의 확장 |

한편 로마가 자리를 내준 서유럽은 게르만족의 각축장이 되었다. 게르만German이라는 거대한 카테고리에 속한 수많은 민족들 중에서 승리자는 프랑크Frank족이었다. 프랑크족의 왕국은 메로빙거Merovingian, 카롤링거Carolingian 왕조를 거치면서 현대 유럽의 틀을 이루게 되는데 카롤링거 왕조 프랑크가 분열되면서 성립된 세 나라는 현재 프랑스, 이탈리아, 독일의 시초가 된다. 한편 메로빙거 왕조 프랑크가 유럽을 다스리고 중국에서는 수와 당이 바통을 주고받고 있던 AD 7세기 초, 아라비아반도에서는 새로운 종교가 태동하였다. 이슬람Islam이었다.

무함마드Muhammad에 의해 창시된 이슬람교는 급격히 세력을 확장해 사산조 페르시아Sasan dynasty를 멸망시키고 우마이아Umayya 왕조, 아바스Abbas 왕조를 거치면서 현재 중동中東이라고 불리는 아시아와 북아프리카, 이베리아반도를 아우르는 대제국을 이룩한다. 분열된 서유럽과 비잔티움 제국의 동유럽, 아바스 왕조의 서아시아와 송宋의 중국이 지구촌의 주인 행세를 하는 동안 세계는 두 번째 천 년을 맞이하게 된다.

| 서양 | | 동양 |
|---|---|---|
| | AD 8 | 왕망 신 건국 |
| 토이토부르거 숲 전투 | AD 9 | |
| 아우구스투스 사망 | AD 14 | |
| | AD 23 | 곤양 전투, 신 멸망 |
| | AD 25 | 후한 건국 |
| 칼리굴라 즉위 | AD 37 | |
| 칼리굴라 피살 | AD 41 | |
| | AD 43 | 마원 남방 원정 완수 |
| 네로 즉위 | AD 54 | |
| | AD 57 | 유수 사망, 명제 즉위 |
| 로마 대화재 | AD 64 | |
| 네 황제의 해<br>플라비우스 왕조 | AD 69 | |
| | AD 73 | 반초 투필종용 |
| 콜로세움 완공 | AD 80 | |
| | AD 92 | 화제 외척 일소 |
| | AD 94 | 반초 서역 복속 |
| 네르바 즉위<br>오현제 시대 시작 | AD 96 | |
| 트라야누스 즉위 | AD 98 | |
| | AD 105 | 채륜 채후지 제작 |
| 하드리아누스 즉위 | AD 117 | |
| 안토니누스 피우스 즉위 | AD 138 | |
| 아우렐리우스 즉위 | AD 161 | |
| | AD 166 | 1차 당고의 화 |
| | AD 169 | 2차 당고의 화 |
| 아우렐리우스 사망<br>오현제 시대 끝 | AD 180 | |
| | AD 184 | 황건적의 난 |

# 새천년의
# 시작

## 2

## ▌기원후의 로마

로마는 아우구스투스의 치세가 27년째가 되던 해에 기원후의 시대를 맞는다. 이 시기 로마는 제정, 황제가 다스리는 나라였다. 당사자는 극구 부정했지만 모두가 황제라고 생각했던 옥타비아누스는 독재성을 최대한 배제하여 아우구스투스[14]라는 명칭을 만들어 붙였다. 그러나 이 말은 그 자체로 황제라는 뜻의 단어가 되어버린다. 이는 옥타비아누스가 결코 의도하지 않은 방향이었으나 민심이 그러했음을 보여주는 것이다.

그래서 로마에는 사람을 가리키기도 하고, 직책을 지칭하기도 하는 두 개의 단어가 생겼다. 바로 카이사르Caesar와 아우구스투스Augustus. 둘 다 특정 인물의 이름이면서 황제를 뜻하는 말로 사용되었다. 그리고 지금 이 이름들은 나란히 7월July과 8월August로 달력에 떡하니 자

---

14 아우구스투스는 '존엄한 자'라는 의미로 내전에서 승리한 옥타비아누스에게 원로원이 수여한 이름이다. 그는 이외에도 공화제 최고의 위상인 '제1의 시민'으로 번역되는 프린켑스(Princeps Civitatis), 실질 권력인 집정관(Consul)과 최고 사령관인 지휘관(Imperator), 그리고 귀족이 오를 수 없는 호민관(Tribunus Plebis)에 최고 제사장(Pontifex Maximus) 등 갖가지 지위를 겸했다.

기원부터 천 년까지 전문세

| 카이사르 |                    | 옥타비아누스 |

▌ 카이사르의 7월과 옥타비아누스의 8월은 달력의 역사에서 많은 일화를 만들어냈다. 아우구스투스의 사망에 맞춰 8월을 그의 달로 정한 것은 아니다.

리를 잡고 더울 때마다 나타나고 있다. 7월은 율리우스 카이사르Julius Caesar가 태어난 달이고 8월은 율리우스 카이사르 옥타비아누스Julius Caesar Octavianus가 사망한 달이다.[15]

아우구스투스 재위 시절, 더없이 길었던 로마의 국경 중에서 가장 유명한 자연적 경계선은 라인Rhein강이었다. 라인강은 지금의 스위스의 알프스 지역에서 발원하여 북해로 흘러 들어가는 강이다. 로마의 북쪽 한계는 남북으로 흐르는 라인강과 동서로 흐르는 도나우Donau강으로 라인강은 갈리

---

15  8월이 August로 바뀐 이유에 관해서는 여러 가지 설이 있으나 대체로 아우구스투스의 기념비적인 승리가 8월에 있었기 때문인 것으로 알려져 있다. 수에토니우스(Suetonius)의 기록에도 그런 내용이 있고, 실제 알렉산드리아를 점령하여 내전을 완전히 종식시킨 것도 8월이다. 사망이 8월인 것은 우연의 일치.

| 아우구스투스 치세의 라인강 경계와 도나우강 경계 |

아Gallia와 게르마니아Germaina를 나누는 자연 경계였다.

　로마는 카이사르가 갈리아를 정복한 이래 한동안 게르마니아를 노렸다. 라인강을 넘어 엘베Elbe강을 북방한계선으로 하고자 했던 것이다. 물론 카이사르가 갈리아 원정을 하던 시기에도 게르마니아 지역에 진입했던 적이 있었다. 하지만 게르마니아를 영구적으로 점령할 의도는 없었다. 당시 카이사르 군단은 갈리아나 브리타니아를 공략하는 것으로도 전력이 부족했고 시간마저 촉박했기 때문이다. 그래서 내전을 끝내고 로마를 통합한 아우구스투스 대에 이르러서야 게르마니아를 본격적으로 공략할 수 있었다.

　아우구스투스가 단순히 영토 확장에 대한 욕망을 채우거나 카이사르의 군사적 업적을 뛰어넘기 위해 게르마니아를 공략한 것은 아니었다. 당시 로마의 북방 국경선은 방어하기에 매우 힘든 구조였다. 일단 라인강과 도나우강은 알프스산맥에 의해 나뉘어 있다. 지도상으로는 하나의 선으로 이

　　　　　　　　　　　　　　　　　기원부터 천 년까지 전문세

어져 보일지 모르나 실제로는 이동이 힘든 구조였던 것이다. 국경이 동쪽으로 이동해 엘베강 경계가 되면, 도나우강 경계와 하나로 이어지게 된다. 그러면 국경선이 수백 km 이상 줄어들게 되고 전력의 이동과 보급이 용이해져 제국의 방어가 훨씬 용이해진다. 전략적 이득과 경제적 이익을 동시에 얻는 것이다. 영토는 덤.

물론 이에 대한 반론도 많았다. 영토 획득은 물론 방어에 있어서도 라인강 국경보다 크게 용이한 것은 아니며, 게르마니아에서 얻어지는 세수稅收 또한 소요되는 재정에 미치지 못한다는 주장이다. 황제 아우구스투스는 두 가지 의견 중 전자를 택했다. 게르마니아를 공략했던 것이다. 그러나 불행하게도 아우구스투스의 큰 그림은 초장에 산산조각 나고 마는데 바로 토이토부르거발트Teutoburger Wald 전투였다.

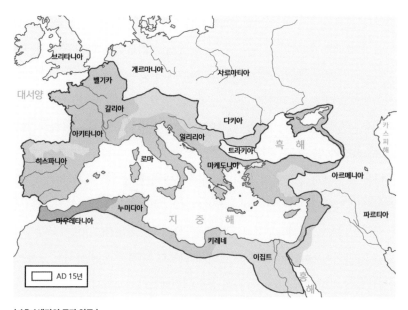

| AD 1세기의 로마 영토 |

## 로마의 게르마니아 포기

발트Wald는 독일어로 숲을 뜻한다. AD 9년 게르마니아의 토이토부르거 숲에서 로마군 3개 군단과 게르만족 연합군 간의 전투가 일어났다. 로마는 아우구스투스가 정권을 잡은 이래 드루수스Nero Claudius Drusus Germanicus, 티베리우스Tiberius Julius Caesar Augustus 등으로 하여금 꾸준히 게르마니아를 공략하게 해 AD 5년에는 안정적으로 군단을 주둔시키고 주변의 영토를 지배할 수 있게 되었다. AD 9년, 당시 게르마니아의 주둔지에는 3개 로마 군단이 있었다. 기본적으로 게르마니아 주둔 로마 군단은 11개였으나 당시 발칸반도의 서쪽 지방인 일리리아Illyria에서 일어난 반란으로 인해 8개 군단이 이동 배치된 상태였다.

게르마니아의 로마 군단 사령관은 바루스Publius Quinctilius Varus. 제정 초기 로마의 역사를 확 틀어버린 인물이다. 그는 2년 전까지 시리아 총독을 지냈는데 겨울을 나고자 동영지冬營地로의 이동을 준비하던 중 일부 게르만족의 반란 소식을 접하게 된다. 이에 진압을 위해 토이토부르거 숲을 통과하던 로마군은 숲 한가운데서 게르만족 연합군의 습격을 받게 되는데, 이것이 토이토부르거발트 전투이다. 이 전투에서 로마의 게르마니아 군단은 전멸당하고 바루스는 자살한다.

게르만족 연합군을 이끌었던 지휘관은 아르미니우스Arminius라는 인물로 이 전투가 일어나기 직전까지 그는 로마군의 일원이었다. 반란이 일어났다는 보고부터 행군로의 선정, 그리고 무방비에 가까운 해이한 이동, 게르만군의 작전 등 모든 것이 아르미니우스의 책략에서 비롯된 것이었다.

아르미니우스는 게르만족의 한 부족장의 아들로서 BC 10년경 있었던 드루수스의 게르마니아 공략 때 로마에 인질로 보내졌다. 로마에서 교육을 받은 그는 로마군이 되어 기사 계급인 에퀴테스Equites까지 올랐고 게르마니아에 배치되었다. 이후 바루스의 부장으로 신임을 얻었고 게르만족의 여

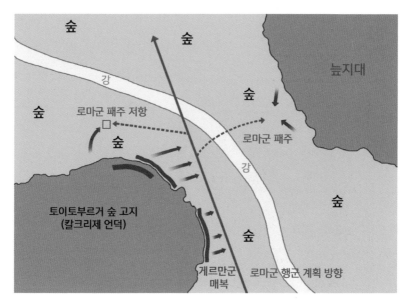

| 토이토부르거 숲 전투의 전개 |
로마군은 좁은 행군로를 갈 수밖에 없었기에 매복 공격에 쉽게 궤멸되었다. 패주한 로마군 또한 대부분 살해되었다. 현대 지명으로는 독일 니더작센(Niedersachsen) 주 오스나브뤼크(Osnabrück) 시.

러 부족을 회유하고 통합하는 공을 세워 능력을 인정받았다. 하지만 그의 마음에 로마에 대한 충성심은 없었다. 평생을 로마군에 복무한 터라 게르만족의 왕이 되고자 했던 그의 본심을 로마는 알 수 없었던 것이다.

로마군에게 있어, 아니 로마 제국 전체에 있어 전투의 결과는 참혹했다. 총 2만~2만 5천의 병력 중 2만 명 정도가 전사했고 지휘관들은 자살하였으며 생존자들은 인신공양으로 살해되거나 노예가 되었다. 총대장 바루스도 자살자 중 한 명이었는데, 이 사실은 몇 안 되는 생환자들의 증언으로 알려졌다. 게르만군의 피해는 거의 없었던 것으로 당시 로마의 기록은 전하고 있다. 전투가 아니라 일방적인 학살이었던 것이다. 이에 대한 자세한 기록은 전투가 있고 6년 후 군대를 따라 전장에 들어갔던 타키투스Publius Cornelius Tacitus에 의해 이루어졌다. 이 전투 이후 게르만족 연합군은 곧장 로

| 토이토부르거 숲 전투(오토 알베르토 코흐 작, 1909) |

| 아르미니우스 동상 |

마의 도시와 병영들을 파괴하며 게르마니아에 있는 로마의 근거지를 없앴다.

로마의 게르마니아 군단이 전멸되었다는 보고를 받은 아우구스투스가 벽에 머리를 받으며 오열했다는 것은 널리 알려진 사실로, 수에토니우스 Gaius Suetonius Tranquillus의 《황제열전De Vita Caesarum》에 기록되어 있다. 이후 로마는 게르마니아 수복을 위해, 또 토이토부르거발트 전투의 복수를 위해 수차례 대규모 군사 작전을 펼치지만 결국엔 게르마니아 속주화 계획을 포기하게 된다. 엘베강이 아닌 라인강이 로마의 국경으로 굳어지는 순간이었다.

아르미니우스에 대한 평가는 입장에 따라 엇갈린다. 그는 로마 입장에서는 특급 배신자였으나 게르만족 입장에서는 더할 나위 없는 애국자였다. 역사가 타키투스 또한 아르미니우스를 적이지만 군사적으로 훌륭했고 자

기원부터 천 년까지 전문세

| 왕망 |    | 동탁 |    | 조조 |    | 사마의 |

이 중 셋은 황제에 오르거나 추존되었다.

신의 부족을 위해 최선을 다한 전사戰士로 평가했다. 현재 독일에서 아르미
니우스의 위치는 토이토부르거 숲이 내려다보이는 곳에 우뚝 선 거대한 동
상이 말해주고 있다.

## ▌기원후의 중국

같은 시기 중국에서는 한漢이 무너졌다. 그리고 새로운 한이 세워졌다. 역
사에서는 앞선 나라를 전한이라고 하고 뒤의 나라를 후한이라고 부른다.
전한과 후한 사이에는 15년의 시간이 있었는데 이를 차지하는 나라는 신
新이다. 한이 무너지고 신이 선 정확한 연도는 AD 8년. 토이토부르거발트
전투 1년 전이다.

앞에서 설명했듯 왕망은 《송사宋史》에 등장하는 표현을 빌리자면 망탁조
의莽卓操懿의 첫 자리를 차지하는 인물이다. 2천 년이 지난 지금까지도 욕을
먹고 있지만 사실 왕망은 냉정하게 보면 현대의 자기계발서에 나올 법한

사람이다.

한 왕실의 외척 왕망은 마지막에 가장 큰 열매를 얻기 위해 끝없이 참고 스스로를 위장한 사람이다. 왕망은 가난한 집안에서 제위에 오르기까지 여러 관직을 거쳤는데 그 과정에서 그는 어떤 이익에도 흔들리지 않았고 철저히 대중적으로 옳다고 여겨지는 행동만을 하며 야심을 숨겼다. 관직이 높아질수록 검소한 생활을 하였고 사람을 공손하게 대하였다. 부인 또한 부창부수夫唱婦隨라 할 수 있었는데 그 차림이 검소하여 손님들이 하녀와 구별을 못 할 정도였다.

왕망은 노비를 함부로 죽인 아들에게 자살을 명하는 등 그야말로 대인의 표본, 문자를 좀 쓰자면 대의멸친大義滅親의 표상을 보여주었다. 이런 대단한 절제력으로 왕망이 얻은 것은 대중의 마음과 관료들의 신망이었다. 천하를 가지는 데 있어 필요한 것이 재물 따위가 아님을 그는 일찌감치 알았던 것이다. 참으로 대단한 욕망의 절제라 할 수 있겠다. 자식을 죽이기까지 하다니 말이다.

왕망은 더 이상 두려워해야 할 상대가 없음을 알았을 때에야 비로소 본색을 드러냈다. 오랜 인내가 결실을 맺는 순간이었다. 목표가 지존至尊이 아니었다면 일찌감치 본전 생각에 부귀영화를 누렸을 터인데 끝까지 자신을 눌렀다가 터뜨린 것이다. 최고 자리에 올라선 그는 정사政事를 농단했음은 물론 자신에게 방해가 되는 세력을 모조리 숙청했다.

딸을 평제平帝와 혼인시켜 황제의 장인이 되는데, 평제가 자신의 뜻대로 움직이지 않고 적대적인 모습을 보이자 그마저도 시해해버리는 지경에 이른다.[16] 그리고 첫돌도 지나지 않은 유영을 추대하고, 자신은 섭정으로

---

16  평제 독살설이다. 평제 독살에 대해 반고(班固)는 《한서(漢書)》 <왕망전(王莽傳)>, <적방진전(翟方進傳)> 등의 내용으로 격문을 옮겼을 뿐 확정적으로 언급하지는 않았다.

서 섭황제攝皇帝, 가황제假皇帝로 불리며 실질적인 통치자가 되었다. 섭황제는 남들이 부르는 호칭이었고 가황제는 왕망이 스스로를 이르는 호칭이었다.[17]

역사상 전한의 마지막 황제로 인식되나 실제로 황제가 되지는 못했던 유영劉嬰은 두 살에 태자가 되었고 네 살에 나라를 빼앗기게 되는데, 왕망은 진시황에 의해 황제의 지위가 생긴 이래 최초로 선양의 형태로 왕위를 찬탈한 인물이 된다. 네 살짜리 태자에게 왕망은 천명에 따라 자신이 황제가 될 수밖에 없음을 찬찬히, 눈물을 흘리며 설명했다고 한다. 인생을 햇수가 아닌 달수로 세야 할 대상에게 친절하게도 말이다. 이렇게 왕망에 의해 한이 무너지고 신이 세워지게 된다. AD 8년이었다.

왕망은 여론이라는 것의 힘을 이해하고 있었다. 그리고 이를 조작하는 방법 또한 알고 있었다. 미디어에 대한 현대적인 이해를 가진 인물이었던 것이다. 그는 여론이 곧 민심이고 민심이 허락해야만 대권이 허락됨을, 그리고 그것을 인력人力으로 만드는 것이 가능함을 알았던 것이다. 그래서 힘이 모자라던 시절은 철저히 명성을 얻기 위해 행동했고, 힘을 얻고 난 뒤에는 재물을 풀어 여론을 조작했다. 이러한 노력의 결과 수십만 명의 백성이 자신을 지지하고 자기 뜻대로 청원을 하는 등의 성과를 얻는다. 큰 그림을 위한 지난한 과정을 성공적으로 완수한 것이다.

그러나 이렇게 세워진 신은 급진적이고 비현실적인 정책을 펼친다. 개인적으로 오랜 세월 동안 참았던 탓에 조급해졌던 것일까. 왕망은 민생을 혼란에 빠뜨리고 주변국을 모조리 적으로 돌리는 외교적 실책을 거듭한다. 고구려 또한 그중 하나로서 왕망에 의해 하구려下句麗라는 모욕적인 칭호를

---

17  왕망의 호칭 중 하나인 가황제는 《한서》 〈왕망전〉의 내용으로 태후가 왕망에게 가황제로 자칭할 수 있게 해주는 장면이 나온다.

얻는다. 자존심 강한 고구려는 반발하여 무력으로 대항하였는데 이에 대한 내용은 《삼국사기三國史記》에서도 볼 수 있다.[18] 오직 왕망의 탓이다. 신은 왕망의 실정失政으로 건국된 지 10년 만인 AD 18년 '적미赤眉의 난'이라고 불리는 농민 반란을 맞았고 이를 시작으로 수많은 반란에 휩싸인다. 후한을 세우는 유수도 그 반란군 가운데 하나였다.

신이라는 나라에 대해서는 다른 두 가지 시각이 있다. 신은 한 왕조가 잠시 찬탈된 상태였을 뿐이라는 견해와, 단명했지만 분명히 기조를 달리한 별도의 국가였다는 견해가 그것이다. 이는 전한과 후한이 하나의 나라인가 아니면 별도의 나라인가라는 시각 차이에서 비롯된 것이다. 전자를 따른다면 신은 나라로 볼 수 없는, 왕망이라는 대역적이 일으킨 하나의 사건에 불과한 것이고 후자를 따른다면 신은 단명했으나 엄연한 나라인 것이다. 따라서 전한과 후한을 별개의 왕조로 나누는 현재의 상황으로 보면 신은 당당한 하나의 나라라고 할 수 있다.

이와 비슷한 듯 다른 경우를 AD 7세기 말 당唐에서 찾을 수 있다. AD 690년 측천무후則天武后는 당을 단절시키고 주周[19]를 세우는데 당 고종高宗이 죽은 AD 683년부터 무측천武測天은 실질적인 황제가 되었다. 그러나 고종이 죽기 20여 년 전부터 이미 실권을 휘둘렀기에 그녀는 정권 장악 정도에 있어 결코 왕망에 뒤지지 않았다. 또한 오랜 시간에 걸친 숙청 작업으로 주를 당과 차별된 정권으로 부르기에 충분할 정도의 물갈이가 이루어졌다. 공교롭게도 주의 지속 기간은 15년으로 신新의 그것과 같다. 심지어 측천무후의 치세는 왕망의 경우와 달리 정관의 치貞觀之治와 비교될 만큼 긍정

---

18  《삼국사기》<고구려본기> '유리왕(瑠璃王) 편'에는 "왕망이 우리 왕의 칭호를 고쳐 하구려후(下句麗侯)라 하고 천하에 포고하여 이 사실을 모두 알게 하였다. 이로써 한의 변방을 침략하는 일이 더 심해졌다"라고 기록되어 있다.

19  수많은 주(周) 중 하나. 역사상 여러 주나라가 존재하였기에 측천무후의 주를 무주(武周)라고 부른다.

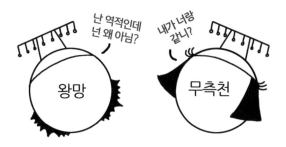

적인 평가도 존재한다.

하지만 당은 어떤 사서에서도 주를 기준으로 전당前唐과 후당前唐으로 불린 경우가 없다. 측천무후의 주를 별도의 나라로 취급하지 않는 것이다. 또다른 차이가 있다면 측천무후는 왕망과 달리 당대에 역적으로 취급되지 않았다. 이에 대해서는 뒤에 다시 설명하겠지만 황후로서 태묘太廟에 안장되어 황제의 대접을 받지 못한 것이 고작이었다. 비유하자면 당이라는 나라가 아닌 이씨 왕조 집안의 사건으로 마무리된 정도라고 보면 맞을 것이다.

각설하고, 신은 곤양대전昆陽大戰에서 유수가 지휘한 반란군에 대패하면서 급속히 무너진다. 그러나 신을 멸망시킨 것은 유수가 아니다. 즉 후한에 의해 신이 멸망한 것이 아니다. AD 23년 유수가 부하로 속해 있던 유현劉玄의 군대가 장안에 진입하여 왕망을 살해하면서 신은 15년 만에 사라진다.

🐦

## 유영

한漢의 황제를 논할 때 보통 전한 14대, 후한 14대를 합쳐 28명의 황제가 있었다고 한다. 물론 이에 대해서는 이견이 있다. 유영은 전한의 황제 계보를 말할 때 마지막 황제로 항상 거론되는 인물이나 실제로 황위에 오르지는 못했다. 하지만 당시 황제가 공석이었던 한 왕조에서 가장 높은 위치인 태자였기에, 왕망은 그에게 선양을 받는 형식을 취했던 것이다. 비록 허수아비이긴 했지만 형식상 황제로 보는 시각 또한 일리가 없는 것은 아니다.

두 살 때 왕망에 의해 황태자로 책봉될 때 유영은 유자孺子라 불리었는데, 이는 과거 주周 무왕武王의 동생 주공周公 단旦의 고사에서 유래한 것이다. 주공은 무왕이 죽을 때 자신이 왕이 될 수 있었음에도 섭정으로서 7년간 다스리다가 무왕의 아들 성왕成王이 성인이 되자 그에게 정권을 돌려주었다. 이때 어린 성왕을 유자라 불렀는데, 자문 그대로는 '어린아이'를 말하나 이 일화로 인해 보살핌을 받아야 하는 군왕을 뜻하는 말이 되었다. 주공은 공자도 롤 모델로 삼는 성인聖人이자 현인으로서 왕망은 섭정이 되면서 이 고사를 끌어다 붙였다. 자연스럽게 자신이 주공이 된 것이다.

유영은 네 살에 왕망에게 제위를 빼앗기면서 후侯의 지위로 강등되었고 이후 왕망의 철저한 감시하에 유폐 생활을 하게 된다. 이때 그는 끔찍한 환경에 내몰리는데, 사방이 막

기원부터 천 년까지 전문세

힌 방에서 햇빛도 보지 못했다고 한다. 교육은커녕 유모하고조차 대화를 하지 못하게 하여 그는 장성하여서도 바보와 다를 바 없는 상태가 되었다. 구출되었을 때 육축六畜, 즉 말, 소, 돼지, 양, 개, 닭의 여섯 가지 동물을 구별할 수 없었다고 한다. 정상이라면 이상할 일이다.

왕망은 겁이 많았다. 《한서》에 왕망이 사소한 일에도 두려움에 떠는 장면이 수차례 등장하는데, 유영에 대한 이러한 조치도 그가 혹시 모를 대항 세력의 구심점으로 작용할까 두려웠기 때문이었다. 그렇다고 살해할 용기는 더 없고. 그래서 왕망은 자신의 손녀를 유영에게 시집보냈는데, 이것 또한 유영의 감시가 목적이었다. 손녀는 무슨 죄인지. 왕망의 바람대로 유영은 아무것도 하지 못했다.

왕망이 유현에 의해 '왕王 망亡'했을 때에 비로소 유영은 햇빛을 볼 수 있었다. 하지만 기쁨도 잠시였다. 유현이라는 인물은 그리 큰 그릇이 아니었다. 자리보전에 여념이 없었던 유현은 자신보다 정통성에서 앞선 유영을 껄끄러워했다. 마침 또 다른 반란 세력이 유영을 황제로 옹립하자 이미 황제로서 장안을 차지하고 있던 유현은 이 세력을 진압하면서 유영을 없애게 된다. 전한의 마지막 황제라고도 할 수 있는 유영은 이렇게 불행한 삶을 마감했다. 그의 나이 21세. 황제가 무엇이고 제위가 무슨 소용인가. 행幸과 복福을 다시 한번 생각하게 하는 역사이다.

# 제정 로마와
# 후한

# 3

## ▌로마 제정의 시작 율리우스-클라우디우스 왕조

율리우스-클라우디우스Julius-Claudius 왕조는
율리우스 카이사르 가문과 티베리우스 클라우디우스 네로Tiberius Claudius
Nero 가문이 합쳐졌다는 말이다. 초대 아우구스투스와 2대 티베리우스의
본래 혈통을 붙여 그 근본을 밝힌 것으로 로마 제정 최초의 왕조이면서 로
마 역사상 처음으로 정권의 세습을 이룬 가문이다.

왕망이 나라를 세우고 한창 중국 대륙을 주무르고 있던 AD 14년, 로마
에서는 아우구스투스가 세상을 떠났다. 그토록 바라던 게르마니아 회복을
보지 못하고 눈을 감은 것이다. 로마 시민들은 아우구스투스를 매우 아꼈
는데, 이 사랑은 그의 아버지였던 카이사르부터 이어져 온 것으로 비탄에
빠진 로마 시민들의 소망은 오로지 아우구스투스의 재림이었다. 그 바람은
자연스럽게 카이사르-아우구스투스의 혈통을 찾게 만들었는데 애석하게
도 아우구스투스는 핏줄을 시원하게 남기지 못했다.

모든 것을 다 가진 인물이었으나 자식만큼은 본인은 물론 온 로마인이
바라던 대로 되지 않았던 것이다. 아우구스투스의 직계는 딸 하나였다. 그
녀의 이름은 율리아Julia the Elder. 아우구스투스는 일생 동안 세 번 결혼하

기원부터 천 년까지 전문세

였는데 율리아는 그 세 번의 결혼 생활 동안 얻은 무남독녀 금지옥엽이었다. 아우구스투스가 가문 내에서 후계자를 정하기 위해서는 율리아를 통할 수밖에 없었다. 율리아의 아들을 후계자로 삼거나 누군가를 양자로 들여야 했는데, 아우구스투스의 양자가 되려면 먼저 그의 사위가 되어야 했기 때문이다. 물론 사위가 아니어도 양자가 될 수는 있었다. 하지만 당시 로마에서는 사위가 되는 것이 법적으로 양자가 되는 가장 확실한 방법이었다.

율리아는 아우구스투스의 두 번째 부인의 소생이었다. 아우구스투스의 첫째 부인은 클로디아 풀크라Clodia Pulchra. 그녀는 아우구스투스의 정치적 동반자이자 정적이었던 안토니우스Marcus Antonius의 딸이다. 단 친딸이 아닌 법적 딸이었기에 안토니우스의 피가 흐르는 것은 아니었다. 정확히는 안토니우스의 세 번째 부인이었던 풀비아Fulvia가 데려온 딸. 풀비아 또한 안토니우스가 세 번째 남편이었는데 풀크라는 그녀가 첫 번째 남편과의 사이에서 얻은 딸이었다.

풀크라와의 결혼은 삼두 정치Triumvirate/Triarchy의 축인 안토니우스와 옥타비아누스(당시엔 아우구스투스가 아닌 옥타비아누스였다)의 결속력을 강화하기 위한 장치였다. 당시 삼두 정치의 또 다른 축이었던 레피두스Lepidus도 옥타비아누스에게 부인의 질녀였던 세르빌리아Servilia와의 혼인을 제시했으나 옥타비아누스는 풀크라를 선택했다. 이것은 두 여인이 아닌 안토니우스와 레피두스에 대한 선택이었다.

다른 이야기이긴 하나 여기서 여성의 사회적 지위에 대한 논란이 일어나기도 한다. 여성의 정치 제물화는 고대에 국한된 것이 아니라 근대에까지, 그것도 거의 모든 지역에서 볼 수 있는 현상이었다. 그나마 로마의 경우는 여성의 지위가 동시대 어느 지역보다 높았고, 근대 유럽에 비해서도 낮다고 할 수 없었다.

로마는 공화정 중기부터 제국 말기까지 결혼에 관한 많은 법률을 제정했

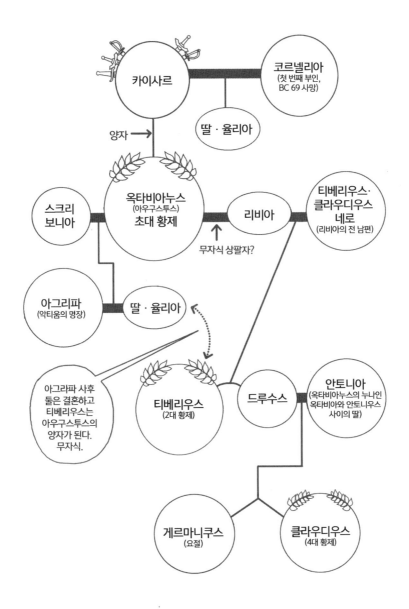

**| 이 집안 |**

카이사르는 누나도 율리아, 여동생도 율리아, 딸도 율리아, 손녀도 율리아다. 너 율리아하고 원수졌니?

기원부터 천 년까지 전문세

| 아우구스투스 |　　| 티베리우스 |　　| 칼리굴라 |

▌ 아우구스투스는 미남자로 알려져 있다. 티베리우스와 칼리굴라의 조각은 닮은 듯하다.

는데 초기에는 법적으로도 여성은 약자이며 소유물에 가까웠다고 할 수 있다. 하지만 여성의 지위는 빠르게 높아졌다. 비록 귀족에 한해서지만 실제 상황은 문서상 지위보다 더 나았다고 보는 것이 일반적이다. 앞서 언급한 풀비아 또한 유력자였던 안토니우스가 세 번째 남편이었고 후에 아우구스투스의 유일한 혈육을 낳은 스크리보니아Scribonia도 세 번째 결혼이었으며 둘 다 전 남편 사이의 아이도 있었다.

공화정에서 제정으로 넘어오면서 여권女權은 더욱 신장되어 황제라 할지라도 축첩蓄妾이 불가능한 정도가 되었다. 여성 또한 결혼과 이혼을 결정할 수 있었고 자유로운 연애는 물론 불륜 또한 드문 일이 아니었으며 심지어 황제와 결혼하기 위해 로비를 했던 경우도 있었다. 로마를 포함해 고대의 어느 곳이든 남성 우위의 사회구조였음을 부정할 순 없으나 로마의 여권은 현대 이전 어느 시대, 어떤 지역과도 비교할 수 없는 수준이라 할 수 있다.

최종적으로 아우구스투스의 후계자가 된 사람은 2대 황제 티베리우스 Tiberius Julius Caesar Augustus였다. 티베리우스에 대한 평가는 사료에 따라 크게 엇갈린다. 수에토니우스의 《황제열전》에 따르면 티베리우스는 기본적으로 폐쇄적이고 음침한 인물로 정사를 남에게 맡겨버린 후 카프리Capri섬에 은거하며 변태적인 성행위에 몰두한 것으로 기록되어 있다. 이것은 티베리우스에 대해 가장 비우호적인 기록이다. 하지만 동시대를 살았던 세네카Lucius Annaeus Seneca만 하더라도 달랐고, 타키투스Publius Cornelius Tacitus나 카시우스 디오Cocceianus Dio Cassius 또한 이를 추문 정도로만 다루고 있다. 수에토니우스, 타키투스와 동시대를 살았다고 할 수 있는 플루타르코스Plutarchos나 요세푸스Flavius Josephus로 오면 티베리우스의 악행은 거의 거론되지 않으며 오히려 호의적인 기록이 많다.[20]

현재 연구로 티베리우스에 대한 평가는 대체로 우수했다는 쪽이다. 티베리우스는 재정을 안정시키고 금융 위기를 극복했으며 게르마니아 공략을 접고 국경을 안정시켰다. 다만 당대에 평가가 안 좋았던 주된 요인은 사치와 향락을 억제하기 위해 검투 경기와 같이 인기에 영합하는 정책을 포기했기 때문으로 보인다. 게다가 치세 말년에 카프리섬의 빌라 요비스Villa Jovis에 은거하면서 세운 대리인이 크게 실정失政을 하였는데 이것이 그의 인기를 크게 갉아먹었던 것이다.

---

20  본문에 언급된 역사가들을 간략히 소개하자면 다음과 같다.
· 세네카(Lucius Annaeus Seneca) : BC 4~AD 65년으로 생몰 연대가 정확하게 남아 있다. 정치인이며 철학자, 사상가로 많은 저작을 남겼고 네로의 스승으로 유명하다.
· 요세푸스(Flavius Josephus) : AD 37~100년. 로마의 정치인, 시인. 유대인이다. 《유대전쟁사》를 저술했다.
· 플루타르코스(Plutarchos) : AD 46~120년. 행정가이면서 역사가. '영웅전'으로 알려진 《비교열전》의 저자이다.
· 타키투스(Publius Cornelius Tacitus) : AD 56~118년. 생몰 연대가 부정확하다. 속주 출신의 학자이자 정치인으로 리비우스와 더불어 로마를 대표하는 역사가로 알려져 있다.
· 수에토니우스(Suetonius) : AD 69~130년이나 생몰 연대가 정확하지 않다. 오현제 시대에 활동한 역사가이다.
· 카시우스 디오(Cocceianus Dio Cassius) : AD 160~230년. 생몰 연대가 부정확하다. 정치가이자 역사가이다.

| 티베리우스가 지냈던 카프리섬의 빌라 요비스 |

아우구스투스가 처음부터 티베리우스가 자신의 뒤를 잇기를 바란 것은 아니었다. 티베리우스를 보면 생각나는 말이 있다. '되는 사람은 된다.' 아우구스투스의 후계자 지명 과정은 가히 일일 드라마를 보는 듯한데 처음 그가 염두에 두었던 사람은 마르켈루스Marcellus라는 청년이었다. 아우구스투스의 조카이며 딸 율리아의 첫 남편이다. 사실 마르켈루스가 누구든 간에 아우구스투스가 사위로 삼았으니 그가 황제의 양자가 되어 차기 황제가 되는 것은 자연스러운 수순이었다. 하지만 그는 요절한다. 탄탄대로가 눈앞에 깔린 상황에서 세상을 등졌을 때 그의 나이는 약관弱冠이었고 과부가 된 율리아는 이팔청춘二八靑春이었다.[21] 다시 생각나는 말. 안 되는 사람은 안 된다.

───
21  약관은 20세이고 이팔청춘은 16세이다.

허탈해진 아우구스투스는 율리아를 아그리파Marcus Vipsanius Agrippa[22]와 결혼시킨다. 악티움 해전을 승리로 이끈 명장, 그 아그리파다. 아그리파는 아우구스투스의 둘도 없는 '절친'으로 생몰 연도는 정확하게 전해지지 않으나 대개 아우구스투스와 동년배로 추정한다. 장인과 사위가 갑장甲長인 상황. 아그리파는 율리아와의 사이에서 다섯 명의 자식을 남기고 타계한다. 이때 아그리파의 나이는 50세였고 율리아의 나이는 26세. 금실이 너무 좋았던 것일까. 어쨌든 아우구스투스는 '베프'가 남긴 혈육 중에서 후계자를 물색하게 된다. 당시 아우구스투스 자신은 리비아Livia Drusilla와 세 번째 결혼을 한 상태였고 리비아는 전 남편과의 사이에서 얻은 두 아들을 데리고 있었다. 티베리우스는 그 두 아들 중 하나였던 것이다.

그때까지 아우구스투스는 자신의 피가 섞이지 않은 아들을 후계자로 지명할 생각은 꿈에도 하지 않고 있었을 것이다. 하지만 아우구스투스를 과하게 돕던 하늘이 이 문제에 대해서만은 호락호락하지 않았다. 후계를 염두에 두고 통치 수업을 받던 두 외손자 가이우스 카이사르Gaius Caesar와 루키우스 카이사르Lucius Caesar가 차례로 요절한 것이다. 참 망연하지 않았을까 생각되는데, 아우구스투스가 다시 정신을 차리고 주시한 인물이 바로 아그리파 포스트무스Agrippa Postumus와 티베리우스. 마지막 남은 후보군이었다.

아우구스투스는 이 둘을 양자로 받아들인다. 특별한 일이 없는 한 이들 중에 후계자가 나온다는 뜻이다. 포스트무스는 아그리파와 율리아의 막내아들로 아그리파가 죽고 난 뒤에 태어난 유복자다. 당시 그의 나이는 16세였다. 반면 티베리우스는 양아버지와 같이 늙어가던 46세. 그런데 아우

---

22  전 인류를 통틀어 가장 유명한 두상을 가진 인물. 특히 대한민국 사람들에게. 이는 일본 미술교육의 영향을 받은 흔적이다.

구스투스가 두 아들 외에 주시하던 인물이 있었으니 바로 게르마니쿠스 Germanicus Julius Caesar다. 그는 티베리우스의 친동생 드루수스Nero Claudius Drusus의 아들로 제정 초기 매우 중요한 인물이다. 세대를 하나 더 내려갔으니 차차세대 후보라고 할 수 있겠다.

아우구스투스는 티베리우스를 양자로 삼으면서 동시에 게르마니쿠스를 티베리우스의 양자로 삼게 했는데, 이는 티베리우스를 보는 그의 시각을 짐작하게 하는 대목이다. 아우구스투스는 가능한 한 차기 황제를 자신의 혈육 중에 고르려 했고, 어떻게 해도 안 되었을 경우에 지명할 수 있는 가장 후순위 후보로 티베리우스를 골랐던 것이다. 혹여 티베리우스가 황제가 되더라도 그 뒤는 다시 자신의 혈육으로 바꾸려고 안배했다. 그게 바로 게르마니쿠스이다.

그는 카이사르의 누나인 율리아의 손자이다. 피가 한 방울 정도는 섞인 인물이었다. 그야말로 티베리우스는 징검다리로 보았던 것이다. 하지만 이것마저도 아우구스투스의 뜻대로 풀리지 않았다. 그 게르마니쿠스마저 요절하였으니 말이다. 이쯤 되면 아우구스투스가 찍으면 죽는다고 해야 할 지경이다. 황제의 데스노트.[23] 그래서 포스트무스가 그렇게 행동한 것이었을까.

포스트무스는 분명 티베리우스보다 제위에 더 가까이 있었다. 거의 로마 황제가 될 뻔했던 인물. 하지만 최종적으로 아우구스투스에 의해 유배된다. 이에 대해서는 포스트무스가 버릇없고, 고집이 세며, 난폭함을 넘어 폭력적이었다는 것부터 아우구스투스에 대한 반란을 기도했다는 등의 다양한 기록과 추정이 있다. 정확한 원인을 알 수는 없으나 결과적으로 포스트

---

23  일본 만화잡지 <주간 소년 점프>에 2003년부터 2006년까지 연재된 만화의 제목. 오오바 츠구미(大場 つぐみ)가 글을 쓰고 오바타 타케시(小畑 健)가 그렸다. 주인공이 노트에 이름을 쓰면 그 이름을 가진 사람은 죽게 된다는 이야기이다.

무스는 아우구스투스에 의해 추방되었고 아우구스투스가 죽은 해에 처형된다.

모든 드라마가 끝나고 아우구스투스에 이어 최종적으로 황제가 된 사람은 티베리우스. 아우구스투스가 그토록 원했던 혈통 내 계승은 이루어지지 않았고, 가장 후순위 후보가 등극한 것이다. 역시 제왕은 하늘이 점지하는 것일까. 티베리우스에게 제위는 넘어갔고 아우구스투스는 사망했다. AD 14년이었다. 왕망에 의해 전한이 무너지고 6년 후였다. 마지막 희망이었던 게르마니쿠스마저 아우구스투스가 죽고 5년 후인 AD 19년에 세상을 떠난다. 먼저 죽으라던 티베리우스는 멀쩡하게 살아 있을 때였다. 게르마니쿠스의 나이는 34세. 아우구스투스가 관 뚜껑을 열고 일어날 일이었다.

아우구스투스의 로마는 안정을 찾은 사회였다. 내전을 종식시킨 후 추진한 정치 개혁으로 중앙과 지방의 행정체제가 효율적으로 변화하였다. 법령이 개정되고, 관료제가 자리를 잡았으며 원로원, 민회 등 공화정 시대의 제도 개선도 이루어졌다. 군사제도를 개혁하여 병력을 감축하였고 직업군인제도를 정착시켰으며 해군을 창설하여 지중해의 치안을 바로 잡았다. 각종 빈민구제 정책을 펼쳤으며 종교 개혁도 뒤따랐다. 당시의 종교란 로마 전통의 다신교를 말하는 것으로 신전과 각종 종교의식 등을 말한다. 여기에 오랜 내전으로 파탄 난 재정을 재건하였고 각종 경제부양 정책을 시행했다. 제국으로 막 태어난 로마는 초대 황제의 노력으로 강대국의 기틀을 만들어갔다.

아우구스투스는 참으로 부지런하게 일을 하였다. 이집트를 사유재산으로 갖고 있었건만 그는 검소한 생활과 격의 없는 태도로 로마 시민의 깊은 사랑을 받았다. 그가 시행한 모든 정책이 성공하였던 것은 아니었으나 로마의 내실을 다지기에는 부족함이 없었다. 물론 제정이 공화정을 대신하게 된 것이 궁극적으로 로마에 어떤 영향을 주었는지 명확하게 알 수는 없다.

하지만 분명한 것은 거대해진 로마를 다스리기에 공화정은 분명 한계를 가지고 있었다는 것이다. 가정이 있을 수 없는 역사에서 로마의 제정화는 많은 가정을 던져주는 화두임에는 틀림없다.

| 광무제 |

## ▌후한과 광무제

후한을 세운 인물은 유수劉秀이다. 유수의 생년은 예수와 비슷한 BC 5년. 이름도 비슷한가. 사망은 제위 33년째인 AD 57년이다. 로마에서 네로가 등극하여 4년째 되던 해였으니 후한의 유수는 로마의 티베리우스, 칼리굴라, 클라우디우스와 치세가 겹친다. 유수는 후한을 세웠지만 그가 직접 왕망을 처치하고 신을 멸망시킨 것은 아니다. 왕망은 유현의 군대에 의해 무너졌고, 유현은 다시 적미군赤眉軍[24]에 의해 무너졌으며, 유수는 그 적미군을 격파하며 대세를 잡은 것이다.

유수는 평범한 인물이었다고 할 수 있다. 역사상의 인물을 논할 때 평범과 비범을 나누는 기준은 능력과 더불어 야망이 주로 거론된다. 동양의 사서에는 '의기義氣가 높다', '품은 뜻意氣이 높고 크다', '생각하는 바가 크다' 등으로 인물을 평하는 경우가 많은데 이는 모두 야망을 표현하는 말들이다. 그러나 유수는 그것이 그다지 크지 않았다고 하는데 《후한서》〈광무제

---

24  적미군은 AD 18년에 산동 지방에서 거병한 반란군이다. 눈썹을 붉게 칠해 피아(彼我)를 구분하였다 하여 적미군이라 불렀다.

기〉에 기록된 '벼슬을 한다면 집금오執金吾, 아내를 얻는다면 음려화陰麗華'[25]
라는 그의 말이 큰 원인이 되었다.

황족이었음에도 집금오라는 크게 높지 않은 벼슬을 얻고 미모의 아내를
얻어 알콩달콩 살면 그것으로 만족한다는 소박한 꿈을 말한다. 항우나 유
방의 언행에 비해 영웅의 풍모가 느껴진다고는 할 수 없다. 하지만 이 한마
디로 어찌 사람을 평하겠는가. 더욱이 천하를 평정한 사람이라면 평범과는
거리가 멀다고 해야 할 것이다. 따라서 이 문장은 그의 겸손한 성품을 나타
내는 증거라고 할 수 있다. 물론 그 겸손함도 반만 옳다. 음려화라는 여인
은 천하의 절색이었으니 말이다.

왕망에 의해 한실漢室이 무너졌을 때 유수의 나이는 13세. 황족이라고는
하지만 방계의 먼 가문이었고 《후한서》에 의하면 농사를 짓고 있었다고 한
다. 후에 형인 유인劉縯[26]의 거병에 가담하였는데 유수가 합류함으로써 가
담자가 크게 늘었다고 한다. 유수의 평판이 이미 좋았던 것으로 추정되는
부분이다. 이후 녹림군綠林軍과 합세한 후 군세가 거대해졌는데 여기서 구
심점으로 옹립된 인물은 유수가 아닌 유현이었다.

유현은 AD 23년 2월 황제가 되어 연호를 경시更始라 하였다. 글자 그대
로 한漢이 다시 시작됨을 뜻하며 이에 따라 유현을 경시제更始帝라 부른다.
물론 이는 역사에 남아 있는 호칭이 아니다. 연호를 사용해 훗날 붙인 이름
이다.[27] 유현이 세운 이 정권은 잠시 유지되었는데 그의 이름자를 따 현한玄
漢 또는 전한과 후한 사이의 중한中漢이라 불리며 역사에 미약한 존재감을
드러내고 있다.

---

25  仕官當至執金吾, 娶妻當得陰麗華. 집금오는 궁궐의 수비대장이나 현재의 의장대장의 임무를 맡았기
    때문에 의복과 치장이 매우 화려하였다.

26  '유연'이라고도 읽으나 인명으로 쓰일 때는 대체로 縯을 '인'으로 읽는다.

27  경시제는 정식 시호가 아니다. 광무제에 의해 유현에게 추증된 칭호는 회양왕(淮陽王)이다.

사실 유현이야말로 잘난 구석이 하나도 없는 인물이었다. 하지만 반란군이란 것이 본래 그러하듯이 여러 세력이 섞여 서로를 견제한 탓에 우수했던 유인이나 유수가 배제되었던 것이다. 유현이라는 인물을 자신 있게 평범하다고 할 수 있는 것은 이후 못난 짓을 거푸 함으로써 평범에도 미치지 못하는 능력을 증명했기 때문이다.

## ▌곤양대전과 신의 멸망

곤양대전은 유수의 가능성과 왕망의 패망을 알리는 전조였다. 티베리우스가 로마를 다스리고 있던 AD 23년. 유수는 이 곤양의 전투를 승리로 이끌면서 명성이 높아졌는데, 이는 항우項羽가 천하에 자신을 알린 거록대전巨鹿大戰에 비할 수 있다. 곤양지전昆陽之戰이라고도 하는 이 곤양성 전투는 왕망 몰락의 분수령으로 본다. 그러나 곤양대전과 왕망의 사망이 같은 해에 있었기에 분수령이 아닌 직격탄이라고 하는 것이 더 정확할 것이다.

영웅적인 전투가 흔히 그렇듯이 양군兩軍을 비교했을 때 규모로는 유수군에게 승산이 없었다. 자신에게 반기를 든 세력들이 곤양, 정릉 등을 함락하며 압박해 들어가자 왕망은 40만이 넘는 토벌군을 파견했는데, 토벌군의 첫 번째 목표가 곤양성이었다. 이때 곤양성을 지키던 유수군은 채 1만이 되지 못했다.[28]

사서에 나타난 병력 숫자는 정확한 규모가 아니라 커다란 격차를 말하는 것이다. 병력의 질 또한 태반이 농민이었던 유수군에 비해 왕망군은 수백 명의 병법가兵法家에 갑사甲士 42만 명, 서역의 맹수들로 이루어진 부대까지 그 위용이 대단했다고 전한다. 패배할 군대에 대한 이러한 묘사는 승자

---

28 《후한서》는 유수군은 8천, 왕망군은 100만이 넘는다고 기록하고 있다.

를 돋보이게 하려는 목적일 때가 많다. 어쨌든 오합지졸의 수비군이 절망에 빠진 것은 당연지사였을 텐데 유수는 이 상황을 타개해낸다.

《후한서》〈광무제기〉의 백미인 13용사勇士가 바로 이때 등장한다. 유수가 13명과 더불어 특공대가 되어 포위망을 뚫고 구원군을 끌고 온 것이다. 구원군의 숫자는 정확히 알 수 없으나 이 또한 그리 희망적이지는 못했던 것으로 보인다. 망망대해에 물 한 바가지 더한다고 무엇이 바뀌겠냐마는 전쟁이 어찌 숫자로만 결판나겠는가. 더욱이 주인공이 여기 있거늘.

기습에 이은 과감한 전술과 왕망군의 방심은 전황을 전혀 다른 양상으로 몰아갔고 사기가 오른 유수군은 혼란에 빠진 왕망군을 몰아쳐 대승을 거둔다. 두려움의 바람이 휩쓸고 지나간 군대는 숫자가 오히려 독이 된다. 대군일수록 통제가 더욱 어렵고 일각에서 도주가 시작되면 아군이 아군을 밟는 사태가 벌어지기 때문이다. 이는 적이 돌격해 오는 것보다 더 큰 혼란을 초해 자멸의 상황을 만든다. 역사는 대군이 무너지는 메커니즘이 거의 비슷함을 수없이 많은 예로 보여주고 있다.

| 신의 철전 |

곤양대전 이후 유현군에 가담하는 자가 크게 늘어나 유현은 왕망을 직접적으로 위협하는 세력이 되었다. 하지만 유현은 유현대로 세력 내에서 큰 신망을 얻고 있던 유인과 유수 형제를 자신에 대한 위협으로 생각하였다. 이들에 대한 견제를 거듭하던 유현은 마침내 유인을 반역죄로 몰아 처형하게 된다. 유수 또한 없애고 싶었으나 유수는 전략적으로 철저하게 몸을 굽혀 목숨을 건졌다. 유수마저 죽일 명분은 만들지 못했던 것이다. 그래

기원부터 천 년까지 전문세

서 유현은 유수의 힘을 빼기 위해 하북河北으로 보내고 그곳을 평정하라는 명을 내린다.

하북은 유현의 힘이 전혀 미치지 못한 상태였기에 특별한 지원을 받지 않는 한 임무를 수행하기가 쉽지 않았다. 자연스럽게 유수가 사라지기를 바랐던 것이다. 하지만 결과적으로 이것은 유수에게 기회가 되었다. 고난은 겪었지만 유현의 감시에서 벗어나 자신의 세력을 탄탄하게 키울 수 있었던 것이다. 이 과정에서 28장將으로 불리는 유명한 부하들이 생겼다. 이들과 광무제의 활약은 후대에 많은 이야기로 회자되었다고 하는데 지금 대중적으로 널리 알려진 건 없다.

BC 23년 왕망이 망했다. 경시제 유현의 군대는 장안으로 진입했고 저항하던 왕망은 끝까지 저항하며 도망가다 두오杜吳라는 인물에 의해 살해된다. 일각에서는 두오가 장사치였다고 하지만 이는 《한서》〈왕망전〉에서 두오가 상商 땅 출신이라 한 것을 오역한 것이다. 잘려진 왕망의 목은 곧 경시제에게 전해졌고 몸뚱이는 공을 노린 사람들에 의해 수없이 많은 조각으로 찢겼다. 초패왕楚覇王 항우項羽가 죽었을 때 공을 다툰 자들에 의해 그 몸이 다섯 조각으로 나뉜 것에 비하면 왕망의 몸은 더 잘게 나뉘어 사라졌다. 항우의 몸을 취한 자들은 모두 제후가 된 데 반해 왕망의 몸을 취한 자들은 상을 받았다는 기록이 없다. 시체 조각이 누구의 것인지 알아볼 수도 없었던 것이다.

신新 또한 망했다. 세워진 지 15년 만이었고 그 자리에 한漢이 다시 부활했다. 다만 이때의 한은 앞서 언급한 바와 같이 유현의 이름을 딴 현한玄漢으로서, 신과 후한의 고리가 된다. 천하는 유현의 손에 들어오는 것으로 보였다. 물론 각지의 반反왕망 세력들이 힘을 잃지 않아 온전한 천하는 아니었지만 왕망의 머리를 매달았고 그 잔당들을 척결하여 장안을 차지하였기에 당시로서는 분명 유현에게 천명天命이 있어 보였다. 그러나 그는 이를 감당할 그릇이 되지 못했다.

논공행상은 물론 정사도 바로잡지 못했을 뿐더러 혼란이 가라앉지도 않았는데 궁정 생활에 빠져 아무것도 하지 않았다. 아니 사실 유현은 아무것도 할 능력이 없었다. 이때 그가 한 행위라고는 또 다른 세력에 의해 황제로 옹립된 유영을 해치운 것뿐이었다. 오직 자신의 권력 유지에만 급급했던 것. 여러모로 부족했던 유현은 장안에 입성한 지 1년도 안 돼 도처에서 일어나는 반란을 보아야 했다. 그중 가장 강했던 세력은 반왕망 세력으로 일어났던 적미군이었다.

적미군은 신이 붕괴된 이후에도 전력을 온전히 유지하고 있었다. 어차피 대권이 목적이었기에 그들은 상대가 왕망이든 유현이든 상관이 없었다. 아직 천하의 혼란이 끝나지 않았던 것이다. 적미군 외에도 당시 왕망에게 반기를 든 세력들이 많이 남아 있었다. 유현이 잠시 경쟁에서 앞섰을 뿐이었던 것이다. 그 적미군에게 유현이 무너진다. BC 25년 현한 황제 유현은 적미군에게 항복하였으나 목숨을 부지하지 못하고 살해된다. 자질에 비해 과한 자리에 앉은 자의 최후였다. 다만 유영에 비한다면 운運과 복福을 누린 인생이라 할 만하다.

상관上官인 유현이 적을 앞에 두고 부하들을 죽이는 실정을 거듭할 때 유수는 부하들에 의해 황제로 추대되었다. 유수가 예의상 두 번의 사양과 한 번의 망설임 뒤에 네 번째 주청으로 제위에 오르는데, 그때가 AD 25년 6월이다. 후한이 건국된 것이다. 연호는 건무建武. 경시제 유현은 유수가 즉위하고 넉 달 후인 10월에 목숨을 잃는다.

하지만 유수가 즉위하고 후한이 건국된 후에도 여전히 천하는 혼란 상태였다. 유현을 죽여 현한을 멸한 적미군은 전한의 황족 유분자劉盆子를 황제로 옹립해 모양을 갖추려고 했으나 하는 꼴은 도적떼에 불과했고 그 외의 세력들도 별반 차이가 없었다. 후한은 이런 세력들을 모두 진압해 천하를 평정하는 데 애를 먹는다. 유수는 건무 12년, 서력 AD 36년에서야 완전한 통일을 이룰 수 있었다. 건국은 거병한 지 3년 만에 했는데 잡것들 평정은 건국하고 11년이 걸린 것이다.

🜂

## 유수의 13용사와 28장

건국에는 공신이 있기 마련이다. 각 왕조마다 공신을 치하하는 방식이 있었겠지만 간혹 '명예의 전당' 같은 시설을 두는 경우가 있다. 후한도 그런 왕조 중의 하나였다. 후한에서는 광무제 유수를 도와 전장을 누볐던 상수들을 '운대雲臺 28상將'이라 했다. 이 싱호는 2대 황제 명제明帝에 의해 제정되었는데 전장에서 공로를 세워 개국을 도운 인물을 뜻한다.

운대는 낙양 남궁 내의 전각의 이름이다. 여기에 장수 28명의 초상화를 걸어 이름을 후세에 빛나게 하였다. 28장에 속하는 인물로는 등우鄧禹, 오한吳漢, 마무馬武 등이 있다. 이들은 모두 《후한서》에 열전列傳을 두고 있을 정도로 후한 역사에서 중요한 인물들이지만 대중적으로 크게 알려져 있지는 않다. 그런데 민간에 널리 알려져 신앙의 대상이 되기도 했던 마원馬援은 여기에 속하지 않는다. 초기 후한 영토 확장의 아이콘이었음에도 운대에 초상이 걸리지 못한 것이다. 이유는 마원이 사망 직후 모함을 받기도 하였지만 그의 딸이 명제의 황후가 되었기 때문이다.

명덕황후明德皇后 마씨는 당태종의 문덕황후文德皇后 장손씨와 더불어 현후賢后로 이름이 높다. 그녀는 외척의 정사 개입을 극도로 경계하여 오빠들의 작위 책봉마저 막았다. 명장지치明章之治의 밑거름이 된 명제의 치세는 마황후의 공이 컸다는 평가를 받는

　　　　　　　　　　　　　　　　　　기원부터 천 년까지 전문세

데, 그런 여인이 막았던 것이다. 내 아버지를 운대에 걸지 말라고.

운대 28장에 비해 13용사는 무명의 용사이다. 왕망과 유수의 운명이 갈린 곤양대전에서 구원군을 끌고 오기 위해 유수와 함께 수십만 왕망군의 포위를 뚫은 특공대이다. 13용사에 대한 자세한 이야기는 모두 후세에 만들어진 민간의 상상물이다.

후한에 운대 28장이 있다면 당에서는 능연각凌煙閣 24공신이 있다. 능연각은 운대와 마찬가지로 황궁 내 전각의 이름이다. 당태종에 의해 세워졌는데 운대와의 차이는, 명제는 후한의 건국에 있어 직접 전장에 나선 적이 없으나 태종은 당의 건국에 있어 수많은 전투를 치렀다는 것이다. 그러므로 자신을 도운 공신을 기리는 것이었다.

그리고 운대는 외척이 배제되었으나 능연각에는 장손황후의 혈육인 장손무기長孫無忌가 1등으로 올라 있다. 이후 능연각은 그 자체로 개국공신을 뜻하는 관용어휘로 사용되었다. 지명인 등용문登龍門이 인재 등용의 요람을 뜻하는 대명사가 된 것처럼 말이다.

한국에서는 고려가 비슷한 방식으로 공신들을 기렸다. 고려 태조 왕건은 후삼국을 통일한 후 신흥사라는 절에 공신당을 두고 공신들을 모셨다고 한다. 고려의 공신은 개국공신, 삼한공신三韓功臣, 삼한벽상공신三韓壁上功臣 등 다양한 등급과 명칭이 있었는데 이후 벽상壁上이라는 말이 명예의 전당과 같은 공간을 의미하게 되었다.

# 제국의
# 성장통 1

## 4

## ▌칼리굴라

율리우스-클라우디우스 왕조의 세 번째 황제
는 칼리굴라caligula이다. 대중적으로 유명한 그 칼리굴라이다.[29] 티베리우
스는 당대에는 상반된 평가를 받았지만 현재는 대체로 제정 로마의 2대 황
제로서 무난한 통치를 한 것으로 인정받고 있다. 그는 게르마니아에 대한
공략을 포기하고 국경을 확정지음으로써 전쟁을 줄였고, 평화로운 분위기
덕에 교역이 활발해져 제국 전역의 경제와 문화의 발전을 이루었다. 자연
히 재정이 튼튼해졌고 사회도 안정되었는데 이러한 상황에서 황제의 자리
를 이어받은 인물이 칼리굴라였다.

칼리굴라의 본명은 가이우스 율리우스 카이사르 게르마니쿠스Gaius
Julius Caesar Germanicus이다. 이름에서 알 수 있듯 그는 율리우스 가문이며

---

29  칼리굴라가 역사와 상관없이 대중적으로 널리 알려지게 된 것은 1979년 미국에서 그의 이름으로 영화가
    만들어지면서부터였다. 역사를 전혀 모르는 사람들도 칼리굴라는 아는 경우가 많은데 여기에는 포르노에
    가까웠던 영화의 공이 지대했다. 미국 당시 일부 도시에서는 이 영화의 개봉을 금지하기도 하였다. 그러나
    이것이 사람들을 자극해 더 악착같이 보게 만들었다는 일화가 전한다. 여기에서 '금지하면 더 하고 싶어 하
    는 심리'를 의미하는 심리학 용어 칼리굴라효과(Caligula effect)가 나왔다.

기원부터 천 년까지 전문세

게르마니쿠스의 아들이다. 로마
에서 아버지의 이름을 자신의 이
름 안에 넣는 것은 흔한 일이었다.
칼리굴라는 작은 군화라는 뜻으로
로마 군인들이 신는 샌들인 칼리
가Caliga에서 나온 말이다. 어린 시
절 부모를 따라 게르마니아 군단
의 병영에서 지낸 적이 있었는데,

**| 로마 군인의 신발 칼리가 |**

병사들이 그를 귀여워해 작은 군화를 만들어 신겼던 것이다. 하지만 정작
자신은 이 칼리굴라라는 애칭을 좋아하지 않았다고 한다.

칼리굴라는 로마 역사상 가장 완벽한 등극을 한 황제로 평가받는다. 우
선 아우구스투스와 티베리우스 덕에 국내외로 안정된 상태의 제국을 이어
받았다. 게다가 티베리우스의 알뜰한 살림살이로 잔고가 가득한 통장과 잘
정비된 군대를 물려받았다. 그뿐이 아니다. 그는 혈통적으로 완벽했다. 아
우구스투스의 혈통에다 뛰어난 외모와 인성, 군사적 업적으로 인기가 하늘
을 찔렀던 게르마니쿠스의 아들이었다. 더구나 전대 황제 티베리우스의 낮
은 인기와 대비되는 효과까지 얻었으니 이보다 더 좋을 수는 없었다.

티베리우스가 인기와는 거리가 먼 정책만 골라서 시행한 덕분에 로마 황
실의 재정은 튼튼해졌지만 정작 자신은 죽어서도 편히 잠들지 못할 정도로
미움을 받았다. 티베리우스 사망 당시, 그의 시신을 테베레Tevere강에 버리
자고 하는 로마 시민이 있었을 정도다. 인기 관리도 좀 했으면 좋았을 것
을, 우직한 것도 병이다. 어쨌든 칼리굴라는 온 제국의 축복과 기대를 받으
며 황제가 되었다. 이해가 AD 37년. 광무제 유수가 후한을 세우고 중국 천
하를 완전히 평정한 지 1년이 지난 시점으로 후한의 첫 번째 황제는 로마
의 칼리굴라와 실질적으로 그 시작을 함께했다. 한국에선 단체로 알에서

나온 '김수로왕 브라더스[30]가 가야를 세우기 5년 전이었다.

하지만 애석하게도 칼리굴라는 폭군으로 이름을 남겼다. 환경이 완벽하다고 공부를 잘하는 것은 아니듯 그는 백성을 행복하게 하지 못한 왕으로 남았다. AD 37년부터 41년까지 4년을 재위하는 동안 그가 남긴 것이라고는 간신과 무너진 권위 그리고 텅 빈 잔고뿐이었다. 그나마 등극 후 반년은 나쁘지 않았다. 인기에 영합하는 정책을 펼치며 돈을 흥청망청 뿌린 덕분에 시민들은 열광하였고 칼리굴라는 이를 즐겼다. 서로에게 허니문 기간이었던 것이다.

그러나 칼리굴라가 갑자기 생사를 오가는 중병을 앓게 된다. 인기가 하늘을 찌르던 황제의 실신으로 로마 전역은 비통에 빠졌으나 전 로마인의 간절한 기도 덕분인지 그는 다행히 치유되었다. 하지만 병상에서 일어난 그는 완전히 다른 사람으로 변해 있었다. 일반적으로 알려진 이미지의 칼리굴라는 이때 태어난다.

칼리굴라의 잔혹하고 변태적인 성욕자의 모습은 대부분 수에토니우스의 기록에 따른 것이다. 사실 수에토니우스의 《황제열전》에는 칼리굴라뿐 아니라 다른 황제에 대해서도 타 기록에서는 볼 수 없는 내용들이 많이 있다.[31] 대부분의 로마 역사서가 저자별로 개성이 뚜렷한데, 《황제열전》은 황제의 사생활을 바로 옆에서 본 듯 상세하게 묘사하고 있다. 그중에는 신뢰성에 영향을 줄 정도의 과도한 상황 묘사와 선정적인 내용들이 많다.

수에토니우스 때문에 가장 많은 타격을 받은 황제가 티베리우스다. 티베리우스에 관한 선정적 묘사는 다른 기록에서는 찾아볼 수 없는 수준의 것

---

30 《삼국유사》 <가락국기>에 의하면 후한의 광무제 건무 18년, 즉 AD 42년에 김수로 형제가 알에서 태어났다.
31 타키투스의 기록에는 칼리굴라의 기록이 빠져 있다.

기원부터 천 년까지 전문세

이다. 이는 수에토니우스의 다른 기록마저 의심하게 만드는 결과를 낳았다. 물론 칼리굴라에 대해서는 수많은 다른 기록에서도 일관되게 나오기 때문에 그가 잔혹한 폭군임에는 의심의 여지가 없다. 수에토니우스의 묘사가 더 적나라할 뿐.

다행히 신이 로마를 보우하사 칼리굴라는 짧게 살다 갔다. 그래서 티베리우스가 물려준 막대한 부富를 탕진해 재정을 거덜 낸 것과 사치와 향락의 풍조를 불러일으킨 것 외에는 제국에 그리 치명적인 상처를 남기지 않았다. 악법의 제정이나 제도 변질 또는 무능한 인물의 요직 임명과 같은 영향이 큰 행위는 하지 않았기 때문이다. 무엇보다 로마의 정치와 행정, 사회 시스템이 4년의 폭정 정도는 충분히 견뎌낼 만큼 성숙했던 것이다.

칼리굴라의 시대를 끝낸 사람은 카이레아Cassius Chaerea이다. 칼리굴라의 근위대장으로 알려져 있다. 칼리굴라 암살에 그 배후나 황제 사후 무엇을 하겠다는 비전이 있었던 것은 아니다. 일단 저지르고 난 후 뒷일을 생각한,

| **칼리굴라와 클라우디우스** | 클라우디우스는 칼리굴라의 친삼촌이다.

다분히 우발적인 사건이었다. 다만 근위대에 의해 로마의 황제가 살해된 첫 번째 사례가 되었다는 것이 불행이라 할 수 있다. 황제를 제거한 근위대는 급하게 다음 황제를 옹립하게 되는데 그가 4대 클라우디우스Claudius 황제이다.

## ▌클라우디우스

칼리굴라가 대중적 인기가 높다고 능력이 좋은 것은 아님을 보여주었다면 클라우디우스는 그 반대의 예를 보여준 인물이라 할 수 있다. 그는 황제가 되기 전까지 제대로 된 평가를 받지 못했다. 수에토니우스를 비롯해 클라우디우스를 다소 우습게 평가한 이들의 기록은 많다. 물론 황제가 되고 난 후엔 달라지지만 즉위 전에는 그런 평가가 일반적이었다. 칼리굴라 재위 시 클라우디우스가 집정관이 될 수 있었던 것도 견제할 필요성을 느끼지 못했기 때문이었다. 이는 칼리굴라가 법적인 공동 상속자로서 자신의 권력에 도전할 가능성이 있는 티베리우스 게멜루스Tiberius Gemellus를 초반에 없애버린 것과 대조된다.

클라우디우스는 게르마니쿠스의 친동생이니 칼리굴라의 삼촌이 된다. 게르마니쿠스라는 인물은 실제 황제가 되지 못했지만 그를 중심으로 놓으면 율리우스-클라우디우스 왕조를 쉽게 파악할 수 있다. 게르마니쿠스는 '율-클 왕조'의 중심이다. 율-클 왕조는 5대 만에 단절되었는데 만약 게르마니쿠스가 황제가 되었다면 3대로서 정확히 가운데 자리를 차지했을 것이다.

계보를 보면 초대 아우구스투스부터 5대 네로까지 모두 게르마니쿠스와 연관됨을 알 수 있다. 2대 티베리우스는 게르마니쿠스의 아버지이다. 물론 양아버지이긴 하지만. 또한 티베리우스의 아버지가 아우구스투스이니 그

기원부터 천 년까지 전문세

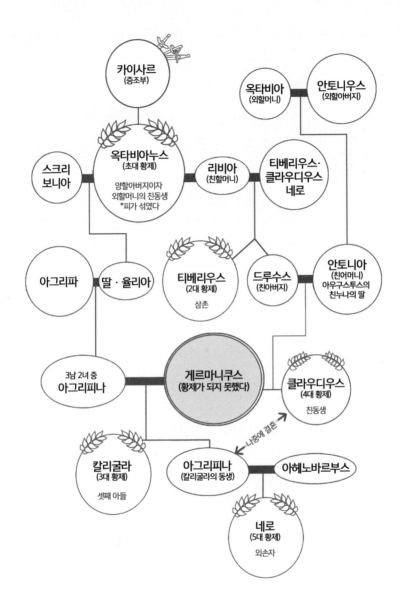

**| 게르마니쿠스를 중심으로 한 율-클 왕조 계보도 |**
제정 로마 초기를 파악하는 열쇠로 게르마니쿠스를 이용하면 큰 문을 쉽게 열 수 있다.

는 아우구스투스의 손자다. 이것도 물론 양아버지. 게르마니쿠스의 친할머니는 아우구스투스의 친누나 옥타비아Octavia the Younger다. 혈통도 정통. 3대 칼리굴라는 게르마니쿠스의 친아들이고, 4대 클라우디우스는 게르마니쿠스의 친동생, 5대 네로는 게르마니쿠스의 친딸의 아들, 즉 손자이다. 모조리 게르마니쿠스에 걸쳐 있는 것이다. 율—클 왕조는 그를 가운데에 두고 위로는 할아버지에서 아래로는 손자로 끝이 나는 게르마니쿠스 중심의 왕조라 할 수 있다.

클라우디우스는 어려서부터 병약했다. 외모도 좋은 평가를 받지 못했고 다리도 불편해 걷는 데 장애마저 있었다고 한다. 결정적으로 말을 더듬었는데, 이는 그를 더욱 모자란 사람으로 보이게 했다. 반면 게르마니쿠스는 그야말로 칭찬 일색이다. 아름다운 외모와 뛰어난 언변, 자상한 성품과 건장한 체격은 모든 로마인을 사로잡기에 충분했던 것. 하지만 병약한 클라우디우스가 건강했던 게르마니쿠스보다 더 오래 살았다. 그것도 훨씬 더. 참 아이러니한 일이다. 인명은 재천在天이요, 골골백년이란 말이 빈말은 아닌 모양이며 역시 인생은 살아봐야 아는 것이다.

클라우디우스는 얼떨결에 황제가 되었지만 칼리굴라로 인해 피폐해진 로마를 잘 수습하고 잘 다스렸다는 평가를 받는다. 하지만 자신의 직계에게 제위를 물려주지 못하였다. 제국에서 가장 고귀하고 강력한 존재인 황제였음에도 불구하고 그는 부인'들'에게 귀하지도 강하지도 못한 상대였다. 마지막 부인에게는 특히 그러했다.

기원부터 천 년까지 전문세

### 드셌던 클라우디우스의 부인들

클라우디우스는 모두 네 번의 결혼을 한다. 사실 소싯적에 약혼도 두 번 한 적이 있다. 그런데 모두 성사되지 못했다. 한번은 가문끼리 사이가 나빠져 파혼하였고 한번은 택일한 날에 신부가 세상을 떠나버렸다. 클라우디우스의 아내 복은 이때부터 불길한 징조를 보였던 것일까.

1998년부터 7년 넘게 독일의 총리를 지냈던 슈뢰더Gerhard Fritz Kurt Schröder는 네 번 결혼했다고 하여 별명이 아우디맨Audi Man이다.[32] '로마의 아우디맨' 클라우디우스의 부인들의 면면은 플라우티아 우르굴라닐라Plautia Urgulanila, 아일리아 파이티나Aelia Paetina, 발레리아 메살리나Valeria Messalina, 소小아그리피나Agrippina Minor이다. 다시 이름의 홍수이다. 물론 이 이름들을 기억에 담을 필요는 없다. 다만 로마 여성의 이름을 이렇게 한꺼번에 접할 기회는 흔치 않다. 역사에 이름을 남긴 여성은 남성에 비해 그 숫자가 매우 적은데 그나마 로마는 나은 편이니 이런 경우도 있는 것이다.

클라우디우스의 결혼은 짐작했겠지만 행복하지 못했다. 1번 우르굴라닐라는 부도덕한

---

32 독일의 자동차 브랜드 아우디의 로고가 원이 네 개이기 때문이다. 물론 슈뢰더는 2018년 다섯 번째 결혼을 하면서 올림픽맨(Olympic Man)이 되었다.

| 아우디맨 슈뢰더 |
전 독일 총리 슈뢰더는 올림픽맨으로 등극한 데
반해 클라우디우스는 세상을 하직한다.

행실에다 살인 혐의까지 받았다고 한다. 이혼. 2번 파이티나는 우르굴라닐라만큼은 아니지만 적대적인 관계로 결혼이 지속되지 못했다. 이혼. 3번 메살리나는 많은 죄를 저질렀다. 결정적으로 남편이 두 눈 시퍼렇게 뜨고 있는데 다른 남자와 중혼重婚을 한다. 그것도 증인까지 세우고 공식적으로. 남편이 현역 황제인데! 도대체 클라우디우스는 부인에게 얼마나 우습게 보였던 것일까. 아무튼 이 못 말리는 세 번째 부인은 로마 역사에서 손꼽히는 음란황후

淫亂皇后로 알려져 있다. 여기에 황제를 살해하려고 한다는 불분명한 소문까지 겹쳐 앞의 두 부인처럼 이혼 정도로 끝나지 않았다. 사형. 그러고 나서 맞은 아우디맨의 네 번째 원이 아그리피나였던 것이다. 아! 기구한 처복이여.

아그리피나는 클라우디우스의 네 번째이자 마지막 부인이며 마지막 황후로서 그 유명한 네로의 어머니이다. 율-클 왕조의 마지막 황제인 네로는 첫 번째 남편과의 사이에서 얻은 아들로 이 결혼은 그녀에게 세 번째 결혼이었다. 정리하자면 클라우디우스는 총 네 명의 아내를 얻어 두 번의 이혼과 두 번의 사별을 겪는다. 두 번째 사별은 아내가 아닌 자신의 죽음으로 인한 것이었다.

이 결혼은 대체로 아그리피나가 더 간절히 원한 것이라고 알려져 있으나 클라우디우스 또한 율리우스 가문의 사람을 아내로 맞아서 얻는 정치적 이익을 고려한 것으로 보인다. 분명한 것은 아그리피나가 권력욕이 강한 여자였다는 것이다. 게르마니쿠스의 딸이었던 그녀는 칼리굴라와 친남매 사이로 클라우디우스와는 삼촌 조카 관계였다. 스물다섯이라는 나이 차이에 3촌간 결혼이라는 당시의 관습으로도 쉽게 용인하기 힘든 장애를 극복했던 것이다. 그녀는 무엇을 노리고 남자로서 큰 매력도 없는 클라우디우스와 결혼했던 것일까. 역사는 이 모든 것을 아들 네로를 황제로 만들기 위한 과정으로 본다.

기원부터 천 년까지 전문세

클라우디우스에게는 브리타니쿠스Britannicus 라는 친아들이 있었다. 군사적인 면에서 내세울 것이 없었던 그는 자신의 치세 동안 브리타니아를 안정시킨 것에 대한 자부심이 컸다. 그 공로로 얻은 칭호를 아들의 이름으로 쓴 데서 아들에 대한 애정을 엿볼 수 있다. 그러나 클라우디우스는 양아들 네로를 후계자로 지명했다. 무슨 이유일까. 또한 후계자 지명 전 네로는 클라우디우스의 딸 옥타비아Octavia와 결혼함으로써 양자가 되어 후계자가 될 자격을 갖춘다. 이를 두고 브리타니쿠스의 나이가 어린 탓이라

| 아그리피나와 어린 네로 |

고 말하기도 하지만 아그리피나의 힘이 작용한 것으로밖에 볼 수 없다.

고대 로마의 가족법에 따르면, 현재 한국과는 달리 결혼한다고 해서 전 배우자와의 사이에서 난 자식이 쉽게 양자의 자격을 얻는 것은 아니었다. 별도로 양자로 입적하는 절차를 거쳐야 했는데, 티베리우스의 경우에서 보았듯 로마에서 양자가 되는 가장 확실한 방법은 그 딸과 결혼해 시위가 되는 것이었다. 결국 남매가 결혼하는 모양새가 되는 것인데, 한국에선 막장 드라마에서나 볼 수 있는 일이지만 로마는 이것이 정상이었다. 시대와 장소에 따라 이렇듯 문화가 다를 수 있는 것이다.

클라우디우스는 네로를 후계자로 지명한 후에도 갈등에 시달렸다고 한다. 네로가 마음에 들지 않았다기보다 브리타니쿠스에 대한 애정이 컸던 것이다. 그리고 얼마 지나지 않아 클라우디우스는 세상을 떠나고 만다. 마지막 결혼 5년 만에 일어난 일인데, 아그리피나에 의한 독살설이 유력하다.[33]

---

33  클라우디우스와 아그리피나의 결혼은 AD 49년 1월 1일이었고, 클라우디우스의 사망은 AD 54년 10월 13일이다.

## ▌후한 왕조

로마 제정 시대의 출발과 비슷한 시기에 건국된 후한은 역사적으로 전한에 비해 평가가 박한 편이다. 이는 왕조가 존재하는 동안 전한의 문경지치文景之治나 한 무제의 인상적인 국력 과시에 비견될 만한 활동이 없었기 때문이다. 물론 채륜蔡倫에 의해 세계 최초로 발명된 종이나 복파장군伏波將軍 마원에 의한 남방 공략, 《한서》의 저자 반고班固의 동생 반초班超에 의한 실크로드 재개척 등은 결코 역사에서 과소평가될 수 없는 부분이다. 하지만 진시황 스토리에서 이어지는 《초한지楚漢志》 영웅의 전한 건국 장면은 시작부터 타 왕조를 압도한다. 여기에 전설처럼 전해지는 문제와 경제의 치세, 무제의 흉노匈奴 정벌은 중국인들의 자긍심을 고양시키기에 충분했다. 그런 신화 같은 스토리 덕에 지금까지도 전한은 중국 문화의 원천으로 받아들여지고 있으며, 중국의 브랜드라고 할 수 있는 한漢이 되었다.

사실 따지고 보면 전한 또한 무제 사후 급격한 쇠퇴 현상을 보였다. 무리한 대외 원정으로 민생이 피폐해졌고 진시황에 버금가는 토목공사로 국고는 바닥 났다. 전한 200년 중에서 후반 100년은 후한의 그것보다 낫다고 할 수도

| 마원 |

| 반초 |

기원부터 천 년까지 전문세

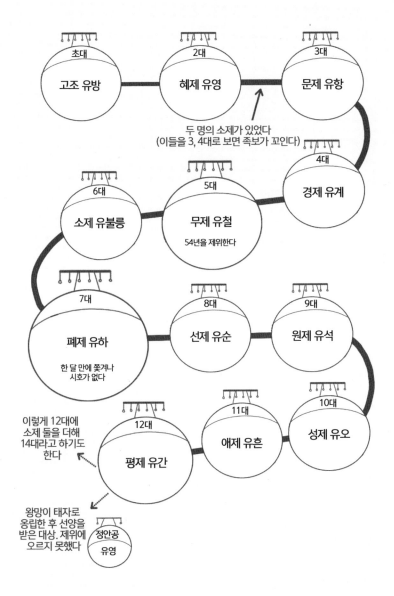

초대
고조 유방

2대
혜제 유영

3대
문제 유항

두 명의 소제가 있었다
(이들을 3, 4대로 보면 족보가 꼬인다)

4대
경제 유계

6대
소제 유불릉

5대
무제 유철
54년을 제위한다

7대
폐제 유하
한 달 만에 쫓겨나
시호가 없다

8대
선제 유순

9대
원제 유석

10대
성제 유오

11대
애제 유흔

12대
평제 유간

이렇게 12대에
소제 둘을 더해
14대라고 하기도
한다

왕망이 태자로
옹립한 후 선양을
받은 대상. 제위에
오르지 못했다

정안공
유영

**| 전한의 황제 계보 |**
사기천 《사기》의 <본기>와 《한서》의 <기>는 12대의 황제를 기록하고 있다. 한무제를 7대라고 하는 것은 두 명의 소제를
넣었을 경우이다.

없다. 하지만 전반 100년의 영광 덕에 후세에 너무나 후한 평가를 받았고, 이로 인해 후한뿐 아니라 이후 대부분의 왕조가 전한과의 비교에서는 손해를 보게 되었다.

한의 황제를 논할 때 보통 전한 14대, 후한 14대를 합쳐 28명의 황제가 있었다고 한다. 물론 이에 대해서는 이견이 있다. 전한은 12대에서 15대까지 다양한 주장이 있고 후한 또한 12대에서 14대로 보는 등 다른 견해가 존재한다. 이것은 소위 '황제로 볼 수 있는가' 하는 존재들 때문이다. 주로 너무 어린 나이에 등극하고 너무 어린 나이에 사라진 이른바 소제少帝들이다. 전·후한에 각각 2명씩의 소제가 있었다. 그리고 전한은 앞서 언급한 유자 영嬰의 존재까지 더해진다.

사마천司馬遷은 《사기史記》에서 이와는 별개로 오제五帝, 하夏, 은殷, 주周, 진秦, 진시황秦始皇, 항우項羽, 여후呂后에 한고조 유방劉邦, 문제文帝, 경제景帝, 사마천 당대의 황제인 무제武帝까지 12편의 본기를 썼다. 그리고 〈태사공자서太史公自序〉에서 무제를 전한의 5대 황제로 규정하고 있다. 문제 이전의 두 명의 소제를 인정하지 않는 것이다. 반고 또한 《한서》의 '기紀'를 12편으로 엮어 12대의 황제를 기록했는데, 그는 소제 둘과 유영까지 배제하는 대신 여후를 넣어 12편을 채웠다. 사마천과 마찬가지로 두 명의 소제를 불인정하고, 여후가 황제에 준하는 영향력을 미쳤다고 보았던 것이다. 재위 기간이 짧다고 황제로 인정받을 수 없는 것은 아니나, 반고가 《한서》에서 실질적으로 인정한 전한의 황제는 여후를 제외하면 11명이라고 볼 수 있다. 한 황제의 숫자에 대해서는 이렇게 여러 이견이 존재한다.

후한은 3대 장제章帝까지 건국 초의 기세를 이어갔다. 초대 광무제光武帝에 이어 2대 명제明帝와 3대 장제가 유학儒學을 중시하고 관료를 잘 관리하여 정치적 안정을 이어갔다. 특히 명제는 외척의 정치 참여를 막기 위해 후后와 비妃의 가문은 후侯에 봉할 수 없게 하였다. 이는 불가피하게 등용되더라도 외척이 최고위직에 앉을 수 없게 하기 위함이었다. 장제는 형벌과 요역을 감면하고 농업을 장려하였으며 한의 전통적인 인재 등용제도인 찰거察擧를 크게 활용하였다. 이는 민생의 안정과 국력 신장으로 이어졌고, 장제는 흉노를 정벌해 국경을 안정시켰다. 이 기간의 치세를 전한의 문경지치에 빗대 명장지치明章之治라 부른다.

## 중국의 인재 등용제

어느 시대나 인사人事는 모든 국정의 기본이었다. 우수한 관리를 뽑는 것은 국가의 명운과 직결된 것으로, 여기서 '우수하다'는 것은 능력뿐 아니라 청렴함까지 포함하는 것이었다. 역사적으로 간신 하나가 제국을 망하게 한 사례는 차고도 넘친다. 그만큼 인재의 등용은 중요한 일이었고, 선발은 어려운 일이었다. 물론 이는 현재도 크게 다르지 않다.

동서를 막론하고 고대의 인재 선발제도는 천거薦擧였다. 이를 다른 말로 찰거察擧라고 하는데, 글자 그대로 살펴서 천거하는 것이다. 과거제가 시행된 수隋 이전에는 왕조 별로 다양한 찰거제가 실시되었다. 한漢의 향거리선제鄕擧里選制, 위魏의 구품중정제九品中正制, 진晉 이후 구품중정제를 보완한, 대동소이한 찰거의 형태가 등장했다.

주대周代의 관리 등용방법은 기득권 세력인 귀족 내의 발탁과 세습이 주를 이루었다. 이후 춘추와 전국 시대라는 무한경쟁 시기를 거치며 파격적인 발탁이 이루어진 때도 있었지만, 기본적인 틀이 변화된 것은 아니었다. 한의 향거리선제만 해도 이전의 완벽한 '그들만의 리그'에서 '그들의 리그'로 조금 확장된 것이라 할 수 있다. 이러한 상황에서 수·당대부터 시행된 과거科擧는 그 진입 장벽을 크게 부순 혁명적인 제도였다. 물론 지금의 시험 제도처럼 신분사회의 계급 제도를 극복할 정도로 광범위했던 것은 아니다.

게다가 과거제가 시행되던 때에도 다양한 음蔭제[34]가 병행되었다. 과거시험 실시 과정에서 부정이 횡행했던 것이나 근대까지 천거와 세습이 이루어진 것도 같은 이유이다.

향거리선제는 한 무제가 문제 때 시행되었던 천거를 제도화한 것이다. 글자 그대로 향리鄕里라는 최소 단위 행정구역에서부터 인재를 구하고자 했던 것으로 이 제도는 후한 말기 황건적의 난 이후 사라진다. 난리로 인해 행정망이 무너졌기 때문이다. 이에 한의 뒤를 이은 위나라에서는 구품중정제가 시행되는데, 향거리선제의 보완으로 실시한 제도로서 지방마다 중정中正이라는 관리를 두고 이들로 하여금 인재를 추천하게 했다. 구품九品에서 알 수 있듯이 인물을 9단계로 나누었으며, 이 제도는 남북조 시대 내내 왕조마다 조금씩 변형되었을 뿐 지속적으로 실시되었다.

천거제는 현대의 관점에서 보면 그야말로 '대충' 뽑는 것이라고 할 수 있다. 왜냐하면 부정이 개입될 소지가 많고, 실제로도 그러했기 때문이다. 하지만 당시로서는 최선의 방법이 아니었을까. 이천 년 전이라고 해서 그 폐단을 몰랐던 것은 아니었다. 이를 보완하고자 인재 선발 후에도 나름의 시험을 거치게 했다. 왕이나 고관이 면접 구술이나 서면書面시험을 통해 능력을 평가하는 과정이 더해졌던 것이다. 과거제처럼 정례적이거나 법제화되지 않았고 임명 시 등급을 정하는 정도로만 활용되었지만, 모든 지배 왕조는 우수한 인재를 뽑고자 최선을 다했다. 천하의 주인인 왕조의 입장에서 자신의 기업을 유지하기 위해서는 청렴하고 우수한 관리가 기본 중의 기본임을 너무도 잘 알았기 때문이다.

현대의 인재 선발제도가 과거보다 무조건 낫다고 할 수는 없을 것이다. 뽑아놓고 후회하는 경우가 비일비재하기 때문이다. 그러나 그때보다 나아졌다고 단언할 수 있는 것은 공정성이다. 신분과 상관없이 누구에게나 열려 있는 문과 공정한 선발 과정……. 아, 아닌가.

---

34  음(蔭)은 글자 자체로 조상의 덕으로 관직을 얻는 것을 말한다.

# 제국의
# 성장통 2

# 5

/

## ▌네로

클라우디우스 사후 네로가 황제의 자리를 이어
받았다. 이때가 AD 54년. 광무제 유수가 죽기 3년 전이었다. 율-클 왕조
의 마지막 황제이자 아우구스투스를 제외하면 네 번째 황제인 네로는 한때
폭군의 대명사로 그 이름을 널리 떨쳤다. 하지만 현재 많은 연구가 이는 사
실과 다름을 보여주고 있다. 그래서 네로의 이미지가 많이 달라졌다고 할
수 있다. 네로 이후 로마에는 수많은 폭군과 암군暗君들이 등장해 나라를
도탄에 빠트렸다. 후대로 갈수록 네로와는 비교도 되지 않을 정도의 만행
을 저지른 탓에 그의 폭군 이미지가 다소 무색해지는 것도 사실이다. 물론
그렇다고 네로가 우수한 군주였다는 것은 아니다.

스승인 세네카Lucius Annaeus Seneca와 근위대장 브루스Sextus Afranius Burrus
의 보좌를 받았던 즉위 초기의 통치는 나쁘지 않았다. 상반된 해석도 있으
나 오현제의 하나인 트라야누스Marcus Ulpius Trajanus는 네로의 초기 5년간
을 '퀸퀘니움 네로니스Quinquennium Neronis', 즉 네로의 5년이라며 호평했
다. 14년의 치세 중 전반기 8년은 해적 소탕이나 고관들의 부정축재 규제,
세금징수 제도의 개선과 속주 총독에 대한 감독 등 하층민의 지지를 얻는

**| 네로와 세네카 |**
네로는 자신의 치세 초반을 훌륭하게 만들어준 스승 세네카를 죽인다.

정책을 펼쳤다. 그리고 AD 66년에 일어났던 유대-로마 전쟁을 제외하면 국경도 안정적이었으므로, 전반적으로 평화와 번영을 유지했다는 평가가 일반적이다. 특히 네로 당시의 군사적 성과에 대해서는 자세한 기록이 남아서 전해지고 있다.

네로의 치세에는 세 번의 대사건이 있었다. 첫 번째는 황제인 자신을 넘어 로마를 좌지우지했던 어머니 아그리피나를 제거한 것(AD 59)이고, 두 번째는 그를 보좌했던 브루스의 죽음과 세네카의 은퇴(AD 62)[35], 세 번째는 AD 64년 일어났던 로마 대화재Great Fire of Rome이다.

사실 아그리피나의 권력은 실질적 황제라고 해도 지나치지 않을 정도였다. 그러나 네로가 어머니의 간섭에서 벗어나는 데는 그리 긴 시간이 걸리

---

35  브루스가 세상을 떠났던 AD 62년, 세네카는 은퇴한다. 그는 AD 65년 피소(Piso)의 황제 암살 모의에 가담했다고 고발당해 네로의 명으로 자살하게 된다.

지 않았다. 세네카와 브루스가 아그리피나의 월권을 우려해 그를 도왔기 때문이다. 얼마 안 가 모자母子 사이에 갈등이 일어났는데, 분노한 아그리피나는 클라우디우스의 친아들 브리타니쿠스를 지지하는 것으로 반발했고 이에 네로는 브리타니쿠스를 살해하는 것으로 응수했다. 이때가 AD 55년.

얼마 안 있어 아그리피나는 네로에 의해 추방되면서 실권을 잃는다. 네로가 아그리피나를 살해한 것은 AD 59년이지만 추방과 권위 박탈은 브리타니쿠스를 죽인 해에 같이 이루어졌다. 물론 이 야심 많은 여자는 그런 상태에서도 네로와 사이가 좋지 않은 황후 옥타비아와 관계를 유지하며 아들의 속을 긁는 것을 포기하지 않았다. 아그리피나의 이러한 행동은 그녀는 물론 옥타비아까지 죽게 만드는 결과를 초래한다.

어머니 아그리피나 살해는 네로가 실질적인 권력을 갖게 된 사건으로 이것은 황제 권력이 제자리를 잡기 위해 반드시 거쳐야 할 과정으로 볼 수 있다. 모친 살해Matricide가 어느 사회에서 좋게 작용하겠냐마는 이 사건은 의외로 네로 정권에 큰 파장을 미치지 않고 지나간다. 단순한 모자 갈등이 아닌 정치집단 간의 권력 다툼으로 여겨졌던 것이다. 문제는 브루스가 죽고 세네카가 은퇴를 하면서부터다. 네로가 자제력을 잃어 아내 옥타비아를 살해하는 것도 이 시점인데 배우가 되어 연극에 빠져 정사를 소홀히 하게 되는 것 또한 마찬가지이다. 여기에 정치적 치명타로 작용한 것이 있었으니 바로 로마 대화재다.

AD 57년 광무제가 세상을 떠나고 2대 명제가 후한의 살림을 키워가고 있던 AD 64년, 로마에선 역사에 길이 남을 큰 사고가 터진다. 7월에 일어나 로마의 14분의 10을 태운 이 화재는 네로를 폭군으로 각인시키는 결정적인 요인이 되었다. 네로가 화재를 일으켰고 불타는 로마를 보며 노래를 불렀다는 것은 대중적으로 알려진 내용이다. 당시 로마 시민들 사이에 이와 비슷한 소문이 돌았던 것도 사실이다. 그러나 당시 상황을 기록한 사서

| **인술라** | 주로 빈민들이 살았던 아파트 인술라. 화재에 취약했다.

들은 몇 개의 상반된 내용을 전하고 있다.

수에토니우스는 네로가 방화를 했으며 그것을 보고 노래를 불렀다고 쓰고 있다. 하지만 앞서 설명했듯 그의 기록들은 네로에 대한 것이 아니더라도 매우 선정적임을 부인할 수 없고, 검증이 필요한 부분이 많다. 카시우스디오 또한 네로가 화재를 보며 노래를 불렀다고 기록하고 있다. 하지만 타키투스에 따르면 네로는 방화와 관련이 없으며 오히려 화재 진압과 이후의 처리와 재건에 기민하게 대처했다고 한다. 다만 당시 로마 시민들은 네로가 '방화를 명했다고 믿었다'고 전하고 있다. 그때와 마찬가지로 지금도 네로가 범인이거나 기행을 했다고 알려져 있지만, 현재의 연구들은 당시 정황을 고려했을 때 이는 사실이 아닌 것으로 보는 시각이 강하다.

네로로서는 억울할 만한 상황이었고 실제로 그는 매우 억울해했다. 그래서 네로는 위기를 타개하고자 비난의 화살을 돌릴 대상을 찾게 된다. 바로 기독교인Christian들이다. 기독교인에게 행했던 대대적인 박해로 인해 네로

**| 기독교 박해 |**
장 레온 제롬(Jean-Leon Gerome)의 <기독교 박해; 순교자의 마지막 기도>. 로마의 기독교 박해는 오현제 시대에도 행해졌다.

는 지금까지 두고두고 폭군으로 비난받고 있다. 한 가지 애석한 것은 이렇게까지 하고도 방화범의 누명을 벗지 못했다는 것이다. 방화와 기독교 박해, 네로는 두 배로 욕을 먹고 있다. 고대 로마에서 황제가 대제The Great 또는 폭군Tyrant의 칭호를 얻는 경우는 대부분 기독교를 성하게 하거나 박해했을 때다. 기독교는 그만큼 중요한 이슈였고 이는 중세에도 변함이 없다.

　네로는 자살로 생을 마감한다. 시민과 군대의 지지를 잃어버린 상황에서 각지에서 반란이 일어났고, 결정적으로 히스파니아Hispania의 한 지역 총독이었던 갈바Servius Sulpicius Galba의 반란 이후 원로원마저 돌아섰던 것이다. 스승 세네카에게 자살을 명한 지 3년이 지났고, 후한의 반초가 붓을 던질까[36] 말까 고민하고 있던 AD 68년이었다. 날짜는 6월 9일. 네로를 끝으로

---

36　투필종융(投筆從戎). 전한의 명장 반초의 고사로 '문관을 때려치우고 무관이 된다'는 뜻이다.

율리우스-클라우디우스 왕조는 막을 내린다.


## ▎후한 왕조와 환관

4대 황제인 화제和帝 재위 중간 즈음부터 후한은 내리막을 걷게 된다. 시기적으로는 AD 100년대로 넘어갈 때이다. 로마가 오현제 시대라는 전성기로 접어들 때, 후한은 지배층의 기강이 무너지기 시작했던 것이다.

중국 역사의 고질적인 병폐는 외척과 환관의 정치 개입이다. 이 두 세력 중 하나에 의해 황제가 무력화되고 국가가 쇠퇴의 길로 접어든다. 후한은 외척에 의한 부작용과 더불어 이후 당唐이나 명明에서 등장하는 환관정치 병폐의 초기 버전을 보여준다. 이러한 사태의 원인은 먼저 화제가 9세의 어린 나이에 등극했다는 것이다. 황제가 어린 탓에 태후 두씨竇氏가 섭정을 하게 되었고, 덩달아 두씨 가문이 요직을 차지하고 횡포를 부렸다. 이는 외척이 나라에 폐를 끼치는 전형적인 시나리오이다.

이 경우에는 태후의 오빠였던 두헌竇憲의 전횡이 컸는데, 그는 군권을 장악하여 황제마저 시해하려 했다. 이에 화제는 먼저 두헌을 죽임으로써 두씨 세력을 척결하게 된다. 간략하게 묘사했지만 당시 목숨을 건 정보전이 펼쳐졌다. 《한서》의 저자 반고가 모반죄로 연좌되어 옥사한 것이 이때였다. 두헌의 흉노 정벌 때 반고가 중랑장中郞將으로 참여했던 것이다.

그러나 화제는 외척을 일소했음에도 자리를 잡지 못한다. 환관이 그 자리를 대신했기 때문이다. 불행하게도 환관들은 외척보다 더하면 더했지 덜하지 않았다. 자신들의 뭔지 모를 상실감을 채우려고 했던 것일까. 두헌을 숙청할 때 화제는 13세의 아이였다. 환관과 손잡았다기보다 환관의 손에 놀아났다는 표현이 맞을 것이다.

이후 후한의 권력 다툼은 같은 과정을 반복하게 된다. 먼저 어린 황제가

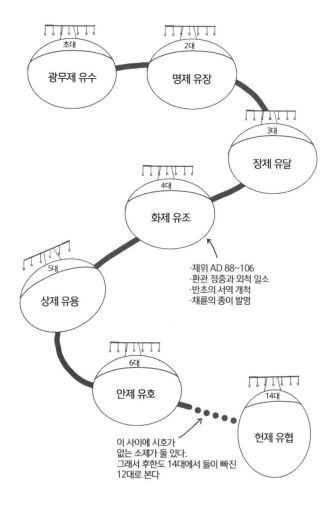

초대
광무제 유수

2대
명제 유장

3대
장제 유달

4대
화제 유조

·재위 AD 88~106
·환관 정중과 외척 일소
·반초의 서역 개척
·채륜의 종이 발명

5대
상제 유융

6대
안제 유호

이 사이에 시호가
없는 소제가 둘 있다.
그래서 후한도 14대에서 둘이 빠진
12대로 본다

14대
헌제 유협

**| 후한 황제 계보 |** 명목 14대, 실질 12대로 전한과 유사하다.

등극하고, 태후가 섭정을 하면 외척이 발호한다. 발호한 외척은 조정을 장악
한다. 이에 고립된 황제는 견제 세력으로 자연스럽게 환관과 손을 잡고, 환관

은 황제의 권위를 빌려 외척을 몰아낸다. 그러면 환관이 외척이 있던 자리를 차지하여 전횡하고, 그 상황이 악화되면 다시 외척이 등장하는 메커니즘이다. 바로 중국에 외척정치에 이어 환관정치가 등장하는 순간이었다.

환관정치에 있어 기념비적인 인물이 바로 정중鄭衆이다. 화제를 도와 외척을 밀어낸 장본인이다. 그는 그 공로로 제후에 봉해졌고 이후로도 황제의 최측근으로서 권력의 정점에 있었다. 이름이 무리衆인 것은 무언가를 암시하는 것이었을까. 그는 이후 중국 역사에서 숱하게 등장하는 '환관정치의 병폐'의 효시가 된다.

후한 몰락의 탓을 모두 화제에게 돌릴 수는 없다. 황제가 어리다고 모든 나라가 흔들리지는 않기 때문이다. 다만 후한에는 어린 화제를 보필할 만한 신하가 없었다. 왕을 대신해야 할 신하들은 개인적인 이利를 좇아 싸웠고, 환관이 정치 세력화하여 그 싸움에 가담했다. 그 과정에서 권력은 황제가 아닌 집단에게 넘어갔고 관료 시스템은 정상적으로 작동하지 못했다. 로마 오현제의 두 번째 황제인 트라야누스Traianus가 다키아를 제압하며 영토를 넓혀가고 있을 때 화제가 세상을 떠났다. AD 105년이었다.

17년을 재위한 화제의 뒤를 이은 5대 상제殤帝가 1년 만에 죽고 6대 안제安帝가 19년을 재위했다. 7대 황제 유의劉懿는 즉위 반년 만에 세상을 떠나 시호조차 받지 못했고 8대 순제順帝가 19년, 9대와 10대인 충제沖帝, 질제質帝가 각각 3개월, 1년 반 만에 사망했다. 그리고 11대 환제桓帝가 22년을 재위한다. 모두 짧은 재위 기간이었다. 환제 이전의 황제 6명 중에 4명이 평균 1년을 못 채우고 사망하였으며 그중 셋은 나이가 10세도 되지 않았다. 환제 또한 즉위할 때의 나이가 14세에 불과했다. 그나마 길게 제위에 있었던 안제와 순제도 각각 12세, 10세에 등극해 외척과 환관에 의해 조종되다시피 하였다.

환제의 뒤를 이은 황제가 바로 12대 영제靈帝이다. 황건적의 난이 일어나

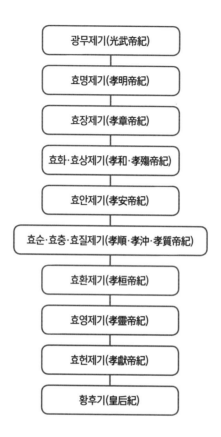

```
광무제기(光武帝紀)

효명제기(孝明帝紀)

효장제기(孝章帝紀)

효화·효상제기(孝和·孝殤帝紀)

효안제기(孝安帝紀)

효순·효충·효질제기(孝順·孝沖·孝質帝紀)

효환제기(孝桓帝紀)

효영제기(孝靈帝紀)

효헌제기(孝獻帝紀)

황후기(皇后紀)
```

| 《후한서》의 <본기> 구성 |

총 10편으로 구성되어 있으며, 황후기에는 17명의 황후와 공주들을 기록하고 있다.

유명한 《삼국지》의 대서사시를 열어젖힌 때가 바로 영제의 치세였다. 영제 또한 즉위할 때의 나이가 열두 살이었으니 후한 황실은 걱정이 가득한 상황이었다.

후한은 국력이 쇠함과 성함이 동시에 일어났다. 대체로 전성기를 지나

기원부터 천 년까지 전문세

면 쇠퇴기가 바로 뒤이어 온다고 하는데, 이는 어느 왕조나 마찬가지로 상식적으로도 하나 마나 한 소리이다. 꼭짓점을 전성기라 하면 이후는 떨어질 수밖에 없고, 쇠퇴하는 시기가 있기에 그 직전이 전성기가 되는 것이다. 후한의 대표적 업적인 반초의 서역 원정, 반고의 《한서》 집필, 채륜의 종이 발명 등이 이루어진 것도, 외척이 국정을 농단하고 환관이 나타난 것도 모두 화제 때의 일이다. 국력이 정점을 찍음과 동시에 내부가 곪아 추락한 것이다.

로마에서 오현제 시대가 시작되었던 AD 1세기 말, 로마의 곡선은 위를 향했고, 후한은 내리막에 접어들었다. 5대 상제 때부터는 앞서 언급한 바와 같이 어린 황제가 등극해 일찍 죽는 단명短命 사태가 자주 일어났다. 심지어 5대 상제의 시호에서 상殤 자는 '일찍 죽었다'는 뜻을 가지고 있다. 그나마 명줄이 좀 긴 경우에도 나이가 어렸기에 왕권을 지킬 수 없는 것은 매한가지였다.


## ▌후한의 문화

《삼국지》라는 동양 최고의 베스트셀러 탓에 후한은 말미만 소개되는 경우가 많다. 명색이 왕조인데 대중적으로 왕망이라는 개인보다 덜 알려져 있을 정도이다. 하지만 후한은 그렇게 존재감이 약한 나라가 아니다. 전한과 삼국 시대의 틈에 끼어 관심을 덜 받았지만 그 역사가 200여 년에 달한다. 그사이에 학문은 보다 다양해졌고 그 논의는 깊어졌다. 여기에는 유학의 신비화나 미신화 또는 도참圖讖의 확산과 같은 부작용을 논하는 학자도 있으나 전한 때 금문今文과 고문古文의 대립과 토론에서 나온 훈고학訓詁學이 후한에 이르러 더욱 발전하게 된다.

금고문 논쟁今古文論爭은 유학뿐 아니라 중국의 학문 발달과정 전체에서 매우 중요한 사건이다. 이는 전한 시대에 경서를 연구하는 학자들 간의 학문적 다툼을 말한다. 금문은 글자 그대로 지금今의 글이고 고문은 과거古의 글이다. 진秦의 분서갱유焚書坑儒로 인해 이전의 경서가 대부분 소실되었기에 전한의 문제와 경제 시기에 황실은 천하의 이름난 학자들의 구술口述을 모아 경서를 복원했다. 이때 복원된 경서는 진의 전서篆書가 아닌 예서隸書, 즉 당시 기준으로 '지금' 글자로 기록하였기에 그 경서를 금문경서今文經書라 부른다. 그런데 무제 때에 공자의 후손이 분서갱유를 피하기 위해 벽에 감추어두었던 경서가 대량으로 발견되고, 이를 기초로 경서가 복원된다. 이 책들은 '옛날' 글자로 기록되어 있었기에 고문경서古文經書라 한다.

문제는 이 고문경서와 복원된 금문경서의 내용에 차이가 있었다는 것이다. 사실 사진으로 복사하지 않는 바에야 어찌 같을 수 있겠는가. 이후 한의 경학은 금문파와 고문파의 논쟁으로 흘렀고, 이를 규명하기 위한 노력은 학문으로 발전하게 된다. 이것이 바로 훈고학이다. 금문학이 우세했던 한의 초기와 달리 후한 시대는 고문학이 발전하는 모습을 보인다. 이렇듯 필연적으로 논쟁이 발생할 수밖에 없는 구조와 경쟁적으로 이루어진 연구 덕에 훈고학은 더욱 발전했고, 이 흐름은 후대로 이어져 새로운 학문을 낳게 된다.

역사 분야에서도 후한은 큰 업적을 남겼다. 많은 저술 중에서도 단연 《한서》의 존재가 두드러진다. 반고가 이때 사람인 것은 누차 언급하였는데, 그의 아버지 반표班彪 대부터 시작해 반고가 완성한 《한서》는 《사기》와 어깨를 나란히 할 뿐 아니라, 《사기》와는 다른 의미로 새로운 기원을 이룬 사서이다. 사학사史學史적 측면에서 후한은 매우 중요한 위치를 차지하는데, 사관史官이 역관曆官에서 분리된 것도 이때이다.

후한 이전까지 역사는 역법曆法을 다루는 관리가 겸했다. 그리고 관에서 역사를 편찬하는 경우도 없었다. 물론 여기에도 이론異論은 있다. 진한秦漢

이전부터 있었던 춘추春秋[37]나 제齊의 승乘, 초楚의 도올檮杌 등을 어떻게 보느냐에 따라 달라질 수 있기 때문이다. 하지만 관에 의해 공식적으로 사서 편찬이 처음 이루어진 때는 후한으로 본다.[38]

이때 나온 중국 최초의 관찬사서官撰史書가 《동관한기東觀漢記》이다. 현재 일부만 전해지고 있으나, 《후한서》가 나오기 전까지 《사기》, 《한서》와 더불어 삼사三史로 불렸으며 그 가치를 높이 평가받고 있다. '동관東觀'은 황실에서 도서를 편찬하고 보관하던 전각의 이름으로 후한은 이후 중국 왕조의 사서 편찬사업의 모범이 되었다. 여담이지만 《동관한기》 편찬사업은 반고도 관여한 프로젝트였다.

---

37  춘추는 노(魯)의 역사만을 가리키는 말이 아니다. 주(周) 또한 춘추라고 하였으며 그 외 많은 나라들이 사용한, 당시의 일반명사와 같은 것이다. 다만 노의 역사만이 후세에 전해졌고 노나라 출신의 공자가 '춘추' 라는 이름으로 별도의 역사를 정리함으로써 춘추가 노의 역사로 인식된 것이다.

38  이때의 사서는 사관이 작성한 일지 형식의 기록이 아닌, 일정한 시대를 일관된 사관(史觀)을 갖고 정리 하고 편찬한 책을 의미한다.

## 한자의 서체

한대漢代에 유행한 서체는 예서隸書이다. 예隸에 노예의 뜻도 있어 천한 사람도 알아볼 수 있어서 붙은 이름이라는 설도 있지만, 정설이라 할 만한 것은 없다. 그 이전의 글씨 체인 전서篆書보다 쓰기 간단한 것은 사실이다. 진이 중국을 통일할 때 문자도 통일하면서 만든 서체로 알려져 있으나, 전서는 주대周代에 이미 사용되었다. 그래서 진의 전서를 소전小篆, 그 전의 것을 대전大篆으로 구별해 부른다.

한자는 시대별로 많은 변화를 보였는데, 지금 사용되는 한자의 느낌이 드는 최초의 형태가 예서이다. 전서는 갑골甲骨과 예서의 중간 형태라고 할 수 있는데, 대전은 갑골에 더 가깝다. 실제로 주대의 금문金文이나 은대殷代의 갑골을 모두 대전으로 분류하는 학자도 있다. 예서는 광개토대왕비廣開土大王碑의 끝이 동글동글한 서체를 생각하면 이해

東 東 東 東 東 东

| 대전서, 소전서, 예서, 해서, 행서, 초서 |

　　　　　　　　　　　　　기원부터 천 년까지 전문세

가 쉽다. 모르는 사람이 보아도 전서에서 요즘 한자로 넘어오는 과정이 그려질 것이다. 예서는 현대 한자의 원형으로 현재 서예로 연습하는 글씨체인 해서楷書, 행서行書, 초서草書의 모태가 된다. 해서의 해楷는 본보기라는 의미가 있는데 글자 그대로 요즘 한국에서 쓰이는 정자체正字體 한자라고 보면 될 것이다. 행서로 가면 글자가 달리기 시작한다. 반듯반듯한 해서를 좀 빨리 쓴 것이라고 보면 되는데 자연스럽게 흘려 쓴 서체다. 역시 글자行 그대로이다. 초서草書는 달리던 글자가 날아가려고 한다. 소위 '한자판 날치기'라고나 할까.

예서에서 변화된 서체라고 하나 초서에는 완전히 별개라고 볼 수 있는 글자들도 존재한다. 게다가 쓰는 규칙을 별도로 가지고 있는 경우도 있어, 초서로 쓰인 문장을 보면 '저거 자기도 못 알아보는 거 아냐?' 싶을 때가 있다. 그런데 실제로 자기가 써놓고도 못 알아볼 때가 꽤 있다. 초서의 초草는 풀을 뜻한다. 글자 모양은 풀 중에서도 잡초라고 할까. 이 역시 이름과 딱 맞아떨어지는데, '草' 자 하나만으로 초서를 뜻하기도 한다. 간혹 초나라 글자 초서楚書로 알고 있는 이들도 있는데, 이는 틀린 지식이다. 풀이다.

# 혼란과
# 번영

## 6

---

## ▌네 황제의 해

2대 명제 때로 후한이 제법 잘나가던 AD 69년, 로마에서는 네 명의 황제가 등장했다. 거두절미하고 우선 네 명의 이름부터 나열하자면 갈바Servius Sulpicius Galba, 오토Marcus Salvius Otho, 비텔리우스Aulus Vitellius, 베스파시아누스Titus Flavius Vespasianus이다. 한 해에 네 명의 황제가 나타났으니 참으로 다사다난했던 해였으리라. 게다가 필연적으로 넷 중 세 명이 같은 해에 저세상으로 갔을 테니 난리도 보통 난리가 아니었을 것이다. 이후에도 로마는 같은 해에 여러 명의 황제가 등장하는 경우가 종종 있었고, 그때마다 황제를 몇 명으로 보아야 할 것인가를 두고 논란이 벌어지는데 AD 69년은 그런 논란이 없다. 그냥 네 명이다.

이 시기 로마에서 황제인가 아닌가를 결정짓는 주요한 요소는 원로원의 인정 여부였다. 당시만 해도 원로원의 권위가 아직 남아 있었던 것이다. 후대에는 원로원의 추인 없이도 황제로 등극하는 일이 일어났고, 이로 인해 누구까지 황제로 볼 것인가에 대한 논란이 일었다. 사료마다 황제 계보에 차이가 나게 된 이유이다. 어찌 되었건 AD 69년은 네 명의 황제가 등장하고 세 명의 황제가 퇴장한, 69라는 숫자처럼 얽히고설킨 해였다. 사실 이 시기 6과 9는 묘한 숫자인 듯하다. 네로가 세상을 떠난 날이 6월 9일이니 말이다.

네 황제 중 처음으로 정권을 잡은 인물은 갈바였다. 그는 70세가 넘는 고령으로 자질 자체가 부족한 인물이었다. 나잇값을 전혀 못한 것. 정세를 파악하지도, 민심을 얻지도, 군심軍心을 얻지도 못했다. 히스파니아의 한 지역 총독이었던 갈바는 지방에서 군단의 추대를 받고 원로원의 승인을 받았음에도 즉시 로마로 오지 않았다. 그사이 공기는 바뀌어 새로운 경쟁자들이 등장한다.

우선 정책적으로 네로가 펼쳤던 친서민 정책을 철회함으로써 갈바에 대한 대중적 인기가 하락했다. 그는 근위대에게 약속한 금전도 주지 못한 상태였다. 칼리굴라를 살해한 후 근위대는 새 황제를 세우는 데 주력한다. 하지만 그가 어떤 사람인지는 관심이 없었다. 새 황제 옹립에 자신들의 지지가 필요하고, 그것이 훌륭한 돈벌이의 수단이 됨을 자각했을 뿐이다. 그리고 갈바는 이들의 비위를 맞추지 못했다.

여기에 결정적으로 작용한 것은 누구도 납득하지 못한 후계자 지명이었다. 그의 지지자이자 부관이었던 오토는 내심 자신을 후계자로 지명할 것이라 기대했다. 하지만 갈바는 엉뚱한 사람을 후계자로 지목했다. 그는 바로 피소Piso. 세네카를 죽음으로 내몬 네로 암살기도 사건을 기억하는가. 그 '피소 음모 사건'의 피소다. 오토가 무능력하고 인기도 없는 갈바를 죽이는 건 그리 어려운 일이 아니었다. 돈이면 하늘에 별도 따줄 근위대에게 금전 공약을 건 덕분에, 지키는 이 하나 없는 늙은 황제는 오토의 병사들에게 비참하게 살해당한다. 황제로서 7개월을 보냈을 때였다. 갈바는 부족한 자가 과분한 자리를 탐했을 때, 그 최후가 어떤지를 보여주는 첫 번째 로마 황제가 되었다.

오토는 망설임 없이 제위에 오른다. '혼란의 69년'의 두 번째 황제이다.

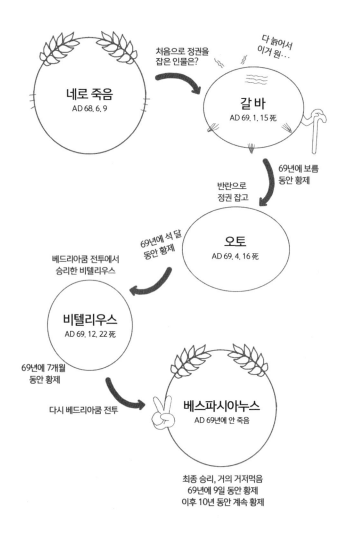

| 네 황제가 존재했던 AD 69년 |

오토가 갈바를 죽인 날은 AD 69년 1월 15일. 원로원은 그 즉시 오토를 새 황제로 인정했다. 그러나 연초부터 군단의 추대를 받아 쭉 반기를 들어왔

기원부터 천 년까지 전문세

던 인물이 있었다. 갈바와 오토의 싸움으로 관심을 받지 못했던 이 사람은 게르마니아 군단의 사령관 비텔리우스였다. 그는 1차 베드리아쿰Bedriacum 전투에서 오토군을 상대로 승리하면서 세 번째 황제가 되었고, 황제 즉위 석 달 만에 오토는 자살하게 된다.

재위 내내 향락에 물들어 국고를 탕진한 것 외에는 한 일이 없는 비텔리우스는 네 황제 중 최악으로 평가받는다. 오토보다는 길었지만, 비텔리우스 또한 얼마 가지 않아 도나우 군단이 반란을 일으켰다는 소식을 듣게 된다. 새로이 황제로 추대된 인물과 베드리아쿰에서 운명을 건 두 번째 전투를 하게 되는데, 사실 그는 1, 2차 전투 모두 전장에 없었다. 전투는 부하들의 몫이었던 것.

베드리아쿰에서 일어난 전투로 제위에 올랐던 비텔리우스는 같은 곳에서 다시 일어난 전투에서 제위를 잃게 된다. 그리고 로마로 입성한 도나우 군단에 의해 목숨마저 잃는다. 재위 기간은 오토보다는 길고 갈바와는 비슷한 7개월. 열두 달 안에 네 명의 황제들이 껴들어가 있다 보니 AD 69년은 이래저래 복잡한 해였다.


## ▌플라비우스 왕조

네 황제의 해의 마지막을 장식한 네 번째 황제는 베스파시아누스이다. 바로 앞의 비텔리우스가 넷 중 최악이라면 베스파시아누스는 최선이었다. 물론 그랬기에 혼란의 69년을 마무리했겠지만.

능력을 논하기 전에 베스파시아누스 하면 유머러스한 황제로 유명하다. 개그 본능만 놓고 보면 카이사르와 비교해도 빠지지 않을 정도다. 기록에 의하면 그는 말을 위트 있게 했을 뿐 아니라, 사는 모습 자체가 코믹한 면이 있었다.

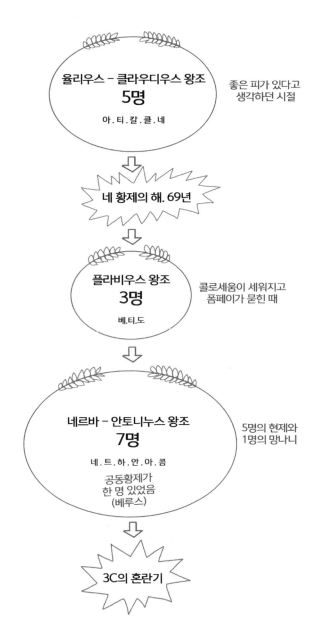

율리우스 – 클라우디우스 왕조
**5명**

아 . 티 . 칼 . 클 . 네

좋은 피가 있다고
생각하던 시절

네 황제의 해. 69년

플라비우스 왕조
**3명**

베 . 티 . 도

콜로세움이 세워지고
폼페이가 묻힌 때

네르바 – 안토니누스 왕조
**7명**

네 . 트 . 하 . 안 . 아 . 콤

공동황제가
한 명 있었음
(베루스)

5명의 현제와
1명의 망나니

3C의 혼란기

| **로마 제정 전반기의 왕조**(아우구스투스에서 오현제까지) |

베스파시아누스는 장군으로 큰 공을 세워 네로의 연회에 초대된 적이 있었다. 그런데 네로가 자신의 시를 낭독하는 동안 잠들어 버리는 대역(?)죄를 저지른다. 항상 대중의 찬사에 목을 매던 네로였으니 졸고 있는 부하를 보았을 때 눈에서 불꽃이 튀었을 것이다. 이 일로 그의 목이 날아간다. 물론 진짜 목은 아니고 자리에서 쫓겨나게 된다. 이후 양봉을 하며 시간을 보냈다고 하는데, 이 낙천적인 무장은 목과 몸이 분리되지 않은 것만도 다행이라 여겼을 것이다.

AD 68년 로마에서 정변이 일어나 네로가 죽었을 때 베스파시아누스는 유대–로마 전쟁을 수행 중이었다. 갈바가 그 뒤를 잇는 것으로 결정되자 그는 새 황제에게 충성서약의 편지를 보냈다. 으레 새 황제가 추대되면 로마의 지방 총독과 국경의 사령관들은 의례적으로 충성서약을 해왔기에 베스파시아누스 또한 별 생각 없이 그리 했을 것이다. 그런데 이 서약이 가는 도중에 황제가 바뀌어버리는 사태가 일어난다. 오토가 갈바를 살해한 것이다. 서류에서 사람 이름을 바꿔야 할 상황.

황당했겠지만 베스파시아누스는 다시 서약을 한다. 수신자를 오토로 바꿔서. 그러나 이번에도 가다가 변이 생긴다. 또 황제가 바뀐 것이다. 귀찮은 일이 연속으로 일어난 것. 그러자 베스파시아누스는 이번엔 충성서약을 하지 않고 관망한다. 그리고 유대 전선을 아들 티투스<sub>Titus Flavius Vespasianus</sub>에게 맡기고 이집트에 머물게 된다. 로마의 정세가 묘하게 돌아간다고 생각했던 것일까, 아니면 충성서약서에 다른 사람의 이름을 쓸 필요가 없을지도 모른다고 생각했을까. 이때 자신의 운명을 확신하였는지는 알 수 없으나 결과적으로 그는 황제의 자리에 오른다.

코믹한 캐릭터를 가진 사람답게 제위에 오르는 과정도 재미있다. 애초에 도나우 군단의 추대를 받아 2차 베드리아쿰 전투에서 비텔리우스군을 무찌르고 로마의 질서를 회복한 사람은 그가 아닌 무키아누스<sub>Gaius Licinius</sub>

Mucianus였다. 하지만 그는 제위에 오르는 것을 거부했고, 대신 베스파시아누스를 추대했다. 무키아누스는 매우 보기 드문 유형의 사람이었다. 동서고금 황제가 되지 못해 안달인 경우가 대부분인데, 그는 제위를 양보한 것으로도 모자라 새 황제를 위해 온갖 궂은일을 도맡아 처리했다. 베스파시아누스는 저절로 황제가 된 것이나 다름없다. 용꿈도 이런 용꿈이 있을까.

네 황제의 혼란기를 남의 손으로 마무리한 베스파시아누스는 자신의 왕조를 세운다. 로마의 두 번째 왕조인 플라비우스Flavius 왕조이다. 황제로서의 베스파시아누스에 대한 평가는 나쁘지 않다. 그가 잘하지 못했다면 AD 69년은 다섯 황제의 해가 되었을지도 모르니 쫓겨나지 않은 것 자체가 그 증거라고 할 수 있겠다. 실제로 그는 네로의 실정失政에서부터 황제가 네 명이나 지나가며 황폐해진 로마를 다시 일으키는 데 성공했다. 10년의 재위 기간 동안 바닥난 재정을 확충하고자 노력했고 유대 전쟁을 승리로 이끌었으며 불에 탄 로마시와 불에 탄 듯한 로마 시민의 정서를 재건하는 등의 업적을 이루었다.

그는 이러한 성과 외에 위트 넘치는 어록으로도 후세의 애정을 얻었다. 대표적 일화를 소개한다. 로마 황제는 재위 중 치명적 하자만 없으면 사망 후 의례적으로 신격화 작업이 이루어졌다. 어느 날 죽음이 얼마 남지 않았음을 직감한 베스파시아누스가 이렇게 말했다고 한다. "이보게, 나 지금 신이 되려고 하나 봐." 유머로써 부드러운 정치력을 발휘했던 그는 세상을 떠날 때까지도 유쾌함을 잃지 않았던 것이다.


## ▌티투스와 도미티아누스

플라비우스 왕조가 배출한 황제는 세 명으로 베스파시아누스와 두 아들이 그들이다. 삼부자三父子 정권.˙이 시기 로마에는 기념비적인 유물이 만들어지고 기념비적인 사건이 일어났다. 바로 콜로세움Colosseum과 베수비오 Vesuvio 화산 폭발이다.

콜로세움은 베스파시아누스가 AD 70년 착공하였는데, 완공 시기에 대해서는 의견이 분분하다. 일반적으로는 착공 10년 뒤인 AD 80년에 티투스가 개장하였고, 도미티아누스Domitianus 황제가 보완해 완공하였다고 말한다.

베스파시아누스가 신(?)이 되고 난 후 뒤를 이은 인물은 장남 티투스이다. 아버지 베스파시아누스와 아들 티투스는 사실 이름이 똑같다. 티투스 플라비우스 베스파시아누스Titus Flavius Vespasianus. 둘을 구별하기 위해 아버지는 뒤만 부르고 아들은 앞만 부른다. 그런데 티투스는 AD 81년, 재위 2년 만에 세상을 떠난다. 유대−로마 전쟁을 끝낸 유능한 장군이자 관대함을 갖춘 황제로 모두가 그의 능력과 인품을 칭송했지만, 티투스는 운이 없었다. 불운하기가 거의 서프라이즈급.

티투스의 치세에 하늘은 세 가지의 고난을 주셨다. 화산 폭발과 전염병 그리고 불. 2년 남짓한 기간에 떨어진 '재앙 3종 세트'이다. 폼페이Pompeii 유적으로 유명한 베수비오 화산이 이때 터졌고, 페스트로 추정되는 지독한 전염병이 화산이 남긴 폐허를 휩쓸고 지나간 데다 로마에 다시 대화재가 일어났다. 엎친 데 덮쳤고 그 위에 비벼졌다. 티투스가 일찍 죽을 만했다. 특히 화산 폭발은 제위에 오른 지 정확히 두 달 만에 터진 일[39]이다. 신이 된 아버지가 심술을 부린 것일까. 티투스는 즉위 초의 허니문도 없이 이 재난을 수습하기 위해 동분서주하였는데, 다행히 그의 대처는 좋은 평가를 받았다. 그의 사후 제위는 동생인 도미티아누스로 이어진다.

---

39  베수비오 화산 폭발에 대한 가장 생생한 자료이자 후에 공식기록의 저본(底本)이 되는 소(小) 플리니우스(Plinius minor)의 편지에 의하면 베수비오 화산 폭발이 일어난 것은 AD 79년 8월 24일이다. 티투스의 즉위는 같은 해 6월 24일.

도미티아누스는 즉위할 때부터 자질 논란이 있었다. 군 경력이 전혀 없는 데다 베스파시아누스의 차남이자 티투스의 동생이라는 것 외에 자신을 입증할 것이 없었기 때문이다. 그러나 티투스의 요절과 국내 정세의 불안 덕에 그는 큰 장애 없이 원로원의 승인을 받았고 군의 충성을 이끌어냈다. 평시였다면 이 정도로 쉽게 제위에 오를 수는 없었을 것이다. 하지만 몇 가지 긍정적인 정책을 제외하고 그의 15년 치세는 독재와 악행으로 점철되었고, 반란을 맞아야 했으며 끝내 암살로 생을 마쳤다. 더불어 집안까지 마감(?)시켰다. 자신의 치세에 플라비우스 왕조를 끝낸 것이다.

　다행인지 불행인지, 도미티아누스로 인해 로마는 새로운 왕조를 맞이하게 된다. 흔히 오현제五賢帝라 부르는 네르바—안토니누스Nerva-Antoninus 왕조이다. 도미티아누스를 두고 로마를 황폐하게 만든 탓을 해야 할 것인지, 아니면 확실하게 구舊 왕조를 끊어 오현제를 탄생시킨 공을 치하해야 할 것인지, 역사는 실로 오묘함의 연속이다.

　플라비우스 왕조는 도미티아누스로 인해 끝이 좋지 못했기 때문에 당시엔 비판을 많이 받았다. 하지만 베스파시아누스가 혼란의 시기를 마감함과 동시에 로마를 재건하였고, 티투스 또한 재앙에 가까운 자연재해를 맞았음에도 훌륭하게 대처하였으며, 도미티아누스 또한 15년이라는 짧지 않은 기간에 로마 발전에 기여한 공이 있다. 플라비우스 왕조의 세 황제가 로마에 각각 개성 있는 기여를 한 것이다. 무엇보다 가장 큰 기여는 오현제 시대라는 로마의 전성기로 가는 가교 역할을 한 것이라 할 수 있다. 역시 후임이 누구인가는 참 중요하다.

## 콜로세움

콜로세움은 베스파시아누스 삼부자가 지은 것이다. 시작은 아버지, 완공은 막내. 중간에 첫째가 한번 개장을 하는데 이때를 완공으로 보기도 한다. AD 70년에 시작해서 80년에 만들어졌다 보는 것은 첫째 아들이 완공했다고 보는 시각이다. 그렇게 되면 막내 도미티아누스는 시설 보강을 한 것이 된다.

베스파시아누스는 혼란의 AD 69년을 매듭지으면서 네로의 황금궁전이 있던 자리에 원형경기장을 건설한다. 이는 전 황제의 사유지를 시민에게 돌려주면서 새 황제에 의해 새 시대가 열렸음을 보여주는 퍼포먼스였다. 이른바 민심 얻기 전략. 더불어 AD 70년 예루살렘의 함락으로 유대 전쟁이 마무리됨에 따라 전리품과 노예를 획득함으로써 별도의 징세를 최소화할 수 있었다. 베스파시아누스는 정치적으로 많은 성과를 거둔 것이다.

콜로세움의 정식 명칭은 암피테아트룸 플라비움Amphitheatrum Flavium. 플라비우스의 원형경기장이라는 뜻이다. 하지만 다들 그냥 콜로세움이라고 한다. 처음부터 그렇게 불렸는데 그대로 굳어졌다. 콜로세움은 거대한 像이라는 뜻의 라틴어 '콜로수스Colossus'에서 왔다. 네로의 거대한 상이 거기 서 있어서 붙은 이름이다. 역사를 논하는 진지한 자리에서 할 말인지는 모르겠으나, 대충 붙은 별명이라고 보면 될 것이다.

콜로세움은 대단한 건축물이다. 위에서 보았을 때 타원의 형태로 폭이 긴 쪽이 약 190m, 짧은 쪽이 약 160m이며, 높이가 약 50m 되는 4층 건물이다. 수용 인원에 대해서는 여러 주장이 있는데 대체로 5만 명 전후로 본다. 80개의 출입문을 통해 30분 안에 입·퇴장이 가능하도록 설계되었고 거기에 맞는 티켓팅 시스템이 갖추어져 있었다. 각 층을 아래에서부터 도리아, 이오니아, 코린토스 양식으로 건축해 예술성을 더했다.

콜로세움은 천막을 펼쳐 지붕을 만들 수도 있었다. 일종의 돔구장과 같은 구조이다. 물론 수동으로 움직였다. 그리고 지하에도 여러 시설이 있었다. 검투사를 비롯한 출연자와 관리자들이 사용하는 시설, 동물과 죄수들이 수용되는 시설, 극적인 등장에 필요한 엘리베이션Elevation 시스템이 갖추어져 있었다. 역시 수동이다.

건설 초기, 콜로세움의 지하는 바닥에 물을 채워 모의해전을 할 수 있게 설계되어 있었다. 경기장에 진짜 물을 채워 악티움 해전과 같은 역사적 해전을 드라마화한 것이다. 콜로세움의 배수配水 및 배수排水 시스템이 이를 가능하게 하였는데, 이런 모의해전을 나우마키아Naumachia라고 한다.[40] 앞서 설명한 지하 시설들은 설계를 변형하여 나중에 만들어진 것이다. 또한 콜로세움은 화장실 시설과 패스트푸드 판매시설까지 갖추어 장시간 관람을 가능하게 만들었다.

콜로세움 전에도 로마에는 원형경기장이 있었고, 완공 이후에는 규모는 작지만 콜로세움의 모양을 본뜬 경기장들이 제국 곳곳에 건설되었다. 게다가 도시 로마에는 콜로세움 외에도 15만 명을 수용할 수 있는 키르쿠스 막시무스Circus Maximus[41]를 비롯해 BC 55년에 건설된 폼페이우스 극장과 같은 현재의 노천극장 형태의 극장 시설들이 있었다.[42] 그 외에 음악과 시 암송 등을 위한 시설인 오데움Odeum, 격투 전용 경기장이라 할 수

---

40 라틴어 나우마키아(Naumáchĭa)는 해전이라는 뜻으로 모의해전도 이렇게 불렀다.

41 영화 <벤허>(1959)를 비롯해 로마 시대를 배경으로 하는 영화에서 자주 등장하는 전차 경기장이다. AD 1세기 도시 로마에는 키르쿠스 막시무스에 버금가는 키르쿠스 바리아누스, 조금 작은 키르쿠스 플라미니우스, 키르쿠스 바티카누스 등도 있었다. 당시 로마가 인구 100만의 대도시이기는 하였으나 시설들의 수용 인원은 상상을 초월하는 규모였다.

42 폼페이우스 극장 건설 이후 발부스 극장, 마르켈루스 극장 등이 건설되었다.

| 콜로세움 |

| 모의해전 공연, 나우마키아 |

있는 아레나Arena만 갖춘 원형경기장, 나우마키아 공연 시설 등이 여러 개 세워졌다. 당시의 인구를 고려하면 참으로 대단한 규모와 숫자가 아닐 수 없다.

왜 로마는 이와 같은 비생산 시설을 이토록 큰 규모로, 그것도 지속적으로 건설하였을까. 이 질문은 정치에서 답을 찾아야 한다. 콜로세움과 같은 대규모 경기장은 로마 시민들의 오락 시설인 동시에 매우 정치적인 시설이기도 하였다. 경기장뿐 아니라 신전이나 목욕장과 같은 대규모 시설은 정치인들을 비롯한 많은 유력자들이 자신의 이름을 알리는 수단으로 이용되었다. 황제 또한 정부의 업적을 보고하고 자신의 치적을 선전하는 장소로 이러한 곳들을 활용하였다.

공연 또한 각각의 의미를 담고 있는데 맹수와 싸우는 것은 제국 변방 곳곳에서의 승리와 영토 확장을 의미한다. 맹수들도 특정 지역을 상징한다. 사자는 아시아, 코끼리는 아프리카, 곰은 게르마니아와 같은 식이다. 해전 또한 바다에서 적의 해군이나 해적을 제압한 결과를 보고하는 것이다. 검투사끼리의 대결에서 마지막 생사여탈권을 관중에게 맡기는 것 또한 시민의 뜻이 정치에 반영되고 있으며 사법권이 확실하게 작동하고 있음을 보여주는 것이다. 그리고 이 모두가 황제와 접촉하는 계기를 만들어주는 정치 활동의 일환이었다. 한마디로 수준 높은 프로파간다propaganda의 장이었던 것이다.

콜로세움이 개장한 AD 80년 신라에서는 석탈해왕이 세상을 떠났다. 알에서 태어난 분이다.

## 마원과 반초의 원정

후한은 전한의 기조를 이어 초기부터 적극적인 대외정책을 펼쳤다. 로마에서 칼리굴라와 클라우디우스가 활동하던 AD 1세기 중반 광무제 때의 남방南方 공략과 로마 오현제 초기인 AD 1세기 후반 화제의 서역西域 공략이 대표적이다.

전한에 비해 후한은 대외적인 성과가 미약하다고 알려져 있지만, 이는 사실이 아니다. 이러한 이미지가 생긴 것은 아마 한무제 때의 흉노 공략이 워낙 엄청난 변화를 가져왔기 때문이 아닐까. 사실 무제 이전의 북방 유목민족에 대한 한족의 태도는 포비아Phobia라 할 정도로 비굴한 면이 있었다. 이를 극복한 전한의 업적은 후한뿐 아니라 어떤 왕조도 웬만해서는 넘어서기 힘든 것이었다. 전한과 비교해서 덜 칭송을 받는다 하더라도 후한 또한 적극적으로 서역을 공략했고, 그 중심에 서 있었던 인물이 바로 반초이다.

후한의 역사가 반표에게는 자식이 셋 있었다. 2남 1녀는 아들, 아들, 딸의 순서로 태어나 이름이 각각 고固, 초超, 소昭이다. 두 아들은 AD 32년 같은 해에 태어났고, 오빠들과 띠동갑보다 더 나이 차이가 났던 딸은 AD 45년에 태어났다. 반표는 유명한 역사서 《한서》의 집필을 시작했고, 반고는 아버지의 유지遺志를 이어받아 이를 완성했다. 이는 사마천과 그의 부父 사마담司馬談의 관계와 같다고 할 수 있다.

반씨 집안은 이 네 사람으로 인해 당대는 물론 후세에까지 이름을 떨쳤다. 그중에서도 반고의 명성이 가장 높은데, 그가 《한서》를 대부분 썼기 때문이다. 아버지 반표뿐 아니라 막냇동생 반소 또한 《한서》의 집필에 관여했다. 그런데 이들 가운데 특이한 인물이 둘째 반초이다. 반초는 글을 다루는 나머지 식구들과 달리 무관이다. 문신文臣 가문에서는 문신이, 무신武臣 집안에서는 무신이 나는 것이 보통이다. 대대로 문신 가문이었고 아버지와

기원부터 천 년까지 전문세

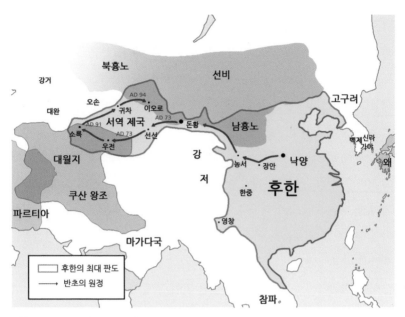

**| 후한의 최대 판도와 반초의 원정로 |**
지도상으로 매우 넓어 보이나 현재 중국의 영토이다. 신장위구르 지역에 해당한다.

형, 동생이 모두 글을 쓰는 분위기에서 반초 정도의 출중한 무장이 나온 것은 드문 일이라 하겠다.

반초 또한 처음엔 문신이었다. 형 반고가 관직에 올라 낙양으로 올 때 온 가족이 상경했다. 이때는 아버지 반표가 세상을 떠난 후라 가정형편이 매우 어려웠는데, 반초는 문서를 다루는 말직의 문관이 되어 하루하루를 보냈다. 그러던 중 자신이 글을 다루는 것과 맞지 않음을 자각한 반초는 무관이 되고자 사표를 던진다. '붓을 던지고 오랑캐를 쫓는 무신이 된다'는 투필종융投筆從戎의 고사가 여기서 나왔는데, 반씨 가문에 특이한 종자가 나타난 것이다. AD 70년경으로 추정되는데 네 황제의 해를 종식한 베스파시아누스가 로마를 다스리고 있을 때였다.

반초가 무신으로 전직轉職해 처음 공을 세웠을 때의 기록을 보면 그의 능력을 짐작할 수 있다. AD 73년, 반초가 두고杜固라는 장군의 부하로 서역의 선선국鄯善國에 사신으로 파견되었을 때의 일이다. 선선국은 후한과 흉노 사이에서 눈치를 보던 많은 소국들 중 하나였다. 마침 그곳에는 흉노의 사신도 와 있었고, 선선국의 왕은 어느 나라와 손잡아야 할지 결정을 못 하고 있는 상태였다.

그때 반초는 술자리를 마련해 일행들을 선동한다. 이들의 숫자는 고작해야 36명. 그것도 전투 부대가 아닌 문관이 주를 이룬 사신의 신분이었다. 적의 숫자는 많았으며 더구나 장소는 타국이었다. 하지만 반초는 탁월한 작전 능력으로 일행들을 이끌어 흉노 사신들의 목을 모조리 베고 선선국을 후한에 귀의시킨다.

이 과정에서 반초가 일행에게 했던 말이 '호랑이 굴에 들어가지 않으면 호랑이 새끼를 잡을 수 없다不入虎穴不得虎子'였다. 반초의 결단력과 전투 감각이 빛난 사건으로 호랑이 새끼를 잡는 것은 물론 반초 스스로 서역의 호랑이로 탄생하는 순간이었다.

당시 후한의 사신단 중에는 곽순郭恂이라는 문신이 있었다. 사신단의 대표였는데 반초는 이 일이 끝날 때까지 그에게 어떤 언질도 주지 않았다. 겁이 많아 기밀을 누설할지 모른다고 판단하였기 때문이다. 일이 끝난 후 반초는 곽순에게 모든 것을 털어놓으며 공을 나누자고 하였고 곽순은 기뻐했다. 이 또한 반초의 판단력이 빛난 사례로 이후 그가 이룰 업적의 전조로 평가된다. 이후 승승장구하여 서역 지배의 최고 지위까지 오른 반초는 30여 년 동안 서역을 공략하며 후한의 영역을 넓혔다.

로마에서 베수비오 화산이 폭발해 폼페이가 묻히고, 콜로세움이 완공되고, 플라비우스 왕조가 망하고 오현제의 시대가 시작되는 동안, 중국의 서역에서는 크고 작은 50여 개 나라가 후한에 귀의했다. 반초는 공을 인정받아 제후로 책봉되었는데 붓을 내던지고 무신으로 이름을 높이고자 했던 투

필종융의 포부를 제대로 실현한 셈이다.[43]

하지만 후한은 반초가 물러난 지 5년 만에 서역의 모든 영토와 주변국에 대한 영향력을 상실하고 만다. 반초의 후임자의 무능력에서 그 원인을 찾는 경향이 있으나 근본적으로 후한의 국력이 쇠해졌기 때문이라고 보는 것이 맞을 것이다. 후한의 서역 경영이 시스템이 아닌 반초 개인의 능력에 의지한 면이 컸던 것은 사실이다. 결과적으로 반초는 후한의 서역 개척과 경영의 처음이자 끝이었던 것이다.

| 반소 |
큰오빠 반고보다 열세 살 어렸다. 여성임에도 학문의 깊이를 인정받아 황족을 가르쳤고 영향력도 컸다.

동생 반초가 서역 도호都護로 봉해져 이름을 드날리고 있던 AD 92년, 반고는 모반에 연루되어 옥사한다. 이때 반고는 《한서》 집필을 완전히 끝내지 못한 상태였다. 《한서》는 《사기》와 같이 개인 저작으로 출발했으나 중간에 운명이 바뀌어 한 황실의 지원을 받게 된다. 집필자가 사망했어도 《한서》의 집필 작업은 황명에 의해 계속되는데, 반고에 이어 《한서》를 썼던 사람이 바로 막냇동생 반소이다. 동서양을 막론하고 근대 이전의 역사에서 여류 학자는 매우 드문데, 반소는 이름이 높았던 여류 학자였다.

---

43  AD 102년, 평생을 전쟁터에서 보냈던 반초는 말년에는 고향을 그리워하여 청원 끝에 중원으로 돌아왔다. 그의 나이 71세였다. 그리고 그의 목숨도 이때 다해 세상을 떠났다. 하고 싶었던 것을 다 했다는 만족감이었을까. 고향에 왔다는 안도감과 더불어 고단함을 놓은 것이었을까. 귀향 한 달 만이었다고 한다.

결국 《한서》는 반씨 집안사람들의 합작품으로, 가장 많은 부분을 쓴 반고가 그 대표라 할 수 있을 것이다. 고固는 환갑에 사망했고, 초超는 칠순에 돌아갔으며, 소昭는 칠순하고 1년을 더 살았다. 후세 사람들은 이렇듯 이름을 떨친 삼 남매를 삼반三班이라고 불렀다.

반초와 더불어 후한의 영토 확장에 공헌한 인물로는 마원이 있다. 그는 반초의 서역 공략이 있기 약 반세기 전에 남방을 공략한 인물로서 후한 시대 남방 공략의 아이콘이다. 나이대로라면 반초보다 마원이 먼저 소개되어야 할 것이다. 마원이라는 인물이 현대인들에게 알려지게 된 데는 《삼국지연의三國志演義》의 역할이 컸다. 정사正史 기준으로 제갈량은 AD 225년 촉蜀의 후방인 남쪽 지방을 평정하는데, 이때 마원의 사당에 깍듯하게 제祭를 올리며 승리를 기원하는 장면이 나온다. 정사에는 없는 내용이나 묘한 개연성이 있는 대목이다.

마원은 처음부터 유수의 장수가 아니었다. 그는 왕망으로 인해 대륙이 혼란하던 시절 유수가 아닌 외효隗囂라는 군벌의 부하로 있었다. 후에 광무제 유수가 후한을 건국하고 전국을 평정하는 과정(AD 25~36)에서 귀의하게 된다. 제대로 된 주인을 만난 마원은 후한의 무장으로 강족羌族, 저족氐族 등의 이민족 정벌과 내부반란 진압 등에서 큰 공을 세웠고, AD 42년 광무제의 명령으로 남방 정벌에 나선다.

후한서에 기록된 남방의 지명은 교지交阯이다. 현재 베트남 북부와 운남雲南, 광서廣西가 접경한 일대의 지역이다. 교지는 진나라 때 중국의 판도에 포함되었으나 거리가 멀고 풍토가 달라 진한秦漢 교체기에 잠시 지배에서 벗어났고, 다시 전한 무제 대에 점령된 상태였다. 베트남 역사에서는 중국에 복속된 시기를 이때로 보는데 BC 111년이다. 고조선이 멸망하기 3년 전이다. 한국과 베트남의 초기 국가에 대한 중국 세력의 침략이 거의 같은 시기에 이루어진 것이다.

그 베트남에서 독립을 위한 저항이 일어났다. 복속된 지 70여 년이 지난 시점이었다. 중국의 입장에서는 반란이고, 베트남의 입장에서는 봉기로 기록된 이 사건은 교지를 다스리던 후한 관리의 폭정에 대항해 일어난 원주민들의 무장투쟁이다. 이 봉기를 이끈 지도자는 오늘날 베트남의 영웅으로 추앙받고 있는 징측徵側, 징이徵貳 자매였다. 마원이 남방 출정을 명 받았을 때 이들 자매는 이미 국가를 조직해 징세까지 하고 있었다. 더욱이 3년여 동안 후한 군대를 물리쳐 사기마저 높은 상태. 하지만 이들은 마원의 상대

**| 현재 중국과 베트남의 지리적 위치 |**
베트남은 중국의 정중앙 부분 남쪽에 위치하며 운남성과 광서장족자치구와 접하고 있다.

가 되지 못했다. 전투 초반에는 지형지물을 이용한 전술로 후한군이 고전하기도 했으나 양군은 기본적인 '클래스'가 달랐던 것이다. 마원이 지휘하는 후한의 최정예군은 격렬한 저항을 누르고 AD 43년 수천의 베트남인들을 죽임으로써 전쟁을 끝냈다. 지도자 징 자매의 목도 떨어졌다.

남방 정벌을 성공적으로 마친 마원은 곧장 북방을 안정시키기 위해 출정해 그곳에서도 공을 세웠다. 그리고 다시 남쪽인 무릉武陵에서 반란이 일어나 출정하게 된다. 잠시도 전장을 떠나고 싶지 않았던 마원이 자원한 것이었다. 이때 그의 나이 62세. 이 원정에서 마원은 숨을 거두고 만다. 사후 모함을 당하기도 하였으나 곧 공신으로 인정받아 민간의 추앙을 받게 된다. 이후 중국에서는 남방 하면 마원이라는 인식이 생겨났고, 《삼국지연의》에는 그러한 인식이 잘 드러나 있다.

마원은 로마 율—클 왕조의 중심인 게르마니쿠스와 같은 시대를 살았다. BC 15년생. 마원이 한 살 동생이다. 그는 게르마니아 지방을 공략하여 게르마니쿠스Germanicus(게르마니아를 정복한 자)라는 칭호를 얻었고, 마원은 촉을 정벌하여 복파장군伏波將軍이 되었다. 《후한서》〈마원전馬援傳〉에는 이러한 문장이 있다. "대장부가 뜻을 품었다면 궁해졌을 때 굳세어지고, 늙으면 마땅히 더욱 건장해야 한다大丈夫爲志 窮當益堅 老當益壯." 이는 늙어서까지 전장에서 공을 세웠던 마원을 한마디로 표현한 것으로 여기에서 나온 말이 노익장老益壯이다. 말대로 마원은 63세까지 전장을 누비는 노익장을 보여주었다. 하지만 게르마니쿠스는 마원의 반 토막밖에 살지 못하고 요절했다. 좀 가까이 살았다면 조언이라도 해주었을 것을. 마원의 시호는 충성忠成. 군인들의 경례 구호나 국가에 대한 충성忠誠과는 한자가 한 자 다르다.

광무제와 마원, 반고와 반초, 채륜의 개인사를 이해한 후 뒤에 나올 당고의 화黨錮之禍를 알면 후한의 역사를 대략 파악할 수 있다. 역사는 곧 인물임을 보여주는 적절한 예로 후한만 한 것이 없다.

## 베트남의 영웅 쯩 자매

쯩[44] 자매는 베트남의 고대 영웅
이다. 당시로선 세계적으로 드
문 여성 영웅이고 '진짜' 드문 쌍
둥이 영웅이며, '초 울트라' 드문
여성 쌍둥이 영웅이다. 언니 '징
측徵側'과 동생 '징이徵貳'를 말
하는데, 베트남어로 '쯩짝Trung
Trac', '쯩니Trung Nhi'에 가깝다.

| 쯩 자매 |

쯩 자매는 AD 40년 후한의 지배에 대항해 일어났고, 베트남 민중의 호응을 얻어 후한
의 관리들을 몰아내고 60여 개 성을 차지하기에 이른다. 당시 이들의 판도는 현재 중국
과 베트남의 접경 지역부터 베트남 중부에까지 이르렀던 것으로 추정된다. 그뿐 아니
라 군대를 만들고 징세를 하는 등 국가체제를 갖추어 중국 세력으로부터 완전히 독립
하고자 했다. 쯩짝이 여왕이 되고 그들의 출신지인 멜린麊泠(현재 하노이 지역)을 수도로

---

44  徵(징)의 베트남어 발음.

삼음으로써 그들의 이러한 염원은 이루어지는 듯 보였다.

베트남의 사서에 따르면 후한 이전부터 이곳은 중국 관리의 가혹한 지배로 빈번하게 무장투쟁이 일어났던 지역이라고 한다. 쯩 자매가 봉기하게 된 직접적 원인 또한 후한의 관리가 쯩짝의 남편을 반란 주동자로 처형한 데 있었다. 베트남의 역사에는 많은 여성 장군들이 등장하는데, 쯩 자매 또한 어머니에게 무술을 배우고 전투에 대한 지식을 쌓았다고 한다. 사료는 베트남 사회가 가지는 모계 중심적 성격과 더불어 현재 베트남에서 여성의 역할이 남성에 비해 적지 않은 이유를 설명해준다. 쯩 자매의 용맹함이 호랑이까지 잡을 정도였다고 하니 남성들이 할 말이 없었을 법하다.

마원의 군대가 진압 초기에 고전한 것도 결코 우연이 아니었던 것이다. 이후 현지 적응을 마친 마원의 군대가 승기를 잡자 베트남군은 쫓기기 시작했다. 수만 명의 사상자를 냈고 쯩 자매는 생포되어 처형당한다(베트남의 기록은 핫강에 투신한 것으로 되어 있어 다소 차이가 있다). 쯩 자매가 없는 상황에서도 베트남 민중들의 저항은 계속되었고, 마원은 그 잔존 세력을 누르고 체제를 정비하느라 1년을 더 보내야 했다.

이 자매 영웅은 베트남에서 하이바쯩Hai Bà Trưng이라 불리며 대중들의 추앙을 받고 있다. 하이바Hai Bà는 베트남어로 '두 할머니'를 뜻한다. 그러니까 하이바쯩은 두 쯩씨 할머니인 것이다. 현재 하노이에는 이들을 기리는 사원과 상像, 그리고 그 이름을 딴 행정구역이 있다.

## ▌오현제의 시대

도미티아누스는 재위 시에 원망을 많이 받았던 황제였다. 속된 말로 하면 아버지와 형이 잘해놓은 걸 '말아먹은' 인물이다. 그런데 다른 관점에서 보면 로마에 큰 복을 준 인물이라고도 할 수 있다. 그가 암살당할 정도로 실정을 하지 않았더라면, 꾸역꾸역 살아서 자신의 핏줄에게 계위繼位라도 했더라면 오현제가 빛을 볼 수 있었겠는가. 이런 경우를 두고 이왕 말아먹을 거라면 확실히 말아먹는 게 좋다고 하는 것인가 보다.

| 네르바 |      | 트라야누스 |      | 하드리아누스 |

| 안토니누스 피우스 |      | 아우렐리우스 |

▌오현제는 로마의 평화 시대 중에서도 전성기를 이끌었다.

서역에서의 반초의 맹활약으로 후한의 영역이 확장되던 AD 96년, 도미티아누스가 살해되었다. 같은 해에 원로원의 추대를 받아 황제가 된 인물은 네르바Marcus Cocceius Nerva. 로마의 전성기를 이끈 독수리 오형제, 아니 독수리 오현제의 맏형이다. 로마의 상징은 독수리이니.

오현제는 이 네르바부터 트라야누스Marcus Ulpius Trajanus, 하드리아누스Publius Aelius Hadrianus, 안토니누스 피우스Antoninus Pius, 아우렐리우스Marcus Aurelius Antoninus의 다섯 황제를 말한다. 오현제의 시대는 마지막 아우렐리우스가 사망한 AD 180년까지 84년간으로, 《로마제국 쇠망사》의 저자 에드워드 기번Edward Gibbon은 이 시대를 '인류 역사상 가장 행복하고 번영했던 시기'로 평가하고 있다. 유럽중심주의가 묻어나는 발언이나 그만큼 이 시대가 태평성대였다는 뜻이기도 하다.

용어를 정리하자면 팍스 로마나Pax Romana로 불리는 로마의 평화 시대는 아우구스투스부터 아우렐리우스까지의 약 200년을 말한다. 팍스 로마나의 전반기 100년은 아우구스투스와 티베리우스, 클라우디우스와 베스파시아누스가, 후반기 100년은 이들 오현제가 만들었다. 그중에서 오현제는 팍스 로마나를 있게 한 실질적인 주역이다. 재미있는 것은 폭군으로 불리는 칼리굴라와 네로도 이 평화 시대에 있었던 황제들이라는 것.

왕조 단위로 구분하면 오현제 시대는 네르바-안토니누스 왕조에 속하는데 여기에는 오현제 외에 아우렐리우스의 공동황제였던 루키우스 베루스Lucius Verus와 태평성대의 막을 내렸던 콤모두스Lucius Aurelius Commodus Antoninus까지 총 7명의 황제가 있었다. 네르바-안토니누스 왕조는 여타의 왕조와 다른 점이 있었는데, 혈통으로 연결되어 있지 않았다는 것이다. 물론 간혹 피가 섞이지 않은 왕조도 있긴 하지만 이 정도로 타인인 사람들이 모인 왕조는 없었다. 혈연으로 황제가 된 사람은 콤모두스 단 한 명인데, 이 왕조를 끝장낸 인물이 바로 콤모두스이다.

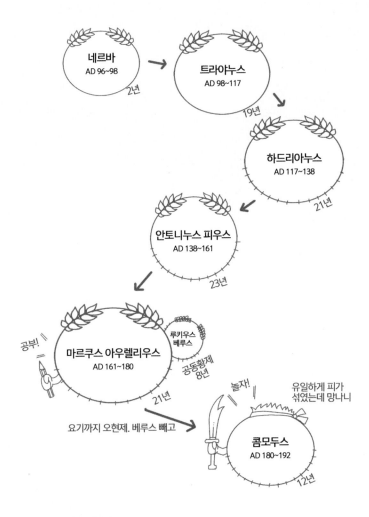

| 네르바-안토니누스 왕조 |

필두인 네르바는 즉위할 때 이미 66세였고 재위한 기간도 2년이 되지 않는다. 오현제가 아니라 사현제라고 해도 될 정도로 금방 왔다가 갔다. 실제로 고령의 네르바가 추대된 데는 다루기 쉬운 황제를 원했던 원로원의 뜻

이 작용했다. 그는 훌륭한 가문 출신에 온화함과 행정 능력을 갖추었지만 군대의 지지도 없이 얼떨결에 제위에 올랐기에 자신의 뜻을 제대로 펼칠 수 없었다. 상황이 여의치 않아 무언가를 이룰 수 없었을 뿐 능력이 없는 것은 아니었다. 네르바는 트라야누스라는 걸출한 인물을 후계자로 지명했는데, 이는 그의 최대 치적으로 꼽힌다. 이런 이유로 비아냥거리는 평가를 받던 때도 있었지만, 도미티아누스 때의 혼란을 수습하고 원로원과 군대를 추스른 것만으로도 그는 오현제의 일원이 되기에 충분하다. 실제로 그렇게 되었고.

로마의 평화 시대 또는 오현제 시대라고 하면 대개 평화와 번영만을 떠올리지만, 분명히 알아야 할 것은 이 시기에도 무수한 전쟁이 벌어졌다는 것이다. 인류사에서 전쟁은 거의 생활이었다. 오히려 전쟁이 없는 시기를 찾는 것이 더 빠를지 모른다. 로마 또한 마찬가지다. 로마의 평화란 국경에서 치열한 전투가 이어지는 가운데 이루어진 내부의 고요함이었다. 평화의 상징으로 불리는 오현제가 칭송을 받았던 이유가 군사적 업적에 있다니, 아이러니한 일이 아닐 수 없다. 어떤 시대와 비교해도 전쟁의 숫자가 적지 않았다. 이렇듯 힘을 바탕으로 이룩한 평화의 시대에 로마는 평화를 누렸지만 인접국은 억압의 고통에 시달려야 했다. 결국 진정한 평화란 자신의 힘으로 주도한 역학관계에서 쟁취한 평화인 것이다. 이것이 팍스 로마나의 'Pax'[45]이며 그 주도적인 힘이 헤게모니이다.

AD 4세기 말엽부터 원로원은 로마의 황제가 등극할 때 '아우구스투스보다 행운이 있고 트라야누스보다 더 나은 황제Felicior Augusto, melior Traiano'라

---

45  Pax는 라틴어로 평화를 뜻하는 말로 영어 Peace의 어원이라고 할 수 있다. 그러나 현재 Pax는 특정 국가가 주도하는 비전쟁(非戰爭)상태를 뜻하는 정치적 용어로 사용되기도 한다. 주로 강대국의 제국주의적 정책이나 행위를 정당화할 때 등장하는데 팍스 아메리카나(Pax Americana), 팍스 브리타니카(Pax Britannica), 팍스 시니카(Pax Sinica) 등을 예로 들 수 있다.

　　　　　　　　　　　　　　　　기원부터 천 년까지 전문세

| **트라야누스 대의 로마 영토** | 로마 역사상 가장 넓은 영토였다. AD 117년.

는 말로 지도자의 앞날을 축복했다. 그만큼 트라야누스의 업적은 다방면으로 높이 평가받았는데, 특히 군사적 업적이 탁월했다. 로마 역사상 가장 영토를 넓게 확장한 황제가 바로 트라야누스다. 다키아Dacia 전쟁으로 현재의 루마니아까지 차지하였고, 파르티아Parthia 전쟁으로 페르시아만까지 영토를 확장했다. "좀만 더 젊었다면 인도도 쳤을 텐데"라는 말은 뛰어난 군사 능력으로 몸이 근질근질했던 트라야누스였기에 할 수 있었던 멘트.

파르티아 제국은 로마의 오랜 숙적으로서 트라야누스 이전에는 힘으로 굴복시킨 적이 없던 나라다. 오히려 로마에 굴욕적인 패배를 안겨주었던 때가 더 많았다. 카이사르가 암살당하기 전까지 계획했던 것도 바로 파르티아 정벌이었다. 그런 파르티아를 트라야누스가 멸망 직전까지 몰아붙여 굴복시켰으니, 그에 대한 로마인들의 평가가 어떠했을지 짐작할 수 있다.

정복황제답게 트라야누스는 로마 밖에서 즉위하고 로마 밖에서 세상을

| 수염의 전통을 가르는 황제 |
오현제 중 중간에 해당하는 하드리아누스는 수염을 기르는 시대를 열었다.

떠났다. 또한 최초의 속주 출신 황제답게 일생 동안 수도 로마를 벗어나 속주에서 헌신하였다. AD 117년의 파르티아 전쟁은 그가 64세의 나이로 수행한 마지막 전쟁이었다. 그리고 하드리아누스가 그의 뒤를 이었다.

하드리아누스는 중간을 잘 가르는 황제였다. 그를 기준으로 많은 것이 바뀌었다. 먼저 오현제를 반으로 갈랐다. 다섯 황제 중 가운데인 세 번째다. 정책 면에서도 확장에서 빙어로 역사적인 선회를 하였으며, 브리타니아를 반으로 가르는 하드리아누스 장벽Hadrian's Wall을 세웠다. 또한 그의 대부터 로마의 황제가 수염을 기르기 시작해 천 년에 가까운 전통을 바꾸었다. 하드리아누스는 로마 제국의 반전, 그 한가운데에 있었던 인물인 것이다.

그의 정책 가운데 역사적인 의미가 가장 큰 것은 뭐니 해도 영토 확장을 멈춘 것이다. 실제로 트라야누스의 확장은 이미 그의 대에 부작용을 드러냈다. 적군을 때려부수어 기분은 좋았지만 그 대가가 상당했던 것이다. 순식간에 넓어진 영토와 길어진 국경에서 반란과 분쟁이 줄을 이었는데, 감당이 쉽지 않았다. 그리고 이 수습은 전적으로 후임자의 몫이 된다. 그리고 하드리아누스는 그걸 해냈다. 이에 대한 비판이 없는 것은 아니나 대체로 성공적이었던 것으로 보인다. 만약 하드리아누스가 아니었다면 트라야누스의 정복 사업은 칭송이 아닌 비난의 대상이 되었을지 모른다. 역시 후임자의 중요성.

기원부터 천 년까지 전문세

하드리아누스는 여행 황제로 불렸다. 로마를 비웠다는 점은 같으나 트라야누스와는 그 목적이 달랐다. 전쟁을 위한 출정出征이 아닌, 관리를 위한 여정旅程이었던 것이다. 그 뒤를 이은 안토니누스 피우스는 하드리아누스와 달리 소위 '방구석 황제'였다. 하드리아누스의 철학이 '속주의 문제는 속주에 가서 푼다'였다면, 안토니누스 피우스[46]는 '황제가 직접 가는 것은 돈과 시간의 낭비'라고 생각했다. 방식은 달랐지만 둘 다 훌륭한 통치로 로마에 최고 수준의 평화를 선물하였는데, 그 치세는 하드리아누스 21년, 안토니누스 23년으로 총 44년이었다. 요순堯舜이 아닌 하안Ha-An 시대. 물론 이 또한 영원할 수는 없었다.

오현제의 마지막 황제인 아우렐리우스는 로마의 평화 시대가 슬슬 저물어가는 것을 느꼈을 것이다. 안토니누스 피우스 사후에도 로마는 숱한 전쟁을 치른다. 하안 시대에 전쟁이 없었던 것은 아니나 그 규모와 심각성에서 다소 차이가 있었다. 그 덕에 로마 역사상 가장 공부를 많이 한 황제이자 누구보다도 평화를 사랑했던 아우렐리우스는 아이러니하게도 인생 대부분을 전장에서 보내야 했다. 전대 황제들이 시작해놓은 전쟁을 마무리 지으려는 것도 있었겠지만 끊임없이 전쟁이 일어날 수밖에 없는 것이 당시 제국 로마가 처한 상황이었다.

힘을 바탕으로 한 평화. 알면서도 피할 수 없는 황제로서의 임무를 이 철학자 황제는 싫어도 성실하게 수행했다. 그것도 성공적으로. 그럼에도 아우렐리우스는 오현제의 마지막 황제가 되고 말았다. 그는 여러 가지 업적으로 칭송을 받고 몇 가지 실수로 비난을 받았는데, 그가 저지른 가장 큰 죄는 현제賢帝를 단절시킨 것이다. 그가 후계자로 지명한 인물은 콤모두스. 이는 네르바가 트라야누스를 지명함으로써 칭송을 받는 것과 같은 이치다.

---

46 안토니누스 피우스는 이익 충돌 시 피고의 입장에서의 해석과 무죄 추정의 원칙을 법률로 규정한 황제다.

아우렐리우스가 비난의 대상이 되는 또 하나의 이유는, 오현제가 모두 혈연이 아닌 양자 관계인 데 반해 콤모두스는 아우렐리우스의 혈육이었다는 것이다. 혹자는 그를 제외한 네 명의 황제는 모두 친아들이 없는 상태였고 당시 로마의 정치적 상황을 고려하였을 때 콤모두스의 지명은 불가피한 것이었다고 아우렐리우스를 옹호하기도 한다. 하지만 안토니누스 피우스에게 두 명의 친아들이 있었다는 기록도 있어, 그는 이 사태에 대해 도의적으로라도 책임을 져야 할 듯하다. 콤모두스가 조금만 정사를 잘 돌보았던들 이런 논란이 생겼겠는가. 결국 어떤 직책이든 진짜 마지막은 자신이 아닌 후임자까지임을 알게 해주는 대목이다. 공직자는 이래저래 하느님이 좀 보우해주셔야 좋은 소리를 들을 수 있는 것이다.

오현제 시대의 로마는 외부로는 치열한 전쟁을 수행하고 내부로는 번영을 구가했다. 내부의 안정이 군사력을 강화하고, 강한 군사력은 다시 내부로 양분을 공급하는 구조라 할 수 있다. 이는 고금의 모든 국가가 바라는 이상적인 상태일 것이다. 문제는 현실적으로 이런 상황이 오래갈 수 없다는 데 있다. 번영이 길어지면 부패가 생기고, 부패가 생기면 군대가 약화되고, 군대가 약해지면 전쟁에서 이길 수 없고, 전쟁에서 패하면 피폐해질 수밖에 없다. 어떤 군대라도 계속 이길 수는 없다. 설사 승리했다 해도 크든 작든 피해가 있기 마련이다. 동양의 병법가 손자孫子가 싸우지 않고 이기는 것을 강조한 이유도 여기에 있다. 우려대로 오현제 시대의 번영 이후 부패와 쇠망이 뒤를 이었고, 이후의 로마는 전쟁으로 이루어놓은 거대한 것을 외적에게 조금씩 내주는 과정이라 해도 과언이 아니다.

## 알리멘타

AD 1세기 로마에서는 빈민층 자녀를 대상으로 복지 프로그램이 시행되었는데 이를 알리멘타Alimenta라고 한다. 제정 시대 로마는 속주경제의 확대로 국가 경제가 붕괴되고 있었다. 이는 로마의 중산층인 자영농의 몰락과 병력 자원의 감소를 초래했다. 알리멘타는 이러한 빈곤 자영농 자녀들의 양육비와 교육비를 지원하고자 만들어진 것으로, 한마디로 인구 감소에 대한 대책이었다. 네르바가 처음 시작했으나 본격적인 시행으로 효과를 이끌어낸 것은 트라야누스였다.

알리멘타는 식량, 양육비를 뜻하는 라틴어 alimentum의 복수형 어휘로서 대문자 Alimenta로 표기하면 그 정책을 콕 집어 의미한다. 현재 'aliment-'는 라틴어와 게르만어 계통의 언어에서 식량, 양분, 부양, 양육 등을 뜻하는 어근으로 쓰이고 있다. 에스파냐의 식품박람회 알리멘타리아Alimentaria, 식품과 약물에 대한 규격, 표준, 협약, 국제기구를 뜻하는 코덱스 알리멘타리우스CODEX Alimentarius, 스위스의 세계적인 식품 회사 네슬레Nestle의 식품영양 박물관 알리멘타리움Alimentarium 등이 이에 해당한다.

빈민층 자녀를 지원하는 알리멘타의 기금은 지주에게 대출을 해주고 받은 이자로 조성되었다. 시중보다 나은 조건의 담보와 대출 이자율을 적용받은 지주들은 이자 이상의 투자 수익을 거두었고, 대주주들의 호응을 얻어 알리멘타는 지속적으로 유지될 수 있었다.

| 네슬레 알리멘타리움 |

담보 비율은 로마와 속주, 각 지방의 환경에 따라 차등적으로 결정되었다.

AD 1세기에서 2세기로 넘어가던 이 시기, 한국은 삼국 시대였다. 당시 신라의 왕호는 이사금尼叱今이었는데, 이사금이란 치리齒理라 하여 이齒가 지혜로움과 관련 있음을 보여주는 말이다. 《삼국사기》 <신라본기>에는 3대 유리이사금과 4대 탈해이사금이 왕위를 서로 양보하기 위해 떡을 물어 이의 수를 세는 장면이 나온다. 치아의 수가 많아 왕이 된 유리이사금은 《삼국사기》에 의하면 홀아비와 과부, 고아와 자식 없는 노인 등을 보살피고 부양한 어진 왕이었다. 유리이사금은 트라야누스보다 약 70년 앞선 인물인데 알리멘타와 이사금을 뜬금없이 연결 짓게 만든다. 어찌 되었건 로마의 복지제도와 금융제도가 발전했던 것은 사실이다.

알리멘타는 성공적이라는 평가를 받는다. 빈민 가정을 돕는 본래의 목적을 넘어 농업을 활성화시키고 인구 증대에까지 기여하였으며 출산 정책, 농업 구제책과 연관된 대부제도 등 여러 복지 정책에도 영향을 미쳤다. 역사가 소小플리니우스Plinius minor는 알리멘타를 이렇게 평가하였다.

"이 기금으로 부양된 시민들로 군단은 충원되고 부족한 것들은 채워질 것이다."

기원부터 천 년까지 전문세

## 당고의 화

당고의 화黨錮之禍는 후한을 이해하기 위해 반드시 알아야 할 사건이다. 이 나라가 어떻게 쇠퇴하고 멸망했는지를 명확하게 알게 해준다. 후한이 중국 정치사에 남긴 가장 큰 흔적 중 하나는 정치 세력으로서의 환관의 등장이다. 당고의 화는 유구한 환관정치 역사의 시작을 알리는 신호탄이라 할 수 있다. 기록에 따르면 환관은 은대殷代에도 존재하였지만, 그들이 막강한 정치집단이 되어 국정의 한 축을 이루게 된 것은 후한 시기부터였다. 이후 환관은 청淸이 망하는 AD 20세기까지 중국 역사에 막강한 영향을 끼친다.

그 시초는 앞서 언급한 정중이라는 환관이다. 그는 4대 화제를 도와 AD 92년 외척 두씨를 몰아내는 데 큰 공을 세웠고 환관의 시대를 연 인물이다. 한번 권력의 맛을 본 환관들은 이를 놓치지 않으려 하였고, 그 어떤 집단보다 탄탄한 조직이 되었다. 당고의 화는 정중 이후 환관 조직의 힘을 보여준 첫 번째 사례라고 할 수 있다. 이후 후한의 황제는 휘둘리거나 조종당하는 신세가 되어 제대로 힘을 발휘하지 못하게 된다. 외척과 환관 중 누구에 의해 조종되느냐의 차이만 있었을 뿐.

당고의 화는 두 번 일어났다. 당사자는 외척과 환관. 거대한 정권 다툼에서 이긴 세력의 숙청 작업이 바로 당고의 화다. 1차는 AD 166년, 2차는 AD 169년으로, 로마는 오현제의 네 번째 황제 안토니누스 피우스 때였다. 당시 후한의 황제는 11대 환제桓帝와 12대 영제靈帝였다. 이 사건을 역사에서는 당고의 화 또는 당고의 옥黨錮之獄이라고 부른다.[47] 1차 당고의 화는 황제의 외척이었던 양기梁冀 일파를 일소하고 권력을 잡은 환관들이 자신을 반대하는 관료들을 잡아 가둔 사건이다. 이들은 영제 대에 같은 성격의 환란을 일으키는데, 그것이 2차 당고의 화이다.

---

47  '당고'라는 말은 무리(黨)를 가둔다(錮)는 의미이다. 금고형을 뜻하는 '錮(고)'와 같은 글자이다.

| 이응 |
당고의 화에서 희생된 인물로 가장 존경받던 관리였다.

환관들이 권력을 잡고 국사에 관여하는 것도 비정상이지만 외척들이 국정을 주도하는 것 또한 정상은 아니다. 환관이나 외척이 우수한 관료가 되지 말란 법은 없다. 하지만 그들이 비난받는 것은 능력이 모자람에도 고위 관료가 되는 경우가 많았기 때문이다. 무능력한 자들이 권력을 잡으면 국정이 제대로 돌아가지 않는다. 그들의 관심은 오로지 자신의 것을 지키는 데 있기 때문이다. 충신은 간신을 이기지 못한다. 그 이유는, 충신은 나라를 돌보느라 바빠 간신에겐 관심이 없으나, 간신은 나랏일 따윈 관심이 없고 자신의 이익을 위해 충신 때려잡는 데에 온 힘을 쏟기 때문이다. 환관과 외척 또한 자신의 이익과 안위에 온 신경이 집중되어 있으므로 그들이 고위직에 있는 한 나라가 잘될 리 없다.

황제도 두려워하지 않는 이들 세력이 두려워하는 집단이 있었으니, 바로 행정의 대다수를 맡고 있는 보통의 관료들이었다. 이들은 국가체제를 지탱하는 뼈대이자 실무진으로 두 세력의 역학관계 속에서 그나마 국가를 유지하려고 했던 자들이었다. 외척과 환관 중 누가 정권을 잡든 우수한 관료를 등용해 활용하는 것은 정권을 유지하기 위한 최소한의 방책이었다. 500년 후에 등장하는 당의 측천무후가 그러한 경우라 하겠다. 측천무후는 비록 제위를 찬탈하였으나 민생은 그럭저럭 잘 돌보았다는 평가를 받았다.

기원부터 천 년까지 전문세

인재 등용만은 소홀히 하지 않았던 덕이다. 당고의 화는 그러한 관료들이 외척과 손잡고 환관들을 치려는 과정에서 환관들의 역습을 받은 사건이었다.

당시 존경받던 이응李膺, 진번陳蕃 등의 관료들은 외척 두씨 세력에 의해 발탁된 인물들로 환관을 몰아내고자 했던 이들이다. 그러나 1차 당고의 화에서 관직을 빼앗기고 갇히게 되고, 2차 당고의 화에서는 목숨을 잃게 된다. 이때 그들을 따르던 수백 명이 죽거나 처벌을 받아 관직을 잃게 된다. 《삼국지연의》에 등장하여 유명세를 얻은 십상시十常侍 또한 12대 영제 대의 환관집단으로, 이들 중엔 실제 당고의 화를 주동한 자도 있다.

두 차례에 걸친 당고의 화는 쇠락해가는 후한의 운명을 돌이킬 수 없게 만들었다. 그나마 국가를 지탱해오던 관료들이 사라졌고, 이들을 지지하던 인재들은 관료가 될 수 없게 된 것이다. 상시적인 인재 발탁 시스템이 사라진 정부는 정상으로 되돌아갈 수 없다. 환관이 또 다시 장악한 후한 조정으로부터 민심이 떠나는 것은 자연스러운 수순이었다. 이런 배경에서 일어난 사건이 황건적의 난(AD 184)이다. 이때 로마에서도 오현제 시대가 끝나고 혼란이 시작된다.

| 서양 | | 동양 |
|---|---|---|
| | AD 189 | 십상시의 난 |
| | AD 190 | 동탁 토벌전 |
| 콤모두스 피살<br>다섯 황제의 해<br>세베루스 왕조 시작 | AD 193 | 서주 대학살 |
| | AD 200 | 관도대전 |
| | AD 208 | 적벽대전 |
| 카라칼라 안토니누스 칙령 | AD 212 | |
| | AD 219 | 관우 사망 |
| | AD 200 | 조조 사망 |
| | AD 221 | 촉 건국 |
| | AD 229 | 오 건국 |
| | AD 234 | 제갈량, 헌제 사망 |
| 군인황제 시대 시작 | AD 235 | |
| 발레리우스 황제 생포<br>(에데사 전투)<br>로마 삼국 시대 | AD 260 | |
| 아우렐리아누스<br>삼국 시대 마감 | AD 274 | |
| | AD 280 | 사마씨 진 통일 |
| 군인황제 시대 끝 | AD 285 | |
| | AD 291 | 팔왕의 난 |
| 테트라르키아 | AD 293 | |

# 로마의 군인황제 시대와
# 후한의 삼국 분열 시대

# 7

<br>

## ▌오현제 시대와 군인황제 시대의 사이

로마의 또 다른 위대함은 정권의 불안정한 이동 속에서도 사회구조가 붕괴되지 않았다는 것이다. 이는 튼튼한 기초를 가진 사회·경제 시스템을 가지고 있었음을 뜻한다. 오현제 시대를 거치면서 로마는 반석 위에 올랐다고 할 수 있지만, 한 국가의 멸망은 전대前代의 위대함이 무색할 정도로 순식간에 일어나지 않던가. 로마 또한 콤모두스 이후 정치 상황이 위태로움의 연속이었다. 하지만 붕괴되지 않고 수백 년을 더 이어갔다.

서양과 동양은 국가와 왕조에 대한 기본적인 인식에 차이가 있다. 중국과 한국 등 동양에서는 대체로 왕조와 국가를 동일하게 보았다. 왕의 가문이 달라지면 국가도 달라진다고 본 것이다. 가령 한漢은 유씨劉氏, 당唐은 이씨李氏의 나라이고, 고려는 왕씨王氏, 조선은 이씨李氏의 나라이다. 거의 동일한 통치체제를 유지한다 해도 왕의 성이 바뀌면易姓 국가도 바뀐다고 인식했다. 그러나 로마로 대표되는 서양은 달랐다. 제정 로마에서 왕조의 교체와 국가체제는 별개였다. 국가라는 한 지붕 아래서 일어나는 여러 사건 중 하나일 뿐. 이는 고대 이집트와도 비슷한데 기원전 3천 년 동안 수십

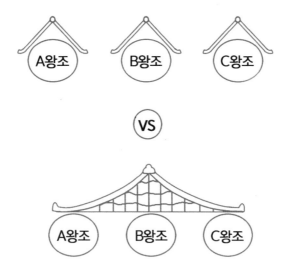

**| 동양과 서양의 국가–왕조의 개념 |**
동양에서는 국가가 곧 왕조라는 개념이 강하지만 서양은 하나의 국가체제 아래 여러 왕조가 존재했다.

개의 왕조가 명멸하였으나 이를 각각의 국가라고 말하지 않는다.[48] 이러한 모습은 비잔틴은 물론 중세의 유럽국가에서도 볼 수 있다. 왕조와 국가에 대한 인식이 근본적으로 다른 것이다.

오현제를 배출한 네르바–안토니누스 왕조의 뒤를 이은 것은 세베루스 Severus 왕조이다. 두 왕조 사이엔 잠시지만 혼란기가 있었다. 네–안 왕조의 마지막 황제 콤모두스가 암살된 직후 황제로 추대된 인물은 페르티낙스 Publius Helvius Pertinax이다. 형식적으로는 원로원이 추대한 것이었으나 실질적으로 제위에 올린 세력은 근위대였다. 콤모두스 재위 시의 로마도 혼란

---

48 고대 이집트의 왕조 분류는 BC 3세기 프톨레마이오스 왕조의 역사학자 마네토(Manetho)가 한 것을 지금까지 따르고 있다. 그러나 각각의 왕조를 다른 국가로 보는 학설 또한 존재한다.

스러웠지만, 그가 살해된 뒤의 혼란은 이와는 또 다른 성격의 혼란이었다.

콤모두스가 살해된 192년 12월 31일 밤, 근위대가 자신을 방문하자 페르티낙스는 이렇게 물었다고 한다. "드디어 황제가 나를 죽이라 하시던가?" 콤모두스는 재위 내내 정적, 측근 할 것 없이 내키는 대로 사람을 죽였다. 이를 누구보다 잘 알고 있었던 페르티낙스는 변덕스러운 콤모두스가 사람을 보내 자신을 죽이려 한다고 생각했던 것이다. 순간이나마 죽음을 각오했던 자신에게 왕관이 씌워졌을 때 페르티낙스의 기분은 어떠했을까.

비록 얼떨결에 제위에 올랐지만 페르티낙스는 탁월한 인물이었다. 그는 놀랄 만큼 빠른 속도로 혼란을 수습하며 정정政情을 안정시켰다. 페르티낙스에 대한 후대의 평가는 '질서를 회복한 황제'이다. 뒤에서 언급하겠지만 그가 재위했던 기간을 생각하면 놀라운 일이 아닐 수 없다. 오히려 당황한 것은 근위대였다. 오로지 말 잘 듣는 황제를 바라고 세운 인물이었는데 뜻하지 않게 너무 훌륭한 사람을 골랐던 것이다. 부패하고 천박한 자들의 실수였다.

화면을 돌려 페르티낙스를 황제로 세우던 때로 거슬러 올라가면, 근위대는 그를 새 황제로 추대하면서 조건을 걸었다. 돈을 달라는 것이었다. 페르티낙스는 이를 승낙하였고 황제가 되었다. 황제 자리가 탐나서가 아니었다. 요구를 들어주지 않으면 황위가 문제가 아니라 목숨이 날아갔을 것이기 때문이었다.

목숨도 건지고 황제도 된 페르티낙스. 하지만 지존이 되어 궁에 들어가 보니 제국 로마는 무언가를 할 수 있는 상태가 아니었다. 콤모두스가 너무도 살뜰하게 거덜 내놓았던 것이다. 파산이란 말로 모자랄 정도의 재정 상태로 인해 그가 재위 내내 한 일은 돈을 끌어 모으는 것이었다. 팔고, 줄이고, 거둬들이는, 황제와 국가가 할 수 있는 모든 수단을 동원해 재정을 확충했다. 놀라운 것은 이러한 파산 상태에서도 그가 훌륭한 정책을 펼쳤다

| 네덜란드 화가 로렌스 알마 타데마(Lawrence Alma Tadema)의 <클라우디우스를 옹립하는 근위대> |

는 것이다. 그 결과 단기간 내에 그는 로마 시민의 인정과 칭송을 받는 황제가 되었다.

문제는 단 하나, 도저히 근위대와 한 약속을 지킬 수 없다는 것이었다. 나라의 금고가 텅텅 비었는데 무슨 수로 거금을 짜낼 수 있었겠는가. 그러자 황제를 지켜야 할 이들이 약속을 지키라며 그를 위협하기 시작했다. 무엄하게도 말이다. 역사서에 따르면, 페르티낙스가 제위에 오른 지 며칠 되지 않아 비열한 무리들이 규합되기 시작했다고 한다. 그들은 나랏일에 1도 관심이 없었고 오직 돈 뜯어낼 궁리만 했던 것이다.

페르티낙스가 마음만 먹었다면 이 추한 채무를 변제할 수 있었을 것이다. 하지만 그는 그렇게 하지 않았다. 도리어 근위대를 설득하려고 했다고 기록은 전하고 있다. 불행하게도 이 훌륭한 황제는 난도질당해 목숨을 잃는다. 즉위한 지 석 달이 채 되지 않았던 때였다. 시민의 존경과 사랑은 황제의 보호막이 되지 못했으며, 이때부터 근위대의 추악한 행패가 본격적으로 시작되었다.

기원부터 천 년까지 전문세

페르티낙스의 뒤를 이은 인물은 디디우스 율리아누스Didius Julianus. 디디우스 율리아누스는 역대 로마 황제 가운데 가장 독특한 방식으로 제위를 차지했다. 그는 '식도락食道樂을 즐기는' 당시 원로원에서 가장 부유한 의원으로, 일상이 지루해서 '황제를 한번 해볼까' 했던 자였다. 페르티낙스를 공개적으로 살해한 근위대는 공석이 된 황위를 경매에 붙였다. 비밀리에 한 것도 아니고 공공연하게 광고를 하면서. 이들은 경건함을 잃어버린 군대가 어디까지 추악해질 수 있는지 보여준다.

이 경매에서 최고가로 황위를 낙찰받은 인물이 바로 디디우스 율리아누스였다. 경매 대금은 그 자리에서 현찰로 지불되었고, 돈을 받은 근위대는 원로원을 협박해 승인을 얻어내 주는 친절을 베풀었다. 대금에 대한 영수증이라 하겠다. 이런 한심한 과정으로 탄생한 황제가 환영받을 수 있었겠는가. 제국 로마의 황제로 등극한 날, 궁에 들어온 디디우스 율리아누스를 기다린 것은 페르티낙스의 목 없는 시체와 초라한 식사였다고 한다. 그 광경은 자신의 앞날을 암시하는 것이 아니었을까.

우려대로 디디우스 율리아누스는 두 달 만에 처형되는 것으로 치세를 마감한다. 싸늘한 민심 속에, 황제를 지킬 의지도 능력도 없는 근위대에 둘러싸인 채 즉위하자마자 세 명의 사령관이 황제를 칭하며 반기를 들었던 것이다. 그가 황제로서 누린 두 달은 외롭고 불안하기 짝이 없는 시간이었을 것이다. 권력이 뭔지. 자족하며 가만히 있었다면 세상 부러울 것이 없었을 금수저가 사서 고생한 경우라 하겠다. 예나 지금이나, 동양이나 서양이나 권력이란 부를 가진 사람에겐 거부하기 어려운 유혹인가 보다. 이렇게 역사는 서민으로서는 도저히 알 수 없는 숙제를 준다.

중국에서 조조가 아버지의 원수를 갚겠다며 서주에서 대학살전을 벌인 AD 193년을 로마에서는 세 황제의 해 또는 다섯 황제의 해라고 한다. 여기서 다섯 황제란 페르티낙스와 디디우스 율리아누스, 그리고 반란을 일으킨 세 명의 사령관, 니게르Pescennius Niger와 알비누스Clodius Albinus, 셉티미우스 세베루스Septimius Severus를 가리킨다. 앞선 두 사람에다 세 사령관 중 최종 승리자가 된 셉티미우스 세베루스를 넣으면 세 황제가 되는 것이다.

제정 로마 시대에 정식 황제로 인정받는 방법은 원로원의 승인을 받는 것이었다. 군인황제 시대를 거치며 점점 형식에 그치게 되긴 하지만, 그래도 원로원의 결정은 로마에서 가장 정통성 있는 권위를 가지고 있었다.[49] 물론 물리적인 힘을 가진 존재가 아니었기에 무식한 실력자에게 이용되는 경우가 적지 않았다. 우리도 현대에 독재자가 의회를 마음대로 주무르는 것을 숱하게 보지 않았던가. 그러기에 로마의 원로원이 들러리 노릇을 하는 모습이 쉽게 그려질 것이다. 의회란 그런 존재이다. 제도와 시민, 지배자의 의식이 조화를 이루지 못한 상태에서는 그 존재 의미가 없어진다.

AD 193년의 혼란은 이후에 수없이 발생하는 '누구를 황제로 볼 것인가'에 대한 논쟁을 야기한 첫 사건이었다. 페르티낙스와 디디우스 율리아누스, 세베루스는 원로원의 승인을 얻었으나 니게르는 군단의 추대를 받은 것에 그쳤고, 알비누스는 군단의 추대와 함께 세베루스에 의해 카이사르의 칭호를 얻은 바 있다. 부황제로 번역되는 카이사르를 어떻게 볼 것인가도 애매한 문제이다. 아무튼 세베루스는 정확한 정세 판단과 노련한 정치 감각, 군사력으로 니게르와 알비누스를 물리치고 제위를 세습하는 데까지 성공한다. 제정 로마 네 번째 왕조인 세베루스Severus 왕조가 탄생한 순간이다.

---

49  로마 원로원의 권위는 실권의 유무를 떠나서 누구도 의심하지 않는 객관성과 고귀함이 있었다. AD 3세기 로마가 삼등분되었을 때도 갈리아 제국에 원로원이 설치되었고, 동서로 분열되었을 때 동로마도 별도의 원로원을 구성하였으며, 고트족이 나라를 세웠을 때에도 원로원을 설치했던 것을 보면 그 의미를 가늠할 수 있을 것이다. 이후 서로마가 멸망했을 때는 원로원만 별도로 존속하는 기이한 현상마저 나타난다. 원로원은 로마보다 더 오래 생명을 부지했다.

## ▌세베루스 왕조와 군인황제 시대

역사에서 시대 구분을 놓고 다른 주장들이 맞서는 경우는 드물지 않다. 로마 역사에서 군인황제 시대를 언제로 볼 것인가 하는 문제 또한 그러하다. 다행이라면 시작 시기에 대해서는 의견이 분분하지만 언제 막을 내렸느냐에 대해서는 이견이 없다는 것이다. 디오클레티아누스가 카리누스를 누르고 완벽히 권력을 잡은 AD 295년, 중국에서 팔왕의 난八王之亂으로 시끄러웠던 그때가 이견 없는 로마 군인황제 시대의 끝이다. 그렇다면 시작은 언제인가. 우선 AD 193년 세베루스 왕조가 열렸을 때부터라는 주장과 세베루스 왕조가 끝난 시점부터라는 주장이 있다.[50] 즉 세베루스 왕조를 군인황제 시대로 넣을 것인가 말 것인가의 문제이다. 이를 풀어서 설명하면 세베루스 왕조의 마지막 황제 알렉산데르 세베루스Alexander Severus가 살해되고 막시미누스 트락스Maximinus Thrax가 등극한 AD 235년부터가 이견 없는 군인황제 시대인 것이다.

세베루스 왕조는 40년 정도 지속되었다. 이 왕조도 어김없이 황제의 숫자에 대한 논란이 있다.[51] 물론 황제가 몇 명이냐 하는 것이 심각한 문제는 아니다. 세베루스 왕조는 역사적으로 여러 면에서 중요한 의미를 가진다.

우선 원로원을 제대로 무시한 첫 번째 왕조이다. 앞서 존재했던 율리우스-클라우디우스 왕조나 플라비우스 왕조, 네르바-안토니누스 왕조에도 원로원을 무시했던 황제들이 있었다. 하지만 개인의 일탈일 뿐 전체의 분위기가 그러했던 것은 아니었다. 이에 반해 세베루스 왕조의 모든 황제는

---

50  전자를 주장하는 측은 세베루스 왕조를 1차 군인황제 시대로, 세베루스 왕조 이후를 2차 군인황제 시대로 부른다. AD 69년 '네 황제의 해'를 1차 군인황제 시대로 보는 이들도 있으나, 이는 소수다.

51  로마 황제의 숫자가 학자마다 차이를 보이는 것은 애매한 경우가 있기 때문이다. 먼저 시대에 따라 공동황제, 부황제 등으로 권력을 나눈 경우가 있었고, 그중에서도 실제 영향력을 끼친 자와 명목상의 황제에 그친 자가 있었다. 그리고 원로원의 인정 유무, 영향력의 정도에 따른 후세의 판단 등 여러 이유가 있었다.

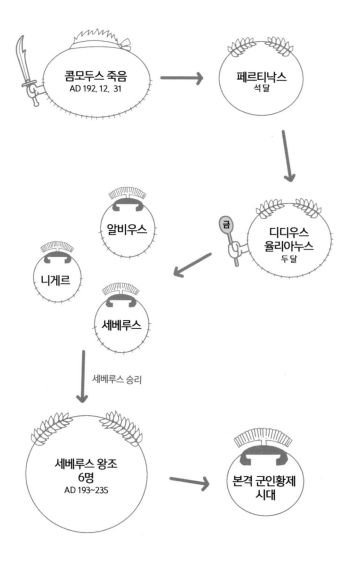

**| 군인황제 시대에 대한 개략적인 구성도 |**

세베루스 왕조가 끝난 시점은 이견 없는 군인황제 시대의 시작이다. 이 군인황제 시대에 세베루스 왕조를 포함시킬 것인 가가 논쟁일 뿐.

다음의 원칙을 지키고 따랐다. '군대 최우선, 원로원 개무시.' 이 원칙은 세베루스 왕조의 시조 셉티미우스 세베루스가 만든 것으로, 이에 따라 군단의 수를 늘리고 군인의 처우와 봉급을 대폭 개선했다. 그로 인해 자연스럽게 세금도 높아졌다. 이 조치는 단기적으로 군사력 강화라는 결과를 낳았으나, 장기적으로는 사회불안 요소가 된다.

세베루스 왕조 대에 이루어진 굵직한 업적은 파르티아가 지도에서 사라진 것[52]과 AD 212년 두 번째 황제 카라칼라Caracalla가 제국 전역의 자유민에게 로마 시민권을 부여한 것이다. 속주민에 대한 시민권 부여는 민주주의 발전과 하등 상관 없는, 세수 증가를 위한 것이었으나, 서양사에서 매우 중요한 의미를 갖는다. 이로 인해 강력해진 군사력 덕분에 AD 197년 셉티미우스 세베루스가 파르티아의 수도 크테시폰Ctesiphon을 점령할 수 있었기 때문이다. 그리고 AD 226년 알렉산데르 세베루스 때에 마침내 정든(?) 숙적 파르티아가 멸망한다. 파르티아는 BC 247년 건국되어 500년간 지속된 나라로서 서로마 역사의 절반을 같이한 애증의 국가였다.

한편 세베루스는 원로원을 깨끗하게 제쳐버렸다. 보통 로마의 원로원 하면 힘 있는 귀족이나 특권층, 계급 사회에서 상위 집단, 문제 있는 사람들의 집단 등의 이미지로 비치는 경우가 많다. 특히 대중적으로 인기 있는 인물인 카이사르나 아우구스투스 시대에는 잔소리하는 시어머니와 같은 느낌을 준다. 하지만 원로원은 로마 정치체제의 핵심이자 백미이다. 로마를 역사에서 빛나게 하는 공화정共和政 또한 원로원이 있기에 가능한 것이었다. '원로원 개무시'는 로마가 공화정의 흔적을 한 꺼풀 더 벗겨내는 과정이었다.

군인황제는 단순히 그 출신이 군인인 황제를 말하는 것이 아니다. 군인이라고 우수한 사람이 없으리란 법이 있는가. 제정 로마에서는 오히려 군

---

52 파르티아는 AD 226년 멸망했다. 로마가 아닌 사산조 페르시아에게.

| 세베루스 개선문과 세베루스 |

사적인 자질과 전쟁에서의 공이 황제를 포함한 모든 지도자의 필수 조건이었다. 이는 공화정에서도 다르지 않았다. 따라서 황제 앞에 '군인'이라는 구체적인 낙인이 찍히는 것은 자질의 문제라기보다는 절차상의 문제, 즉 정통성 문제 때문이다. 여러 나라의 군사정권이 비슷한 예가 될 것이다. 모든 군사정권은 비정상적인 절차, 즉 무력으로 집권하고 국민을 대표하는 국회를 무시하는 통치를 행한다.[53] 로마의 군인황제들이 정확히 그러했다. 그 '스타트'를 세베루스가 했던 것이다.

재위 기간 동안 내전의 혼란을 잠재우고 안정과 평화를 가져왔다는 평가를 받는 세베루스에게도 군인황제라는 꼬리표가 달린다. "다 무시해도 된다. 그러나 군인은 우대하라."[54] 셉티미우스 세베루스가 죽으면서 남긴 말이다. 뼛속까지 군인인가.

---

53   정상적인 절차를 거치지 않고 힘으로 집권하였기에 군사정권이라 불리는 것이고, 국회를 무시하지 않으면 정권을 차지할 수 없으니 이 주제는 서술하기 허무한 면이 있다.

54   카시우스 디오에 의하면 셉티미우스 세베루스는 "형제끼리 반목하지 마라. 다른 것은 무시해도 괜찮으나 군인을 우대하는 것을 잊지 마라"라는 말을 유언으로 남겼다고 한다.

기원부터 천 년까지 전문세

## 로마 근위대

'양아치'란 거지 혹은 품행이 천박하고 못된 짓을 일삼는 사람을 속되게 이르는 말이다. 역사학에서 양아치와 같은 비속어가 나오는 경우는 매우 드물다. 하지만 이들에게 이보다 더 어울리는 표현이 있을까.

로마의 황제 경호부대Praetoriani는 근위대 또는 친위대로 번역되는데, 로마 역사 최고의 양아치 집단이다. 감히 이렇게 말할 수 있는 것은, 그들이 자신의 의무를 망각하고 권한을 남용했기 때문이다. 허용되지 않은 권력을 탐하여 끝내 손에 넣었고, 그 순간부터 다른 무엇도 아닌 사리사욕을 위해 끝 간 데 없는 방종을 일삼았다. 그들은 오로지 돈을 벌겠다고 황제를 죽이고, 제위를 팔고, 황제를 세우고, 황제를 협박하고 모욕하며 다시 죽이는 것을 반복하였다. 오직 돈을 위해 말이다.

앞서 설명했듯 자신들이 추대한 페르티낙스 황제에게 대놓고 금전을 요구하였다. 황제 추대가 아니라 황제 판매라고 해야 맞을 것이다. 추대 반, 협박 반으로 황제가 된 페르티낙스가 재정난으로 그들의 요구를 들어주지 못하자 반란을 일으켜 황제의 목을 자른 뒤 창에 꿰고 시내를 돌아다녔다고 한다. 이 양아치들은 다시 제위를 판다. 이번에는 최고가에 팔고자 경매 방식을 도입한다. 세계사에서 유래를 찾기 힘들 만큼 더러운 창의력을 발휘한 것이다. 그들은 심지어 시민의 사랑과 지지를 받는 훌륭한 근위대장을

| 로마 근위대 |

황제의 면전에서 참살한 적도 있다.[55] 황제도 시민도 두려워하지 않는 지경에 이른 것이다. 이들이 수백 년 동안 저지른 만행을 보면 로마라는 나라에 대해 기초부터 의구심이 생길 정도이다.

콤모두스 이후로 근위대는 존재 자체가 해악이었다고 해도 과언이 아니다. 오현제 시기 본분을 지키며 황제를 따라 최전선에서 활약하고 변방에서 작전을 수행한 것으로 이들을 변호하는 이도 있다.

하지만 그것이 그들의 악행에 대한 변명이 될 수는 없다. 군인이라면 누구나 행하는 일이기 때문이다. 단일 집단으로서 로마의 쇠락과 멸망에 이들만큼 지속적이고 치명적인 공헌을 한 자들이 없다는 것은 부정할 수 없는 사실이다.

이 탈 많은 부대는 공식적으로 AD 4세기 초 콘스탄티누스 1세Flavius Valerius Aurelius Constantinus 대에 와서야 비로소 해산된다. 근위대의 연원은 공화정 시대로 거슬러 올라간다. 황제가 없던 시절에는 집정관Consul과 같은 고위 관리를 호위하는 인력은 있었으나 부대 단위의 집단은 없었다. 오히려 야전군 사령관들을 호위하는 부대를 프라이토리아니Praetoriani라 불렀는데 BC 3세기경에 시작된 것으로 추정된다.[56]

제정이 시작되면서는 아우구스투스에 의해 소규모 부대로 편제되어 궁과 주요 시설을 경호하였는데, 부수적으로 정적들을 향해 황제의 권위를 세우는 작용을 하였다. 이때

---

55  법학자이기도 했던 도미티우스 울피아누스(Domitius Ulpianus)는 AD 228년 황제 알렉산데르 세베루스의 눈앞에서 살해된다.

56  스키피오 아프리카누스(Publius Cornelius Scipio Africanus)에 의해 설치되었다는 주장도 있다.

기원부터 천 년까지 전문세

까지만 해도 로마 시내에 군대를 두지 않는 전통에 따라 로마 외곽에 주둔하였다. 근위대가 본격적으로 세력화하기 시작한 것은 2대 티베리우스 황제 대였다. 규모가 확대되고 주둔지 또한 로마 시내로 옮겼으며, 정치성을 띤 업무를 하게 된 것이다. 주둔지를 시내로 옮긴 것이 치명적인 실수였다. 그 부작용은 당대였던 티베리우스 때에 이미 나타났고, 바로 뒤를 이은 3대 황제 칼리굴라가 이들의 시험 대상이 되었다.

황제를 해치우고 새로운 황제를 세우는 대업을 깔끔하게 이룬 근위대. 황제가 성군이냐 폭군이냐를 떠나, 스스로의 힘을 과하게 자각하게 된 이들은 이때부터 그 힘을 마구 휘두르기 시작한다. 로마 근위대가 직간접적으로 관여하여 살해한 황제는 칼리굴라, 도미티아누스, 갈바, 비텔리우스, 콤모두스, 페르티낙스, 카라칼라, 알렉산데르 세베루스, 고르디아누스 3세, 아우렐리아누스, 카루스 등 그 수를 헤아리기 어려울 정도다. 도덕성과 지능이 떨어지는 집단에 거대한 권력이 주어졌을 때에 어떤 일이 일어나는지를 로마 근위대는 잘 보여주고 있다. 그저 로마라는 곳에 이런 집단이 계속 존재했다는 것 자체가 불가사의이며, 이런 상황에서 국가가 수백 년을 지속했다는 것은 더 불가사의하다.

## ▌삼국 시대와 《삼국지》

삼국 시대는 중국의 역사 구분에 있어 논란이 있는 시기이다. 시기적으로는 후한과 위진남북조魏晉南北朝 시대의 사이에 해당하는데, 별개의 시기로 보는 견해와 후한 말기 혹은 위진魏晉 교체기의 혼란으로 보는 견해가 존재한다.

널리 사용되는 위진남북조라는 명칭을 따르면 삼국 시대를 따로 떼어 구별하기가 어려워진다. 왜냐면 위魏가 존재할 때 촉蜀과 오吳가 같이 있었고 오吳는 서진西晉 시기와도 겹치기 때문이다. 따라서 위진이라는 표현에는 오와 촉은 별도의 국가가 아니며 반란 세력에 불과하다는 함의가 담겨 있다. 즉 후한에서 곧장 위, 진으로 갔다고 보는 것이다. 그러면 위진남북조 시대가 삼국 시대를 포함하게 된다.

반대로 오와 촉이 엄연한 독립국가라는 시각도 있다. 촉이 성립된 AD 221년이나 오가 세워진 229년부터 촉이 멸망한 AD 263년까지의 3, 40년을 삼국 시대로 불러야 한다는 주장을 따르면, 위진남북조 시대라는 말이 애매해진다. 위진남북조에 삼국 시대를 넣으면 '후한―위―삼국―진―남북조'가 되는데, 위는 오와 촉이 세워지기 전 단독으로 존재한 시기가 반년밖

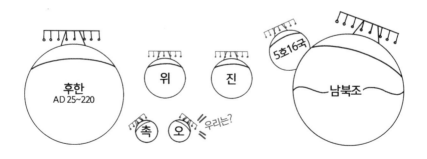

| 후한에서 위진남북조까지 |

　　　　　　　　　　　　　　기원부터 천 년까지 전문세

에 되지 않아 이름을 올리기가 다소 민망하다. 그래서 위를 빼면 '후한-삼국-진-남북조'가 되어버린다. 사실 이 문제가 아니더라도 위진남북조는 그 자체로 수많은 주장과 논란이 있는 명칭이다. 혼란의 시대였던 만큼 명칭 또한 혼란스러운 것이다.

이 시대가 대중에게 각인된 데는 진수陳壽의 《삼국지》, 그리고 여기서 파생된 《삼국지연의》라는 소설의 역할이 컸다. 소설 《삼국지》에 대한 대중의 관심이 없었다면 50년도 되지 않는 이 시기는 후한의 망국 현상으로 대수롭지 않게 지나갔을 가능성이 크다. 왜냐하면 바로 이어서 전쟁 장르의 블록버스터 영화가 개봉을 기다리고 있었기 때문이다. '남북조南北朝 시대'라는 제목의 영화. 그것도 부록으로 5호 16국까지 갖고 있는 아이맥스 영화가 말이다.

오현제 시대가 끝나고 콤모두스가 로마를 말아먹고 있었던 AD 184년. 그해에 일어난 황건적의 난은 후한의 혼란이 표출된 상징적인 사건이었다. 전국에서 거병하여 후에 군벌이 된 무장 세력들도 애초의 명분은 황건적의 난을 진압한다는 것이었다. 그런데 후한을 무너뜨린 것은 황건적이 아닌 이들이었다. 실제 황건적의 난은 1년 만에 진압되는데, 이를 핑계로 군사를 일으킨 자들이 군벌로 남아 후한을 분열시켰고, 그중 하나에 의해 나라를 빼앗기게 된 것이다.

《삼국지연의》 덕에 친숙한 AD 189년 십상시의 난, AD 190년 동탁 토벌전, AD 200년 관도대전官渡大戰, AD 208년 적벽대전赤壁大戰, AD 221년 이릉대전夷陵大戰 등은 삼국 시대를 한눈에 이해할 수 있게 해주는 주요 전투들이다. 이상의 굵직굵직한 사건들은 고맙게도(?) 10년 정도의 주기로 발생하였는데, 여기에 AD 184년 황건적의 난과 AD 234년 제갈공명의 사망을 붙이면 일반인들이 알고 있는 《삼국지》의 틀을 거의 완성하게 된다.

스토리로 타임라인을 이어보면 다음과 같다. 당고의 화 이후 환관의 전

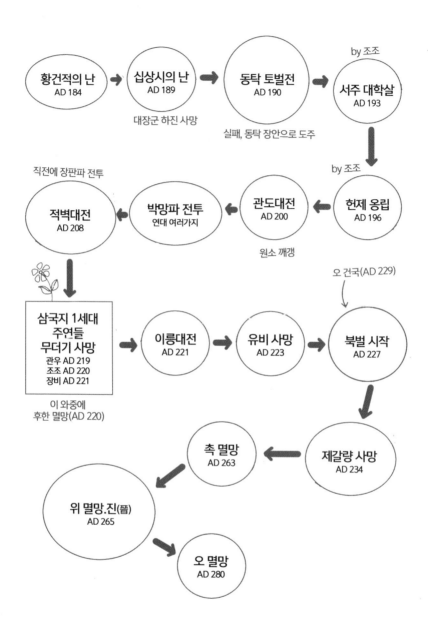

황건적의 난
AD 184

십상시의 난
AD 189

대장군 하진 사망

동탁 토벌전
AD 190

실패, 동탁 장안으로 도주

by 조조
서주 대학살
AD 193

by 조조
헌제 옹립
AD 196

관도대전
AD 200

원소 깨갱

박망파 전투
연대 여러가지

직전에 장판파 전투
적벽대전
AD 208

삼국지 1세대
주연들
무더기 사망
관우 AD 219
조조 AD 220
장비 AD 221

이 와중에
후한 멸망(AD 220)

이릉대전
AD 221

유비 사망
AD 223

오 건국(AD 229)
북벌 시작
AD 227

제갈량 사망
AD 234

촉 멸망
AD 263

위 멸망.진(晉)
AD 265

오 멸망
AD 280

| 삼국지를 쉽게 파악할 수 있는 틀 |

횡은 극심해졌고, 그나마 대장군 하진何進으로 대표되는 외척 하씨가 대항 세력이었다. 십상시의 난은 이 하진을 제거하면서 시작된 일련의 사건들을 통칭하는 말이다.

후한의 끝에서 두 번째 황제인 소제少帝[57] 시기, 대장군 하진은 십상시를 토벌하고자 지방의 장군들에게 군대를 소집하는 명령을 내린다. 그 상태에서 하진이 환관의 반격으로 죽음을 당하자 그의 추종자들은 환관을 직접 공격하고, 그로 인해 중앙권력에 공백이 생긴다. 동탁은 지방에서 군대를 끌고 올라오던 장수 중 한 사람으로, 난리 통에 운 좋게 황제를 보호할 기회를 얻는다. 외척과 환관이 한꺼번에 사라진 가운데 동탁이 권력을 잡게 된 것이다.

동탁의 집권은 새로운 가능성을 열었다. 외척이나 환관이 아닌 지방 군벌도 강력한 군세를 가지고 있으면 정권을 잡을 수 있다는 성공사례를 만든 것이다. 나라의 정치를 바로잡는다는 명분 아래 펼쳐진 정권을 향한 군벌들의 경쟁은 바로 내전 상태로 이어졌다. 《삼국지연의》는 바로 이 후한 말기의 내전을 그린 소설이다.

군사력만 놓고 보면 동탁은 가장 강한 군벌이 아니었다. 그럼에도 그가 정권을 잡고 천하를 흔들 수 있었던 것은 황제를 확보하였기 때문이다. 허울뿐인 황제라 해도 그는 여전히 천명天命의 상징이었다. 중국에서는 이를 천자天子라 하였는데, 고만고만한 세력들 사이에서 천자의 확보는 정통성과 직결되었다. 즉 자신이 정부이고, 자신의 사병이 정부군이며 이에 대항하면 반란이 됨을 의미한다. 한마디로 황제는 이 게임에서 최고의 '아이템'이었던 것이다.

동탁의 뒤를 이어 천자를 끼고 정세를 주도한 자는 조조曹操였다. 《삼국

---

57  이름은 유변(劉辯). AD 189년에 등극해서 같은 해에 폐위되었다. 시호가 없어서 소제이다.

|《삼국지》전반부 최대 전투 관도대전 |

지》의 주된 내용은 조조와 반反조조의 대결이라고 할 수 있는데, 조조가 헌제를 보호하게 된 AD 196년부터 조비曹丕가 후한을 멸망시키고 위를 세우는 AD 220년을 거쳐 사마씨에게 나라를 빼앗기는 AD 265년까지 이 구도는 유지된다. 반조조 세력으로는 원술袁術, 여포呂布, 원소袁紹, 마등馬騰, 장로張魯, 유비劉備, 손권孫權 등이 있다.

《삼국지》초반의 가장 강력한 군벌은 조조가 아닌 원소였다. 앞서 언급한 관도대전이 바로 원소와 벌인 일전이었다. 이때는 조조가 안정적인 전력을 구축하기 전이라 가장 큰 위기가 아닐 수 없었다. 그가 관도대전을 승리로 이끌지 못했다면 조씨의 천하제패는 불가능했을 것이다. 관도대전의 승리로 조조는 초장에 최대 라이벌을 제거함과 동시에 상대 세력을 흡수해 명분에 걸맞은 전력을 갖추게 된다. 관도대전은 적벽대전, 이릉대전과 더불어 《삼국지》3대 대전으로 꼽히는 전투이다.

이런 크고 작은 전투로 반조조 세력은 하나씩 꺾여나갔고, 최후까지 버틴 이가 바로 유비와 손권이었다. 이들은 조씨에 비해 세력은 미약했지만 각각 촉과 오라는 나라를 세우기에 이른다. 촉은 AD 221년, 오는 AD 229년에 건국된다.

기원부터 천 년까지 전문세

조조는 사실 '삼국'으로 불리는 상황을 보지 못하고 죽는다. 그가 세상을 떠날 때까지는 위도, 촉도, 오도 없었기 때문이다. 조조가 죽은 AD 220년에 아들 조비가 헌제에게 선양을 받아 위를 세웠고, 헌제가 시해된 것으로 착각한 유비가 서둘러 다음 해인 AD 221년에 세운 나라가 촉이다. 그리고 손권은 이에 자극을 받아 8년 후인 AD 229년에 오를 세운다. 《삼국지》의 넘버 원 주인공임에도 조조는 삼국의 맛은커녕 냄새도 맡아보지 못했던 것이다.

《삼국지》에서 진짜 위·오·촉 삼국이 온전하게 존재했던 시기는 30년 남짓이다.[58] 촉은 위에 의해 무너진다. 어이가 없는 건 강력한 군세로 촉을 멸망시킨 위가 2년 후인 AD 265년에 사라진다는 것이다. 무슨 일이 있었던 것일까. 당시 위의 실권은 황제인 조씨에게 있지 않았다. 흡사 후한 말기와 상황이 유사했는데, 명목뿐인 황제와 실권을 가진 권신의 관계가 다시 등장한 것이다. 유씨와 조씨의 사이에서 일어난 찬탈이 조씨와 사마씨 사이에서 재발한 것.

45년 전 후한의 옥새를 빼앗길 때 헌제의 비妃 헌목황후獻穆皇后 조절曹節이 "하늘이 돕지 않을 것이다"[59]라며 조씨를 저주했는데 그 말대로 이루어진 셈이다. 조절은 조조의 딸이었으나 남편인 헌제를 위해 친정과 싸운 여인이다. 과거의 딸은 이러했던 모양이다.

AD 265년 위의 마지막 황제인 조환曹奐으로부터 나라를 빼앗은 사마염司馬炎은 나라의 이름을 진晉으로 하였다. 삼국의 마지막 나라인 오를 멸망시키고 통일을 이룬 것은 위가 아닌 진이며 때는 AD 280년이다. 보통 황건적의 난이 일어난 AD 184년부터 진의 통일까지 100년에 이르는 기간을

---

58  정확하게는 오가 세워진 AD 229년부터 촉이 멸망한 AD 263년까지 34년 동안이다.

59  《후한서》<본기> '헌목조황후(獻穆曹皇后) 편'의 내용이다.

'삼국지의 시대'라고 부른다. 중국의 삼국 시대는 로마의 군인황제 시대와 거의 맞아떨어진다.[60]

시대 구분에 있어 삼국 시대의 존재를 받아들이고 말고는 개인의 몫이다. 하지만 중국인뿐만 아니라 한국인에게도 삼국 시대는 100년이란 시간보다 훨씬 큰 존재감으로 남아 있다.


## ┃ 본격적인 군인황제 시대

세베루스 왕조에 대해서는 이견이 존재하지만, 그 이후는 이론의 여지 없는 군인황제 시대Military Anarchy이다. 연도로는 막시미누스 트락스가 즉위한 AD 235년부터 디오클레티아누스Diocletianus가 정식으로 황제가 된 AD 285년까지, 정확히 50년이다. AD 235년은 촉의 제갈량이 죽은 지 1년이 지났을 때이고 AD 285년은 중국의 삼국 시대가 끝난 지 5년이 지난 때이다.

대중서에서는 로마의 군인황제 시대를 혼잡한 암흑기로만 간단히 규정하고 넘어가는 경우가 많으나, 이 시기가 갖는 정치사적 의미 때문에 많은 연구가 이루어졌다. 전성기 후에 쇠퇴기가 오는 것은 부자연스러운 일이 아니다. 하지만 로마는 군인황제 시대 이후 다시는 전성기라 부를 만한 부흥을 만들어내지 못했다. 디오클레티아누스, 콘스탄티누스, 테오도시우스 등이 훌륭한 황제임에는 틀림없지만 쇠퇴의 큰 물줄기를 되돌리지는 못했던 것이다.

군인에 의해 군인이 황제로 등극하고, 군인이 그 황제를 살해하는 상황이 반복되었다. 군인 중에서도 근위대의 역할이 가장 컸다. 황제의 잦은 폐

---

60  AD 180년 아우렐리우스 사망, AD 285년 디오클레티아누스가 군인황제 시대 마감.

기원부터 천 년까지 전문세

**| 로마의 항복을 받는 샤푸르 1세 |**

항복하는 인물은 발레리아누스, 고르디아누스3세, 필리푸스 중 한 사람으로 추정되며 연구서마다 다양한
주장이 있다.

립으로 야기된 정치 불안은 군사력의 약화를 야기했고, 외적의 침략으로
이어졌다. 이는 다시 사회 불안과 경기 침체를 초래했다. 50년간의 군인황
제 시대 동안 나타났던 황제는 26명.[61] 기간이 겹치는 경우가 있으나 평균
적으로 재위 기간이 2년이 채 되지 않는다.

이 시대의 틀을 잡으면 대략 다음과 같다. 황제로 즉위한 막시미누스 트
락스가 부하들에게 죽임을 당한 이후, 황제들이 군인의 추대를 받아 제위
에 올랐다가 군인들에게 죽는 사건이 계속해서 일어난다. 그러다 AD 235
년에서 정확히 25년이 흐른 AD 260년, 로마를 충격에 빠트리는 사건이

---

61  모든 공동황제를 포함한 숫자이다. 이 수치도 학자에 따라 차이가 있으나 실질적인 황제로 인정할 수 있
    는 범위는 대체로 18명 정도로 본다.

발생한다. 발레리아누스Publius Licinius Valerianus 황제가 사산조 페르시아와 전쟁을 수행하던 중 포로로 잡힌 것이다. 이것이 바로 굴욕의 에데사Edessa 전투이다.

데키우스Trajan Decius 황제가 AD 251년 고트족과의 전투에서 전사한 지 10년 만에 일어난 일로, 로마의 군사력 약화를 고스란히 보여준 사건이었다. 한편 로마의 황제를 생포하는 대승을 거둠으로써 사산조 페르시아의 샤푸르 1세Shapur I는 신생 국가의 위력을 떨친다.

로마인들에게는 발레리아누스가 노예와 같은 생활을 하다 죽었으며 그 시신은 박제로 만들어져 구경거리가 되었다고 알려졌으나, 이에 대한 사료적 증거는 없다. 오늘날 학계는 이것이 사실이 아닌 것으로 보고 있다. 하지만 로마인들에게는 그 일이 그만큼 씻을 수 없는 치욕으로 남았던 것이다. 한 가지 정확한 사실은 발레리아누스가 돌아오지 못하고 적국에서 1년 만에 숨을 거두었다는 것이다.

시간적으로 정확히 군인황제 시대를 반분하는 이 사건은 로마를 더욱 깊은 위기로 몰아넣게 된다. 나라가 세 개로 나뉜 것이다. 이른바 로마의 삼국 시대. 중국의 삼국 시대와 완전히 겹치고 한국의 삼국 시대와도 들어맞는다. 세 개의 세계에서 각각 세 개의 나라가 있었던 재미있는 시기. 로물루스가 건국한 이래 로마는 수없이 많은 위기를 맞았으나 영토가 이렇게 큰 토막으로 갈라진 적은 없었다. 처음으로 황제가 포로가 되더니, 처음으로 영토가 분할된 것이다.

로마의 삼국 시대는 AD 260년에서 274년까지 14년간 이어졌다. AD 260년 발레리아누스가 잡혀간 해에 동쪽에는 팔미라 제국Palmyrene Empire 이, 서쪽에는 갈리아 제국Gallic Empire이 세워졌다. 팔미라 제국은 현재 시리아의 영토에 위치한 고대 무역도시 팔미라에서 발전한 나라였다. BC 3세기 알렉산드로스의 원정 이후 그리스인들이 유입되며 크게 성장하였고

**| 로마의 삼국 시대 |**
로마, 갈리아, 팔미라로 삼등분된 로마의 삼국 시대는 AD 260년에 시작되어 갈리아 제국이 합병된 AD 274년까지 지속된다.

AD 1세기 로마에 편입된 이후 더욱 번성하게 된다. AD 3세기에 이르러 팔미라는 로마의 일원으로 자치권을 가진 부유한 도시가 된다.

사산조 페르시아와의 전쟁에서 팔미라군은 오데나투스Odaenathus의 지휘 아래 로마군으로 참전하여 공을 세웠다. 그로 인해 오데나투스는 발레리아누스에 의해 사령관으로 임명되어 왕과 다름없는 지위를 얻게 된다. 그는 로마에 매우 충성스러운 인물이었다. 발레리아누스가 포로가 된 후에도 그는 다른 마음을 품지 않고 로마를 위해서 싸웠다. 그런 그에게 갈리에누스Gallienus는 단독 황제가 되자마자 동방 지역 전체를 관할하는 권한을 부여했다. 이는 오데나투스가 보인 충성과 공헌의 결과이기도 하였지만, 당시 급박했던 로마의 불가피한 선택이기도 했다. 이때를 팔미라 제국의 시작으로 본다. AD 260년, 발레리아누스가 포로가 된 바로 그해이다.

이후에도 오데나투스는 다른 마음을 품지 않고 로마의 동방을 잘 지켜냈다. 사산조 페르시아는 물론 게르만족에 대한 방어 또한 훌륭히 이행했다. 그러나 그는 AD 267년 고트족(게르만족의 일파)에 대한 승전을 기념하는 연회에서 맏아들과 함께 조카 메오니우스Maeonius에게 피살된다. 로마로서는 여간 불행한 일이 아닐 수 없었다. 팔미라는 권력자와 후계자가 동시에 사라져 혼란에 빠질 뻔했지만, 이를 단숨에 정리한 인물이 나타난다. 바로 오데나투스의 두 번째 부인 제노비아Zenobia이다.

그녀는 암살자들을 처단한 후 자신의 아들을 내세워 팔미라를 장악하고 실질적인 권력을 휘둘렀다. 이 여걸에 의해 팔미라는 로마와 분리되어 별도의 제국이 되었고, 실질적으로 로마의 분열이 유지되었던 것도 제노비아의 치세 동안이었다. 로마 입장에서는 다행스럽게도, 이 여걸의 나라는 오래가지 못하였다. 불과 7년 후인 AD 273년 로마를 다시 '아우른 자' 아우렐리우스에 의해 멸망한 것이다. 팔미라는 다시 로마의 한 속주가 되었는데, 이번에는 자치가 아닌 직접 통치가 행해졌다. 반역한 곳에 다시 자치권을 줄 리는 없기에.

삼국 중 또 다른 한 나라, 갈리아 제국이 생긴 것도 이때였다. 모든 사달은 발레리아누스가 포로로 잡히면서 벌어진 일인 것이다. 발레리아누스가 동방에서 전투를 수행하고 있던 시기에 공동황제였던 아들 갈리에누스는 서방을 책임지고 있었다. 아버지가 포로가 되자 그는 단독 황제가 되어 급히 동방으로 귀환했다. 그러자 서방에 갑작스러운 권력의 공백이 생겼고, 각지에서 반란이 일어났다.

갈리아에서도 AD 260년에 반란이 일어났는데, 갈리에누스는 자신의 부하 포스투무스Marcus Cassianius Latinius Postumus에게 진압을 명하였다. 그런데 이 포스투무스는 반란의 진압과 동시에 갈리아를 자신의 나라로 선포한다. 이것이 갈리아 제국이다. 속사정이 어떠하든 외견상 고양이에게 수산시장을 맡긴 꼴이 된 것이다. 갈리에누스가 뒤늦게 진압에 나섰으나 실패했다. 제국 전역이 혼란에 빠진 시기였기에 멀리 떨어진 곳까지 효과적으로 힘을 쏟을 수도, 한곳에 전력을 집중할 수도 없었기 때문이다.

AD 260년부터 274년까지 존속한 갈리아 제국은 성립과 멸망을 팔미라 제국과 거의 같이한다. 갈리아 제국의 정치체제는 팔미라와 달리 원로원과 집정관, 호민관 등 공화정의 요소를 갖추었으나 실질적으로는 한 명에게 권력이 집중되는 제정과 다를 바 없었다. 포스투무스는 다섯 번에 걸쳐 집정관을 맡았는데 역사적으로 그를 갈리아 제국의 초대 황제로 본다.

로마를 따라 제도적으로 구색을 다 갖췄던 이 나라는 암투마저도 로마를 따라 했다. 14년이란 짧은 기간에 황제가 7명이나 나왔던 것이다. 하지만 팔미라 제국과 마찬가지로 아우렐리우스에 의해 다시 로마에 흡수되었다. 격렬한 전투가 벌어졌던 팔미라와 달리 조용히 말로 해결했다는 차이는 있지만 말이다. AD 274년, 로마의 지도는 언제 그랬냐는 듯이 14년 전의 형태로 돌아왔다. 또한 언제 삼국이 있었나 싶게 국내외의 극심한 혼란도 여전히 계속되었다.

그 중요성에 비해 로마의 삼국 시대가 덜 알려진 이유는, 무엇보다 기간이 짧았기 때문이다. 팔미라 제국이 실질적으로 로마의 통제를 벗어났던 기간은 6~7년 정도밖에 되지 않는다. 게다가 갈리아 제국은 맹렬했던 초반의 기세가 무색하게 대화를 통해 통합되었다. 갈리아 제국에 속한 인민과 속주들이 로마로부터의 독립에서 오는 이익이나 차이를 그다지 느끼지 못했던 것이다. 그래서 삼국 시대라는 거창한 명칭이 다소 민망한 감도 있는 것이 사실이다. 정확하게 이름을 붙이자면 '미니 삼국 시대' 정도가 적당하지 않을까.

재통합이 이루어진 후에도 로마를 둘러싼 정세는 계속해서 변하고 있었다. 이 또한 로마라는 중심 국가가 흔들린 것이 주된 원인이었다. 역사적으로 AD 4세기 이후의 로마는 군인황제 시대에 발생한 문제들을 수습하다

**| 세베루스 왕조 이후의 군인황제 시대 |**

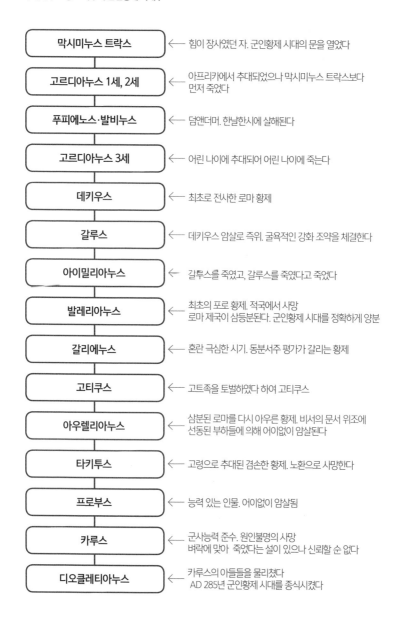

막시미누스 트락스 ← 힘이 장사였던 자. 군인황제 시대의 문을 열었다

고르디아누스 1세, 2세 ← 아프리카에서 추대되었으나 막시미누스 트락스보다 먼저 죽었다

푸피에노스·발비누스 ← 덤앤더머. 한날한시에 살해된다

고르디아누스 3세 ← 어린 나이에 추대되어 어린 나이에 죽는다

데키우스 ← 최초로 전사한 로마 황제

갈루스 ← 데키우스 암살로 즉위. 굴욕적인 강화 조약을 체결한다

아이밀리아누스 ← 갈투스를 죽였고, 갈루스를 죽였다고 죽었다

발레리아누스 ← 최초의 포로 황제. 적국에서 사망 로마 제국이 삼등분된다. 군인황제 시대를 정확하게 양분

갈리에누스 ← 혼란 극심한 시기. 동분서주 평가가 갈리는 황제

고티쿠스 ← 고트족을 토벌하였다 하여 고티쿠스

아우렐리아누스 ← 삼분된 로마를 다시 아우른 황제. 비서의 문서 위조에 선동된 부하들에 의해 어이없이 암살된다

타키투스 ← 고령으로 추대된 겸손한 황제. 노환으로 사망한다

프로부스 ← 능력 있는 인물. 어이없이 암살됨

카루스 ← 군사능력 준수. 원인불명의 사망 벼락에 맞아 죽었다는 설이 있으나 신뢰할 순 없다

디오클레티아누스 ← 카루스의 아들들을 물리쳤다 AD 285년 군인황제 시대를 종식시켰다

가 끝났다 해도 과언이 아니다. 이 시대가 남긴 상처가 너무나 크고 깊었기에 완치되지 못했던 것이다.

# III

중국의 위진남북조 시대와 로마의 4세기

# 남북조 시대와
# 테트라르키아

# 1

## ▌서진과 위진남북조

AD 280년 오吳를 멸하고 중국을 통일한 진晉은 금세 혼란에 빠진다. 보통 송宋을 중국 역사상 가장 허약했던 왕조라고 하는데, 진정 보잘것없었던 왕조는 사마씨의 진이다. 이 나라는 어느 하나 제대로 남긴 것이 없다. 굳이 찾자면 방종과 사치의 새로운 이정표? 아니면 피를 나눈 자들끼리 얼마나 지독히 싸울 수 있는가를 보여준, 개판의 신기원 정도라고 할 수 있겠다.

사마염에 의해 세워져 중국을 통일한 진은 그가 살아 있는 10년 동안은 그나마 평화를 유지하였으나, 그의 사후 내분이 일어나 그야말로 난장판이 된다. 통일왕조로서의 진은 AD 280년부터 316년까지 36년간 존속했다. 실질적으로 유지된 기간은 30년 정도라 할 수 있는데, 그 30년도 '팔왕의 난八王之亂'이라고 불리는 진흙탕 싸움으로 15년을 보냈다. 삼국 시대의 혼란이 그대로 이어진 것이나 다름없었던 것이다. 이렇게 금세 목숨을 다한 서진은 강남으로 피난 간 왕족에 의해 명맥을 유지하는데, 이것이 동진東晉이다. 동진은 그로부터 100년 정도 지속된다.

한편 사마염은 창업군주였음에도 중국 역사에서 손꼽히는 막장 군주였다. 대개 창건자는 정신이 온전한 것이 보통인데 그는 예외였던 것이다. 일단 그는 세계기록 보유자이다. 기네스북 정도가 아니라 인류가 문명을 태동시킨 이래 동서고금을 통틀어 독보적인 기록을 하나 보유하고 있으니, 바로 부인의 수이다. 사서에 의하면 사마염은 무려 1만 명의 후궁을 거느린 황제였다. 사서의 진허眞虛를 떠나 이 정도 규모를 논할 수 있다는 것 자체가 놀라울 뿐이다. 앞으로도 이 세계기록이 깨질 일은 없을 것 같다. 어쨌든 진은 초장부터 싹수가 보이지 않았던 나라였다.

사마염이 죽은 후 정권은 가남풍賈南風의 손에 떨어진다. 그의 뒤를 이어 장남 혜제惠帝 사마충司馬衷[62]이 황위에 오르는데, 가남풍은 그의 정실부인이다. 그런데 사마충은 지능이 떨어져 백치라 불리었다. 사마염도 아들의 상태를 알고 있었다. 자연스럽게 그를 태자에서 폐하려는 움직임이 일어났다. 허구한 날 놀면서도 나라는 걱정됐던 모양인지, 사마염은 폐출의 명분을 만들 겸해서 태자의 상태를 체크했다. 문제를 내어 풀게 했는데, 가남풍은 답안을 조작함으로써 이를 간단히 통과한다. 출제자 눈앞에서 치르는 시험이 아니라 수행평가처럼 집에서 풀어오는 형식이라 조작이 가능했던 것. 야심 많은 여인에게는 지엄한 황명마저 아무것도 아니었던 것이다.

---

62   장남 사마궤(司馬軌)가 갓난아기 때 요절해 사마충은 실질적인 장남이었다.

## 치두구 해프닝

즉위 초반 사마염이 검소한 이미지를 드날렸던 일화가 있다. 일명 치두구雉頭裘 사건이다. 치두구란 아름다운 털이 나 있는 꿩 대가리雉頭의 가죽으로 만든 옷이다. 그 작은 꿩의 머리가죽만으로 옷을 지으려면 얼마나 많은 꿩이 희생되었겠는가. 아무튼 치두구는 당시의 대단한 사치품이었는데, 한 신하가 이것을 사마염에게 바친다. 그리고 사마염은 이 치두구를 모두가 보는 앞에서 불태워 버린다. 사치하지 말 것을 천하에 당부하는 퍼포먼스였다. 이러했던 사마염이 3년이 지나지 않아 180도 달라져, 말로 다할 수 없을 정도로 끝 간 데 없는 사치를 일삼기 시작한다.

황제의 사치는 온 나라의 가진 자들의 욕망의 끈을 풀어버렸다. 중국 역사에서 등장하는 민간인 부자들의 믿기 어려운 씀씀이들이 대부분 이때 나온 이야기들이다. 가치를 헤아릴 수도 없는 백랍[63]으로 설거지를 하며 수십 리에 걸쳐 자색 비단으로 병풍을 치고 기생을 죽여가며 술을 권하며 놀았던 석숭石崇의 일화가 대표적이다. 그는 서진 시대의 인물로 부유하기가 북두北斗와 같다고 하여 두부斗富라고 불리었다. 물론 석숭을

---

63  표백한 밀랍으로 벌꿀을 녹이고 굳히는 과정을 반복하여 얻을 수 있는 납(蠟) 중 최상품. 서진 시대에는 백랍 하나면 기와집 한 채를 살 수 있었다고 한다.

비롯한 대부분 부자들의 재산은 부정과 불법으로 긁어모은 것이었다. 부정한 돈으로 불의하게 사치하는 지배자와 상류층이 있는 나라가 제대로 될 리 있겠는가.

그리고 진시황도, 수양제도 이루지 못한 사마염의 독보적인 기록, 후궁 1만 명. 《진서晉書》의 <무제기武帝記>와 <후비전后妃傳> 등에 기록된 내용이나 사실 그 진위는 의심스럽다. 그럼에도 분명한 것은 그 구체적 수치는 과장되었을지 모르나 엄청난 사치가 있었다는 것이다. 이에 따르면 사마염은 온 나라에 금혼령을 내리고 미인들을 모조리 자신의 후궁으로 앉혔다고 한다. 1만 명이면, 사마염이 하루에 한 명씩 본다고 해도 얼굴 한번 다 보는 데 30년이 걸린다. 남편 얼굴 한번 못 보고 늙어 죽는 미인이 수두룩할 상황. 오호 통재라.

사마염은 이 많은 후궁들 중에 한 명을 고르는 것도 귀찮아 아이디어를 냈다. 양이 끄는 수레를 타고 가다 양이 서는 곳에서 묻지도 따지지도 않고 내리는 것이다. 후궁들은 양을 유인하기 위해 온갖 방법을 썼다고 한다. 황제에게 잘 보이는 첫 번째 관문이 양을 유혹하는 것이라니, 눈물 나는 망국의 드라마가 아닐 수 없다.

초대 황제가 이 모양이니 진의 운명은 이때부터 결정난 것인지도 모른다. 상행하효上行下效라 하였다. 윗사람의 행동 자체가 아랫사람에게는 가장 큰 본보기인 것이다. 제정신을 가진 지도자가 필요한 이유이다.

## ▌팔왕의 난과 영가의 난

로마의 군인황제 시대가 끝나고 5년이 지난 시점인 AD 290년, 사마충이 제위에 오르자 권력은 일단 전대 황대의 외척인 양준楊駿의 손에 넘어갔다. 그는 여느 외척과 마찬가지로 집안사람들을 대거 요직에 앉히고 전횡을 부린다. 이에 가남풍이 황족 사마위司馬瑋, 사마량司馬亮과 비밀리에 모의해 양씨 세력을 일소하게 되는데, 이때 가장 큰 공을 세운 것이 사마위였다. 사마량이 소극적인 데 반해 사마위는 혈기왕성했다. 이는 나이와도 관련이 있을 것이다. 사마량은 사마의司馬懿의 아들로서 무제 사마염의 삼촌이고 사마위는 사마염의 아들이므로, 둘은 할아버지와 손자뻘이었던 것이다.

그러나 권력은 사마량에게 돌아갔고, 사마위는 여기에 불만을 가졌다. 이는 가남풍의 계략이었다. 충동적인 사마위를 자극해 분란을 만든 것이다. 애초부터 이들과 권력을 나눌 생각이 없었던 가남풍은 사마위를 이용해 사마량을 제거한 뒤, 사마량 살해죄를 뒤집어 씌워 사마위를 처형한다. 손도 쓰지 않고 양준, 사마량, 사마위를 없애며 권력을 차지한 것이다. 이것이 '팔왕의 난'이라고 불리는 내전의 첫 단계로 연출·주연이 가남풍이라는 여인이었다.

가남풍. 위진남북조 시대에서 진을 논할 때 결코 빠질 수 없는 인물이다. 전국 시대 이래 최대의 혼란기였던 5호 16국 시대의 방아쇠는 이 여자가 당겼다고 해도 과언이 아니니 말이다. 사서에서 전하는 가남풍에 대한 평가는 하나같이 좋지 않

**▌진무제 사마염▌**
모든 사건은 진무제 사마염의 난치(亂治)에서부터 비롯되었다.

기원부터 천 년까지 전문세

다. 외모부터 성격, 행동까지. 특히 성격이 매우 잔혹했다. 어린 나이에 궁중에 들어와 사마충의 후궁을 잔인하게 살인한 적도 있었는데 이는 무제가 살아 있을 때 벌인 일이다. 이런 가남풍이 최고 권력자가 되었을 때 자신에게 거슬리는 인물들을 없애나간 것은 놀랄 일이 아니었다.

그녀는 양씨 일족을 처단한 후 시어머니인 태후 양씨를 굶겨 죽였다. 그녀는 가남풍이 태자비였던 시절 수많은 잘못을 감싸주었던 인물이다. 사마충과의 사이에서 아들을 얻지 못했던 가남풍은 후궁의 소생인 태자 사마휼司馬遹도 죽였다. 사마휼은 끊임없는 살해 위협에 시달린 끝에 죽임을 당하는데, 그의 죽음은 진을 멸망으로 이끈 내전을 촉발시킨다. 팔왕의 난이다.

팔왕의 난은 가뜩이나 짧은 서진의 역사에서 태반을 차지하는 사건이다. 그런데 이 난은 중국 역사 전체를 놓고 보았을 때 단순한 분쟁 이상의 엄청난 영향을 미친다. 한족이 오랑캐라 일컫는 이민족들에게 '중원中原'을 처음으로 내주는 단초를 제공하기 때문이다. 팔왕은 진의 황족으로 왕의 지위에 있었던 여덟 명의 사마씨이다. 우선 권력을 잡은 순서대로 이름을 나열하자면 이러하다. 성은 사마요, 이름은 각각 량亮, 위瑋, 륜倫, 경冏, 애乂, 영穎, 옹顒, 월越이다.

사마위가 사마량을 죽인 후 나머지 여섯 명의 사마씨 왕들이 차례로 앞사람을 죽이며 권력을 잡는다. 사마위와 사마량은 본격적인 난리가 나기 전에 가남풍에 의해 제거되었으므로, 팔왕의 난은 사실상 육왕의 난이라고 해도 틀리지 않다. 특히 사마량의 경우 난은커녕 군사를 제대로 일으킨 적도 없으니 여기에 이름이 올라 있는 것이 억울할지 모른다. 그러나 팔왕의 난이 가지는 역사적 의미가 '사마씨 황족끼리의 내분'이라는 점에서 이들을 포함하는 것을 불합리하다 할 수는 없을 것이다.

태자 사마휼의 죽음을 이유로 거병한 사마륜은 가남풍을 제거하고 권력을 잡는다. 본격적인 난의 시작이요 서진이 지배하는 천하가 내전에 돌입

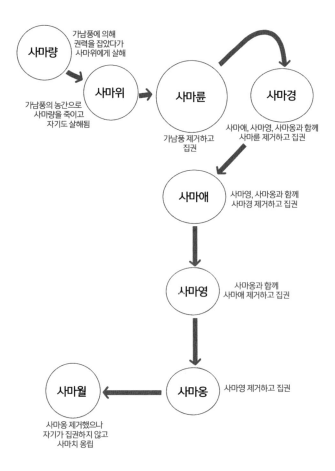

사마량 가남풍에 의해
권력을 잡았다가
사마위에게 살해

사마위
가남풍의 농간으로
사마량을 죽이고
자기도 살해됨

사마륜
가남풍 제거하고
집권

사마경
사마애, 사마영, 사마옹과 함께
사마륜 제거하고 집권

사마애
사마영, 사마옹과 함께
사마경 제거하고 집권

사마영
사마옹과 함께
사마애 제거하고 집권

사마옹
사마영 제거하고 집권

사마월
사마옹 제거했으나
자기가 집권하지 않고
사마치 옹립

| **팔왕의 난** | 사마씨 진에서 여덟 명의 왕들이 벌인 혼란을 말한다.

하는 순간이었다. 사마륜은 어리석인 인물로 용렬한 자들과 알량한 권력을
가지고 전횡을 부린 끝에 사마경, 사마애, 사마영, 사마옹 넷의 협공을 받
아 죽는다. 하지만 이어서 권력을 잡은 사마경도 사마륜의 몰락에서 배운

　　　　　　　　　　　　　기원부터 천 년까지 전문세

| 서진의 영토와 팔왕의 위치 |

것이 없었던지 정사를 어지럽혀 나머지 사마씨 셋의 공격을 받아 죽는다.

그리고 다시 정권을 잡은 자가 나머지 둘의 공격을 받는 패턴이 반복된다. 최후로 정권을 잡은, 이른바 여덟 번째 왕이 사마월이다. 사마월이 사마옹을 죽임으로써 비로소 팔왕의 난이 끝을 맺으니, 이때가 AD 306년이다. 사마염이 죽은 지 16년이 지난 시점이고 콘스탄티누스 1세가 카이사르에 오른 때였다. 사마월은 스스로 황제가 되지 않는다. 앞서간 일곱 명의 왕들을 보고 무언가를 느꼈던 것일까? 다음 해인 AD 307년, 백치 황제 혜제가 죽은 후 사마치司馬熾를 옹립하고 자신은 승상이 된다.

실권자 사마월은 폐허가 된 나라를 재건하기 위해 나름 노력하였으나 천하는 돌이킬 수 없는 국면으로 접어든 후였다. 이미 이민족의 힘이 서진을 넘어서고 있었던 것이다. 당장 그가 해야 할 일은 외적의 침입을 막는 것이었다. 약해질 대로 약해진 서진을 향해 가장 먼저 칼을 든 민족은 흉노였다. 5호 16국의 시대가 시작되는 순간이었다. 5호胡[64], 즉 다섯 오랑캐의 첫 타자가 흉노였던 것이다.

서진은 그나마 조금 우수했던 사마월 덕택에 모든 것이 붕괴된 가운데서도 근근이 흉노를 막을 수 있었다. 그러나 평소 사마월의 독재를 미워하던 회제懷帝 사마치가 흉노 방어에 정신없는 틈을 타 사마월을 죽이라는 밀조密詔를 내린다. 내분도 외적을 물리치고 난 뒤에 해야지, 참으로 어리석은 행동이 아닐 수 없다. 본인이 옹립한 황제가 자신을 죽이려고 한다는 것을 알게 된 사마월은 진중에서 분사憤死하였다. 화병이 건강을 해친다는 것을 보여준 의료 건이다.

흉노를 필두로 시작된 이민족의 서진 침입을 영가의 난永嘉之亂이라고 한다. 회제 사마치의 연호 영가永嘉 시기에 일어난 난리라 붙은 이름으로, AD 307년부터 312년까지를 말한다. 팔왕의 난이 영가의 난을 초래했음은 당연지사이다. 집 안에 떼강도가 들어오는 것을 보면서도 식구끼리 싸우는 것을 멈추지 않았으니……. 서진은 재물도, 목숨도 모조리 다 잃어버렸다. 이제 중원이라 불리는 중국의 중심은 한족이 그토록 막고자 했던 이민족의 차지가 된다.

물론 거래마냥 조용하게 양도양수讓渡讓受가 이루어졌던 것은 아니다. 최초 인도자부터 수많은 인수자들 사이에 엄청난 전란이 일어난다. 수많은 민족이 수많은 나라를 세우는 제2의 전국 시대가 열린 것이다.

---

64  호(胡)는 한족이 자신 외의 모든 민족을 낮추어 이르는 말이다.

☫

## 구미속초

출전은 《진서晉書》 <조왕륜전趙王
倫傳>이다. 조왕 사마륜은 진나라의
제위를 찬탈하고 자기 사람들에게
마구잡이로 관직을 주었다. 당시에
는 관모에 담비 꼬리를 붙였는데, 갑
자기 관리의 수가 얼마나 늘어났던
지 담비 꼬리 품귀 현상이 일어났다.

결국 신입 관리들은 담비 대신 개 꼬리가 붙은 모자를 쓰게 되었는데, 사람들이 이를 두
고 구미속초狗尾續貂라고 불렀다. 이후 능력이 부족한 자가 관직에 앉는 것을 조롱할 때
쓰이는 사자성어가 되었다.

## ▌디오클레티아누스와 테트라르키아

중국에서 진무제 사마염이 오를 무너뜨리고 통일을 했을 때[65] 로마는 군인 황제 시대의 끝을 향해 달려가고 있었다. 이 시대를 마무리한 인물은 디오클레티아누스Diocletianus. 그 역시 시대가 시대인지라 군인으로서 황제가 된 인물이다.

군인황제 시대라고 해서 이 시기의 모든 황제가 무능하고 잔혹했던 것은 아니다. 군인황제로 분류되지만 자질이 우수한 인물도 적지 않았다. 다만 군인이기에 자유로울 수 없는, 절차의 문제가 있었던 것이다. 어느 시대나 군왕의 자리에 오를 때는 명분名分이란 것이 있어야 했다. 왕조 시대에는 혈통이면 그 명분으로 충분했는데, 혈통과 관련 없는 새로운 인물이 왕좌에 앉으려면 그것을 대신할 명분이 필요했다. 이는 현대에도 변함없는 사실이다. 명분이 구체화된 것이 법이고 절차이며, 이를 통해 얻는 것이 정통성이다.

물론 정통성과 능력의 유무는 별개의 문제다. 완벽한 정통성을 가졌다고 해서 반드시 능력이 뛰어난 것도 아니고, 찬탈자라고 해서 유능하지 말란 법도 없다. 그러나 아무리 훌륭한 성과를 낸다 한들 찬탈자에게 정통성이 생기지는 않는다. 찬탈자는 아무리 훌륭해도 찬탈자이다. 그가 정치를 잘하면 그나마 '다행'일 뿐, 그 이상도 이하도 아닌 것이다.

'정치를 잘하면 그만이지 집권 과정이 무슨 상관'이냐고 물을지도 모른다. 하지만 이는 잘못된 생각이다. 법과 절차는 시스템이다. 법과 절차의 존재 목적은 결과보다 과정의 공정성을 인식시켜 사회 전체에 공정한 경쟁을 유도하고, 평균적으로 질 낮은 지도자의 출현을 막으며, 법의 존엄성을

---

65 오(吳)가 진(晉)에 의해 멸망하면서 삼국 시대가 끝난 것이 AD 280년이고, 디오클레티아누스가 카리누스를 제거하고 단독 황제로 인정받은 것이 AD 285년이다.

인식시켜 지도자의 전횡을 방지하는 데에 있다.

절차를 무시한 집권은 '한탕'과 '요행'의 표본이 되어 장기적으로는 반드시 사회에 나쁜 영향을 끼친다. 한번 쿠데타가 일어난 나라에서 그런 일이 계속 반복되는 이유가 바로 여기에 있다. 군인황제 시대가 되기 전까지 천 년이나 발전해 왔던 로마가 군인황제 시대 이후 200년간 쇠망의 길을 걸은 것은 결코 우연이 아니다.

| 디오클레티아누스 |

디오클레티아누스 또한 시작은 군인황제였으나 선출된 과정으로 그를 탓하기엔 다소 무리가 있다. 지난 50년간 거듭해온 방식으로 황제가 되었을 뿐, 찬탈이나 쿠데타라고 말하기엔 다소 무리가 있기 때문이다. 그러므로 디오클레티아누스를 논할 때는 이 '절차가 무시된 혼란기'를 끝냈다는 것에 무게를 두어야 한다. 그는 로마의 생명을 연장시킨 몇 안 되는 인물 중의 한 명이다. 특이하게도 권력을 과시한 흔적은 다소 보이지만, 권력을 독점하려 하거나 자신의 왕조를 여는 것에 몰두하진 않았다. 오히려 권력을 나누어 주었으며, 생전에 권력을 완전히 놓기까지 하였다.[66]

디오클레티아누스가 로마를 안정시키기 위해 창안한 것은 분할 통치였다. 양분兩分에 양분을 하여 4등분한 제국을 네 명의 황제가 다스리는 제도, 테트라르키아이다.

---

66   당시 지병으로 건강이 심각하게 악화되어 은퇴했던 것인데, 권력을 놓자 건강을 회복해 10년 가까이 더 살다 갔다.

## ▎테트라르키아의 이해

테트라르키아Tetrarchia는 사두 정치四頭政治로 번역된다.[67] 로마의 분할 통치는 새삼스러운 것이 아니다. 오현제 중 한 명이었던 아우렐리우스에 의해 공동황제[68] 제도가 시행된 후, 이는 보편적인 현상이 되었다. 테트라르키아는 효율적으로 작용했다. 디오클레티아누스가 권력을 놓기 전까지는. 권력의 속성상 거대 권력이 넷이나 존재하면서 문제가 없기를 바라는 것은 현실적으로 무리가 있다.

18세기 영국의 역사학자 에드워드 기번은 테트라르키아를 이렇게 표현했다.

"두 명의 아우구스투스는 질투심이 없어야 했고, 두 명의 카이사르는 야심이 없어야 했다."

네 명의 정치인이 성인군자가 되어야만 하는 제도? 가능할 리가 없다.

테트라르키아는 제국을 동방과 서방으로 나누고, 각각 정제正帝인 아우구스투스와 부제副帝인 카이사르를 두는 방식이었다. 공간적으로 동방의 콘스탄티노플과 서방의 이탈리아를 명예로운 지역으로 여겨 아우구스투스들이 다스렸고, 도나우강과 라인강은 지켜야 하는 지역으로 카이사르들이 맡았다.

테트라르키아는 시간적으로 3기로 나눌 수 있다. 1기는 AD 293년부터 디오클레티아누스가 은퇴한 AD 305년까지의 기간으로, 그는 자신이 동방을 맡고 갈레리우스Galerius Maximianus를 카이사르로 임명했다. 또한 친구이자 동료였던 막시미아누스Marcus Aurelius Valerius Maximianus Herculius를 서

---

67  테트라(tetra)는 헬라어로 4를 의미한다.
68  아우렐리우스와 공동황제가 되었던 인물은 루키우스 베루스(Lucius Verus)이다. 대중적으로 잘 알려져 있지 않으나 8년간 재위했으며 사망 원인은 역병에 의한 병사로 추정된다. 당시 미남자로 유명했다.

기원부터 천 년까지 전문세

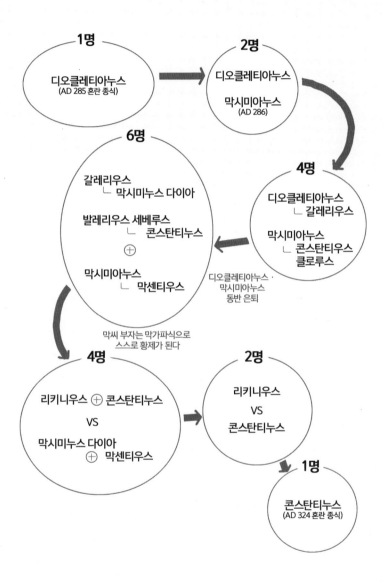

**1명**

디오클레티아누스
(AD 285 혼란 종식)

**2명**

디오클레티아누스

막시미아누스
(AD 286)

**6명**

갈레리우스
└ 막시미누스 다이아

발레리우스 세베루스
└ 콘스탄티누스
⊕

막시미아누스
└ 막센티우스

**4명**

디오클레티아누스
└ 갈레리우스

막시미아누스
└ 콘스탄티우스
클로루스

디오클레티아누스 ·
막시미아누스
동반 은퇴

막씨 부자는 막가파식으로
스스로 황제가 된다

**4명**

리키니우스 ⊕ 콘스탄티누스

VS

막시미누스 다이아
⊕ 막센티우스

**2명**

리키니우스

VS

콘스탄티누스

**1명**

콘스탄티누스
(AD 324 혼란 종식)

| 테트라르키아 간단 이해 |

방의 아우구스투스로, 콘스탄티우스 클로루스[69]Flavius Valerius Constantius를 카이사르로 임명했다. 이때는 테트라르키아가 제대로 작동했다.

다시 말해 창안자인 디오클레티아누스가 재위한 동안에는 테트라르키아가 그 목적을 어느 정도 달성했던 것이다. 문제는 디오클레티아누스가 은퇴한 후였다. 권력을 잡은 지 21년, 권력을 나눈 지 20년 만인 AD 305년, 디오클레티아누스는 역사시대 이후 세계 최초로 황제직을 사임하는 기록을 남긴다. 그러면서 서방의 아우구스투스인 막시미아누스까지 같이 은퇴시키는데, 그는 전혀 물러나고 싶지 않았으나 친구가 무서워 끌려 내려오게 된다.

이후 카이사르였던 갈레리우스와 콘스탄티우스가 각각 아우구스투스로 승격하고 동·서방의 새로운 카이사르로 막시미누스 다이아Gaius Valerius Galerius Maximinus Daia와 발레리우스 세베루스Flavius Valerius Severus가 임명된다. 참고로 두 카이사르는 온화했던 콘스탄티우스와 달리 권력욕이 강했던 갈레리우스가 선택한 자들로, 한 명은 갈레리우스의 외조카이고 다른 한 명은 부장副將이었다.[70] 한마디로 갈레리우스는 제국 전체를 손에 쥐려는 야심을 품었던 것이다. 이것이 2기 테트라르키아이다.

그러나 얼마 안 있어 문제가 터지는데, 콘스탄티우스가 승격 1년 만에 사망한 것이다. 디오클레티아누스의 시스템대로라면 카이사르였던 발레리우스가 아우구스투스로 승격하고 새로운 카이사르를 뽑으면 그만이었다. 하지만 콘스탄티우스가 남긴 군대가 이를 반대하고 나섰다. 디오클레티아누스가 나눈 제국의 권력을 갈레리우스에게 순순히 모아 주

---

69  클로루스는 콘스탄티우스의 별칭으로 동로마 제국의 사서에서 사용되었다. 이후 콘스탄티우스 1세는 콘스탄티우스 클로루스로 불리며 다른 콘스탄티우스와 구별되었다.

70  디오클레티아누스는 갈레리우스를 믿고 카이사르 임명권을 맡겼던 것이다.

지는 않겠다는 것이었다. 대신 그들은 콘스탄티우스의 아들 콘스탄티누스Flavius Valerius Aurelius Constantinus를 추대하였다. 부제Caesar도 아닌 정제Augustus로.

이러한 요구는 콘스탄티누스가 갈레리우스에 의해 서방의 카이사르로 임명되는 것으로 일단락된다. 그리고 아우구스투스 자리에는 카이사르였던 발레리우스 세베루스가 정상적으로 오른다. 이것이 AD 306년의 일이다. 콘스탄티누스의 황제 이력은 AD 306년부터 시작되었던 것이다. 이렇게 잠잠해지나 싶었으나 나라는 다시 난리. 콘스탄티누스의 출세를 보고 격분한 인물이 있었던 것이다. 바로 막센티우스라는 자였다. 이때부터 로마와 테트라르키아는 한 편의 드라마, 아니 시네마가 된다.

막센티우스Marcus Aurelius Valerius Maxentius는 막시미아누스의 아들이다. 기억하는가? AD 305년 디오클레티아누스 때문에 어쩔 수 없이 물러났던 바로 그 막시미아누스 말이다. 막센티우스는 카이사르를 아버지로 두었던 콘스탄티누스보다 아우구스투스를 아버지로 두었던 자신에게 우선권이 있다고 생각했다. 상식적으로 보았을 때 틀린 말은 아니다. 그래서 같은 해인 AD 306년 반란을 일으키고 스스로 황제가 된다.[71] 여기에 갈레리우스의 정책에 불만을 품고 있었던 원로원이 가세해 막센티우스 부자를 승인하는 일까지 벌어진다. 로마 내에 황제가 여섯 명이 된 것이다. 테트라르키아가 엉망진창이 되는 순간이었다.

서방의 아우구스투스인 발레리우스 세베루스는 이들 부자를 진압하기 위해 출정하였다가 패전하게 된다. 이후 라벤나의 요새로 들어가 결사 항전을 하려는 발레리우스에게 막센티우스 부자는 항복하면 목숨은 살려주겠다고 약속한다. 하지만 이들 부자는 약속을 지킬 생각이 없었다. 순진하

---

71  형식적으로 아버지 막시미아누스를 아우구스투스로 추대하고 자신은 카이사르가 되었다.

게 그들의 말을 믿고 항복한 발레리우스는 목숨을 잃게 된다.

에드워드 기번의 기록에 의하면 그때 발레리우스에게 허락된 것은 편안한 죽음과 성대한 장례식이었다고 한다. 이렇게 서방의 이탈리아가 막센티우스 부자의 손에 떨어진 것이다. 하지만 갈레리우스는 이 막가파 막씨 부자를 인정할 수 없었기에 그 자리에 자신의 친구인 리키니우스Gaius Valerius Licinianus Licinius를 앉힌다. 이 또한 원칙을 어긴 것이다. 카이사르가 승격해 아우구스투스가 된다는 원칙대로라면, 현재의 카이사르인 콘스탄티누스를 아우구스투스로 올려야 하기 때문이다. 하지만 어차피 엉망이 되어 아무나 힘겨루기를 하는 상황이라 콘스탄티누스는 이에 대해 크게 개의치 않았다고 한다.

게다가 이탈리아를 빼앗겨 임지가 없는 상황에서 서방의 아우구스투스 자리가 무슨 의미가 있겠는가. 그런 가운데 선임황제 갈레리우스가 세상을 떠났다. 서류상 서방 아우구스투스로 리키니우스를 뽑아놓기만 한 지 3년 만이었다. 부족한 능력으로 야심찬 계획을 세웠으나 혼란만을 남겨둔 채 가버린 것이다. 이 짧은 시기를 3기 테트라르키아라고 할 수 있겠다. 3기는 서류상으로만 존재한 셈이다.

갈레리우스가 떠난 동방의 정제 자리는 스스로 아우구스투스를 선언한 막시미누스 다이아가 차지하게 된다. 여섯에서 다시 넷이 된 황제들은 모두 원치 않았으나 '적의 적은 아군'이라는 정신으로, '너도 싫지만 더 싫은 놈을 줄이기' 위해 둘씩 동맹을 맺고 전쟁에 돌입한다. 콘스탄티누스는 리키니우스와, 막센티우스는 막시미누스 다이아와 편을 먹었다. 콘스탄티누스는 막센티우스와 싸우고 리키니우스는 막시미누스 다이아와 싸우게 되었는데, 흡사 토너먼트 준결승전을 방불케 하는 구도였다.

이때 콘스탄티누스가 막센티우스를 마지막으로 물리친 전투가 바로 AD 312년에 있었던, 유명한 밀비우스 다리Milvian Bridge 전투이다. 이 외에도

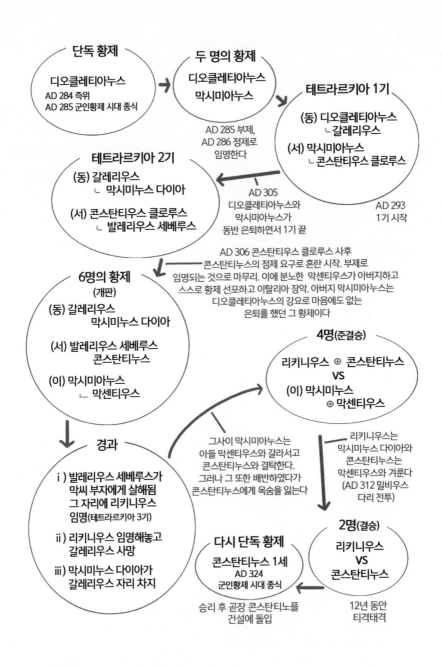

**단독 황제**

디오클레티아누스
AD 284 즉위
AD 285 군인황제 시대 종식

**두 명의 황제**

디오클레티아누스
막시미아누스

AD 285 부제,
AD 286 정제로
임명한다

**테트라르키아 1기**

(동) 디오클레티아누스
└ 갈레리우스
(서) 막시미아누스
└ 콘스탄티우스 클로루스

AD 293
1기 시작

**테트라르키아 2기**

(동) 갈레리우스
└ 막시미누스 다이아
(서) 콘스탄티우스 클로루스
└ 발레리우스 세베루스

AD 305
디오클레티아누스와
막시미아누스가
동반 은퇴하면서 1기 끝

AD 306 콘스탄티우스 클로루스 사후
콘스탄티누스의 정제 요구로 혼란 시작. 부제로
임명되는 것으로 마무리. 이에 분노한 막센티우스가 아버지고
스스로 황제 선포하고 이탈리아 장악. 아버지 막시미아누스는
디오클레티아누스의 강요로 마음에도 없는
은퇴를 했던 그 황제이다

**6명의 황제**

(개판)

(동) 갈레리우스
막시미누스 다이아

(서) 발레리우스 세베루스
콘스탄티누스

(이) 막시미아누스
└ 막센티우스

**4명(준결승)**

리키니우스 ⊕ 콘스탄티누스
VS
(이) 막시미누스
⊕ 막센티우스

**경과**

ⅰ) 발레리우스 세베루스가
막씨 부자에게 살해됨
그 자리에 리키니우스
임명(테트라르키아 3기)

ⅱ) 리키니우스 임명해놓고
갈레리우스 사망

ⅲ) 막시미누스 다이아가
갈레리우스 자리 차지

그사이 막시미아누스는
아들 막센티우스와 갈라서고
콘스탄티누스와 결탁한다.
그러나 그 또한 배반하였다가
콘스탄티누스에게 목숨을 잃는다

리키니우스는
막시미누스 다이아와
콘스탄티누스는
막센티우스와 겨룬다
(AD 312 밀비우스
다리 전투)

**2명(결승)**

리키니우스
VS
콘스탄티누스

**다시 단독 황제**

콘스탄티누스 1세
AD 324
군인황제 시대 종식

승리 후 곧장 콘스탄티노플
건설에 돌입

12년 동안
티격태격

**| 테트라르키아 좀 더 깊이 이해 |** 참 쉽죠잉? 퍽퍽퍽.

많은 접전을 펼쳤으나 별로 알려지지 않았고 오직 이 전투만 유명하다. 콘스탄티누스가 최종적으로 로마의 일인자가 되고 후에 기독교를 공인하게 된 기념비적인 전투다.[72] 이후 막시미누스 다이아를 누르고 올라온 리키니우스까지 이김으로써 콘스탄티누스는 다시 로마를 통합하게 된다. 중국에서 5호 16국 시대가 열린 지 얼마 되지 않았던 AD 324년이다.[73]

테트라르키아에 대해서는 효율적인 통치로 로마를 구했다는 평가와 여러 가지 부작용을 일으켜 로마의 멸망을 재촉한 단기적인 처방이라는 상반된 평가가 공존한다. 어떤 정책이든 양면성이 있으니 장단점을 가진 것으로 이해하면 될 것이다. 분명한 것은 디오클레티아누스가 군인황제 시기를 극복하였다는 것과 그가 시행한 정치체제가 로마 영구분단의 시초가 되었다는 것이다.

디오클레티아누스는 테트라르키아 외에도 제국의 행정제도와 군대를 개혁하였으며 화폐, 세제 등을 손보는 등 로마를 다시 일으키기 위해 부지런히 움직인 군주였다. 하지만 이러한 그의 수많은 개혁 시도가 테트라르키아라는 정치체제에 가려져 버린 경향이 있다. 물론 성과에 대해서는 잘했다는 호평 못지않게 혹평의 소리도 높다.

콤모두스 이후 세베루스 왕조와 군인황제 시대를 통틀어 '3세기의 위기 Crisis of the Third Century'라고도 부른다. 연구의 편의상 만들어진 명칭이 참으로 많은데, 이는 혼란기 연구에서 자주 볼 수 있는 현상이다. 이 3세기의 위기는 디오클레티아누스에 의해 봉합되었으나 안타깝게도 그는 4세기

---

72 밀비우스 다리 전투 전날 밤, 콘스탄티누스는 그리스도와 관련된 꿈을 꾸었고 그때 보였던 문자(헬라어 카이(X)와 로(P))를 새긴 '라바룸(labarum)'이라는 휘장을 방패에 표시하고 출전해 승리할 수 있었다고 한다. 이 설화는 동시대 교부철학자였던 락탄티우스(Firmianus Lactantius), 콘스탄티누스와 막역한 사이였던 주교 에우세비우스(Eusebius)에 의해 전해졌다.

73 비잔티움 제국의 시작을 이 연대로 보는 주장이 있다. 참고로 비잔티움 제국의 시작에 대해서는 다양한 주장이 존재한다.

의 혼란을 잉태시킨 책임에서 벗어나기는 어려울 듯하다. 콘스탄티누스
가 그것을 봉합하기는 하였으나 일시적인 것에 그쳤다. 군인황제 시대라는
'3세기의 위기'로 로마가 받은 상처는 나을 새 없이 계속해서 재발할 뿐이
었다.

## 최고가격령

디오클레티아누스의 정책 중에 오랫동안 비판받아 온 것이 있다. 바로 최고가격령最高價格令. 영어로는 The Price Edict. 그대로 옮기면 가격칙령價格勅令으로, AD 301년에 디오클레티아누스는 1,400여 개에 달하는 상품과 임금에 가격 상한선을 정한 칙령을 공포하였다. 이유는 간단했다. 극심한 물가 상승, 즉 인플레이션 때문이었다. 인플레이션에는 여러 요인이 있겠으나, 로마의 경우 군인황제 시대를 거치면서 시장경제 시스템이 손상을 입었고 거기에 사회의 여러 불안 요소들이 복합적으로 작용했을 것임을 상식적으로 짐작할 수 있다.

하지만 디오클레티아누스 황제가 지적한 가장 큰 요인은 불안한 시장 상황을 이용한 상인들의 매점매석이었다. 이는 칙령의 서문에 명확하게 기록되어 있다. 이 때문에 최고가격령은 정부의 인위적인 시장 개입으로 자유무역과 시장경제를 교란한다는 이유로 근대의 고전경제학자들에게 숱한 비판을 받았다. 그리고 이 비판은 오늘날까지 이어져 온 그에 대한 주된 평가이다.

디오클레티아누스가 가격 상한제를 실시한 대상을 살펴보면, 102개 업종에 대한 임금, 93개 종류의 채소, 35종의 곡물, 수레와 수레용 목재 101종, 107종에 달하는 해상운송에 관한 비용, 금에 관련된 12종의 물품 등으로 매우 다양하다. 이 중 곡물을 예로 들

기원부터 천 년까지 전문세

면, 조와 콩은 간 것과 갈지 않은 것으로 구분하고, 보리는 껍질을 벗긴 것과 벗기지 않은 것으로 나눈 것을 볼 수 있다. 로마의 시장경제에서 유통되는 상품의 종류에 놀라고, 이에 대해 자세한 조사가 이루어진 것에 다시 한번 놀라게 되는 것이다.

| 디오클레티아누스 동전 |

당시 상인들의 매점매석은 곡물 분야에서 특히 심하였다. 사실 매점매석은 고금을 통해 많은 곳에서 횡행했다. 근대 이전 어떤 세계에서도 '곡물의 과잉'이란 존재하지 않았기에 흉년이 들면 어김없이 가격이 폭등하였고 상인들은 이익을 좇아 매점하였다가 매석하였다. 디오클레티아누스는 이러한 횡포를 제어하지 않으면 자연적인 물가 안정은 불가능하다고 판단하였던 것이다. 현대의 시장경제 시스템은 수천 년간 온갖 시행착오를 겪으며 만들어진 것이다. 그러니 1,700년 전 고대 로마의 시장 시스템이 그렇지 못한 것은 어찌 보면 당연한 일일 것이다. 당시 정부의 개입을 현대의 잣대로 보는 것이 오히려 비상식적인 일 아닐까.

디오클레티아누스는 직접적인 가격상한 정책을 실행하기 전에 곡물의 수매를 통해 시장 개입을 시도하였다. 하지만 전혀 효과가 없었다. 가격 정책은 최후의 수단이었던 것이다. 그리고 임금의 상한제는 상인들을 보호하기 위한 조처로 추정된다. 물품의 가격 상한제가 평민, 특히 병사들을 위한 조치였다면, 이에 상응해 상인의 피해를 고려한 것이라 하겠다. 이 정책이 성공하였느냐에 대해서는 상반된 주장이 있다. 하지만 최고가 격령은 상당히 오랜 기간 유지되었고, 그의 사후에도 정부의 시장 개입은 지속적으로 이루어졌다. 그렇다면 당시에는 효과가 있었다고 평가한 것 아닐까.

전통적으로 비판적인 평가가 많았으나 최근에는 변화하는 추세다. 당시 로마가 처한 정치적 상황을 보았을 때 상인들의 극단적인 투기에 대한 적절한 평민 보호 조치로 보는 견해가 바로 그것이다. 어떤 인물이든, 어떤 사건이든 역사적인 평가는 바뀔 수 있다. AD 301년은 신라에서 농사에 소牛耕가 나타나기 200년 전이다.

| 서양 | 🏛 | 동양 |
|---|---|---|
| | | 영가의 난<br>5호 16국 시대 시작 |
| | AD 304 | |
| 밀비우스 다리 전투 | AD 312 | |
| | AD 316 | 서진 멸망, 동진 시대 |
| | AD 333 | 석륵 사망 |
| 콘스탄티누스 대제 사망 | AD 337 | |
| 아드리아노플 전투 | AD 378 | |
| | AD 383 | 비수 전투 |
| | AD 386 | 북위 건국 |
| 테오도시우스 사망<br>동로마 시작 | AD 395 | |
| | AD 420 | 동진 멸망, 유송 건국 |
| | AD 439 | 북위 5호 16국 통일 |
| 아틸라 사망 | AD 453 | 송문제 유의륭 사망 |
| (서) 테오도시우스 왕조 끝 | AD 455 | |
| (동) 테오도시우스 왕조 끝 | AD 457 | |
| 서로마 멸망 | AD 476 | |
| | AD 479 | 유송 멸망, 제 건국 |
| 오도아케르 사망 | AD 493 | |
| | AD 499 | 효문제 원굉 사망 |

기원부터 천 년까지 전문세

# 분열과
# 쇠퇴

## 2

---

## ▌위진남북조와 5호 16국

로마에서 군인황제 시대가 끝나기 5년 전인 AD 280년에 중국은 '삼국지'의 마지막 나라 오<sub>吳</sub>가 망한다. 중국을 다시 통일했던 사마씨의 진<sub>晉</sub>은 AD 316년 흉노에 의해 동쪽으로 쫓겨난다. 다시 분열의 시대를 맞게 된 것이다. 바로 위진남북조 시대이다.

위진남북조 시대는 중국사에 관심이 많은 사람도 복잡하다는 인식을 가지는 시기이다. 중국의 역사가 분<sub>分</sub>과 합<sub>合</sub>을 반복하는 사이클을 가지고 있기에 통일왕국 사이사이에 있는 분열기는 반드시 이해해야 할 부분이다. 역사라는 것이 사건의 나열이고 수많은 옛날이야기들의 합임은 분명하나 역사를 이해한다는 건 '그런 이야기들이 있더라'라는 작은 조각으로 끝나는 것이 아니라 그 인과성을 이해하는 것이다. 이것은 연구자와 일반인을 나누는 기준 가운데 하나이기도 하다. 분열의 시기가 없는 나라는 없다. 이 시기는 단일 왕조일 때보다 이해관계가 복잡하게 얽히고, 주도권을 가졌던 인물들도 많이 등장하며, 더 다양한 분쟁이 일어난다. 그렇기 때문에 자연스럽게 스토리가 복잡해진다. 그 복잡함을 일소하고 간단하게 만들면서 다시 통일왕조가 나타나는 것이고.

'역사는 발전하는가'라는 어려운 명제를 놓고, 만약 역사가 발전한다고 가정하면 통일기보다 분열기가 그 발전의 속도가 빠르고 힘도 훨씬 강하다. 진통은 성장의 필요조건이고 혼란은 안정을 향한 동력이 된다. 역사란 그것을 반복하는 과정인 것이다. 위진남북조 시대 또한 그 명제에 매우 충실했다.

이때는 중국의 역사에서 큰 전환점이자 성장의 디딤돌이 된 시기이다. 춘추 시대와 전국 시대에 이어 대규모 민족 융합이 일어났고, 영토적으로도 팽창하여 양쯔강 이남이 개척되었다. 한漢 또는 화華라 불리는 농경민족과 호胡라 통칭되는 유목민족의 끊임없는 반목과 융합은 중국 역사, 더 나아가 동아시아 역사를 이해하는 매우 큰 축이다. 남북조 시대는 한과 호가 다투고爭 섞이며混 중국을 정신적·물리적으로 성장시킨, 그것도 급진적으로 성장시킨 시대임을 인지해야 하다.

위진남북조 시대는 삼국 시대의 세 나라 중 가장 강했던 조씨의 위魏가 세워진 AD 220년부터 양씨의 수隋가 남조의 마지막 왕조 진陳을 멸하고 통일한 AD 589년까지의 369년 동안을 말한다. 위는 조조의 아들 조비가 AD 220년에 후한의 마지막 황제 헌제로부터 빼앗아 세운 나라이고, 사마씨에게 '고대로' 빼앗겨 간판이 진晉으로 바뀐 때가 AD 265년이다.

진은 AD 280년에 오를 멸하고 중국을 통일하는데, 앞서 설명했듯 사마씨는 왕조를 세우자마자 초대 황제부터 '삽질'을 해댄 보기 드문 제국이었다. 그러니 나라가 제대로 돌아갈 리 있겠는가. 얼마 지나지 않아 AD 291년 팔왕의 난과 AD 304년 영가의 난이라는 안팎의 매머드급 난리를 겪고 AD 316년 멸망한다. 통일된 상태로는 고작 36년간 존속한 것. 좀 더 엄격하게 보면 낙양이 함락되고 회제가 잡힌 AD 311년을 실질적으로 멸망한 해로 볼 수도 있기에 서진의 통일 상태는 30년 정도였다고 보는 것이 맞을 것이다.

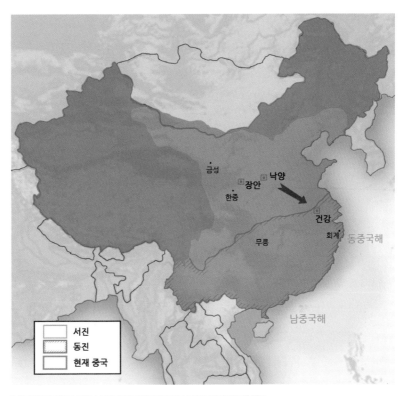

| **사마씨 진의 영토 변화** | 서진의 영토와 동진의 영토 그리고 현재 중국의 영토

    사마씨의 잔당들은 양쯔강 이남으로 옮겨 진의 명맥을 이어가는데, 이를 동진이라 부른다.[74] 이 나라는 중국의 남쪽을 차지하며 AD 317년부터 420년까지 100년을 버텼다. 동진이 멸망한 후에도 한족의 나라들이 뒤를 잇는데 이 나라들을 합쳐 남조南朝라 한다. 중국의 남북조 시대는 진이 자리를 비운 화북을 차지한 이민족의 북조北朝와 남쪽에 새로 둥지를 튼 한족의 남

---

74  남동쪽으로 도망쳐 세웠는데 남진이 아닌 동진(東晉)이며 동진에 대비하여 이전의 진을 서진(西晉)이라고 한다.

조가 다툰 시기이다. AD 317년부터 589년까지 272년 동안. 즉 위진남북조 시대란 위진 시대의 97년에 남북조 시대의 272년을 합친 369년을 말한다.

남북조 시대의 기간을 달리 보는 주장도 있다. 서진이 멸망된 시점이 아닌 5호 16국이 통일된 AD 439년을 그 시작으로 보는 것이다. 이 주장에는 남북조가 일대일의 대결 구도가 되어야 한다는 생각과 더불어 5호 16국 시대를 진晉 시대의 일부로 보는 시각이 깔려 있다. 그러나 이는 몇 가지 모순을 야기하는데 우선 5호 16국이 진의 일부라면 동진이란 명칭은 동쪽이라는 지리적인 정보를 제외하면 사학사史學史적으로 의미 없는 이름이 된다. 동진을 서진, 즉 진의 연장으로 본다면 이 나라는 멸망에 가까운 상태에서 기사회생해 명맥을 겨우 이어간 나라가 된다.

그러나 5호 16국의 혼란은 진의 내부에서 일어난 사건이 아니라 진을 밀어낸 사건이었다. 수많은 나라가 엉켜 싸우고 있었음에도 동진보다 강한 나라들이 즐비할 정도로 당시 상황은 진의 영향을 벗어나 있었다. 그런데도 5호 16국이 동진의 일부라고 할 수 있겠는가. 차라리 그 반대의 경우가 더 합리적이라 하겠다. 굳이 세력의 크기로 명칭을 붙이자면 5호 16국이 아닌 한호 17국漢胡十七國 시대가 더 맞는 표현일지 모른다.

이 시기 한족과 5호의 두 세력은 동시에 존재했다. 단지 동진은 강남, 5호 16국은 화북이라는 한정된 지역성을 가지고 있었던 것뿐이다. 그러므로 5호 16국이란 존재가 진의 시대에 속하지 않으면서 위진과 남북조를 단절하지 않으려면, 북조 역사의 일부로 보는 것이 타당할 것이다. 따라서 위진남북조의 진은 서진을 의미한다고 볼 수 있다. 물론 시기 구분을 함에 있어 의무적으로 준수해야 할 법이 있는 것은 아니기에 이 또한 많은 학설 중 하나임을 알아야 한다. 이해하고 판단하는 것은 각자의 몫이다.

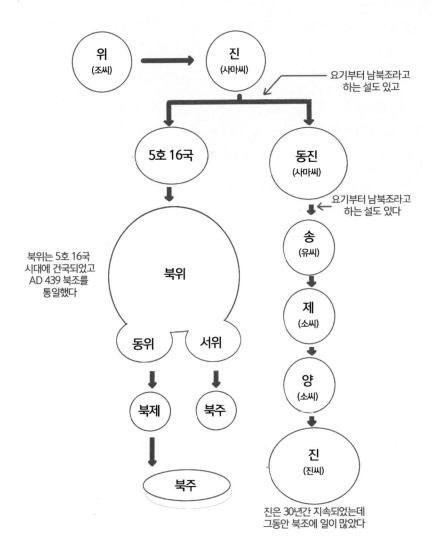

위
(조씨)

진
(사마씨)

요기부터 남북조라고
하는 설도 있고

5호 16국

동진
(사마씨)

요기부터 남북조라고
하는 설도 있다

송
(유씨)

북위는 5호 16국
시대에 건국되었고
AD 439 북조를
통일했다

북위

제
(소씨)

동위

서위

양
(소씨)

북제

북주

진
(진씨)

북주

진은 30년간 지속되었는데
그동안 북조에 일이 많았다

**| 5호 16국 시대와 위진남북조 시대 |**
AD 581년까지의 상황이다. 8년 후인 AD 589년에 북조의 수가 남조의 진을 멸망시키고 통일을 이룬다.

## 5호 16국 시대

진의 멸망, 정확히 말해 서진의 멸망은 흉노가 일으킨 영가의 난에 의해서이다. 앞서 설명했듯 영가는 진 회제의 연호이다. 이 연호는 사마월에 의해 사마치가 회제로 옹립된 후 제정되었으므로 AD 307년부터 312년까지이다. 흉노가 세운 한漢이 서진으로 쳐들어오기 시작해(AD 309) 낙양을 함락한 때(AD 311)가 이 시기이므로 영가의 난이라 부른다. 이 시기 로마에서는 콘스탄티누스 대제에 의해 테트라르키아가 끝났다. AD 312년.

5호 16국 시대는 5호의 첫 번째인 흉노가 문을 열면서 시작되었다. 연도는 흉노의 유연劉淵이 한을 세운 AD 304년. 5호 16국 시대는 영가의 난 이전에 시작된 것이다. 서진이 AD 316년까지 존재했으므로 12년 정도 공존하였는데, 대부분의 왕조 교체는 처음과 끝의 몇 년이 항상 겹치기 마련이다. 신생 세력이 성장하기까지 시간이 걸리기 때문이다. 그리고 이 시대의 끝을 미리 이야기하자면 북위가 화북을 통일한 AD 439년이다. 이 130년이 북조사北朝史의 초반부를 이룬다.

유연은 흉노 지도자의 아들로서 삼국 시대 말이었던 어린 시절부터 낙양에서 한족의 교육을 받은 인물이다. 당시 한족에 복속된 흉노의 자제들은 인질이 되어 낙양에 기거하였는데 이들을 시자侍子[75]라고 하였다. 유연은 성장해 팔왕 중 하나인 사마영의 부하가 되었으나 진의 혼란을 틈타 흉노로 돌아가 나라를 세웠고 한漢이라 이름하였다.[76]

유연의 한은 건국하고 15년 후인 유요劉曜 대에 이르러 국호를 조趙로 바

---

75　본래는 부처나 고승의 시중을 드는 불교 용어였다. 《진서》 <무제기(武帝紀)>에 유연은 시자, 즉 천자에 입시하던 제후나 속국 왕의 아들이라는 기록이 있다.

76　유연이 흉노임에도 성이 유(劉), 국호가 한(漢)인 것은 과거 유방이 묵돌(冒頓)에게 패하여 형제의 맹약을 맺은 것에서 유래한다. 이후 흉노가 약화되어 한족화하는 과정에서 흉노의 많은 귀족들이 유씨로 개성(改姓)하였다. 유연은 이런 연유로 자신이 한고조, 후한 광무제, 촉한 소열제(昭烈帝)를 잇는다고 표방하였다.

**| 5호 16국의 지리적 이해 |**

16국은 전·후·서·남·북의 다섯 개의 양(涼), 전·후·남·북 네 개의 연(燕), 전·후·서의 세 개의 진(秦), 전·후의 두 개의 조(趙)와 그리고 하(夏), 성한(成漢)이다. 이들의 국호는 전적으로 지역과 관련되어 있다. 진과 조는 과거 전국 시대 진과 조가 있었던 지역이고, 양과 연은 한의 행정구역 양주(涼州)와 연주(燕州) 지역이다.

꾸는데(AD 319), 같은 해에 갈족羯族 출신 석륵後趙이 같은 이름의 나라를 세운다. 유요와 석륵은 유연의 부하로서 서진 멸망에 공을 세웠던 전우였다. 그러나 한을 이어받은 유요와 독립하여 자신의 나라를 세운 석륵은 각자의 운명을 걸고 대결을 벌인다. 구별을 위해 유요의 조를 전조前趙, 석륵의 조를 후조後趙라고 부른다. 이때부터 5호 16국이라는 이름에 걸맞게 수많은 나라가 생겨나 꼬리에 꼬리를 무는 각축을 벌인다. 강북江北만의 전국 시대가 펼쳐진 것이다.

둘의 대결에서는 석륵이 승리를 거둔다. 후조가 전조를 멸한 것이다. 한편 이들의 건국과 대결은 수많은 주변 민족을 자각하게 만드는데, 여러 민족이 나라를 세우기를 마치 경리단길에 점포 개업하듯 하게 된다. 멸망 또한 경리단길의 빈 가게 보는 듯이 하게 되고. 여기에 뛰어든 이민족은 흉노, 선비, 강족, 갈족, 저족으로 이 다섯 개 민족을 5호五胡라 부른다. 이들이 세운 나라가 16개국이란 뜻으로 16국十六國이라 부르는데, 학자에 따라 23개에서 30개국까지로 보기도 한다. 5호와 16국이란 명칭은 북위 시대 최홍崔鴻의 사서《십육국춘추十六國春秋》에서 비롯된 것이다.

이후 후조는 염위冉魏[77]에게, 염위는 선비의 전연前燕에게, 전연은 저족의 전진前秦에 의해 망한다. 전진은 부견苻堅이라는 걸출한 인물의 출현으로 5호 16국의 통일은 물론이요 남북조 시대마저 끝낼 뻔했던 나라였다. 하지만 중국 역사상 어이없기로 첫손에 꼽힐 만한 비수淝水 전투의 패배로 5호 16국의 통일은 그로부터 50년이 지나 북위北魏라는 나라에 의해 이루어진다.

5호 16국 시대를 마감하기 직전, 즉 북조를 통일하기 직전까지 갔던 전진이 무너지자 화북은 다시 혼돈을 맞는다. 이를 다시 평정하고 북조의 통일을 이룬 나라가 바로 북위이다. 시간은 50년이 더 걸렸다.

북위는 선비족의 나라였다. 5호 중에서 가장 강성했던 민족은 선비였다. 선비는 전연前燕, 후연後燕, 남연南燕, 서연西燕, 서진西秦, 남량南涼, 대代, 우문선비宇文鮮卑 등 가장 많은 수의 나라를 세웠다. 양질전환良質轉換이 이루어진 것일까. 기어코 선비는 5호 16국을 통일하고 만다. AD 439년이었다.

5호 16국 시대는 중원이라 불리는 화북 지역을 비非한족이 최초로 다스린 시기였다. 이로 인해 광범한 민족 융합이 시작되었으며 대규모로 이동한 한족에 의해 강남이 개발된 시대이기도 했다. 5호 16국 시대의 특징은 고스란히 남북조 시대로 이어지는데, 거대한 분열이자 거대한 융합의 시작이었다.

---

77  염위는 한족이면서 석륵의 부하였던 석민(石閔)이 세운 나라이다. 본래 염씨였으나 석륵 대에 후조에 귀의해 석씨로 성을 바꾸었다. 이후 반란을 일으켜 후조를 멸하고 위를 세우는데, 이를 편의상 염위라 부른다. 존속 기간이 2년밖에 되지 않아 16국에 속하지는 못하나, 나라를 빼앗는 과정에서 갈족을 비롯한 비한족 수십만 명을 죽이는 살호령(殺胡令)을 내린 것으로 유명하다.

### 비수 전투

인류가 치른 수많은 전투 중 불가사의 부문에서 첫손에 꼽히는 전투이다. 10대 1의 병력 차이, 지고 싶어도 지기 어려운 정치적·전술적 상황, 그리고 이해하기 어려운 전개를 보인 싸움이다. AD 383년 비수라는 곳에서 일어났다. 전투를 머릿수로만 하는 것이 아님은 수많은 사례에서 알 수 있지만, 비수 전투에서 가장 두드러진 차이는 87만 대 8만이라는 병력 수다. 기록에 나온 수치를 다 믿을 순 없지만 두 나라의 전력 차가 매우 컸던 것은 사실이다.

5호 16국을 거의 통일한 전진의 부견은 강남의 동진으로 칼끝을 돌린다. 여기서 중요한 것은 화북을 완전히 통일한 것이 아니라 '거의' 통일한 상태라는 것. 양군은 현재 중국의 안휘성安徽省에 위치한 회하淮河의 한 지류인 비수를 사이에 두고 대치하였다. 패배는 곧 멸망을 의미하였고 당장 패배가 불 보듯 뻔한 상태였기에 열세였던 동진군은 무엇이든 하려는 마음으로 부견에게 한 가지 제안을 한다. 그 내용은 이러했다. "아군은 승부를 겨룰 것이오. 다만 진지를 약간 물려 우리가 강을 건널 수 있게 해주겠소?"

황당한 내용이다. 전력이 부족한 쪽에서 도하를 하겠다니. 하지만 웬일인지 부견은 이를 받아들인다. 동진군이 강을 건너면 칠 생각으로 군대를 조금 물리는 시늉을 하는데 상황이 전혀 예상치 못한 방향으로 흐른다. 후퇴 명령을 받은 부대가 혼란에 빠진 것이

| 비수의 위치와 비수 전투 상황도 | 비수에서 군대를 잠시 물리는 척하려고 했던 전진군은 혼란에 빠져 붕괴되고 말았다.

다. 작전에 대한 설명이 전혀 없었던 것으로 추정되는 부분이다. 아군에게 큰 사고가 발생하였다고 짐작했을지도 모른다. 후방으로 갈수록 진용의 붕괴로 이어졌고, 급기야는 후퇴가 아닌 도주의 형태로 변화했다. 이때 전진군은 전군全軍이 도착하기 전이었기 때문에 전선으로 이동하는 군대와 갑자기 도주하는 군대가 엉키는 통제 불능의 상태에 빠지게 된다. 이에 동진군의 지휘관들은 전진군의 상황을 파악하고 총공격을 하였다. 처지가 바뀌고 승패가 결정 나는 순간이었다.

패배감이라는 심리적인 동요가 일어난 군대는 숫자가 의미 없다. 공포에 사로잡힌 군대에겐 오히려 많은 숫자가 독으로 작용할 수 있다. 비수 전투에서의 전진군은 전투의 모든 단계에서 정신적·물리적으로 일어날 수 있는 최악의 상황을 모조리 맞았다. 비운이 아닐 수 없었다. 반면에 동진은 두 번 다시 일어날 수 없는 행운을 얻었다. 기적이 아닐 수 없다. 전진의 재상 왕맹은 죽으면서 이런 유언을 남겼다. "동진을 지도에서 없애려고 하지 마라." 얼마 지나지 않아 지도에서 없어진 것은 동진이 아닌 전진이었다.

## 콘스탄티누스 왕조

콘스탄티누스 1세Constantinus I가 후세에 대제大帝라 불리게 된 가장 큰 이유는 기독교를 공인하였기 때문이다. 반대로 디오클레티아누스가 대제의 칭호를 얻지 못한 것은 기독교도들을 박해한 데 원인이 있다. 정치와 행정적인 업적에서 콘스탄티누스보다 더 높은 평가를 받는 디오클레티아누스로서는 억울할 만도 하다. 아마도 저세상에서 그는 이렇게 말하고 싶지 않았을까. "기독교가 이렇게 잘나갈 줄 알았나?"

어쨌든 콘스탄티누스가 대제가 된 것은 후세까지 미친 영향력에 관한 문제로 봐야 할 것이다. 기독교는 유럽과 서양을 넘어 세계사에 가장 큰 영향을 미친 종교이자 이데올로기이다. 기독교가 지금의 위치에 이르게 된 데는 로마라는 세속적 방파제가 큰 역할을 하였는데, 그것을 만들어준 이가 바로 콘스탄티누스다.

AD 313년 밀라노 칙령Edict of Milan[78]으로 기독교를 공인하였던 그는 리키니우스를 물리치고 1년이 지난 AD 325년, 니케아 공의회Council of Nicaea를 열어 기독교의 교리를 정리하였다.[79] 세속을 통일한 데 이어 종교마저 통일한 것. 물론 여기에 종교적인 열정만 있었던 것은 아니다. 당시 기독교가 여러 교파로 분열되어 있어 종교를 통치 수단으로 사용하려고 했던 콘스탄티누스로서는 기독교의 통일이 시급했던 것이다. 기독교에 대한 일련의 조치들은 앞서 언급한 바와 같이 콘스탄티누스의 이름을 후세에 남기게 만든다. 기독교의 입장에서도 무척 다행스러운 일이었다. 누이도 좋고 매부도 좋은 시절이었던 것이다.

---

78  기독교만이 아닌 모든 종교를 허용한 관용령(寬容令)이다. 이로써 모든 로마인은 신앙의 자유를 얻게 되었다.

79  니케아 공의회는 제1차 니케아 공의회라 불리며, 여기서 성부·성자 이질설(Heterousios)을 주장했던 아리우스파(Arianism)가 이단으로 규정되어 추방당했다.

콘스탄티누스가 유일의 권력이 되고 난 후 로마는 다시 정치와 군사 및 사회 전반에 걸친 변화를 겪는다. 정책의 기본적인 틀은 디오클레티아누스를 따른다고 하여도 크게 무리는 없겠지만 가장 두드러진 변화는 로마 정치의 핵인 원로원의 약화라고 할 수 있다. 더불어 로마를 다스려온 전통의 관직체계 또한 유명무실해진 것이다. 군인황제 시대 초기에 이미 기능을 상실한 법무관Praetor과 군제 개편이 있을 때마다 권한이 축소되었던 재무관Quaestor, 통치체제의 정점이었던 집정관Consul은 이제 이름만 남게 되었다.[80]

제정이 시작된 지 3백 년이 지난 시점에서 공화정의 관제가 그 빛이 바래는 것은 피할 수 없는 운명일 것이다. 오히려 남아 있는 것만으로도 의미가 있다고 하겠다. 통치자에 대한 원로원의 견제는 이미 전설상의 이야기가 된 지 오래였기에, 황제가 무시하지만 않아도 원로원이 눈물겨운 감사의 퍼포먼스를 할 지경이 되었다. 세월이 무상하다.[81]

기독교에 대한 조치와 더불어 콘스탄티누스의 최대 업적으로 평가되는 것은 콘스탄티노플Constantinople의 건설이다. 라틴어식 표기인 비잔티움Byzantium은 이 도시의 옛 명칭이다. 제국의 모든 기능이 집중되어 있던 로마는 이미 오래전부터 여러 가지 문제점이 노출되었으나 그 역사성과 상징성으로 인해 누구도 감히 손댈 엄두를 내지 못했다. 하지만 콘스탄티누스는 과감히 수도의 많은 기능을 콘스탄티노플로 옮기고 지정학적 이점을 살려 통치력과 방어력을 높였다. 그의 이런 조치는 동서의 영구적 분단의 단

---

80  로마의 지배층이라고 할 수 있는 원로원 계급은 콰이스토르(Quaestor, 재무관), 아이딜리스(Aedilis, 조영관), 프라이토르(Praetor, 법무관), 콘술(Consul, 집정관), 켄소르(Censor, 감찰관)의 단계를 거쳐 올라간다. 이를 쿠르수스 호노룸(cursus honorum), '명예로운 길'이라 불렀다. 이는 개인에게 있어 목표이자 지향점이었으며 국가로서는 통치체제의 기초로 운영되었다.

81  하지만 원로원은 제정보다 오래 살아남는다. 서로마가 멸망한 후에도 원로원은 남는다. 원로원이 사라진 것은 롬바르드족이 침략한 AD 7세기 이후였다. 운명은 역시 살아봐야 알 수 있다.

초를 제공하였다는 평가도 있으나 로마의 생명을 천 년 이상 연장하였다는 평가가 지배적이다.

하지만 콘스탄티누스 1세 사후 다시 로마는 분열되었고, 그의 왕조는 자신과 비견될 만한 우수한 인물을 배출하지 못했다. 콘스탄티누스 1세는 아들을 셋 두었는데 순서대로 콘스탄티누스 2세, 콘스탄티우스 2세, 콘스탄스이다.[82] 이들의 생모는 콘스탄티누스 1세가 해치웠던 막시미아누스의 딸이자 막센티우스의 동생이었던 파우스타Flavia Maxima Fausta였다. 콘스탄티누스 1세는 확실한 정리를 해주지 못하고 세상을 떠났다.

통상적으로 이런 경우에는 형제간에 무력 분쟁이 일어난다. 하지만 이들 형제는 전투 대신 협상을 선택한다. 역사에서 보기 드문, 대화로 영토를 분할한 사례이다. 단 그렇게 되기까지 3년이 걸린다. 평화로운 협상은 시간이 오래 걸리게 마련이니. 그 결과 제국의 서쪽인 갈리아를 맏이가, 동쪽인 콘스탄티노플을 중심으로 한 아시아를 둘째가, 가운데 이탈리아와 북아프리카를 막내가 맡았다. 정작 분쟁은 협상이 끝나고 난 뒤에 일어난다. 영토에 불만을 가진 맏이 콘스탄티누스 2세가 막내 콘스탄스를 공격한 것이다. 이럴 거면 대체 왜 그렇게 오랫동안 협상을 한 것인지.

외형상 형의 전력이 동생보다 더 강해 보였으나, 콘스탄티누스 2세는 기세 좋게 공격했다 어이없이 동생에게 당하고 만다. 순식간에 영토가 달라지게 된 것이다. 막내 콘스탄스는 큰형을 황천길로 인도하고 난 뒤 그 땅을 차지해 제국의 3분의 2를 점유한 실질적인 최강자가 되었다. 그러나 그 또한 오래가지 못하는데, 불과 10년 후인 AD 350년 부하 마그넨티우스Flavius Magnus Magnentius의 반란으로 살해당하고 만다. 이에 기회를 엿보고

---

82  진짜 장남은 첫 번째 황후 미네르비나(Minervina)와의 사이에서 얻은 크리스푸스(Crispus)이다. 크리스푸스는 우수하였으나 아버지의 두 번째 황후 파우스타와 간통하였다는 죄명으로 처형당했다.

있던 둘째 콘스탄티우스 2세가 마그넨티우스를 진압하고 다시 로마를 통합한다. 갑자기 넓어진 영토를 다스리기 위해 그는 사촌동생들을 차례로 황제로 등용한다.

사실 콘스탄티우스 2세는 형제들과 삼분된 영토를 다스릴 때 콘스탄티노플에서 대대적인 숙청을 실시한 적이 있다. 자신이 맡은 동로마에서 그의 권력에 위협이 될 만한 친족들을 싹 쓸어버린 것이다. 이로 인해 콘스탄티우스 2세는 음흉하고 잔인한 이미지를 얻게 된다. 그 숙청에서 살려놓은 유일한 혈육이 사촌동생 둘이었다. 이유는 나이가 어리다는 것. 그들의 이름은 갈루스Constantius Gallus와 율리아누스Flavius Claudius Iulianus. 이 둘 또한 친형제가 아닌 이복형제 사이였으나 갈루스는 율리아누스를 챙겼다. 기댈 곳이 서로밖에 없는 처지였기 때문이다. 둘은 전적으로 콘스탄티우스 2세 때문에 인생이 꼬이고 힘들어진 인물들이었다. 대숙청에서는 알량한 자비를 받아 살아남았지만 그 후에도 불안한 삶을 이어간다.

일단 이들은 사촌형 콘스탄티우스 2세에 의해 차례로 황제로 임명되긴 한다. 갈루스는 동방의 부제로, 율리아누스는 한참 후에 서방의 부제로. 혈육을 다 죽여 없앴지만 그래도 남보다는 혈육이 낫다고 생각했던 모양이다. 그러나 갈루스와 율리아누스의 입장에선 사촌형에 대한 감정이 고울 수만은 없었는데, 끝내 그 관계는 개선되지 못하고 폭발하고 만다. 평소 의심스런 눈으로 보던 콘스탄티우스 2세가 갈루스를 처형하고 말았던 것이다. 소설 같은 복수라도 기대하고 있었다면 실망스러운 결말이겠지만, 갈루스는 제대로 저항조차 못 해보고 생을 마무리한다. AD 354년.

콘스탄티우스 2세에 대한 평판은 기록에 따라 차이가 있다. 음흉하고 잔인한 인물로 보는가 하면, 군대와 종교 문제를 해결하고 제국을 추스른 우수한 황제로 평가하기도 한다. 갈루스 또한 비운의 인물이라는 평과 인격과 능력에 문제가 있다는 평이 교차한다. 에드워드 기번은 갈루스를 경솔

하고 난폭하다고 평가한 대표적인 인물이다. 사료를 간단하게 보고 진실을 파악하기란 여간 어려운 일이 아니다.

어쨌든 갈루스를 제거하고 7년 후 이번에는 율리아누스가 서방의 부제로 임명된다. 그도 콘스탄티우스 2세와 마찰을 빚게 되는데, 이번에는 갈루스와 상황이 달랐다. 율리아누스는 무기력하게 당하지 않고 정면대결을 꾀한다. 그런데 무력 충돌 직전에 갑자기 콘스탄티우스 2세가 세상을 떠나며 상황이 싱겁게 정리되었다. 병사病死였다. 콘스탄티우스 2세를 마지막으로 콘스탄티누스 대제의 자식들이 모두 사망함에 따라, 결국 왕좌를 물려받은 사람은 콘스탄티누스의 조카 율리아누스였다. 하지만 단독 황제가 된 지 2년 만인 AD 363년 그 율리아누스마저 세상을 뜬다. 이번에는 전사戰死였다. 사산조 페르시아와의 전투에서.

🔅

## 콘스탄티노플이라는 도시

최초엔 그리스인들의 식민지로 건설되었고 페르시아 전쟁 이전까지 아케메네스조 페르시아의 영토였던 도시이다. BC 5세기 초 3차 페르시아 전쟁을 승리로 이끈 그리스는 전쟁의 말미에 후퇴하는 페르시아군을 공격하며 여세를 몰아 이곳을 되찾는다. 그전까지 이곳이 주목받았던 적은 없었다. 도시의 이름은 비잔티움Byzantium. 그리스어로는 비잔티온Bυζντιον이다.

비잔티움은 BC 2세기 마케도니아가 로마에 편입되면서 로마 영토로 편입된다. 역사적으로 비잔티움이 중요하게 언급되기 시작한 것은 팍스 로마나Pax Romana가 끝나고 세베루스 왕조가 세워지던 시기. 셉티미우스 세베루스에게 끝까지 대항해 니게르를 지지했던 도시였기에 고초도 겪었다. 그러다 콘스탄티누스 대제에 의해 로마의 새로운 중심 도시로 탄생하게 된다.

천도遷都는 다분히 동양적인 시각이다. 로마는 공식적으로 수도를 옮긴 적이 없다. 주된 행정 기능이 옮겨 갔으니 실질적으로 천도로 보아야 한다는 것인데, 이는 수도의 기준을 무엇으로 보느냐에 달린 것이다. 어찌 되었건 기득권 세력이 강하게 작용하는 로마에서는 제국을 개혁하는 데 한계가 있었던 것이 사실이다.

AD 324년에 첫 삽을 떠 AD 330년에 완공하며, 콘스탄티누스 대제는 도시의 간판

기원부터 천 년까지 전문세

을 바꾼다. 콘스탄티노폴리스 Constantinopolis. 물론 이것도 당시의 공식적인 명칭은 아니었다. 공식 명칭은 노바 로마 Nova Roma, 즉 뉴New 로마였다. 도시에는 화려한 궁전과 광장, 대형 신상神像, 학교, 전차 경기장Hippodrome, 교회, 공중목욕탕 8곳과 153개의 사설 목욕탕, 거대한 수도 시설과 저

**| <콘스탄티노플 전경> |**
콘스탄티노스 칼디스(konstantinos kaldis)라는 화가의 1851년 작품으로 알려져 있다.

수지, 지하저수조, 주랑 현관, 원로원, 그리고 도시를 두르는 성벽, 방어 능력을 갖춘 항만 시설 등이 들어섰다. 당대 최고의 기술자와 예술가들이 총동원되었고, 가장 값비싼 자재들이 무수히 사용되는 등 제국의 부富가 아낌없이 투입되었다.

하지만 본격적으로 황제가 거주하게 된 것은 테오도시우스 1세부터다. 그리고 AD 413년 유명한 테오도시우스 장벽이 테오도시우스 2세에 의해 완성되었다. 완공 80여 년 만에 대중이 아는 완전한 콘스탄티노플이 된 것이다. 이후 이 도시는 군사적 요충지로서 수많은 세력에게 숱한 공격을 받았고, 그 공격을 모조리 막아낸 방어력 최고의 요새로 이름을 날렸다. 하지만 이 방어력 '만렙'[83]의 도시도 세월의 흐름을 거스를 수는 없었다. 제국의 약화로 대부분의 영토를 잃은 상태에서 외로운 섬처럼 목숨을 부지하기에 이르렀던 것. 하지만 그 상태에서도 콘스탄티노플은 철갑을 두른 듯 100여 년을 더 버텼다.

이 도시는 AD 1453년 주인이 오스만 제국으로 바뀌었다. 오랜만에 간판을 바꾸어 달게 된 것이다. 이스탄불Istanbul이다.

---

83  한자 만(滿)과 레벨(Level)의 합성어로 온라인게임에서 달성할 수 있는 최고 경지를 이르는 말. 2000년 전후로 만들어진 것으로 추정되는 용어이다.

## ▌콘스탄티누스 왕조의 단절과 발렌티니아누스 왕조

율리아누스를 끝으로 콘스탄티누스 왕조는 단절되고 만다. 콘스탄티누스 1세가 단독 황제가 된 지 40년 만이고, 그의 사후 26년 만이었다. 율리아누스가 전사라고는 하나 정확한 원인을 모르는 죽음을 당한 후, 제위에 오른 인물은 요비아누스Flavius Claudius Jovianus라는 젊은 장교였다. 당시 군대의 추대를 받아 황제가 되었다고 하는데, 어떤 이유나 명분이 작용하였는지는 알 수가 없다.

콘스탄티우스 2세의 근위대 고위 장교였던 아버지를 두었으며 기독교도였다는 사실 외에 그 어떤 능력과 업적을 증명한 적 없는 이 인물의 황제 등극에 대해서는 논란이 많다. 전임 황제 율리아누스가 반기독교 정책을 펼쳤기 때문에 그에 대한 반작용이었다는 것이 그나마 가장 설득력 있는 이유이다.[84] 한마디로 얼떨결에 그 시간에, 그 자리에 있어서 지존의 자리에 오른 것이다. 즉위 후 그의 행보는 '얼떨결에 된 황제'임을 제대로 증명해주었다.

페르시아를 침공한 상태였던 로마군은 갑작스런 율리아누스의 사망으로 불리한 조약을 맺고 서둘러 후퇴하게 된다. 전략적 요충지를 포함한 많은 속주를 넘겨주고 매년 세폐歲幣를 지불한다는 등의 어이없는 내용이 담긴 조약이었다. 권력 기반이 부실한 요비아누스가 빨리 수도로 돌아가 황제로서의 지위 기반을 다지고 싶어 했다고 보는 것이 일반적이다. 하지만 애석하게도 그는 그 바람을 이루지 못한다. 콘스탄티노플에 도착하기도 전에 세상을 떠나버린 것이다. 등극 8개월 만의 일이었다. 결국 어리바리한 황제는 자신의 뜻도, 제국의 뜻도 어설프게 무산시켜 버렸다.

---

84 짧은 치세 동안 모든 종교를 동등하게 대한다는 명목으로 기독교를 탄압하여 배교자 율리아누스 (Iulianus Apostata)라고 불리었다.

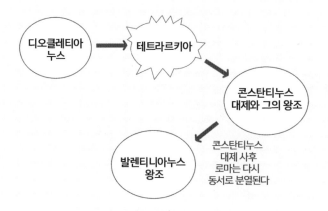

| 로마의 재분열 |

　얼떨결에 왔다가 어설프게 가버린 요비아누스는 혈통적으로 콘스탄티누스 왕조도 아니고, 뒤이은 발렌티니아누스 왕조도 아닌 오리알 같은 황제이다. 그래서 로마의 왕조를 구분할 때 요비아누스를 콘스탄티누스 왕조로 넣는 경우가 있는데, 이는 편의상의 구분이라 하겠다. 따로 떼어놓을 만큼의 존재감도 없는 데다 재위 기간도 1년이 되지 않으니 어떻게 한들 어떠랴.

　요비아누스에 이어 황제가 된 것은 발렌티니아누스. 콘스탄티누스 왕조의 뒤를 잇는 발렌티니아누스 왕조의 초대 황제 발렌티니아누스 1세Flavius Valentinianus I이다. 발렌티니아누스 왕조는 AD 364년부터 392년까지 존속했다. 그사이 로마는 매우 중대한 사건을 겪게 된다. 바로 아드리아노플Adrianople 전투이다. AD 378년 아드리아노플이라는 곳에서 벌어진 이 전투는 본격적인 로마 멸망의 시작으로 여겨진다. 역사의 중요한 전환점이었던 것.

| 아드리아노플 전투 |

요비아누스 급사 후 황제로 추대된 발렌티니아누스는 자신을 추대한 세력의 요구를 받아들여 동생 발렌스Valens를 공동황제로 임명한다. 자신은 서방을 다스리고, 동생에게 동방을 맡긴다. 유능한 지휘관이었던 발렌티니아누스는 라인강 쪽 국경에서 다양한 게르만족의 침입을 막고 많은 반란들을 진압했다. 게르만족으로부터 갈리아 지역을 10년 동안 지켜낸 것이다. 그러나 AD 375년 게르만의 일파인 콰디Quadi족과의 협상 중 순간적인 분노에 뒷목을 잡고 쓰러져 다시 일어나지 못하였다. 사인死因은 뇌졸중. 유능했던 발렌티니아누스는 겨우 열여섯 살밖에 되지 않은 아들을 후계자로 남겨놓은 채 가버렸다. 바로 그라티아누스Gratianus. 이 열여섯의 청소년을 서로마의 황제로 맞으며 그라티아누스의 삼촌인 동로마의 발렌스는 자연스럽게 선임황제가 되었다.

발렌스는 위로는 게르만족, 동으로는 페르시아와 맞서 싸우고 있었다. 당시 게르만족들은 대체로 남쪽으로 이동하고 있었는데 역사는 이를 '게르

　　　　　기원부터 천 년까지 전문세

만의 대이동'으로 기록하고 있다.[85] 게르만족의 대규모 이동은 훈Hun족을 가장 큰 원인으로 보고 있다. 훈족은 아시아계 유목민족으로 유럽 사서에는 AD 4세기 중반에 나타났다. 이들의 등장은 유럽을 근본부터 흔들었다. 실제 훈족에게 시달린 것은 게르만족만이 아니었다. 그들은 뛰어난 기동력으로 로마, 페르시아, 이집트까지 직접 공격해 피해를 입혔고 특히 동로마는 강대국이었음에도 이들의 먹잇감이 되어 지속적으로 지갑을 털렸다.

훈족에 대해서는 여러 설이 존재한다. 특히 그 기원에 관해 훈-흉노 동일 민족설에 대한 찬반 이론이 오랜 세월 대립해왔다. 대중적으로는 동일 민족이라는 설이 더 널리 퍼져 있다. 중등교육에서도 이 설을 채택하고 있다.[86] 현재는 동일 민족 여부를 정확히 규정하기보다 절충적인 방향으로 내용이 모아지고 있다. 흉노, 즉 한漢에 의해 밀려난 유목민족이 연쇄적으로 이동한 결과가 훈이며, 그들이 게르만의 이동을 촉발시켰고 최종적으로 로마의 멸망을 가져왔다는 것이다. 일종의 도미노설이다.


## ▌서로마 멸망의 시작, 아드리아노플 전투

아드리아노플 전투는 게르만족이 대대적으로 로마로 유입되는 신호탄이었다. 발렌스 황제는 이 전투로 길이 이름을 남기게 된다. 박살 나서 죽은 것으로. 아드리아노플 전투는 중요성을 고려했을 때 그 원인을 좀 더 짚어볼 필요가 있다. 훈족에게 쫓긴 게르만의 일파인 서고트Visigoths족은 동로마 국경 내 정착을 요구한다. 발렌스는 이 요구를 들어주게 되는데, 여기에는

---

85  서양에서는 이 시기를 대이동기(Migration Period) 또는 야만족 침입 시기(Barbarian Invasions) 라고 한다.

86  《전쟁사 문명사 세계사》1권 '모든 지식의 시작'에도 훈-흉노 동일설을 기재하였다.

여러 가지 정치적인 계산이 깔려 있었다. 고트족 문제를 해결했다는 공을 챙기고, 그들을 병력 자원으로 이용한다는 일석이조—石二鳥의 효과를 노린 것이었다.

당시의 상황으로 보았을 때 발렌스의 이 같은 생각이 나빴다고는 할 수 없다. 그러나 이 구상은 의도대로 되지 않는데, 원인은 현지에 파견되어 있던 관리들의 악덕과 행패였다. 무장 해제된 서고트족에게 사기와 폭력, 인신매매 등 온갖 만행을 저질렀던 것이다. 게다가 시정을 요구하는 고트족의 대표자들을 박해하기까지 하였는데, 이는 결국 서고트족의 대대적인 저항을 불러일으켰다. 로마 입장에서는 반란이겠지만, 전적인 원인 제공자가 로마임에는 이론의 여지가 없다.

AD 377년 이 무력 저항은 지역 수비군으로는 진압이 불가능할 정도의 규모로 확대되었다. 이에 발렌스는 직접 로마의 최정예 요격군[87]을 이끌고 진압에 나섰다. 로마군이 아드리아노플 일대의 평지에서 고트족과 대치한 때는 8월의 한여름. 집결부터 행군, 전열 정비 등 모든 면에서 삐걱거렸던 로마군은 일관되게 작전이 수립되지 않은 상태에서 고트족의 교란과 지연 작전에 휘말려 전투 직전까지도 지휘체계가 어지러워져 있었다. 또한 그라티아누스의 서로마군이 합류하기로 되어 있었음에도, 발렌스는 기다릴 생각이 없었다. 조카와 전공戰功을 나누고 싶지 않았던 것이다. 패하기 딱 좋은 조건들을 두루 갖췄던 것인데, 한마디로 적을 우습게 보았다고 할 수 있다. 결정적으로 로마군은 식사를 거르고 전투에 임했다고 한다. 군인이 밥을 굶다니.

무엇 하나 유리한 점이 없는 가운데 펼쳐진 전투는 일방적인 살육전으

---

87  당시 로마군은 디오클레티아누스에 의해 정립되고 콘스탄티누스에 의해 발전된 군제와 전략을 따르고 있었는데 국경 수비군인 리미타네이(Limitanei)와 거점 주둔 공격군인 코미타텐세스(Comitatenses)의 이원체제로 운용되고 있었다. 발렌스가 이끈 부대는 바로 코미타텐세스인 것이다.

로 끝났다. 로마군은 전력의 3분의 2를 잃었고, 발렌스는 어떻게 죽었는지 알지도 못한 채 설說만 분분하다. 시체도 찾지 못했기 때문이다.[88] 로마군으로서는, 아니 로마의 역사 전체를 놓고도 어이없을 정도로 안타까운 사건이었다. 물론 어이없고 바보 같기로는 그로부터 5년 후 동양에서 벌어질 비수 전투에 비할 바는 아니다.

어설프게 전투를 이끌고 허무하게 전사하였지만 전체적으로 발렌스는 무능한 황제는 아니었다. 역사는 발렌티니아누스와 발렌스, 형제 황제에 대해 행정과 군사 양면에서 대체로 좋은 평가를 하고 있다. 다만 좋은 의도의 정책들이 부패한 관리들에 의해 제대로 시행되지 않은 것과 아드리아노플 전투라는 큰 사건 때문에 모조리 덮인 것이다.

아드리아노플 전투는 모든 게르만족을 용기백배하게 만든다. 무의식적으로 각인되었던 전통적인 대大로마의 카리스마가 사라지는 순간, 로마 제국의 빗장이 열린 것이다. 특히 서고트족은 이 여세를 몰아 남진하여 발칸반도 전역을 휩쓸게 되는데, 이때 그들은 처음으로 바다를 보게 된다. 지중해의 그 아름다운 바다를 말이다. 그들이 다시 과거의 척박한 환경으로 되돌아가려고 할까.[89]

---

88  발렌스의 황천길은 그다지 외롭지는 않았을 것이다. 총사령관 세바스티나누스, 부사령관 트라야누스, 서른 명이 넘는 대대장들이 모조리, 사이좋게 같이 죽었기 때문이다. 게다가 수만 명의 병사들도 있었고. 당시 발렌스가 이끈 로마군 총병력이 얼마나 되는지는 정확히 알려져 있지 않다. 사료에 따라 1만 5천 명, 3만 명, 5~6만 명이었다는 설이 있다. 에드워드 기번은 전체 병력 수는 밝히지 않고 그중에서 3분의 2 이상이 희생되었다고만 기록하고 있다.

89  드라마에 종종 나오는 장면. 100평 펜트하우스에서 어느 날 반지하 월세로 옮겨야 한다는 말을 듣는 부인의 표정.

🌀

## 밀라노 칙령

로마가 기독교를 공인한 사건으로 유명한 밀라노 칙령은 AD 313년에 공포되었다. 이때는 밀비우스 다리에서 막센티우스를 물리친 다음 해였고, 아직 경쟁자 리키니우스가 살아 있던 시기였다. 그래서 대중적으로 알려진 것과 달리 이 칙령은 콘스탄티누스 대제의 단독 작품이 아니고 리키니우스와 공동으로 발표한 것이다.

밀라노 칙령의 내용은 로마 제국 전역에서 기독교의 자유를 허용하고, 과거 기독교도

| 밀라노 칙령 |
밀라노 칙령은 유명세에 비해 그 내용이 길지 않다.

를 속박했던 법령은 폐지되며, 몰수되었던 교회 재산 또한 반환한다는 것이다. 눈여겨보아야 할 것은 이때 허용된 신앙의 자유는 기독교뿐만 아니라 모든 종교에 대한 것이라는 점이다. 일종의 관용령이었다. 물론 기독교를 특정해 그 명칭을 계속 언급한 데서 기독교가 특별대우를 받고 있었음은 알 수 있다.

사실 밀라노 칙령이 있기 2년 전에 이미 기독교의 공인은 이루어졌다. 이는 당시 선임황제였던 갈레리우스의 업적이었다. 하지만 역사는 밀라노 칙령을 로마가 기독교를 공인한 사건으로 기억하고 있다.

이것도 운인가.

엄청난 유명세에 비하면 내용이 짤막한 밀라노 칙령은 속주 관리들에게 보내는 서한의 형식으로 남아 있었고, 이를 인용한 역사가 락탄티우스Lactantius와 에우세비우스Eusebius에 의해 전해지게 된다. 간단한 내용이었지만 두 황제에게 정치적으로 필요한 조치였고, 이것이 역사에 미친 영향은 매우 컸다. 물론 이 칙령의 혜택은 콘스탄티누스가 고스란히 가져갔다. 그리고 대제라는 칭호마저 덤으로 얻게 되었다. 갈레리우스가 더욱 억울해할 일이다.

# 북위

## 3

### ▎북위라는 나라

남북조 시대라고 하지만 이 시대 중국 역사의 주인공은 북쪽을 차지한 북조 왕조였다. 남북조라는 명칭이 무색하게도 당시 남과 북의 전력 차이는 현격했다. 하여 북조의 패자霸者가 곧 천하의 패자였다 해도 틀린 말이 아니다. 전진의 부견이 화북을 완벽하게 정리하기 전에 남조의 동진을 치려고 했던 것도 국력의 차이가 현저하였기 때문이다. 5호 16국의 분열 상태가 조금이라도 빨리 해결되었다면 남북조 시대는 훨씬 더 짧아졌을 것이다.

위진남북조 시대에서 남조가 가지는 역사적 의미는 본격적인 강남의 개발이 이루어진 것이라고 할 수 있다. AD 317년 사마씨의 진晉이 강남으로 자리를 옮겨 동진이 되면서, 중국의 화남이 개척되고 발전하기 시작하였다. 서양에서는 콘스탄티누스 대제가 밀비우스 다리 전투에서 이기고, 밀라노 칙령을 내리고, 리키니우스와 마지막 대결을 남기고 있던 때였다. 동진이 수도로 정한 곳은 건강建康으로 양자강에 남쪽으로 접한 도시였다. 지금의 난징南京에 해당하는 지역이다.

낙양洛陽을 중심으로 하는 화북이 5호의 각축장으로 바뀌었을 때, 건강

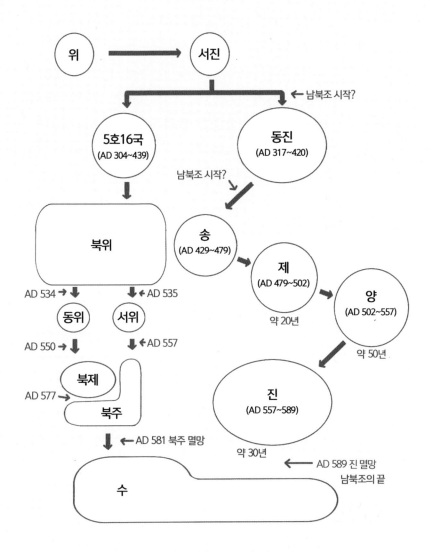

**| 남북조 시대에 대한 생각 |**

언제를 남북조의 시작으로 볼지에 대해서는 이견이 있다. 여러 주장이 있는 만큼 시대 구분은 절대적인 것이 아닌 편의적인 것이다.

을 중심으로 하는 강남은 동진이라는 하나의 왕조가 새로운 기반을 다지고 있었다. 동진은 AD 317년부터 420년까지 100여 년간 존속했다. 그리고 송宋이라는 나라로 바통을 넘긴다. 송은 60여 년을 보내고 제齊에게 넘겨준다. 제는 20여 년을 살다가 다시 양梁에게 넘겨주고, 양은 50여 년을 존재하게 된다. 그리고 진陳에게 자리를 내준다. 진은 30여 년을 버티다 AD 589년 북조의 패자 수隋에게 병합된다. 동진의 건국에서 진의 멸망까지 272년간이 남조의 시간이었던 것이다.

사마씨의 진은 영향력이나 존속 기간으로 보았을 때 중국의 역대 통일왕조 중 가장 보잘것없는 왕조였다. 하지만 역사적 의미를 찾는다면 북방의 유목민족과 한족이라는 농경민족이 융합할 기회를 준 것이라 할 수 있을 것이다. 물론 의도하지는 않았지만 말이다.

한족의 입장에서 이름 붙인 다섯 오랑캐(5호)가 16개의 나라(16국)를 세우면서 기존의 중국이라는 경계선 내에 비非한족의 수가 급속히 증가한다. 그리고 이들에 의한 천하 통일[90]은 중국이라는 경계를 다시 한번 확장하는 계기가 되었다. 물론 한족의 우월성을 주장하며 기어코 한족과 이민족을 구별하려는 사가史家들의 입장에서는 이 시대가 참변이 아닐 수 없다. 그래서 존재감 면에서 비교가 안 되는데도 '남북조'라는 대등한 구도를 만들었다. 한 발짝 더 나아가 육조六朝 시대[91]라는, 북방의 강국들을 역사의 중심

---

90 수를 세운 양씨(陽氏)가 한족이라는 설과 이민족이라는 설이 대립하는 가운데, 이민족설이 더 힘을 얻고 있다. 그러나 혈통 논란을 떠나 양씨는 북위를 잇는 서위, 북주라는 선비족 국가에서 나고 자랐으며 그 전통을 이은 사람들이다. 특히 북주 시대에 한족과 선비족이 융합하여 새로운 문벌귀족이 형성되었는데 이를 관롱(關隴)집단이라 부른다. 북주 이후 중국의 지배 세력은 모두 관롱집단에서 비롯되었다. 과연 양씨가 한족이라는 주장이 무슨 의미가 있을까. 이는 당을 세운 이씨(李氏)에게도 해당되는 논쟁이다.

91 오(吳)—동진(東晉)—송(宋)—제(齊)—양(梁)—진(陳), 즉 삼국지의 한 축인 동오(東吳) 이래 강남의 여섯 나라를 의미한다. 육조 시대는 후한 이후 약해진 한족의 전통을 잇는 문화사적 시대 구분의 용어로 사용되기도 한다. 그러나 강력한 화북 왕조를 배제한 채 강남에 국한한, 한족 국가만의 시대 구분이라는 점에서 당대 전부가 아닌 일부만의 용어라고 할 수 있다.

축에서 배제한 용어을 만들어내기도 한다.

동진이 전진의 침입을 비수에서 기적적으로 막아내고, 로마에서는 테오도시우스가 군인황제 시대를 종식시키고 새 시대를 만들기 위해 힘쓰고 있던 AD 380년대에 선비의 탁발규拓跋珪가 북위를 건국(AD 386)하였고, 아틸라가 로마를 공포에 빠트렸던 AD 430년대에 탁발도拓跋燾가 5호 16국을 통일(AD 439)한다. 마침내 북조도 단일 왕조로 모아진 것이다.

화북의 단일 왕조 북위. 영향력을 고려하였을 때 북위는 남북조 시대에서 가장 중요한 나라다. 130년 5호 16국 시대를 마감하고 AD 534년 동위·서위로 분단될 때까지 100년간 화북 전체를 다스렸던 북위는 중국 역사에 있어 매우 중요한 사건인 호한융합胡漢融合에 결정적인 기여를 하였다. 호한융합은 북방의 유목민족이 중원의 농경민족으로 흡수되는 현상을 뜻한다.


## ▌명군 효문제

중국은 광대한 영토와 수많은 민족의 집합체이다. 호한융합은 현재 중국의 존재를 역사적으로 설명할 수 있는 요소 중의 하나이다. 춘추 시대와 전국 시대 이후 중국은 한족이라는 집단의 기준으로 이민족이라고 규정했던 집단과 끊임없는 분쟁을 겪으면서도 결국은 '같은 하늘 아래天下' 사는 존재임을 인정하는 과정을 겪었다. 쉴 새 없는 갈등의 연속이었지만 그 결과로 나타난 것이 현재의 거대한 중국인 것이다. 남북조 시대는 그러한 성장통이 가장 극심하게 나타났던 시기였고 북위는 그 통증을 고스란히 감내해냈던 나라였다.

북위의 전성기를 이끈 황제는 7대 효문제孝文帝 탁발굉拓跋宏이다.[92] 효문

---

92  AD 471~499년. 28년간 재위했다.

| 효문제 탁발굉 |

제는 북위의 전성기를 이끈 인물이다. 그는 수도를 중원의 중심인 낙양으로 옮기고 한족의 문화를 받아들여 선비족을 한화漢化시키는 데 많은 노력을 기울였다. 언어와 문자는 물론 예법과 복식 등 모든 분야에서 한족의 전통을 받아들였다. 솔선하여 선비족의 성姓인 탁발을 버리고 한족의 성인 원元을 채택하여 탁발굉에서 원굉元宏이 되었는데, 황제가 성을 바꾼다는 것은 매우 충격적인 일이었다. 이러한 환경에서 한족과의 통혼通婚은 북위 사회의 새로운 풍조가 되었다.

효문제는 AD 471년 제위에 올라 499년까지 28년간 재위하였으나 어릴 때 등극한 탓에 친정親政을 한 시기는 채 10년이 되지 않는다. 그럼에도 그의 치세 동안 북위는 엄청난 국력의 신장을 이루어 전성기를 맞게 된다. 역사적으로도 효문제가 추진한 적극적인 호한융합 정책은 중국사에 엄청난 영향을 미친 사건으로 평가된다.

효문제 시기 북위의 변화는 중국 역사 전체를 놓고 보았을 때 건전한 발전을 이루었다고 할 수 있다. 그러나 북위라는 나라로만 한정해서 보면, 국익에 크게 부합한다고 할 수 없었다. 무엇이든 급하면 역효과가 나게 마련일 뿐더러 급진적인 한화 정책이 모든 선비족의 호응을 받을 리 만무했기 때문이다.

내부에서 불만이 크게 터져나왔다. 더욱이 유목민족의 소박하고 상무적인 전통이 소멸되고 사치스럽고 문약한 풍조가 사회의 주를 이루게 되어 지배구조가 근간부터 흔들리게 되었다. 결국 이는 도미노 효과를 불러와, 효문제 사후 불과 24년 만에 북위 멸망의 시발점인 육진의 난六鎭之亂[93]이 일어났고, 10년 후인 AD 534년에는 나라가 동서로 갈라진다.

---

93  AD 523년 발생한 반란. 북위는 건국 이후 북방 민족에 대한 방어로 낙양 이전의 수도였던 평성(平城) 북쪽에 여섯 개의 요새를 건설했다. 초기에는 군사적 요충지로서 수비군과 이주민에게 특권을 부여했으나, 효문제의 낙양 천도 이후 이들의 대한 처우가 급락하였다. 이에 군민 모두 불만을 품고 반란을 일으키게 되었는데, 이는 북위의 근간을 흔든 사건이었다.

## 자귀모사 제도

북위에는 독특한 제도가 있었다. 자귀모사子貴母死. 글자 그대로 아들이 귀해지면 생모가 죽어야 한다는 것. 외척의 정치 개입을 막기 위한 이 제도의 기원을 전한의 무제에서 찾는 경우[94]가 있으나 이는 일회성에 지나지 않았다. 자귀모사 제도는 도무제道武帝 탁발규가 시행한 이래 전성기를 이끈 효문제에까지 이어졌다. 북위가 이 같은 제도를 시행한 이유를 중원의 왕조가 외척의 폐단으로 멸망한 데서 찾는 주장도 있지만, 선비족의 전통에서 그 연원을 찾기도 한다. 선비는 왕조를 이루고 난 후에도 유목민족의 전통인 모계 영향력이 강해 왕권을 위협하는 경우가 많았기 때문이다.

이유야 어떠하든 이 제도는 크게 효과를 보지 못하였다. 시행 의도와 달리 생모가 아니더라도 태자와 관련된 인물들에 의한 권력 개입이 존재했고, 전횡 또한 다르지 않았다. 게다가 효과에 비해 부작용이 매우 컸다. 황후든 후궁이든 잉태를 하려 하지 않았던 것이다. 왕조 자체가 없어질 판이었다. 수많은 여인을 희생시킨 이 제도는 선무제宣武帝에 의해 폐지되기까지 거의 120년간 유지되었다. 죽은 여인들만 원통할 뿐이다.

—

94  한무제가 죽기 1년 전인 BC 88년 태자를 반란 혐의로 폐하고 어린 아들 유불릉(劉弗陵)을 태자로 봉한다. 그리고 태자의 생모 구익부인(鉤弋夫人) 조씨를 자결하게 한다. 무제는 여후 일족의 발호와 같은 폐단을 예방하고자 이 같은 조치를 취하였다고 밝혔다. 조씨는 죽음과 동시에 지위가 높아졌다.

기원부터 천 년까지 전문세

## ▎북위의 분열

동서로 갈라진 북위를 각각 동위東魏, 서위西魏라 부른다. 이때는 찬탈자들이 원씨를 허수아비 황제로 세워두고 있었기에, 그나마 위라는 국호는 유지되었다. 하지만 그것도 잠시. 동위의 실권자 고씨高氏와 서위의 실권자 우문씨宇文氏는 모두 원씨를 밀어내고 스스로 황제를 칭하며 국호를 바꾸게 된다. 동위는 AD 550년에 북제北齊로, 서위는 AD 556년에 북주北周로. 북위라는 이름마저 사라지게 된 것이다. 서유럽에서는 클로비스의 아들 클로타르 1세가 프랑크를 재통일하기 직전이었다.[95]

동위와 서위 시절부터 피터지게 싸웠던 고씨와 우문씨는 북제와 북주로 바뀐 후에도 변함없이 싸웠다. 간판 바꿔 단 것 외에는 변한 것이 없었기 때문이다. 그들의 대결은 AD 577년까지 이어진다. 초반에는 강한 경제력과 명장들을 보유한 북제가 우세했다. 그러나 멍청한 황제들의 실정失政 퍼레이드가 펼쳐지는 바람에 북제의 전력은 급속히 약해졌다. 반면 북주는 초반 열세를 극복하고 전세를 뒤집는데 무제 우문옹宇文邕의 등장이 결정적이었다.[96] 역시 나라 하나가 뜨고 지는 데는 한 사람이면 충분하다. 우문옹은 막대한 재산을 보유한 채 세금과 병역을 피하는 불교와 도교 세력을 척결하였고, 그 덕에 단기간에 재정이 튼튼해져 병력 자원을 넉넉하게 확보하게 되었다. 동양이든 서양이든, 고대든 근대든 국가는 종교를 잘 통제하고 이용해야 한다.

이런 북주가 같은 시각 삽질을 거듭하고 있던 북제를 무너뜨리는 것은 어려운 일이 아니었다. 우문옹이 화북을 재통일한 것은 친정親政을 시작한

---

95  뒷장에서 설명하겠지만 로마의 뒤를 이어 서유럽의 주인이 된 프랑크는 AD 511년 분열되었다가 클로타르 1세에 의해 AD 558년 다시 통일된다. 그러나 3년 후에 다시 분열된다.

96  무제(武帝)는 한무제 이후 한동안 인기가 폭발했던 시호였다. 중국 역사상 '武' 자 존호는 왕호(王號)를 제외한 제호만 해도 27명이나 되고, 이들 중 21명이 위진남북조 시대에 나왔다.

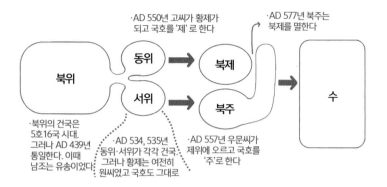

·AD 550년 고씨가 황제가
되고 국호를 '제'로 한다

·AD 577년 북주는
북제를 멸한다

북위

동위

서위

북제

북주

수

·북위의 건국은
5호16국 시대.
그러나 AD 439년
통일한다. 이때
남조는 유송이었다

·AD 534, 535년
동위·서위가 각각 건국.
그러나 황제는 여전히
원씨였고 국호도 그대로

·AD 557년 우문씨가
제위에 오르고 국호를
'주'로 한다

| 북위 분열과 수의 통일 – 그림으로 이해하기 |

지 불과 5년 만인 577년이었다. 이슬람을 세운 무함마드Muhammad가 일곱 살 되던 때였다.

애석하게도 우문옹은 화북의 북조를 재통일한 지 1년 만에 세상을 떠난다. 북제의 잔당을 정리하고 남조의 진陳을 치기 위해 준비하던 중이었다. 남북조 시대는 항상 북조를 제패한 왕조가 남조를 도모하는 형국이다. 북주는 아버지를 하나도 닮지 않은 아들 우문윤宇文贇에 의해 망국 직전에 이르고, 다시 그의 아들 우문천宇文闡이 외척 양견楊堅에게 선양하면서 멸망한다. 북주 간판을 달고 24년 만인 AD 581년의 일이었다.

　　　　　기원부터 천 년까지 전문세

## 사학사적 측면에서 본 위진남북조 시대

현재 중국의 정사正史는 24사二十四史로 대표된다. 《사기史記》를 시작으로 《명사明史》까지 24종의 사서인데, 이는 청淸 건륭제에 의해 정해졌다. 정사는 왕조가 거듭되면서 그 수가 늘어났다. 명대明代에는 21사까지 지정되었는데, 당시의 국립대학인 국자감國子監에서 21사를 간행하였다. 그전 왕조인 원元은 18사, 송宋은 17사로 정리했다. 현재는 중화민국 시대에 간행된 《신원사新元史》나 《청사고淸史稿(稿란 완성되지 않은 원고 상태를 의미)》가 더해져 25사 또는 26사로 불리기도 하나, 중국 정부는 이 시대의 사서를 인정하고 있지 않다. 시간이 흐를수록 정사의 숫자가 늘어나는 것은 자연스러운 일. 그리고 지정된 사서가 변하기도 하였는데, 24사의 세 번째인 《후한서》의 경우 처음에는 《동관한기東觀漢記》가 잠시 그 자리를 차지하기도 했다.

24사의 시작은 《사기》를 필두로 《한서漢書》, 《후한서後漢書》, 《삼국지三國志》, 《진서晉書》, 《송서宋書》, 《남제서南齊書》, 《양서梁書》, 《진서陳書》, 《위서魏書》, 《북제서北齊書》, 《주서周書》, 《남사南史》, 《북사北史》, 《수서隋書》, 《구당서舊唐書》, 《신당서新唐書》, 《구오대사舊五代史》, 《신오대사新五代史》, 《송사宋史》, 《요사遼史》, 《금사金史》, 《원사元史》, 《명사》까지 스물네 개다. 이중 《사기》, 《한서》, 《후한서》를 3사三史, 《삼국지》까지를 4사四史라고 한다. 그리고 상고 시대인 오제 시대부터 한무제까지 다룬 《사

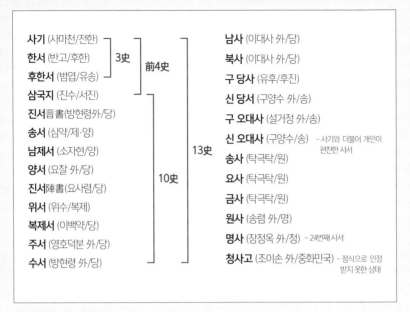

| | |
|---|---|
| 사기 (사마천/전한) | 남사 (이대사 外/당) |
| 한서 (반고/후한) 3史 前4史 | 북사 (이대사 外/당) |
| 후한서 (범엽/유송) | 구 당사 (유후/후진) |
| 삼국지 (진수/서진) | 신 당서 (구양수 外/송) |
| 진서晉書(방현령外/당) | 구 오대사 (설거정 外/송) |
| 송서 (심약/제·양) | 신 오대사 (구양수/송) — 사기와 더불어 개인이 편찬한 사서 |
| 남제서 (소자현/양) | 송사 (탁극탁/원) |
| 양서 (요찰 外/당) | 요사 (탁극탁/원) |
| 진서陣書(요사렴/당) 10史 13史 | 금사 (탁극탁/원) |
| 위서 (위수/북제) | 원사 (송렴 外/명) |
| 북제서 (이백약/당) | 명사 (장정옥 外/청) — 24번째 사서 |
| 주서 (영호덕분 外/당) | 청사고 (조이손 外/중화민국) — 정식으로 인정받지 못한 상태 |
| 수서 (방현령 外/당) | |

**| 중국 정사 24사의 이해 |**
24사 중 8종이 당대(唐代)에 편찬되었고 위진남북조 시대가 포함되는 사서는 총 12종이다.

기》를 제외하면 대부분 하나의 왕조만을 잘라 담은 단대사斷代史[97]이다. 찬찬히 보면 알겠지만 24사의 제목만 살펴보아도 5천 년 중국사의 틀을 잡을 수 있다.

24사 가운데 위진남북조 시대를 다룬 사서는 《삼국지》부터 《수서》에 이르기까지 총 12종이다. 24사 중에 12사. 중국 역사를 5천 년으로 보았을 때 위진남북조 시대는 기껏해야 370년에 불과한데, 이를 다룬 사서는 절반에 달하는 것이다. 그뿐 아니다. 정사에는 포함되지 않았지만 최홍崔鴻의 《십육국춘추十六國春秋》를 비롯해 이 시기를 다룬 사서들 또한 매우 많다. 물론 사료의 양으로 당·송 이후와 비교할 수는 없겠지만 그만큼 이 시대의 연구과제는 중하다 하겠다. 사학사적인 면에서 위진남북조의 위치는 대

---

[97] 《남사》, 《북사》, 《신·구오대사》는 짧은 시간 동안 수많은 왕조가 섰던 혼란기를 정리하고자 한 것이다. 의도적인 통사라고 할 순 없다.

기원부터 천 년까지 전문세

중적인 인식과 차이가 있다. 춘추·전국 시대나 초한, 삼국 시대에 비해 인기가 좀 덜할 뿐이다.

시계를 150년 이상 앞으로 돌려 남조를 살펴보자. 북조가 5호 16국의 혼란을 겪고 있을 때 남조는 동진이었다. 이는 남북조 시대의 시작을 동진의 건국부터로 보는 구분법을 적용한 것으로써, 이에 따르면 남조는 동진-송宋-제齊-양梁-진陳의 다섯 왕조가 된다. 동진은 남조의 다섯 왕조 중 가장 오래 지속된 왕조로서 AD 317년부터 420년까지 100여 년을 버텼다. 육조六朝를 통틀어도 그다음이 송의 60년이니 꽤 오래 지속되었던 것이다.

하지만 이것은 동진이 강해서라기보다는 북조가 5호 16국의 혼란기라 가능했던 일이었다. 더욱이 비수 전투라는 절체절명의 위기를 기적적으로 넘기며 67년 만에 끊길 뻔했던 동진의 명줄이 100년을 넘기게 된 것이다. 간혹 동진이 몇 번의 북벌을 시도한 것을 높이 평가하는 경우가 있는데, 이 또한 5호 16국의 혼란을 십분 활용한 것으로 간헐적인 사건일 뿐이다. 비수대전 이후의 북벌 또한 전진이 와해되면서 벌어진 분열 상황을 틈탄 것이지 결코 과대평가할 일이 아니며 제대로 성과를 거둔 적 또한 없다. 반대로 남조가 5호 16국과 같은 분열을 거쳤다면 북조에게 순식간에 먹혔을 것이다. '만약'이라는 것은 아무런 의미가 없지만, 그만큼 남조의 국력은 약했다.

동진은 하늘이 도왔던 비수대전 이후의 기회를 살리지 못하였다. 풍전등화의 위기를 넘겼음에도 정신을 차리지 못하고 국내 사정은 더욱 혼란해진다. 그리고 마침내 장수 유유劉裕에게 선양되며 멸망한다. AD 420년, 서로마 멸망 56년 전이다. 유유는 국호를 송宋으로 정하였는데, 후에 등장할 조씨趙氏의 송宋과 구별하기 위해 유송劉宋이라 부른다. 그의 시호는 유행하던 무제였다.

# 명군과
# 암군

4

## ▌테오도시우스 대제

테오도시우스Theodosius는 통일로마의 마지막 황제이다. 그를 마지막으로 로마는 동서로 나뉘어 두 번 다시 합쳐지지 못했다. 로마의 제정은 군인황제 시대 이후 디오클레티아누스가 시행했던 테트라르키아, 뒤이어 등장한 콘스탄티누스 왕조, 발렌티니아누스 왕조를 거쳐 테오도시우스 왕조에까지 이른다. 테오도시우스 이후 로마의 동서 분열은 완전히 고착되는데, 그 때문에 테오도시우스의 죽음을 동로마의 시작으로 보는 시각이 있다.[98] AD 395년.

시작하기도 전에 죽음부터 이야기하였는데, 테오도시우스의 발탁은 그라티아누스에 의해서였다. 그라티아누스는 발렌스가 아드리아노플에서 전사하는 바람에 선임황제가 된 인물로, 아드리아노플 전투 1년 후인 AD 379년 발렌스의 자리에 앉았다. 그는 발렌티니아누스의 아들로서 가능성이 보이는 듯하였으나 군대 통제에 실패해 반란으로 목숨을 잃는다.

---

98  동로마의 시작을 언제로 볼 것인가에 대한 견해는 매우 다양하다. 그중 테오도시우스의 죽음은 유력한 주장 중의 하나이다.

기원부터 천 년까지 전문세

반란을 주도한 자는 브리타니아를 맡고 있었던 마그누스 막시무스Flavius Magnus Maximus. 그는 황제가 실정으로 군대의 신망을 잃자 휘하의 병력을 이끌고 바다를 건넌다. 정면 대결을 펼쳤는데, 그라티우스의 군대는 자신의 황제를 위해 싸우지 않았다. 배신으로 전력이 와해된 것. 그라티우스는 도주 끝에 잡혀 목숨을 잃는다. 그가 사망한 해는 AD 383년으로 동양에선 불가사의한 전투였던 비수대전이 있었던 해이다. 8년의 치세 동안 그가 이룩한 업적 중 가장 훌륭한 것은 테오도시우스를 동방의 황제로 임명한 것이었다.

테오도시우스가 동로마의 황제가 된 후 당면한 일은 둑이 터진 로마를 안정시키는 것. 그중에서도 서고트족의 처리가 시급했다. 아드리아노플 전투 이후 봇물처럼 밀고 내려온 서고트족은 발칸반도의 주요 생산지역을 차지한 후 제국을 마음껏 휘젓고 있었다. 서고트족만 수십만 명이 이주해 제국 전역으로 퍼져버렸고, 그 외 수많은 게르만족들이 덩달아 유입된 상황에서 테오도시우스가 풀어야 할 과제는 그리 간단한 문제가 아니었다.

게다가 오래전부터 진행되어 왔던 '게르만족의 로마화' 현상과 겹쳐, 스며든 이민족을 더 이상 전투와 같은 수술적인 방법으로 떼어낼 수도 없었던 것이다. 이러한 상황에도 테오도시우스는 나름대로 이 문제의 해결책을 찾아낸다. 그것은 바로 조화調和였다. 초반의 단순 무력적인 방법에서 벗어나 최선의 접점을 찾은 것. 분리하지 못할 바엔 아예 로마의 완벽한 일원으로 만들어 제국을 지키게 한 것이다.

이를 위해 로마는 간헐적인 무력 사용과 더불어 저변에서부터 회유와 공작을 지속적으로 병행하였다. 그리하여 마침내 평화조약이란 이름 아래 서고트족의 공식적인 항복을 받아낸 것이다. 아드리아노플 전투 이후 불과 4년만의 일이었다. 조약에는 서고트족이 자치국이면서 동맹국의 자격으로 제국 내 정착과 군사 작전에서 독자적인 지휘권을 갖는다는 조건이 들어 있

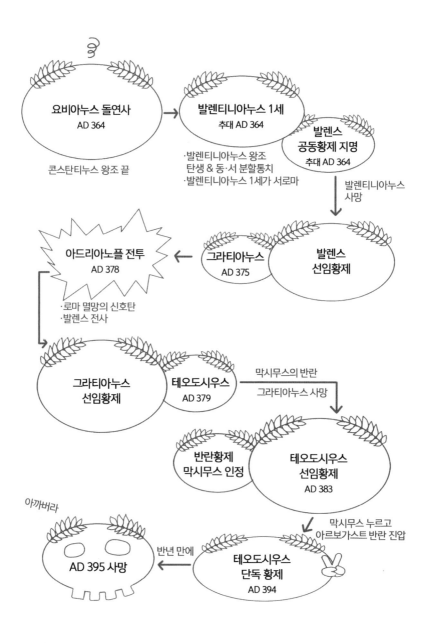

요비아누스 돌연사
AD 364

콘스탄티누스 왕조 끝

발렌티니아누스 1세
추대 AD 364

·발렌티니아누스 왕조
 탄생 & 동·서 분할통치
·발렌티니아누스 1세가 서로마

발렌스
공동황제 지명
추대 AD 364

발렌티니아누스
사망

아드리아노플 전투
AD 378

그라티아누스
AD 375

발렌스
선임황제

·로마 멸망의 신호탄
·발렌스 전사

그라티아누스
선임황제

테오도시우스
AD 379

막시무스의 반란

그라티아누스 사망

반란황제
막시무스 인정

테오도시우스
선임황제
AD 383

막시무스 누르고
아르보가스트 반란 진압

아까버려

AD 395 사망

반년 만에

테오도시우스
단독 황제
AD 394

| 콘스탄티누스 왕조 이후 다시 로마가 통일되기까지 |

었다.

이 해결책을 비판하는 입장도 있다. 이후 다른 이민족들도 서고트족과 같은 대우를 요구하게 되었다는 것이다. 하지만 당시 상황을 고려하였을 때 테오도시우스의 일처리는 최선이라고 봐야 할 것이다.

서방의 그라티아누스가 반란으로 인해 목숨을 잃은 때는 테오도시우스가 서고트족 문제를 봉합한 다음 해였다. 그라티아누스 사후 서로마는 다시 혼란에 빠졌다. 테오도시우스는 제국 안팎의 이민족들과 동쪽의 사산조 페르시아와의 전쟁으로 눈코 뜰 새 없는 가운데 서로마의 사태까지 처리해야 하는 상황에 몰렸다. 그야말로 산더미 같은 과제에 묻힌 것이다. 이런 황제라면 거저 준다고 해도 걷어차 버릴 듯한데 테오도시우스는 차근차근 그 매듭을 푼다.

다시 시계를 앞으로 조금 돌리면, 발렌티니아누스 왕조의 초대 황제 발렌티니아누스가 뒷목 잡고 쓰러졌을 때 그라티아누스는 서로마 전체를 이어받은 것이 아니었다. 이복동생인 발렌티니아누스 2세가 일부 야전부대의 추대를 받아 공동황제로 선포되었던 것이다. 힘이 부족했던 그라티아누스는 당장은 그를 받아들일 수밖에 없었다. 다만 실질적인 영토 분할만은 최소화하는 수완을 발휘한다. 이런 상황에서 그라티아누스가 죽임을 당했으니, 선임황제가 된 테오도시우스 입장에서는 고민이 많았을 것이다. 힘은 부족하지만 혈통상 정통성이 있는 발렌티니아누스 2세를 서방 황제로 선포하고 전쟁을 벌일 것인가, 아니면 전쟁을 피하는 대신 반란을 일으켜 그라티아누스를 죽인 자를 황제로 인정할 것인가.[99]

테오도시우스는 고민 끝에 막시무스를 황제로 받아들인다. 어쩔 수 없는

---

99  그라티아누스를 죽이고 서방의 황제로 추대된 인물은 브리타니아 총독 마그누스 막시무스(Magnus Maximus)였다. 흔하디흔한 막시무스라는 이름이 또 나왔다.

선택이었다. 페르시아와 게르만족을 막고 내부를 다지는 것만으로도 버거운데, 또 다른 내전을 벌일 수는 없었다. 다만 그는 막시무스에게 한 가지 조건을 걸었는데, 발렌티니아누스 왕조의 핏줄인 발렌티니아누스 2세를 건드리지 말라는 것이었다. 이는 정통성에 문제가 있는 인물을 받아들이는 최소한의 명분이었다.

그러나 이 조건은 지켜지지 못한다. 막시무스가 발렌티니아누스 2세를 친 것이다. 이쯤 되니 테오도시우스도 가만히 있을 수 없었다. 자신의 권위에 대한 문제였기 때문이다. 다행히 동고트족을 누르고 페르시아와 휴전한 상태였기에 즉시 군사 행동을 개시할 수 있었다. 막시무스는 테오도시우스를 두려워했다고 알려져 있다. 두려워하면서 왜 그런 짓을 했는지 이해할 순 없지만, 그의 두려움은 현실이 된다. 테오도시우스의 공격에 패배를 거듭하다가 항복한 것이다. 이제 서방은 발렌티니아누스 2세의 손에 맡겨졌다. 그러면 서방이 안정되었느냐, 문제는 그렇지 않았다는 것이다. 참 속을 많이도 썩인다.

막시무스가 발렌티니아누스 2세를 공격하였을 때, 테오도시우스는 발렌티니아누스를 돕기 위해 아르보가스트Arbogast라는 부하를 파견했다. 아르보가스트는 갈리아를 탈환하는 전공戰功을 세웠고, 그대로 발렌티니아누스 2세 곁에 눌러앉았다. 스칸디나비아 신화에나 나올 듯한 이름에서 알 수 있듯이[100] 그는 로마인이 아닌 게르만족의 일파인 프랑크족 출신이었다. 당시 로마는 병력 보충을 이민족에 의존한 지 이미 오래였는데 고위직 또한 상당 부분 이민족 출신이 차지하고 있었다. 아르보가스트도 그런 인물이었는데, 이는 테오도시우스 시대 로마군의 현실을 보여주는 단면이라 할 수

---

100   스칸디나비아 신화에 등장하는 신들의 세계인 아스가르드(Asgard)와 발음이 유사하다. 할리우드 영화 <토르>가 바로 스칸디나비아 신화의 신이다.

기원부터 천 년까지 전문세

있다. 그런데 이 아르보가스트가 반란을 일으킨다. 또 반란. 정말 끝까지 수월한 게 없었던 테오도시우스였다. 테오도시우스는 동·서로마를 마지막으로 통합한 황제인데, 이 아르보가스트의 반란 진압이 바로 통일의 마지막 사건이었다. AD 394년이다.

'통일 로마를 지배한 마지막 황제'라는 거창한 타이틀을 보유한 테도오시우스는 오랜만에 하나가 된 로마를 제대로 누리지 못한다. 아르보가스트의 난을 진압하고 반년 만에 세상을 떠난 것이다. 때는 AD 395년. 많이 피곤했던 모양이다.


## ▍남조의 왕조들

통사를 다루는 대부분의 대중서는 위진남북조 시대를 자세히 다루지 않는다. 그중에서도 남조는 더욱 그러하다. 그러나 본장에서는 남조를 가급적 자세히 설명하고자 한다. 아무래도 생소해서 이해가 쉽지 않을 것이다. 게다가 존속 기간이 짧은 왕조가 대량으로 출현하였기에 인물들 또한 많다. 그러나 남조의 왕조들은 역사적으로 시사하는 바가 적지 않다.

테오도시우스가 세상을 떠난 것은 북위가 세워진 지 9주년이 되는 해였다. 북위는 나라를 세우고 50년이 좀 지난 AD 439년에 5호 16국을 통일하는 위업을 달성한다. 북조도 드디어 하나의 왕조로 합쳐진 것이다. 같은 시기 남조는 AD 420년에 유유가 건국한 송宋이었다. 중국의 남북조 시대에서 북조의 기간에 대해 이설異說이 있는 것과 마찬가지로 남조의 기간 또한 이론異論이 있다.

북조 편에서 언급한 바대로 위진남북조의 진晉은 통일된 상태였던 서진과 강남으로 피난 간 동진의 두 나라가 있다. 진이 동진이 되었을 때 화북은 5호 16국 시대를 맞는데 공교롭게도 동진이 멸망하는 시기와 비슷하

| 송무제 유유 |

게 5호 16국이 통일된다.[101] 논란은 이 동진을 위진 시대의 진에 포함할 것인지, 아니면 남북조 시대에 넣을 것인지에 대한 것이다. 전자를 따르면 5호 16국은 동진 안에서 일어난 분란이 되고, 후자를 따르면 5호 16국은 북조의 혼란이 된다. 만일 이도 저도 아닌 별도의 시기라 하면, 위진남북조라는 명칭은 위진과 남북조 사이에 100년 이상의 공백이 생기는 불완전한 용어가 된다. 한마디로 동진과 5호 16국을 보는 시각의 차이인 것이다. 본서는 동진을 남북조 시대 남조의 한 왕조로, 5호 16국은 북조의 혼란으로 보는 주장을 따랐다.

유유는 동진 왕조의 무장으로서 뛰어난 인물이었다. 유유의 활약 덕분에 동진은 남조 역사상 가장 넓은 영토를 가질 수 있었고 진이 강남으로 쫓겨난 이후 잠시나마 낙양과 장안을 회복할 수도 있었다. 북조가 통일 전의 혼란기임을 감안하더라도 그의 군사적인 능력은 대단한 것이었다. 이후 남조의 어떤 왕조도 그 판도에 이르지 못했음도 이를 어느 정도 증명하는 것이라 하겠다. 다만 유유는 자신의 능력을 사마씨들을 위해 쓸 생각이 없었다. 호시탐탐 때를 노리다 나라를 빼앗는다. 동진의 마지막 황제 공제恭帝로부터 선양을 받은 것이다. 바꿔 단 간판은 송宋. AD 420년으로 260년 후 조광윤趙匡胤이 세운 송과 구별하기 위해 유송劉宋이라고 부른다. 시호는 역시 무제.

---

101　동진은 AD 317~420년, 5호 16국은 AD 304~439년.

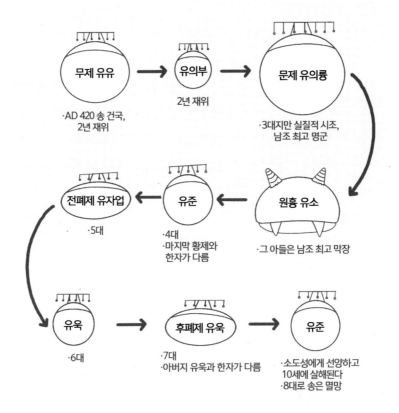

| 유송 황제 계보 | 유송은 남조 최고의 명군과 남조 최고의 폭군 '빅3'를 배출한 왕조였다.

　유유는 생애의 대부분을 동진의 신하로 보냈기에 막상 제위에서 보낸 기간은 2년밖에 되지 않는다. 창업군주는 이런 경우가 많다. 테오도시우스가 통일 후 반년도 되지 못해 사망한 것에 비하면 2년은 양반이다. 유유가 그 기간 동안 한 일은 송 왕조의 기초를 튼튼히 하는 작업이었다. 그는 미천한 출신으로 제위에 앉았기에 지지층이 튼튼하지 못했다. 그래서 왕조에 위협이 될 만한 군벌을 누르고 민심을 얻기 위한 정책을 펼치는데, 특히 후계를

다지기 위해 노력했다. 그 과정에서 공제 사마덕문司馬德文을 비롯한 동진의 황족은 모조리 도륙당한다. 새 왕조가 전 왕조의 씨를 말리는 것은 드문 일이 아니다. 남조 왕조들도 이 전통을 이어간다. 단 한 왕조만 빼고.

하지만 유송 왕조는 유유의 바람대로 풀리지 않는다. 뒤이어 황제가 된 유유의 후손들은 하늘을 찌르는 방종을 보여준다. 사료상으로 남북조 시대에는 남조, 북조 할 것 없이 잔혹함의 진수를 보여주는 황제들이 대거 등장한다. 이들의 초超막장[102]급 잔학 행위는 그 양과 질, 그리고 창의성이 중국사는 물론 세계사에서 유래를 찾기 어려울 지경이다.

그나마 다행히 유송에는 명군名君이 한 명 있었는데, 동진을 포함한 남조의 다섯 왕조를 통틀어 가장 우수한 황제라고 단언할 수 있다. 중요한 것은 정말 딱 한 명이었다는 것. 바로 송문제宋文帝 유의륭劉義隆이다. 그는 유유의 셋째 아들로 17세에 등극하여 재위 기간이 30년에 달했다. 초대와 2대 황제가 각각 2년의 짧은 치세를 보낸 덕에 유의륭은 유송 왕조의 실질적인 시조로 받들어졌는데 실제로 묘호 또한 태조太祖로 바뀌었을 정도다.

송문제는 유송뿐만이 아니라 남조를 통틀어서 최고의 성세盛世를 이루었다. 그는 반란으로 형 유의부劉義符를 밀어내고 자신을 옹립해준 권신들을 스스로 제거하며 황실의 권위를 세웠다. 이후 농업 생산을 격려하고 학문을 권장하여 경제와 문화를 모두 발달시켰고 튼튼한 재정으로 군비를 튼튼히 하였다. 오랜만에 중국의 남쪽 땅에 평화의 시대가 온 것이다. 역사는 이를 원가지치元嘉之治라 부른다.

남조에 유의륭이 있었다면 북조에는 탁발도拓跋燾라는 뛰어난 인물이 있었다. 이는 시기적으로도 일치한다. 그는 북위의 황제로 재위 16년 만에 5호 16국을 마감하고 북조를 통일한다. 한마디로 남북조 최고의 영웅이 같은

---

102  막장은 갱도의 막다른 곳을 뜻하는 광업(鑛業) 용어로서 한자어가 아닌 순우리말이다.

기원부터 천 년까지 전문세

시대를 보낸 것이다. 둘은 시대가 대충 맞는 정도가 아니라 출생과 재위 시기가 거의 같다. 유의륭이 407년생이고 탁발도가 한 살 어린 408년생. 등극은 탁발도가 한 해 빨랐는데 유의륭이 424년, 탁발도가 423년이다. 몰년은 유의륭이 453년인데 한 살 어린 탁발도가 한 해 빨리 죽어 452년. 그래서 재위 기간이 29년으로 같다. 유의륭은 아들한테 죽었고, 탁발도는 환관한테 죽었다. 이 정도면 수천 년의 시간을 다루는 역사에서 거의 쌍둥이급이라고 보아도 되지 않을까. 저승에서 만나면 할 말이 참 많을 두 사람이다.[103]

당시의 전력은 북위가 송보다 우위에 있었다고 볼 수 있다. 이는 남북조 시대의 여느 시기와 별반 다르지 않은 상황인데, 실제 양국의 전투에서도 북위가 우세했다. 유의륭이 주도한 대규모 북벌은 실패하였고 이 실패는 역풍이 되어 송의 근간까지 흔들게 된다. 원가지치마저 끝장낼 정도로 작전 실패의 파장이 컸던 것이다. 이후 남조는 북조에 대해 절대 수세에서 벗어나지 못한다.

송문제가 태자에게 어이없이 시해되고 난 후 송은 혼군昏君들이 연이어 등장하여 시원스럽게 망국의 길을 달린다. 패악질의 끝을 보여주었던 후폐제後廢帝의 목을 치고 송을 끝낸 인물은 무장 소도성蕭道成이었다. 송은 AD 420년에 세워져 AD 479년에 망했는데 59년 중 송문제 유의륭의 치세만 29년이었다.


## ▌유송의 막장 황제들

잠시 시간을 앞으로 돌려 유송 왕조의 내부를 살펴보고자 한다. 무제 유유

---

103 여기에 서양 친구 아틸라(Attila)가 동석할 것이다. 아틸라는 AD 406년에 태어나서 AD 453년에 죽었으니 유의륭보다 한 살 형에 저승은 동기이다.

의 뒤를 이어 2대 황제가 된 사람은 첫째 아들 유의부였다. 그는 소제라 불리는데 소제란 주로 어린 나이에 등극해 짧게 재위하다가 폐해진 경우에 붙는 명칭이다. 전한 이래 중국사에 소제는 다수 존재하였는데 당연하게도 이들은 별도의 시호나 묘호가 없다.

유유는 검소한 생활을 솔선하며 후계가 잘 다져지기를 바랐건만 유의부는 그에 부응하지 않았다. 지극히 놀기를 좋아했던 것이다. 그중에서도 장사 놀이와 뱃놀이를 좋아해 자주 술집 경영 놀이를 하거나 연못에서 배를 타고 놀았다.[104] 변덕이 심해 건물을 지었다가 부수기를 아침저녁으로 하였는데 중간에 심사가 틀리면 무고한 사람을 채찍질하는 것을 즐겼다. 오락과 장난에 빠져 정사를 돌볼 리 만무했던 그는 결국 신하들에 의해 폐위된다. 유의부를 폐한 신하들은 다름 아닌 유유가 특별히 후사를 부탁한 사람들이었다. 유의부는 폐위 한 달 만에 처형당한다. 그의 나이 18세. 한바탕 잘 놀고 간 청소년이었다.

4대 효무제孝武帝 유준劉駿은 자신의 목숨을 구해주고 황제로 옹립해준 자들을 모조리 죽였다. 그는 유의륭의 3남이었는데 숙부의 딸들과 모조리 간음하는 등 성욕을 주체하지 못한 황제였다. 심지어는 생모와 간음한 기록도 있다.[105] 진위를 의심할 수준의 내용이다. 또한 자신이 황제임에도 대놓고 뇌물을 받으며 정사를 어지럽혔다. 도대체 누구의 나라인지. 그리고 신하들을 매질하며 모욕하고 간신의 말을 듣고 간언하는 충신을 죽이고, 살인을 장난처럼 일삼다 술병으로 생을 마감한다. 문제는 이런 행태가 유송 왕조에서 그리 대단한 수준이 아니었다는 것이다. 유준이 시호를 받은 것 자체가 그 방증이다. 효무제라는 시호. '효孝'가 왜 여기서 나오는가.

---

104  장사 놀이는 다음 왕조인 제(齊)의 동혼후(東昏侯) 소보권(蕭寶卷)이 재현한다.

105  《북사》<위본기(魏本紀)>의 내용으로 윗사람을 범하는 것을 증음(蒸淫)이라 한다.

　　　　　　　　　　　　기원부터 천 년까지 전문세

유준의 뒤를 이은 5대 황제는 유준의 아들 유자업劉子業이다. 유자업은 시호도 묘호도 없다. 그의 칭호는 소제도 아닌 폐제廢帝. 유자업 또한 아버지를 닮았는지 살인하고 근친을 겁간하는 데 탁월한 재능을 보였는데, 그 행위의 숫자와 창의성에서 아버지를 가볍게 능가하였다. 특히 자신의 집안어른들을 괴롭히고 죽이기를 즐겨

| 폐제 유자업 | 이렇게 생겼지만 열여섯 살이다.

했는데, 기록된 바에 의하면 왕인 숙부들[106]을 벌거벗겨 대나무 우리에 가두고 머리만 나오게 하고는 온갖 모욕을 가했다고 한다. 한때 유행했던 '두더지 잡기'라는 기계식 오락게임을 기억하는가. 숙부들이 두더지 역할을 했다면 이해하기 편할 것이다.

유자업의 조부이자 초대 황제 유유의 아들인 유의공劉義恭은 역모를 의심받아 죽임을 당했는데 시체가 8조각이 났다. 황족이 이 정도였으니 그 이하는 보지 않아도 눈에 선하다. 기분으로 죽이고, 꿈에서 보았다고 죽이고, 그냥 죽이고, 이래서 죽이고 저래서 죽이고. 살인을 숨 쉬듯 하다가 자신도 죽는다. 반란으로 살해될 때 유자업의 나이 만 16세. 어린아이가 불과 1년 반 동안 저지른 짓들이었다.

유자업을 몰아내고 제위에 오른 인물은 명제明帝 유욱劉彧이다. 시호를 얻기만 해도 다행인 왕조에서 시호를 얻었다. 그러나 그도 살인을 밥 먹듯

---

106  송문제 유의룡의 아들들이다.

했다. 유준과 같이 자신을 황제로 옹립해준 동지들을 일단 거의 다 죽인다. 그러고 난 후 음란한 잔치를 즐기느라 대부분의 시간을 보냈다 한다. 식탐이 많았다고 하는데, 식사 후 급사한 것으로 보아 식중독과 같은 음식 관련 사고로 추정된다. 다른 왕조였다면 희대의 폭군으로 기록될 인물이었으나 이 왕조에서는 그 정도로는 명함을 못 내민 듯. 유욱은 송에서 괜찮은 황제로 여겨진다. 참으로 대단한 왕조이다.

　문제는 그다음 황제인 유욱劉昱이다. 아버지 유욱劉彧과 한자가 다른 유욱이다. 두 번째 폐제로 남게 되는 그는 10세에 등극했다. 유욱은 나이가 어려 행적이 주로 황음荒淫보다는 살인에 집중되어 있다. 요약하자면 그는 활로 쏘아 죽이는 것과 창으로 찔러 죽이는 것, 그리고 톱으로 썰어 죽이는 것을 좋아했다. 아무나 쏘고 찔렀는데 이 어린 살인귀는 사람의 속을 궁금해했다고 한다. 그래서 대상을 가리지 않고 온갖 방식으로 사람을 썰어서 그 속을 관찰했다. 이 짓을 무려 5년 동안이나 하다가 측근들의 반란으로 목이 날아갔다. 이때 유욱의 나이 14세. 이 정도면 잔혹함은 나이와 상관이 없는 것으로 보아야 하지 않을지.

　역사상 여러 왕조에서 망나니가 배출되어 '폐제'라는 이름을 얻었으나, 대부분 한 왕조에 한 명이다. 그러나 유송은 이 희귀한 타이틀의 보유자를 둘이나 배출한다. 그래서 유자업을 전前폐제, 유욱을 후後폐제라고 한다. 중국 역사에서 폐출된 황제는 꽤 많다. 전한 이후만 해도 15명이 넘는다. 폭정을 펼치다가 쫓겨나기도 하고, 권력 다툼에서 패해 물러나기도 하고, 반란 세력에 의해 누명을 쓰고 밀려난 억울한 경우도 있다. 그러나 유송의 전폐제와 후폐제의 경우는 둘 다 극강의 악행으로 얻은 칭호이다.

　모두 어린 나이에 등극하였기에 웬만큼만 되었어도 소제 정도의 칭호는 받을 수 있었을 것이다. 비슷한 나이인 유의부의 사례가 있지 않은가. 그러나 이 두 폐제와 비교하였을 때 유의부는 '귀여운' 수준이었던 것이다. 왠지 소제의 소少가 앙증맞아 보인다. 그나마 위안이라면 북조에도 이와 버금가는 황제들이 있었다는 것. 시대가 사람을 만드는 것인지 모르겠지만 남조와 북조는 참으로 여러 가지 테마로 경쟁을 한 듯하다.

그러나 아직 끝난 것이 아니다. 이 왕조는 그리 만만하지 않다. 유송은 폐제를 둘이나 배출한 것도 모자라 명칭상 더 높은 인물을 만들어낸다. 망나니계의 왕중왕King of King이요 천외천天外天이라고 할까. 바로 석 달을 재위했던 유소劉劭이다. 그를 칭하는 이름은 소제도 폐제도 아닌 원흉元兇. 이 원흉이라는 한자어의 뜻은 바로 '못된 짓을 한 사람들의 우두머리'이다. 이 단어가 이때 생긴 것은 아니나[107] 유소 이후 널리 쓰이게 된 것은 확실하다.

원흉 유소. 그는 3대 송문제 유의륭의 아들로 네 번째로 제위에 오른 인물이다. 그런데 유소는 분명히 황제가 되었음에도 폐제조차 되지 못했고 '4대'로도 인정받지 못했다. 아예 없는 사람 취급을 받고 있는 것이다. 그가 저지른 용서받지 못할 만행은 남조 최고의 명군으로 추앙받는 아버지 유의륭을 시해한 것이다. 유소는 태자 시절 나쁜 행실로 부왕의 꾸지람을 듣자 앙심을 품고 무당과 밤낮으로 부왕을 저주하며 죽기를 기원했다. 그러나 얼마 가지 않아 아버지에게 발각되어 폐태자의 처지가 된다. 이에 동생 유준劉濬과 반란을 일으켜 아버지를 시해하고 제위에 오른 것이다.

생각 없는 패륜아가 황제가 되어 한 짓이라고는 살육밖에 없었다. 이에 3남 유준이 거병하여 이들을 제거하고 황제가 되니, 앞서 설명한 4대 효무제이다. 유소가 압송되어 왔을 때 그의 아들 넷이 눈앞에서 모조리 참수되

---

107  진수의 《삼국지》〈진사왕식전(陳思王植傳)〉에 원흉이 일반명사로 등장한 것으로 보아 남북조 시대 이전부터 있던 단어로 추정되나, 《송서》에서는 이를 특정인을 지칭하는 용어로 사용하였다. AD 797년 편찬된 일본의 정사 《속일본기(續日本記)》〈코닌덴노(光仁天皇)〉 편에서 한자는 다르지만 동일한 의미로 사용된 원흉(元凶)을 볼 수 있다. 한국도 《삼국사기》나 《삼국유사》, 《조선왕조실록》에 두 단어 모두 등장한다.

었다. 재미있는 것은 이때 유소가 눈물을 흘리며 이렇게 말했다고 한다.

"어찌 이런 일이 일어난단 말이냐? 서로를 죽이다니. 이 나라 황실이 이 지경이 될 줄은 몰랐다."

잠시 말문을 막는 능력까지 갖춘 인물이다. 원흉 유소는 동생 유준과 사이좋게 《송서》〈열전列傳〉의 맨 마지막 편에 수록되어 있다. 제목은 '이흉전二凶傳'.[108]

남북조 시대의 많은 왕조 중 유송의 황제들이 가장 황음하고 잔학하였는가는 위진남북조사를 연구하는 사람이라면 한 번쯤 가져보는 의문이다. 하지만 이는 보는 이에 따라 다르다고 할 수 있다. 이미 남북조 시대의 전반인 5호 16국 시대에 살인에 대해 끝없는 상상력을 보여준 왕조는 즐비하다. 전조의 유씨, 후조의 석씨, 염위의 염민, 전진의 부씨, 북위의 탁발씨, 북제의 고씨, 대하의 혁련씨 등 300년도 안 되는 기간 동안 들풀처럼 생겨난 왕조에서 살인마 황제들이 쏟아져 나왔던 것이다. 그중에는 디테일보다 양으로 승부하는 자도 있었다. 하지만 답 없는 살인귀들을 단체로 배출했다는 점에서 유송 왕조가 독보적인 우승 후보 아닐까. 사료는 그렇게 기록하고 있다.

---

108 전폐제와 후폐제마저 〈본기〉에 수록되어 있는데 말이다.

| 서양 | 🏛 | 동양 |
|---|---|---|
| | AD 502 | 제 멸망, 양 건국 |
| 클로비스 사망 | AD 511 | |
| | AD 523 | 육진의 난 |
| 테오도리크 사망 | AD 526 | |
| 부르군트, 프랑크에 병합 | AD 534 | 북위 동서로 분열 |
| | AD 538 | 일본 아스카 시대 시작 |
| | AD 548 | 후경의 난 |
| | AD 550 | 북제 건국 |
| 동고트 왕국 멸망 (고트 전쟁) | AD 553 | |
| | AD 557 | 양 멸망, 진 건국, 북주 건국 |
| 클로타르 1세 프랑크 재통일 | AD 558 | |
| 프랑크 재분열 | AD 561 | |
| 유스티니아누스 대제 사망 | AD 565 | |
| | AD 568 | 진백종 폐위, 진욱 즉위 |
| 무함마드 출생 | AD 570 | |
| | AD 577 | 북제 멸망 |
| | AD 581 | 북주 멸망, 수 건국 |
| 유스티니아누스 왕조 티베리우스 2세 즉위 | AD 582 | |
| | AD 589 | 진 멸망, 수 통일 |
| 무함마드 결혼 | AD 595 | |

맥을 짚어 주는 연대표

# 소멸과
# 소생

# 5

---

## ▌서로마의 멸망과 동로마의 생존

테오도시우스 사후 로마는 동서 분열이 완전히
고착화되었고 동시에 망국의 분위기로 흐른다. 결과를 미리 말하면 테오도
시우스가 사망하고 80년이 지나 서로마는 멸망한다. 그리고 테오도시우스
왕조는 그가 세상을 떠난 후에도 계속되는데 서로마에서는 AD 455년, 동
로마에서는 AD 457년에서야 끝이 난다. 이후 서로마에는 AD 476년까지
왕조라고 부를 만한 가문이 등장하지 않는다. AD 476년은 서로마가 멸망
한 해이다.

테오도시우스가 죽고 서로마가 멸망하기 전까지의 약 80년간은 동로마
보다 서로마에 대한 연구가 더 많이 이루어져 있다. 이는 멸망이라는 사건
자체가 가진 중요성 때문이기도 하지만, 로마의 발상지가 있는 서쪽이 원
조라는 의식이 작용한 결과이다. 현대의 잘나가는 국가들이 서유럽에 많
이 있다는 것도 무시할 수 없는 요인이다. 그러나 당시 동서의 균형은 지금
과 조금 달랐다. 정치적으로나 경제적으로나 세계의 중심은 동로마Eastern
Roman Empire였고, 구체적으로는 콘스탄티노플이라는 도시였다.

중국에서 북위가 건국되고 9년 후인 AD 395년, 테오도시우스 대제

가 두 아들에게 제국을 나누어 상
속하고 세상을 떠났다. 동쪽은 첫
째 아르카디우스Flavius Arcadius에
게, 서쪽은 둘째 호노리우스Flavius
Augustus Honorius에게. 둘의 능력에
대한 우위 논쟁은 별 의미가 없다.
둘 다 안습眼濕[109]이었으니까.

| 테오도시우스 |
테오도시우스 이후 로마는 다시 합쳐
지지 못한다.

　테오도시우스 대제의 죽음을 동
로마 제국의 시작으로 보면, 아르카
디우스는 동로마 제국의 첫 번째 황
제가 된다. 그러나 그는 통치자로서 군사적, 정치적인 능력이 크게 떨어져
권신들에게 휘둘리고 조종당하는 허수아비에 가까웠다. 18세에 제위에 올
라 31세에 세상을 떠났으며, 7세 아들에게 제위를 물려주었다. 동생인 서
로마의 호노리우스도 그와 별 차이가 없었다. 차이가 있다면 형에 비해 오
래 살았다는 것.

　테오도시우스 대제는 밀라노에서 숨을 거두었다. 세상을 떠나기 직전 호
노리우스를 불러 서로마를 맡겼는데, 당시 서로마는 동로마에 비해 여러
가지로 통치에 어려움이 있었다. 테오도시우스가 밀라노에 있었던 것도 서
로마에서 반란을 진압하고 있었기 때문이다. 다만 동로마보다 한 가지 나
은 점이 있었다면 바로 스틸리코Stilicho라는 인물이 후견인으로 지목되었
다는 것이다.

　스틸리코는 군사적으로 매우 우수한 인물로서 테오도시우스 대제 때 로

---

109 '안구에 습기가 차다'의 줄임말. 슬프거나 안타까워서 눈물이 나는 상황을 의미하는 속어(俗語)이다.
　　2010년대 초 TV 예능 프로그램에서 나온 유행어였다. 조어자(造語者)는 코미디언 지상렬로 알려져 있다.

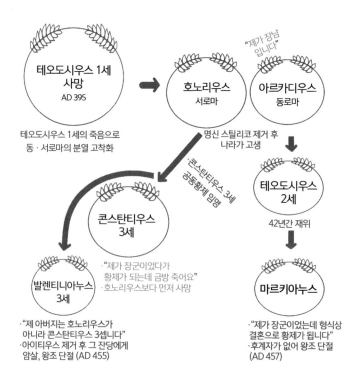

| 테오도시우스 왕조 한눈에 보기 |

마군 총사령관에 오른 자였다. 그는 서로마를 침공하는 게르만족을 성공적
으로 막아냈는데, 그가 이룬 전공戰功은 매우 놀라웠다. 공격, 방어, 정보,
병참 등 모든 방면에서 천재적인 재능을 보이며 사방에서 밀려오는 적들을
상대로 대부분의 전투를 승리로 이끈 것이다. 과거보다 현저히 약해진 전
력으로 말이다.

스틸리코의 존재감은 대단했다. 서고트족의 왕 알라리크Alaric도 그가 살

아 있을 때는 전혀 기를 펴지 못할 정도였으니. 알라리크가 그냥 패배하기도 하고, 심하게 패배해 가족이 생포되기도 하고, 완전히 박살 나서 자신이 생포되기도 하였다. 이후 로마를 약탈하며 위세를 펼친 알라리크가 어떤 인물인지 알게 된다면 더욱 깜짝 놀라게 될 것이다.

스틸리코는 전투 능력과 더불어 외교력과 정치력 또한 갖추고 있었다. 넓디넓은 전장을 감당하자면 전투만 치러서 될 일이 아니었기에 외교가 필요했고, 정치는 자신이 실권을 갖고 있기도 했거니와 내부의 안정 없이 외적과 싸울 수 없기에 정치력 또한 필요했던 것이다. 스틸리코는 이 능력들을 모두 가지고 있었던 것.

그러나 이로 인해 그는 비참한 최후를 맞는다. 아무리 장수가 우수해도 왕이 멍청하면 답이 없다. 스틸리코에게 내려진 죄목은 바로 이민족과의 내통, 그리고 황제에 대한 반역이었다. 그가 제국을 위해 취했던 많은 조치와 행동이 도리어 자신을 노리던 자들에 의해 올가미로 탈바꿈한 것이다. 스틸리코는 자신의 피후견인이자 사위였던 황제 호노리우스에 의해 처형당한다.

스틸리코에 대한 평가는 상반된다. 이민족의 침략을 훌륭하게 막아 서로마 제국의 생명을 연장시킨 충신이라는 평가와 위태로운 상황을 이용해 동로마와의 관계를 악화시키고 자신이 권력을 잡으려고 한 간신이라는 평가가 존재하는 것이다. 통설은 전자이다. 호노리우스는 스틸리코를 위협적인 신하로 받아들였지만, 서로마에 있어 그의 부재는 이만저만한 손실이 아니었다. 실제로 그의 사후 누구도 게르만족의 공격을 막아내지 못해 속수무책으로 당하기 시작했다. 이 과정에서 호노리우스는 여러 차례 굴욕적인 모습을 보이는데, 그중 알라리크의 로마 약탈이 이때 일어났다.

서로마에서 스틸리코가 죽은 AD 408년에 동로마에서는 황제 아르카디우스가 죽는다. 이어 일곱 살의 테오도시우스 2세가 등극했으나 충성스럽고 우수한 인물의 보좌와 나쁘지 않은 섭정[110] 덕에 나라는 비교적 잘 유지되었다. 콘스탄티노플의 새로운 장벽이 건설되고 유명한 법전이 편찬되었다. 장벽의 이름도, 법전의 제목도 모두 '테오도시우스'였다.[111] 이때 세워진 장벽은 나라를 천 년 넘게 보호해 주는 유명한 시설이 된다.

## ▌테오도시우스 왕조의 멸망

서로마의 테오도시우스 왕조가 멸망하는 과정은 이러하다. 스틸리코 제거후 호노리우스는 무능력하게 이민족에게 당했고, 나라는 점점 약화되었다. 때마침 일어난 이민족끼리의 분쟁과 콘스탄티우스Flavius Constantius라는 유능한 장군 덕에 멸망은 피한다. 큰 공을 세운 콘스탄티우스는 이후 호노리우스의 여동생 플라키디아Galla Placidia와 결혼하며 서로마의 공동황제가 되기에 이른다.

칭호는 콘스탄티우스 3세. 군사적으로 무능력한 호노리우스가 콘스탄티우스에게 의지하려고 한 것이다. 그런데 불행하게도 콘스탄티우스 3세는 1년도 되지 않아 급사하고 만다. 이래저래 서로마의 말년 운은 잘 풀리지 않는다. 더욱이 2년 후에는 호노리우스마저 병사하게 되는데, 그는 후사를 남기지 못했다. 그렇다고 서로마에 테오도시우스의 핏줄이 사라진 것은 아니다. 공동황제였다가 급사한 콘스탄티우스 3세가 아들을 남겨두었기 때문이다. 그러니까 테오도시우스의 외손자. 그가 바로 발렌티니아누스 3세이다.

---

110  테오도시우스 2세는 재위 초부터 AD 414년까지 친위대장 안테미우스(Anthemius)의 보필을 받았고 이후로는 두 살 많은 누나 풀케리아(Aelia Pulcheria)의 섭정을 받았다.

111  테오도시우스 장벽은 성실하게 테오도시우스 2세를 보필한 안테미우스에 의해 AD 413년 건설되었고 《테오도시우스 법전(Codex Theodosianus)》은 9년의 기간 끝에 AD 438년 공표되었다.

서로마의 테오도시우스 왕조는 테오도시우스 사후 60년 동안 지속된다.[112] 그의 아들인 호노리우스가 절반인 28년 동안 재위했고, 외손자인 발렌티니아누스 3세가 30년간 재위했다. 중간에 2년이 비는 것은 호노리우스 사후 테오도시우스의 핏줄이 자리를 비운 사이 당시 집정관이었던 카스티누스Flavius Castinus에 의해 요한네스Ioannes라는 인물이 황제로 옹립되었기 때문이다. 테오도시우스 왕조로 보아서는 받아들일 수 없는 일이었으나 군인황제 시대 이후 로마는 항상 이런 식이었다. 기회가 되면 추대하고 등극하고, 다시 죽이고 등극하고. 다만 이번엔 같은 테오도시우스 왕조 식구가 동로마에 시퍼렇게 살아 있었던 것이 문제였다.

요한네스와 카스티누스는 2년 만에 동로마의 테오도시우스 2세에 의해 진압되었고, 덕분에 요한네스는 '찬탈자usurper'라는 오명으로 불리게 된다. 발렌티니아누스 3세는 아버지 콘스탄티우스가 급사하자 어머니, 누나와 함께 동로마로 거처를 옮긴 상황이었다. 공동황제였던 아버지 콘스탄티우스가 세상을 떠났을 때 발렌티니아누스 3세는 네 살이었다. 다시 단독 황제가 된 외삼촌 호노리우스와 어머니 플라키디아는 무슨 이유에서였는지 갑자기 원수지간이 되었고, 목숨까지 위태로워져 함께 동로마로 피신하였던 것이다. 이것은 오히려 약이 되었다. 호노리우스가 죽고 반란이 일어났을 때, 동로마 황제 테오도시우스 2세의 도움을 얻을 수 있었던 것이다. 사람 인생에 뭐가 좋은지는 정말 끝까지 살아봐야 알 일이다.

서로마가 이러한 혼란의 시기를 보내는 동안 동로마는 훈족과 사산조 페르시아를 잘 방어하고 있었다. 당시 훈족은 아틸라Attila라는 걸출한 지도자의 지휘하에 동로마를 비롯한 전 유럽과 아시아, 아프리카까지 종횡무진 세력을 떨치고 있었다. 동로마 또한 아틸라 생전에는 많은 재물을 조공으

---

112  AD 395년 테오도시우스 사망. AD 455년 발렌티니아누스 3세 사망.

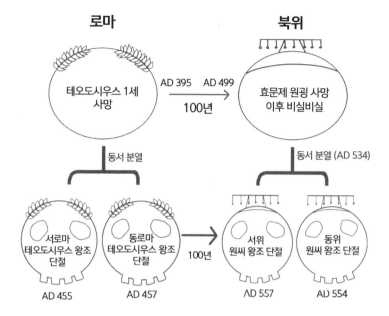

테오도시우스 왕조의 단절 100년 후에 같은 상황이 북위의 원씨 왕조에 일어난다.

로 바치며 전투를 피하기에 급급하였으나, 테오도시우스 왕조의 마지막 황제 마르키아누스Flavius Marcianus가 이를 끊어낸다. 아틸라의 훈족이 동로마를 괴롭혀 재화를 털어간 스토리는 그야말로 눈물 없이는 들을 수 없는 이지메[113]의 역사다. 어느 날 동네에 갑자기 나타난 허름한 차림의 깡패에게 그동안 주름잡던 동네 유지가 속절없이 터지고 뜯기는 상황이 계속되었던 것이다.

이는 아틸라가 단독으로 재위했던 AD 443년부터 453년까지 약 10년간

---

113   이지메(苛め)는 괴롭힘이라는 뜻의 일본어이다. 특히 학교에서 급우들 간에 일어나는 괴롭힘을 뜻한다.

기원부터 천 년까지 전문세

이 가장 극심했다. 그런 상황을 마르키아누스Flavius Marcianus가 단절한 것이다. 대단한 용기가 필요했던 결정이었다. 이 결정은 아틸라를 매우 분노케 하였는데, 마침 훈족은 서로마와 전투 중이라 동로마를 어찌할 수 없었다. 이런 상황이라 동로마가 오기를 부릴 수 있었던 것. 사실 동로마는 불안해했다. 그러나 동로마를 하늘이 보살폈는지 얼마 지나지 않아 아틸라가 세상을 떠나는 기적이 일어난다. 복수를 다짐하던 훈족은 지도자가 급사함에 따라 동로마를 영영 어찌하지 못하게 된다. 한숨을 돌리게 된 동네 유지. 그러나 마르키아누스도 그로부터 4년 뒤인 AD 457년 사망하면서 동로마의 테오도시우스 왕조는 끝나고 만다.

서로마에서는 2년 앞서 발렌티니아누스 3세가 AD 455년 암살당하면서 테오도시우스 왕조가 끝난다. 발렌티니아누스 3세는 재위 기간이 30년이었는데, 숨질 때 나이가 36세였다. 로마의 후반기 역사에서 동·서의 테오도시우스 왕조가 사라진 것은 중요한 사건이다. 다소 복잡하기도 하고.


## ▌ 남조 송의 멸망과 제

믿기지 않을 정도의 질 낮은 황제를 단체로 배출한 유송 왕조는 60년 만에 망했다. 수천 년의 중국 역사에서 나라가 1갑자[114]도 유지되지 못한 것을 길다고 할 수는 없을 것이다. 하지만 뒤이어 나타난 남조의 왕조들은 그만큼도 지속되지 못한다. 역사에서 수많은 왕조와 나라가 명멸하였지만 여기서는 반면교사로 삼을 왕조들이 떼로 등장한다.

유송 왕조는 후폐제 유욱이 암살당하면서 끝이 났다. 그를 죽인 자들은 평소 유욱의 총애를 입고 있던 측근들이었다. 정의롭지 못한 위정자는 자

---

114  60갑자가 한 번 도는 기간. 60년을 뜻한다. 무협소설에서 자주 쓰이는 용어이다.

신의 적이 어디에 있더라도 이상하지 않은 법. 유욱의 측근들도 황제의 변덕스러움에 언제 목이 달아날지 몰라 두려웠던 것이다. 반란자들이 유욱의 목을 들고 찾아간 대상은 조정의 실권자였던 소도성蕭道成이었다. 소도성은 이전부터 반란을 일으킬 것이란 세간의 소문으로 의심을 받아왔던 인물. 그는 수많은 전공을 세우고 반란을 진압하는 등 나름대로 유송 왕조에 충성을 바치고 있었다. 하지만 후폐제 유욱은 그를 끊임없이 죽이려고 하였다. 물론 반란을 일으키려고 해서 의심을 받았는지, 반대로 의심을 받았기 때문에 반란을 일으켰는지 진실은 알 수 없다. 다만 기록은 소도성에게 우호적으로 남아 있다. 유욱의 악행이 도를 넘어도 한참 넘었기 때문이다.

《송서》에 이러한 일화가 나온다. 장난처럼 살인을 일삼던 유욱은 어느 날 소도성의 군부에 들렀다가 배를 드러내고 낮잠을 자던 소도성을 발견하였다. 배가 하얗고 불룩했다고 한다. 유욱은 그의 배를 과녁 삼아 활을 쏴 소도성을 죽이려고 하였다. 그러나 주변의 만류로 살려주게 되는데, 좋은 말로 꼬드겨 촉이 없는 화살을 쏘게 했던 것이다. 소도성의 간담이 서늘해졌을 것이다. 자다가 죽을 뻔했으니. 이로 인해 소도성은 유송 왕조에 극한 반감을 가질 수밖에 없었는데, 그런 상황에서 유욱이 암살되고 대권大權이 자신을 찾아온 것이다.

기록에 의하면 소도성은 일찌감치 천자의 그릇으로 기대를 모았다고 한다. 그로 인해 전 황제들에게 수없이 위협을 받았는데, 그때마다 소도성은 몸을 낮춰 목숨을 보전했다. 그러던 그가 마침내 제위에 올랐다. 소도성은 황제가 된 후 검소하게 생활하며 선한 통치를 펼쳤다. 황제의 자질을 가졌다는 그간의 소문을 실제로 증명한 것이다. 물론 그의 체면이 조금 상할 만한 일화도 있다. 소도성은 황제가 살해되었다는 말을 들었을 때, 그것을 믿지 못해 문밖으로 나오지 못했다고 한다. 그러자 반란자들이 유욱의 목을 담장 안으로 던졌고, 그것을 씻어서 확인한 다음에야 의관을 정제하고 나

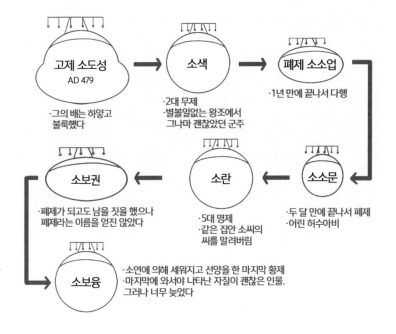

| 남제 황제 계보 |
20년 남짓 존재한 왕조에서 7대가 나왔다. 문제는 그 짧은 기간에 폭군이 여러 명이라는 것이다.

타났다는 것이다. 황제의 재목이라도 겁이 많을 순 있는 모양이다.

소도성이 나라를 세운 때가 AD 479년이다. 새 나라의 이름은 제齊. 북조의 제와 구별하기 위해 남제南齊라고 하며 자신은 고제高帝가 된다. 겁이 많아서 그런지 오랜만에 '무제'가 아니다. 서양에서는 서로마가 멸망하고 3년이 지난 때였다.

제를 건국한 소도성도 자신이 추대한 송의 마지막 황제를 비롯하여 황족을 모조리 제거하여 후환을 없앤다. 그리고 송 황제들의 학정에 지쳐 있던 관리와 백성을 위해 선정을 펼친다. 하지만 애석하게도 재위 3년 만에 병사한다. AD 482년. 흔한 창업군주의 짧은 재위이다. 클로비스가 메로빙거 왕조의 프랑크 왕국을 세우고 1년 후의 일이다.

지금부터는 대중적으로 유명하지 않은 인물들이 대거 등장하게 된다. 시대의 특성상 그들을 모조리 건너뛰면 조밀하게 등장한 수많은 왕조들을 이해하는 것은 불가능하다. 단명 왕조는 개성 넘치는 황제가 곧 그 왕조를 대표하기 때문이다. 따라서 역사는 곧 인물임을 유념하며 반드시 주요 인물들을 짚고 넘어가야 할 것이다.

소도성의 뒤를 이어 2대 황제가 된 인물은 소색蕭賾이다. 남제는 23년 동안 존속했는데, 존속 기간이 남조에서 가장 짧은 나라다. 그중 11년을 이 소색이 다스렸다. 소색은 사사로운 허물은 있으나 전반적으로 좋은 평가를 받는 황제이다. 시호는 무제武帝. 또 무제.

소색은 아버지 소도성이 군사적 재능을 인정하기도 했다는 기록이 있으나, 재위하는 동안은 재능을 펼치지 못했는지 군사적 성과를 올린 것은 없다. 다만 호적을 정리하여 생산을 늘리고 부정부패를 없애기 위해 노력하여 민생의 안정을 가져오는 등 영명의 치永明之治라 칭송되기도 한다. 그러나 다시 후계가 문제를 일으킨다. 태자였던 맏아들이 자신보다 먼저 사망한 것이다. 어쩔 수 없이 소색은 제위를 손자 소소업蕭昭業에게 넘기는데, 이 인간이 또 막장이었다. 제에서도 말종이 나타난 것이다.

## 제의 막장 황제들

소소업은 태손太孫 시절부터 연기를 잘했다. 황제가 되어 온갖 황음무도한 짓을 한 자들 가운데는 태자 시절 철저히 자신을 감춘 경우가 많은데 그 또한 그런 부류였다. 소색은 손자를 기특해하며 아들이 살아 있을 때부터 소소업에게 차차기에 황제가 되란 덕담을 하곤 했다. 그런데 그 손자는 숨어서 할아버지가 죽기를 밤낮으로 기도하는 열성을 보인다. 기도 발이 좋았는지 아버지가 요절한 지 두 달 만에 할아버지마저 황천길로 떠나게 된다.

심상치 않은 과정으로 황제가 된 소소업은 제위에 오르자마자 본색을 방출한다. 온갖 사치와 음행으로 할아버지 소색이 채워놓은 국고를 1년 만에 시원하게 비워버린 것이다. 나라의 살림을 순식간에 거덜 내었으니 민생이 황폐해진 것은 두말할 나위가 없다. 그러나 다행히도 소소업은 나라를 완전히 절단 내지는 못했다. 황제 노릇을 얼마 하지 못했던 것이다. 정사를 내팽개친 사이 실권을 장악한 당숙인 소란蕭鸞에 의해 폐위되어 목숨을 잃었던 것. 나라로 보아서는 다행한 일이었다. 이때 소소업의 나이 21세, 재위 1년 만에 소소小少하게 끝난 악행이었다. 소소업은 황제의 시호를 받지 못한다. 이 나라에서도 폐제가 나온 것이다.

황제를 폐하는 소란을 일으킨 소란은 소소업의 동생 소소문蕭昭文을 황제로 세웠다가 두 달 만에 다시 자신이 제위에 오른다. 아저씨에 의해 황제가 되었던 소소문은 연호까지 정하였으나 두 달 만에 쫓겨났고, 쫓겨난 지한 달 만에 목숨을 잃었다. 그의 나이 열다섯 살이었다. 원하지도 않았던 자리에 억지로 앉혀지고, 숨도 쉴 수 없는 감시 속에서 불안하게 살다가 살해당한 것이다. 소소문은 폐제이긴 하나 유송의 폐제들과 성격이 다르다. 중국 역사에서 이와 유사한 어린 폐제는 드물지 않게 볼 수 있다. 그래서 소소문을 일반적으로 이르는 명칭은 폐제가 아닌 선양 후 강등된 작위인 해릉왕海陵王이다.[115]

소란은 제의 5대 명제明帝가 된다. 그는 4년간 재위하였는데 황제로 있으면서 한 주된 일은 사람을 죽이는 것이었다. 또 다른 살인귀의 출현인가.

---

115  AD 12세기 남송 정벌을 꾀하다 반란으로 살해된 금(金)의 4대 황제와 명칭이 같다. 금의 해릉왕은 살해된 후 강등되어 왕이 되었다.

살인에 등급이 있겠냐마는 그나마 다행인 점은 유송의 폐제들처럼 아무나 죽인 것은 아니라는 것. 나름 이유와 일관성이 있었는데 살생의 대상이 소씨였다는 것이다. 소란은 민생의 안정을 추구했고 생활도 검소하여 지도자로서 자질을 보였으나 창업주의 직계가 아닌 것을 스스로의 약점으로 여겼다. 역사적으로 보았을 때 그 정도는 아무런 흠결이 아닌데, 소란은 이를 큰 콤플렉스로 여긴 것이다. 자신이 그랬던 것처럼 소도성의 직계 자손이 언제 반격을 가할지 모른다는 불안에 휩싸여 소도성의 자손들을 말끔히 없애버린다. 말 그대로 씨를 말려버린 것.

소란의 뒤를 이은 소보권蕭寶卷도 아버지의 유지를 받들었다. 전대의 숙청에서 겨우 살아남은 소씨들을 살뜰히 도륙한다. 그런데 유지를 과하게 이었는지, 소씨가 아닌 사람들도 닥치는 대로 죽인다. 재미 삼아 사람 죽이기. 어디선가 많이 본 장면이다. 소보권에 대한 기록은 유송의 폐제들과 마찬가지로 긍정적으로 봐줄 만한 것이 없다. 그는 3년의 재위 동안 끝을 모르는 사치와 황음을 일삼았다. 또 장사 놀이를 좋아했는데 백성이 사는 민가들을 밀어버리고 상점을 만들어 놓았다고 한다.[116] 물론 심심풀이 살인은 기본이었다. 대신들 죽이기를 짐승 죽이듯 하였다고 《남제서》는 전하고 있다.

소보권은 먼 친척이자 부하 무장이었던 소연蕭衍의 반란으로 목숨을 잃는다. 또 한 명의 폐제가 된 것이다. 소소업과 함께 전폐제前廢帝, 후폐제後廢帝로 불리어야 마땅하나 북위로 망명했던 동생 소보인蕭寶寅에 의해 추존되어 황제의 시호를 받는다. 물론 그것마저 삭제되어 동혼후東昏侯라는 명칭으로 불리게 된다. 그래도 후폐제라 불리지 않게 된 것은 그의 운이라고 하겠다.

---

116  유송의 2대 유의부가 장사 놀이를 좋아하였다. 특히 술집 경영 놀이를 좋아하였다.

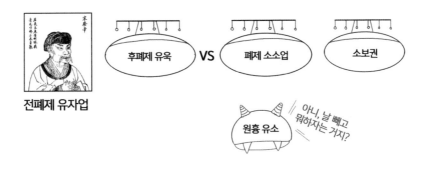

**| 막장 황제 단체전 |** 어느 팀이 더 막장일까.

소보권을 제거한 제의 무장 소연은 소보융蕭寶融을 황제로 앉힌다. 그가 남제의 마지막 황제 화제和帝이다. 그는 소보권의 동생으로 자질은 나쁘지 않은 인물이었다. 소연이 반란에 성공하여 자신을 황제로 세우려고 했을 때 소보융은 거절 의사를 밝힌다. 이때 그의 나이 12세. 천명이 이미 소연에게 있음을 알았고, 또한 피할 수 있었던 것도 아닐 터인데 어린아이가 꽤나 어른스러웠다. 하지만 소연이 구상한 '프로세스'에는 선양의 절차가 들어가 있었으므로 그는 제위에 오르게 된다. 소연에게 제위가 넘어가는 것은 그로부터 1년 후의 일이다.

역사에서 후 왕조가 전 왕조의 씨를 말리는 것은 흔한 일이다. 그러나 황제에 오른 소연은 소보융을 죽일 마음이 없었다. 양대梁代의 기록에 나와 있는 것이긴 하나, 소연의 성정을 미루어 보았을 때 사실일 가능성이 높다. 선양이 이루어지고 한 달 후, 소연은 어쩔 수 없이 측근들의 의견을 받아들여 왕으로 강등돼 유폐되어 있던 소보융을 살해하게 된다. 소보융의 목숨을 거두러 갔던 자들은 술에 금을 넣은 금설주金屑酒를 건넨다. 마지막으로 베푸는 호의였던 것이다. 그러나 소보융은 이렇게 말하였다.

"죽는 마당에 왜 금을 쓰는가. 그냥 독한 술이나 한잔 주게."

| 제고제 소도성 |　　　　| 양무제 소연 |

자신이 술에 취하면 알아서 죽이라는 말이었다. 제의 마지막 황제는 이렇게 죽었다. 이때 그의 나이 14세. 천명을 알고 제위를 거절한 그 소년이다. 만약 소보권의 자리에 소보융이 있었다면 제의 운명은 크게 달라졌을지 모른다. 새로이 황제가 된 소연은 제의 황족을 크게 도륙하지는 않았다. 황제의 직계 대부분에게 한직閑職이라도 주어 살 수 있게는 해주었던 것이다.

AD 502년, 제는 이렇게 멸망하였다. 23년이라는 짧은 나이가 혼란의 시대였음을 보여준다. 제를 세웠던 소도성은 자신이 멸한 유송 왕조의 사례를 들어 후손들에게 이를 경계하라고 신신당부한다. 하지만 그의 유언은 우이독경이 되어버렸는데 소도성이 20년 전에 당부했던 말은 이러했다.

"송宋을 보아라. 황족끼리 싸워서는 안 된다."

소연이 제를 멸하고 세운 나라는 양梁이다. 시호는 무제로, 대개 양무제梁武帝 소연이라 불린다. 양은 AD 502년부터 557년까지 55년 동안 존재했다. 그중 양무제의 재위 기간이 47년이니, 양은 무제 소연의 1인 기업이었던 셈이다. 양의 역사는 곧 양무제 개인의 역사라고 해도 무방하다. 양무제의 치세 동안 남북조 전체에 크게 영향을 끼친 '후경의 난侯景之亂'이 일어났다. 양은 이 난리가 직접적인 원인이 되어 멸망하였다고 본다.

남조의 네 번째 왕조인 양은 제와 같은 집안인 소씨蕭氏이다. 《남사》에 따르면 소연의 아버지는 소도성과 팔촌이라 한다. 양무제 소연은 매우 흥미로운 인물이다. 그는 명군과 암군의 양면을 갖고 있다. 물론 이와 같은 면모를 가진 황제는 드물지 않다. 그러나 양무제는 그런 황제 중에서도 유명한 인물이다.[117] 명암의 차이가 크기도 했고 재위 기간도 길어 온갖 이야기를 만들어냈기 때문이다. 자연스럽게 양은 창업군주가 살아 있는 동안 직격탄을 맞았다. 황제의 우둔한 행위가 나라를 직격으로 때리지 않은 경우가 있었던가.

---

117  가장 유명한 황제는 당의 현종일 것이다.

# 로마의
# 황혼

## 6

---

## ▌동·서로마의 본격적인 분단

서양사의 시계를 조금 앞으로 돌려서 아직 테오도시우스 왕조가 끝나지 않았을 때로 돌아가 보자. 서로마의 멸망은 서양의 역사에서 가장 중요한 사건 중 하나로 인식되는데, 그 원인과 과정을 이해하기 위해서는 테오도시우스 왕조의 말기 상황을 알아야 한다.

서로마의 마지막 왕조인 테오도시우스 왕조가 종말을 맞은 때는 AD 455년. 여섯 살에 황제가 된 발렌티니아누스 3세가 서른여섯 살이 되어 세상을 떠났을 때였고, 중국에서는 유송에서 문제 유의륭이 죽고 혼란에 빠져 있었던 시기였다.

테오도시우스 왕조의 마지막 황제인 발렌티니아누스 3세가 살아 있을 때, 로마는 많은 변화를 겪는다. 결코 긍정적이라 할 수 없는 변화였는데, 제국의 영토 상실이 본격화한 것이다. 명백한 퇴화였다. 사실 이때는 이미 갈리아를 비롯한 많은 속주들이 실질적으로 게르만족에 의해 지배되고 있는 상황이었다. 호적상으로 로마의 백성임에도 자신의 이익과 상충되면 로마군을 공격하는 것이 예사였으니 말이다. 하지만 이러한 분쟁도 어디까지나 로마 영토 내에서의 사건이었고, 법적으로는 아직 로마의 속주였다.

종합하자면 속주의 게르만 지도자들은 별도의 국가처럼 행동하면서도 로마 황제의 명령을 대놓고 거역하지는 못하는 애매한 상황이었던 것이다. 이런 이유로 스틸리코는 갈리아 등의 속주에서 온갖 전투를 치러야 했는데, 게르만족은 상황에 따라 전투의 대상이 되기도, 로마군의 일원이 되기도 하였다. 이렇게 갈리아는 로마의 이름으로 방어되고 있었던 것이다. 그러다 발렌티니아누스 3세의 치세에 이르면 속주와의 그런 연결고리마저 끊어져 버린다. 서로마의 물리적인 해체였다.

서로마는 북아프리카를 잃고, 히스파니아[118]와 갈리아를 잃었으며, 이탈리아반도의 코앞에 있는 시칠리아마저 제대로 방어할 수 없게 된다. 그리고 호노리우스 시절 철수했던 브리타니아에 대해서는 공식적으로 수복을 포기한다. 남은 것은 이탈리아반도뿐이었다. 물론 이마저 위태해진 것이 포인트이긴 하지만 말이다.

이상의 과정은 AD 425년에서 455년 사이에 일어난 것이다. 여기서 주목할 만한 사건은 카탈라우눔Catalaunum 전투와 반달Vandal족의 아프리카 정착일 것이다.

유의륭이 호한융합 정책을 한창 추진하던 때인 AD 451년, 카탈라우눔에서 일어난 전투는 로마군이 훈족과 싸워 이긴 최초의 전투였다. 바로 서양사에서 매우 중요한 카탈라우눔 전투. 이 전투와 반달족의 아프리카 점령은 서로마에게 있어 치명적인 사건이었다. 이 두 사건을 이해하기 위해서는 두 명의 인물을 알아야 한다. 아이티우스Flavius Aetius와 보니파키우스Bonifacius.

---

118  아이러니하게도 서고트 왕국이 로마로부터 독립을 선언한 것은 AD 475년이다. 실질적으로 별개의 국가였음에도 서로마가 멸망에 가까워지고 나서야 공식적으로 표명한 것이다. 그 편이 보다 실리적이었던 것이다. 외교란 그 옛날부터 이러했던 모양이다.

| 아이티우스 | | 플라키디아 | | 보니파키우스 |

▌ 아이티우스와 보니파키우스는 서로 다른 길을 걸었던 서로마의 두 기둥이었다. 아이티우스의 부조가 스틸리코의 모습이라는 주장도 있다.

## ▌ 아이티우스와 보니파키우스

아이티우스와 보니파키우스는 호노리우스 치세 말기의 무장이다. 둘의 군사적인 능력은 매우 뛰어났다. 에드워드 기번은 이 인물의 능력이 조화를 이루었다면 서로마의 명줄은 많이 연장되었을 것이라고 말했다. 하지만 이역시 가정일 뿐 실제로 둘은 완전히 다른 길을 걷는다. 뜻하지 않게 서로마의 운명을 좌우해버린 이 두 인물의 스토리를 풀어내려면 호노리우스의 동생 플라키디아를 다시 불러와야 한다.

이미 언급한 바 있는 플라키디아는 위대한 테오도시우스 대제의 딸로 태어났음에도 매우 험난한 삶을 살았던 여인이다. 한국의 어르신식 표현으로 '팔자가 사나웠다'고나 할까. 그녀는 알라리크의 로마 약탈 당시 포로가 되었고, 서고트 왕 아타울프Athaulf와 반강제로 결혼하게 된다. 이후 아타울프가 암살당하자 그녀는 서고트와 로마의 협상으로 다시 고국으로 돌아오게된다. 포로 시절 모진 고초를 겪었고 우여곡절 끝에 송환되었는데 로마가

기원부터 천 년까지 전문세

몸값으로 지불한 것은 밀 60만 포대였다고 한다.

로마로 돌아온 플라키디아는 평소 그녀를 흠모했던 장군 콘스탄티우스와 결혼하게 된다. 전술한 대로 호노리우스는 처남이 된 유능한 장군 콘스탄티우스를 공동황제로 임명한다. 콘스탄티우스에게 골치 아픈 제국의 방위를 맡기고자 했던 것이다. 이번에도 자신의 의지와 상관없는 결혼이었으나 두 명의 자녀를 얻었고, 이후 남편이 황위에 오르며 플라키디아의 인생도 순탄하게 흘러가는 듯했다. 그러나 콘스탄티우스가 즉위 1년도 되지 않아 급사하게 된다. 또 꼬인다.

남편의 사망 직후에는 플라키디아와 호노리우스의 사이가 나쁘지 않았다. 아니, 너무 사이가 좋아서 이복오빠였음에도 근친상간이라는 의심을 받을 정도였다는 기록도 있다. 그러나 얼마 가지 않아 호노리우스의 변덕 때문에 플라키디아가 자녀와 함께 동로마로 피신해야 할 정도로 관계가 악화된다. 조카인 테오도시우스 2세에게 의탁한 것이다. 다행히 이 더부살이는 2년 만에 청산된다. 호노리우스가 사망한 것이다. 그녀가 집으로 돌아가기 위해 기분 좋게 이삿짐을 싸는 동안 서로마에서 황제를 칭하는 자가 나타나니, 그가 바로 찬탈자 요한네스이다. 권력은 잠시의 공백도 허락하지 않았던 것. 플라키디아는 다시 조카를 바라보는 신세가 된다.

이 시점에서 호노리우스 밑에 있었던 두 사나이, 아이티우스와 보니파키우스를 불러내는 것이 적당할 듯하다. 플라키디아가 동쪽의 조카네에서 더부살이를 하는 동안 이 둘은 상반된 행보를 보였다. 보니파키우스는 권력과 멀어졌음에도 플라키디아 모자에게 충성을 다한 반면, 아이티우스는 그러지 않았고 심지어 찬탈자 요한네스를 돕기까지 했다. 물론 권력 다툼에서 정치인들이 나름의 예측을 하고 줄을 서는 것은 드문 일이 아니다. 하지만 아이티우스가 보인 행태는 그리 단순한 것이 아니었다.

동로마의 황제 테오도시우스 2세는 서로마의 제위가 테오도시우스 왕가의 일원이 아닌 자에게로 넘어가자 이모의 바람대로 군대를 파견한다. 이때 찬탈자의 편에 섰던 아이티우스의 행동은 대담했다. 요한네스를 위해 테오도시우스 2세의 동로마군과 맞설 세력으로 훈족을 끌어들인 것이다. 집안싸움에서 내가 이길 수 없다면 집을 불태워 버려도 상관없다는 식으로 벌인 매국적인 행위였다.

아이티우스는 어린 시절 훈족의 인질로 살았던 적이 있었다. 그는 이때 쌓은 친분으로 훈족을 자신의 뒷배로 종종 이용하곤 하였는데, 인질로 지내면서 이 정도의 교분을 쌓았다는 것은 대단한 수완이라 할 수 있다. 그가 훈족과 함께 도착하기 전 요한네스가 죽음을 맞아 실제로 전투가 이루어지지는 않았지만, 아이티우스는 훈족 군대를 배경으로 삼아 자신이 얻고자 하는 것을 얻는다. 자신이 지지했던 자가 반역죄로 제거되고 야만족의 군대를 끌고 들어왔음에도 벌을 받기는커녕 막강한 권력을 갖게 된 것이다.

동로마에 있던 플라키디아가 돌아와 아들 발렌티니아누스 3세가 서로마 황제가 되었을 때 아이티우스는 군사령관Magister militum의 지위를 얻는다. 그리고 아이티우스는 안면을 바꿔 발렌티니아누스 3세를 위해 숱한 전공을 세운다. 참으로 묘한 인물이라고밖에 말할 수 없다. 권력을 쥐고 있을 때는 이보다 더 충성스러울 수 없으나 권력을 잃었을 때는 이보다 더한 매국노가 없는 것이 아이티우스라는 인물이었다. 이후의 행동 또한 여기서 벗어나지 않는다.

보니파키우스는 이 아이티우스와 경쟁한 인물이다. 플라키디아는 보니파키우스를 더 총애한다. 반역 행위를 했던 아이티우스보다 변함없이 충성한 보니파키우스를 신임하는 것은 당연한 일일 것이다. 그녀가 쫓겨났을 때도 그 마음이 변하지 않았으니, 외국군을 끌고 온 아이티우스에 어찌 비하겠는가. 하지만 두 사람의 사이는 멀어지게 되고, 끝내 보니파키우스가 반란을 일으키기에 이른다. 여기에는 아이티우스의 이간질이 결정적인 원

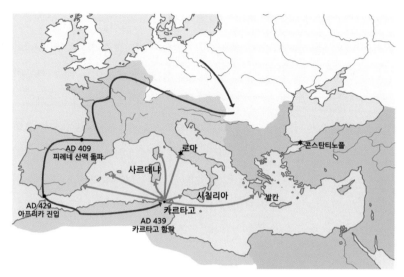

| 반달족의 아프리카 진출 |

인이었다는 것이 정설이다.

당시 보니파키우스는 아프리카 총독으로 북아프리카를 지키고 있었는데, 그런 가운데 생명의 위협을 느낀 것이다. 로마 궁정에서 무슨 일이 일어났는지, 아이티우스가 무슨 짓을 하였는지 대충 짐작이 가는 부분이다. 이에 보니파키우스는 이베리아에 있던 게르만의 일파인 반달족에게 도움을 요청하게 된다. 이것이 AD 429년의 일이다. 서로마 멸망의 또 하나의 요인이었던 반달족의 북아프리카 진입은 이렇게 이루어진 것이다. 보니파키우스의 탓인가, 아이티우스의 탓인가. 그도 아니면 플라키디아의 탓인가.

익히 알려진 바와 같이 아프리카에 발을 디딘 반달족은 변심을 하였다. 조력자가 아닌 침략자가 된 것이다. 보니파키우스는 뒤늦게 사태를 파악하고 반달족과 격렬한 전투를 치르지만 어쩔 수 없이 물러나게 된다. 북아프리카가 반달족의 손에 넘어가는 순간이었다.

플라키디아와의 오해가 풀려 이탈리아로 돌아오게 된 보니파키우스는 본격적으로 아이티우스와 권력 다툼을 하게 된다. 플라키디아의 입장에서는 아이티우스를 제어하려면 경쟁자가 필요했다. 이러한 과정을 거쳐 보니파키우스와 아이티우스는 끝내 무력 충돌을 하게 되는데, 이는 예측 가능한 수순이었다. 말로만 싸우기엔 둘의 군사적 재능이 너무 뛰어났던 것이다.

리미니Rimini에서 치른 격렬한 전투의 승리자는 보니파키우스였다. 그러나 두 사람 간의 권력 다툼에서 최종 승리는 아이티우스가 가져간다. 리미니 전투에서 입은 상처 때문에 몇 달 지나지 않아 보니파키우스가 숨을 거두어버린 것이다. 더 이상 로마에서 아이티우스를 견제할 인물은 없었다. 하지만 아이티우스는 권력을 잡으면 그 순간부터는 열정적인 충신으로 바뀌는 인간이었다. 그는 로마를 위해, 그다지 우수하지 않은 황제를 위해 열정적으로 일하게 된다. 묘한 인간이 아닐 수 없다.

사실 이 우수한 두 무장의 경쟁은 서로마에게 크나큰 손실이었다. "이 둘이 힘을 합칠 수 있었다면 서로마의 운명을 바꾸었을 것이다"는 말은 결코 틀린 말이 아니었다. 더구나 이들의 다툼 때문에 방어가 약했던 이탈리아 반도의 후방이 반달족에게 넘어간 것은 치명적인 사건이었다.


## ▎아이티우스와 카탈라우눔 전투

아이티우스는 이후 20년 넘는 세월 동안 최고의 권력을 누린다. 그는 로마를 위해 몸 바쳐 일하였고, 로마로서도 아이티우스가 없는 상황은 상상할 수 없었다. 서로마는 그의 능력 덕에 훈족과 평화로운 관계를 유지하며 게르만족을 성공적으로 누르고 있었던 것이다. 그러나 국제 정세는 훈족과도 전투를 치를 수밖에 없는 상황으로 변해간다. 아틸라가 서로마에 거대한 영토를 요구하며 침입해 온 것이다. 외교로는 도저히 풀 수 없는 상황에 이르자 아이티우스는 로마와 게르만족의 연합군을 결성하여 아틸라와 정면 대결을 펼친다. 권력을 쥐고 있는 그는 진짜 충신이었던 것이다.

AD 451년 갈리아 중부의 카탈라우눔 평야에서 있었던 이 전투는 일방의 승리를 단언할 수 없을 정도로 치열하였다. 그러나 아이티우스의 작전으로 아틸라가 죽을 고비를 넘겼고 훈족의 진입을 차단하였다는 점에서는 로마-게르만 연합군의 승리라고 할 수 있을 것이다. 물론 아이티우스 또한 훈족의 재침을 대비할 여력이 없을 정도로 많은 전력을 소모하였다. 만약 훈족이 다시 공격해 왔다면 이런 승리는 결코 재현되지 못했을 것이다.

다행히 로마와 아이티우스의 운은 여기서 끝나지 않았다. AD 453년 아틸라가 급사하였기 때문이다. 한편 아이티우스는 역사적인 공을 세우고도 1년 후인 AD 454년, 발렌티니아누스 3세에 의해 암살당한다. 더 이상 아무것도 거칠 것이 없었던 그였으나 운명은 거기까지였던 것이다. 권력을 잡은 후부터라고 하나 자신이 충성을 다해 모셨던 황제에 의한 암살은 매국노이자 충신이었던 애매한 인간, 극단적인 이기주의자의 최후였다.

자신을 능가하던 권신을 제거한 발렌티니아누스 3세 또한 제명에 죽지 못한다. 그가 아이티우스를 죽였을 때 한 원로원 의원은 이렇게 말했다. "황제는 자신의 왼팔로 자신의 오른팔을 잘랐다." 이 말은 사실이었다. 황제는 자신을 지켜주는 사람이 누구인지 알지 못했던 것이다. 나아가 지금 로마를 지켜주는 사람이 누구인지도 몰랐던 것. 호노리우스가 스틸리코를 죽였을 때와 같은 상황이었다. 서로마는 스스로 두 번이나 생명을 단축시킨 것이다. 발렌티니아누스는 아이티우스가 세상을 떠난 이듬해인 AD 455년에 생을 마친다. 이번에는 아이티우스의 추종자들에 의한 암살이었다.

보니파키우스와 아이티우스는 서로마 말기 역사에 큰 자취를 남겼다. 그들의 경쟁 과정에서 있었던 사건, 특히 반달족의 이동이나 훈족과의 관계는 서로마 말기의 상황과 이후 유럽 역사 전체를 이해하는 데 있어 매우 중요한 부분이다.

🌀

## 카탈라우눔 전투

샬롱Chalons 전투라고도 불리며 로마가 훈족에게 거둔 최초의 승리라는 수식어가 붙어 있다. 훈족의 진격을 막고 아틸라가 의도한 바를 무산시켰다는 점에서 로마의 승리라고 할 수 있을 것이다. 하지만 승패를 논하기 어렵다는 주장 또한 존재한다.

AD 451년 로마의 실권자 아이티우스는 서고트의 테오도리크 1세와 연합하여 아틸라의 훈족 동맹군과 카탈라우눔 평야에서 맞붙는다. 아틸라가 호노리아 청혼 사건을 빌미로 서로마 황제에게 결혼 지참금으로 영토의 절반을 요구한 것이 이 전투의 원인이었다. 물론 발렌티니아누스 3세는 이를 거부했다. 호노리아 청혼 사건은 황제의 말썽꾸러기 누나 호노리아가 아틸라에게 비밀리에 청혼하며 일어난 일종의 해프닝이었다. 이것이 공격의 빌미를 제공한 것은 사실이나 실제로는 아틸라가 반달족의 왕 가이세리크 Gaiseric의 부탁을 받고 로마에 대한 정치적 압력을 키우려는 목적으로 벌인 일이었다.

갈리아를 침입한 아틸라는 파죽지세로 많은 도시를 함락시킨다. 로마 입장에서는 더 이상 밀리면 이탈리아반도가 노출될 상황이었다. 강력한 훈족을 상대하기 위해 로마군은 총력전을 펼쳤고, 서고트족을 합류시킨다. 서고트 또한 아틸라와 직접 경계를 접하고 싶어 하지 않았다. 기록에 의하면 양측의 병력은 50만에 달했다고 한다. 물론 이 수치를 온전히 믿을 순 없으나 로마가 나라의 명운을 걸고 긁어모은 병력이었음은 틀림없다.

기원부터 천 년까지 전문세

**| 아틸라 지배 당시 훈족의 추정 세력범위와 카탈라우눔 전투 위치 |**

AD 451년에 있었던 카탈라우눔 전투는 샬롱 전투라 부르기도 한다. 현재 프랑스 상파뉴아르덴 지역에 해당된다.

양군의 대치에서 아틸라는 훈족의 중앙을 지휘했고, 아이티우스는 로마군의 좌익을 맡았다. 막강한 훈족의 공격에 로마군의 중앙이 밀려났으나 훈족군의 후미가 아이티우스에게 노출되는 상황이 벌어졌다. 아이티우스는 최소한의 방어 병력을 제외한 병력으로 아틸라의 뒤를 쳤고 중앙이 무너진 훈족은 급격히 와해되었다. 그러나 애초에 전력의 차이가 컸던 만큼 전황은 일방으로 흐르지 않고 치열한 난전의 양상을 띠게 된다.

로마 연합군은 서고트 왕 테오도리크 1세가 전사할 정도의 피해를 입었고, 훈족 연합군은 아틸라가 목숨을 걸어야 할 정도로 불리한 상황에 놓이게 되었다. 만약 다음 날 아이티우스가 맹렬히 공격했다면 아틸라의 운명이 어떻게 바뀌었을지 모를 일이지만 더 이상의 전투는 없었다. 이때 아이티우스가 로마와 서고트, 훈족 사이의 세력 균형을 염두에 두었을 거라는 주장이 있으나 근거는 없다. 오히려 로마군도 공격을 재개할 만큼 상황이 좋지 않았을 것이란 주장이 더 설득력이 있다.

카탈라우눔 전투는 서로마 제국 최후의 주요 군사 작전이 되었다. 아틸라가 다음 해에도 군사를 일으켜 공격해오지만 로마는 더 이상 대규모 전투를 벌일 수 있는 상태가 아니었다.

## ▎서로마와 동로마의 다른 운명

서로마의 멸망과 동로마의 지속, 이 차이는 어디에서 비롯된 것일까? 여기엔 여러 가지 요소가 있을 것이다. 우선 동로마의 탄생은 로마가 수습 불가능한 상태에 이르렀다는 판단하에 이루어진 생명 연장의 방편이었다. 그렇기 때문에 동·서로마는 출발부터가 근본적으로 달랐다. 로마사의 권위자 프리츠 하이켈하임Fritz Moritz Heichelheim 교수의 표현에 따르면 두 로마는 "동일하지 않은 절반"이었던 것이다. 생산력의 차이와 지리적 특성에서 비롯된 이민족의 상황, 방어력이 높은 수도 콘스탄티노플의 특성까지 그 요인이 될 수 있다. 하지만 무엇도 이 차이를 충분히 설명해주지 못한다.

왜냐하면 형편이 나았던 동로마 또한 수차례나 멸망의 위기를 맞았다는 점에서는 서로마와 다를 바 없기 때문이다. 게다가 동로마의 건설로 알맹이가 빠졌음에도 서로마는 금세 망하지 않았고, 저력이나 기회가 없었던 것도 아니다. 앞서 기술한 바와 같이 서로마가 다시 세력을 회복할 기회 또한 적지 않았다. 역사를 놓고 보았을 때 시간적으로 150년이나 있었기에 바뀔 요인이 충분했던 것이다. 결국 양 로마의 운명을 가른 요인은 다름 아닌 같은 기간 각각을 지배했던 사람의 차이로 보는 것이 합리적일 것이다.

그 '차이'를 만든 사람 중 하나가 테오도시우스 대제의 첫째 아들 아르카디우스이다. 아르카디우스는 우수한 평가를 받는 인물이 아니었다. 재위 또한 13년에 그쳐 28년 동안 서로마를 지배했던 동생 호노리우스에 비해 짧았다. 그러나 아르카디우스가 취했던 하나의 조치가 후세에 높은 평가를 받는다. 그것은 바로 사산조 페르시아의 황제 야즈데게르드 1세Yazdegerd I에게 자신의 아들 테오도시우스 2세의 대부가 되어 달라고 제안한 것이다. 이는 파격적인 조치였다.

두 나라는 줄곧 교전 상태였으며 사산조 페르시아는 오랜 세월 로마의 주적이었다. 아르카디우스의 제안은 동로마 조정 내에서도 격한 반대가 있

기원부터 천 년까지 전문세

**| 테오도시우스 장벽 |**
아르카디우스의 신의 한 수가 구체화된 작품. 이 장벽 덕에 비잔티움 제국은 천 년을 더 버틸 수 있었다.

었으나 그대로 추진되었고 의외로 쉽게 야즈데게르드 1세가 승낙하면서 양국 관계는 화해 무드로 바뀌게 되었다.[119] 에드워드 기번은 이 제안을 동로마가 천 년 동안 유지할 수 있었던 첫걸음으로 높이 평가하였다.

이를 다소 과한 칭찬이라고 할 수도 있을 것이다. 왜냐하면 이 평화가 항구적일 수 없을뿐더러, 영토적으로도 훈족 아틸라에게 지속적으로 공격을 받는 위태로운 시기였기 때문이다. 그러나 AD 408년 같은 해에 스틸리코와 아르카디우스가 사망한 이후 호노리우스의 치세에 서로마가 황폐해진

---

119  AD 4세기 당시 사산조 페르시아도 동로마와 비슷한 상황에 있었다. 훈족을 비롯한 유목민들의 침입으로 동로마와의 국경 외에서도 많은 전력이 소모되고 있던 데다 내부의 혼란이 겹친 상태였다. 야즈데게르드 1세는 현명한 황제로 평가받는 인물로서 아르카디우스의 제안을 흔쾌히 받아들였고 그 약속을 성실히 이행하였다. 비잔틴의 기록 또한 야즈데게르드 1세를 높이 평가하고 있다. 어쩌면 동로마와 사산조 페르시아 중 더 급한 쪽은 사산조 페르시아였을지도 모른다.

것에 반해, 동로마는 테오도시우스 2세의 치세에 그나마 국력을 다질 수 있었다. 여기에는 사산조 페르시아와의 국경이 편안했던 것이 크게 작용했다. 그리고 이 차이는 두 제국의 운명에 매우 큰 영향을 미쳤다. 콘스탄티노플을 난공불락의 요새로 만든 테오도시우스 장벽이 건설된 것도 이때였다. 아르카디우스가 어떤 생각으로 취한 조치인지는 알 수 없으나 그것은 분명 신의 한 수였다.

참고로 테오도시우스 장벽의 '테오도시우스'는 테오도시우스 대제의 테오도시우스가 아니라 테오도시우스 2세의 테오도시우스이다.

# 양무제와
# 후경

# 7

/

## ▌남조의 양과 양무제

남조의 양梁은 AD 502년에 세워진다. 이는 서로마가 멸망하고 26년이 지난 시점이다. 양을 세운 무제 소연은 남북조 시대에서 반드시 알아야 할 인물이다. 성과 이름을 합치면 곱상하게 들리기도 하나 느낌과는 달리 황제가 되기 전에는 뛰어난 무장이었다. 여기에 높은 수준의 문文은 덤으로 갖추었고.

소연은 황제로서 반세기를 제위에 있었다. 그는 성군聖君과 암군暗君, 학자學者와 불자佛子, 군사적으로 뛰어난 면과 어처구니없는 면을 동시에 보여주는, 한마디로 헷갈리는 군주였다. 일단 잘한 점을 들어보면 이러하다. 먼저 우수한 인물을 등용하여 관제를 정비하고 〈양률梁律〉을 제정해 법체계를 안정시켰다. 그리고 조세와 토지제도를 손봐 백성의 유랑화를 막는 등 민생 안정에 주력하였다. 정치적으로는 구품관인법九品官人法과 대학大學과 같은 학문기관을 적절히 이용하여 인재 등용에 심혈을 기울였다. 그가 한 일이 곧 남조의 양 왕조가 이룬 정치·사회·경제적 업적이다.

이러한 노력은 오래지 않아 송문제 유의륭 이후 가장 태평한 시대라는 결실을 만들어낸다. 이밖에도 학자를 지원하고 불교를 장려해 문화를 번성

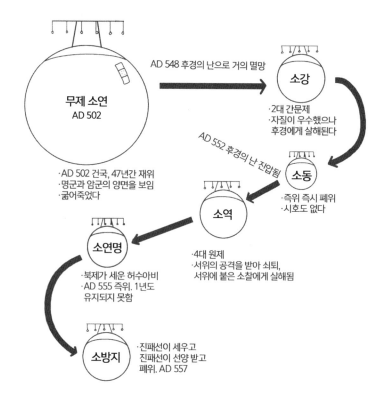

| 양 황제 계보 |

시켰다. 조선의 세종대왕과 같이 스스로 학문을 좋아하여 수백 권의 사서를 저술하고 불경을 주석할 정도로 수준이 높았다고 한다.[120] 또한 군사적

---

120 《양서》<무제기(武帝紀)>에 따르면 소연은 유학과 불교에 조예가 깊어 《주역강소(周易講疏)》, 《문언
(文言)》 등 2백여 권에 달하는 유학서와 그와 맞먹는 불서를 지었다고 한다. 황제가 되어서도 공부를 게
을리하지 않아 신하들의 질문에 막힘없이 답하였고 서법에도 능해 글씨를 잘 썼으며 무예에도 능하였다.
특히 말을 탄 채 활을 쏘는 기사(騎射)에 뛰어났다고 한다.

으로는 제齊·양梁 교체 시기 북위의 대군을 크게 물리치고[121] 북벌을 시도하는 등 남조의 국위를 마지막으로 떨쳤다. 이 같은 위업은 역대 어떤 황제와 견주어도 빠지지 않을 수준이었다. 그러나 치세가 20년을 넘긴 후부터 양 무제는 정신 나간 짓을 하기 시작했다. 다름 아닌 불교에 대한 애정이 넘친 것이다.

AD 527년 그는 불교에 투신한다. 양무제의 출가는 남북조 시대에서 꽤 중요한 사건이다. 명군이 암군이 되는 전환점이기 때문이다. 불교에는 '사신捨身'이라는 말이 있다. 이것은 글자 그대로 자신을 버려 종교에 귀의하는 것을 말한다. 《양서》 또한 이를 그대로 기록하고 있다. 이와 반대로 속세로 돌아오는 것을 속신贖身 또는 속량贖良이라고 하는데, 무제는 이 사신과 속신을 여러 차례 거듭한다. 자기가 내키는 대로 머리를 깎았다 길렀다 한 것이다.

고금을 막론하고 종교의 부패가 나라를 휘청거리게 만든 사례는 흔하다. 특정 종교의 폐단이 도를 넘어 국가의 종교 정책이 완전히 실패하였음을 뜻한다. 무제 치세에 양의 불교가 그러하였는데, 황제가 한 종교에 투신을 하였으니 정책이고 뭐고 할 것도 없는 상황이었다. 이로 인해 온 나라의 재보財寶가 불교에 쏟아졌고 자연스럽게 승려의 지위가 높아졌다. 승려는 병역과 요역이 면제되었는데, 장정들이 승려가 되기 위해 줄을 선 것은 당연한 수순이었다.

그나마 다행인 점은 무제가 처음 불교에 사신한 시기가 나라의 대외정책이 성과를 거두고 있던 때라는 것이다. 육진의 난이라는 북위의 내분 상황

---

121  종리 전투(鐘離之戰) 혹은 회하 전투(淮河之戰)라 불리는 북위와 양 간의 대전투. AD 507년에 있었던 이 전투는 비수 전투와 더불어 남북조 시대 최대 규모의 전투이다. 대장 양경종(梁景宗), 명장 위예(韋叡) 등이 북위의 대군을 맞아 10만 여명을 죽이고 5만여 명을 포로로 잡아 대승을 거두었다. 비수와 종리의 두 대전은 공교롭게도 모두 남조가 소수의 병력으로 북조의 대군을 막아내어 승리를 거둔 싸움이다.

을 이용해 북벌을 행한 것도 이때였다. 하지만 이 불안한 요행은 얼마 가지 않았다. 무제의 분별력이 갈수록 떨어져 자신이 황제인지 보살인지 헷갈릴 정도가 되었던 것이다.[122]

정사政事의 혼란으로 인해 위로는 사치가 횡행했고 아래로는 세금과 요역이 무거워져 민생이 어려워져만 갔다. 승려는 최고 선호직종이 되어 수도에서만 10만을 헤아리게 되는데 이는 군사력 약화에 한몫을 한다. 치세 초반에 이룩한 남조의 마지막 번영이 이제 반란의 기운이 가득 찬 불안으로 흐르게 된 것이다. 여기에 결정적인 사건이 일어난다. 바로 후경의 난侯景之亂. 남북조 시대의 방향을 결정적으로 바꾸어버린 사건으로 손꼽히는, 그 유명한 후경의 난이다.

---

122  치세 말기에 양무제는 영불황제(佞佛皇帝) 또는 보살황제(菩薩皇帝)로 불리었다. '佞'은 아첨을 뜻하는 말로 부처에게 아첨하는 황제라는 경멸의 뜻이다.

## 불가사의한 무장 진경지

남조 양의 무장 진경지陳慶之에게 가장 잘 맞는 사자성어를 뽑으라면 낭중취물囊中取物이 아닐까. 그는 함락시켜야 할 곳이 어디이든, 격파해야 할 적이 무엇이든, 데려와야할 사람이 누구든 거침이 없었다. 쓱 가서 쓱 해치웠다. 휘하의 병사도 많지 않았기에쉽게 출발해서 가볍게 움직였다. 그야말로 '쓱'. 그는 쓱장군이었다.

젊을 때부터 양무제 소연을 모셨는데, 그가 무용을 떨친 무대는 대부분 북위의 영토였다. 북위는 존재하는 내내 양보다 국력이 강한 나라였다. 하지만 진경지는 한 줌의 병력을 이끌고도 무인지경처럼 다녔다. 북위의 지방 세력으로 반란을 일으켰다 실패한 원법승元法僧을 데려온다든가 양의 황족이었지만 후에 양을 배반하게 되는 소종蕭綜을 서주까지 호송하는 일 등은 모두 북위 땅에서 한 일이다.

전투로 들어가면 더욱 믿기 어려울 지경이 된다. 10만의 군사를 2천으로 무찌른 적도있고, 종리鍾離 전투에서는 1만의 아군이 공격을 받고 있을 때 단 300기로 대장을 구해내기도 했다. AD 527년 와양渦陽 전투에서는 5만의 적병을 200기로 격파하였다. 원호라는 북위의 황족을 앞세워 북벌을 단행하여 반나절 만에 9개의 성 중 3개를 함락시키고 구원군 2만을 격파해 적장을 사로잡았으며, 다시 7만이 지키고 있는 성을 공격해 깨뜨리고 적장을 잡았다. 이때의 상황을 두고 진경지는 "나는 7천의 군사로 적군 30만을 대적했다"라고 말하였다.

원호는 진경지의 덕으로 낙양에서 즉위를 할 수 있었다. 원호 정권은 양의 괴뢰정권이었다. 이는 남조의 왕조가 북위에 가했던 가장 강력한 군사 작전이었다. 이 과정에서 진경지는 3천의 병사로 수십만의 북위군을 상대했는데 모든 공격을 다 격퇴하였다. 이어 수천에 불과한 병력으로 낙양 주변을 공격해 140일 동안 32개 성을 깨뜨리고 47번의 전투를 벌여 모조리 이겼다고 한다. 여기에는 북위의 최고 장수들과 최정예군이 포함되어 있었다고 하니 입이 벌어질 일이다. 사서에는 이때 낙양에서 불리었던 동요가 소개되어 있다. '아무리 명장이라도 진경지는 피하라.' 놀라는 것도 지겨울 지경이다.

결과적으로 이 북벌은 원호의 잘못된 처신으로 실패하게 되고 북위는 최고 권력자 이주영이 직접 대군을 이끌고 낙양을 공격한다. 이때도 진경지는 낙양 근처의 북중성北中城을 지키며 3일 동안 11번을 싸워 격퇴하였다. 수천에 지나지 않는 병력으로 홀로 분전한 것이다. 그리고 모든 성이 항복할 때 자신의 병력을 이끌고 철수를 감행하였는데, 이동 중 만난 강물이 갑자기 불어나는 바람에 진경지는 모든 군사를 잃고 혼자 구사일생으로 돌아왔다. 하지만 그 누구도 패장이라고 말하지 않았고 그는 더 높은 지위에 올랐다.

이후에도 진경지는 양무제의 명이면 어디든 출동하여 임무를 완수했다. 그리고 훗날 양을 멸망하게 만든 '후경의 난'의 주인공 후경과도 전투를 벌인 적이 있다. AD 536년 여장 전투이다. 이때 7만의 대군을 이끌었던 후경은 진경지에게 대파되어 모든 물자를 버리고 겨우 몸만 빠져나갔다. 만약 그가 더 오래 살았더라면 후경의 난은 불가능했을 것이다.

인격적으로도 나무랄 데가 없는 진경지를 보고 있노라면 전쟁이란 것이 이렇게 쉬운 일이었나 하는 착각을 불러일으킨다. AD 484년에 태어나 55년을 살았다. 이 인물을 좀 '디스'하자면 무장임에도 마술馬術이나 무술은 뛰어나지 못했다고 사서는 전한다.[123] 이러고도 연전연승이었으니 도리어 칭찬인 건가.

---

123 중국사에서는 승마나 무예에 능하지 못한 명장이 종종 등장한다. 같은 시대를 살았던 위예도 이에 해당한다고 볼 수 있다.

# ▌후경의 난

후경侯景은 선비족 출신의 병사로서 이주영爾朱榮의 부하가 되어 육진의 난에서 공을 세워 출세한 인물이다. 야심이 넘쳐 북위가 동서로 갈라졌을 때 고환高歡을 섬겨 대군을 맡게 되었다. 인간 자체를 품평하자면 일단 잔인하였고, 목적을 위해서라면 배반 따위 서슴지 않는 악한에 가까웠다. 그 행적을 크게 요약하면 고환 사후 동위를 배신하고 서위에 투신하였다가 다시 배반하고, 양으로 귀순하여 또 다시 배신하였다. 한 사람이 세 나라에 전부 걸쳐 있는 것이다.

후경은 자신이 동위에서 모셨던 실권자 고환이 죽자 그를 이은 고징高澄과 불화를 일으켰다. 고징이 야심이 넘치는 후경을 경계하자, 그는 서위의 우문태宇文泰에게 접근한다. 하지만 우문태는 호락호락한 인물이 아니었다. 시간을 끌며 등용에 조심스러운 모습을 보였는데, 결과적으로 후경을 잘 파악했던 것이다. 이에 후경은 남쪽으로 방향을 튼다. 양에 귀순하려 한 것이다. 후경이 동위와 서위를 거쳐 양으로 오게 되는 과정만으로도 당시 그의 위상과 군사적인 영향력이 남북조 3국에 미쳤음을 알 수 있다.

우여곡절 끝에 후경을 받아들인 양무제는 자신의 어리석음의 대가를 톡톡히 치른다. 1년 만에 그의 칼을 받게 된 것이다. 이것이 바로 AD 548년 일어난 후경의 난이다. AD 6세기 중엽은 서유럽에선 클로비스의 아들들이 나라를 나누어 싸우고, 동로마의 유스티니아누스가 영토를 팍팍 확장하고 있던 때였다.

반란 초기 보잘것없던 후경의 군세는 양무제의 판단 착오와 조정의 혼란으로 눈덩이처럼 커진다. 조정을 버린 백성들이 가세하고 수차례에 걸친 군사적 실책이 더해지자 후경에 의해 수도 건강이 허무하게 함락된다. AD 549년이었다. 귀순자의 신분이었던 후경이 1년 만에 황제를 사로잡고 나라를 집어삼킨 것이다. 그는 조정의 모든 실권을 장악한 뒤 양무제를 완전히 격리시켜 죽게 만든다. 후경의 난은 남북조 시대 말기의 중요한 두 인물, 양무제와 후경의 운명이 교차하는 사건이기도 하였다.

양무제는 굶어죽었다. 47년간 재위하면서 남조의 마지막 전성기를 이루었던 그의 죽음은 역사의 방향이라는 거창함을 떠나 한 개인으로서도 많은 것을 생각하게 한다. 그를 보면 1,200년 전 또 다른 제齊의 전성기를 이끌었던 인물의 최후를 떠올리게 된다. 배가 고파서 사람을 부르는데 아무도 황제의 부름에 응답하지 않는 상황.[124] 이때 양무제는 헛웃음을 보였다고 한다. 또한 후경에 의해 건강이 함락당할 때 한 그의 탄식은 지금도 명언으로 전해지고 있다.

"내가 얻었고, 내가 잃었도다. 이제 무슨 한이 있겠는가自我得之 自我失之 亦復何恨."

많이 배운 인물이라 그런지 망하면서도 내뱉은 말이 걸작이다. 과거 북위의 명군 효문제는 소연의 용병술을 칭찬하며 그와의 교전을 피하라는 말을 한 적이 있었다. 무장 시절의 소연은 매우 우수한 장수였다. 명암을 동시에 가진 황제는 많았으나, 일개 무인으로 시작해 스스로 왕조를 개창해 태평 시대를 열었다가 자신의 손으로 도탄에 빠뜨리고 어리석은 짓을 하다 아사餓死로 생을 끝낸, 이 정도의 드라마를 연출한 황제는 없었다.

무제 사후 양은 후경의 손에 놀아났다. 후경은 두 사람의 소씨를 차례로 황제로 세웠다가 폐위시키고, 마침내 자신이 제위에 오른다. 그가 바꾼 나라의 이름은 한漢. 때는 AD 551년이었다. 서양에서는 동로마의 유스티니아누스 대제가 한창 활약하고 있던 때이다.

---

124  춘추 시대 제 환공(桓公)을 뜻한다. 환공은 제의 전성기를 이끌며 춘추오패의 첫 번째 자리를 차지하였으나 명재상 관중(管仲) 사후 간신들에 휘둘려 비참하게 생을 마쳤다.

| 양무제 | | 진패선 |

남조의 왕조를 나열할 때는 후경의 한을 넣지는 않는다. 나라로서 어떤 흔적을 남기지도 못했거니와 존속했던 기간이 넉 달에 불과하기 때문이다. 겨우 정신을 차린 소씨들이 반격했던 것이다. 이때 공을 세운 양의 무장이 진패선陳覇先이라는 인물이다. 또 한 명의 새로운 이름 등장. 대업을 이룬 후경은 자만심에 빠져 방비를 소홀히 하다 대패했고, 이어 부하 양곤羊鯤에게 살해되었다. 어쩌다 개나 소나 다 쓰는 이름이 되어버린 한은 또 한 번 불려 나왔다가 사라졌다.

양은 천신만고 끝에 난리를 진압하였으나 이미 나라꼴이 말이 아니었다. 그사이에 북쪽의 동위와 서위는 이때다 하며 넓은 영토를 가져갔다. 특히 서위가 그 이익을 많이 챙겼는데, 후경으로부터 제위를 되찾았던 양의 황제가 서위에 의해 목숨을 잃을 정도였다. 이후 양의 실권은 진패선에게 넘어갔고, 진패선이 AD 557년 진陳을 세우면서 양은 멸망한다. 역시 선양의 형식을 따랐다.

후경의 난은 남북조 시대에서 물줄기의 방향을 크게 틀어버렸다. AD 6세기 초반의 상황은 동·서위와 양의 삼국 시대. 팽팽하다고 할 수 있었던 세 나라의 역학관계는 후경의 난으로 완전히 새로운 국면을 맞게 되는데, 우문씨의 서위가 선두에 나서게 된 것이다. 다소 열세였던 서위가 동위와의 경쟁에서 우위에 서게 된 데도 후경의 난은 큰 비중을 차지한다. 25년 뒤 서위를 이은 북주가 동위를 이은 북제를 멸망시킬 수 있었던 저력도 이 때 다져진 것이다. 후경이라는 의리 없는 야심가의 짧은 반란이 역사의 흐름에 미친 영향이다.

참고로 후경은 인류 역사상 가장 높은 직책을 만들어 가진 적이 있다. 우주대장군宇宙大將軍. 글자의 의미만으로는 지구 최고인 황제보다 높다. 진패선의 진은 남조의 마지막 왕조이다. 남북조 시대도 이제 막바지에 이르렀다.

기원부터 천 년까지 전문세

# 왕조의
# 멸망

8

## ▌서로마의 마지막 9명의 황제들

로마가 건국될 때 로물루스Romulus의 머리 위
에는 열두 마리의 독수리가 날았다고 한다. 쌍둥이 동생 레무스Remus의 머
리 위에는 그 절반인 여섯 마리가 있었다. 이를 보고 로물루스는 개기는 동
생에게 말했다. 자신이 나라를 세우면 1,200년간 지속되고 레무스가 나라
를 세우면 600년간 지속될 것이라고. 마리당 100년. BC 8세기에 있었던
독수리의 다수결로 로마는 '레마'가 아닌 '로마'가 될 수 있었다.[125] 지금 설
명하는 로마는 마지막 독수리, 그것도 꼬리 정도에 해당한다고 하겠다. 20
년 정도 남았으니 말이다.

중국에서 진패선이 진陳을 세우기 약 100년 전, 멸망하기 직전의 서로마
는 다사다난의 정도가 심하여 그 기간에 비해 사서가 두꺼운 편이다. AD
455년 서로마 테오도시우스 왕조의 마지막 황제 발렌티니아누스 3세가 아
이티우스의 부하들에게 암살당한다. 유송에서 명군 유의륭이 살해된 것이
AD 453년이니 유송의 전성기가 끝날 즈음에 테오도시우스 왕조도 완전히

---

125  로마의 건국신화에 따르면 라틴어 로마(Roma)는 '로물루스(Romulus)'의 이름에서 왔다.

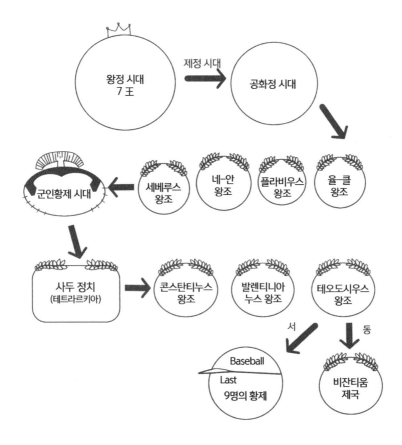

| **로마의 흐름** | 서로마의 마지막은 9명의 황제 시대이다.

끝난 셈이다.[126]

발렌티니아누스 3세를 살해한 것은 아이티우스의 잔당들이나, 사주한 사

---

126  태무제 탁발도가 AD 452년, 아틸라가 AD 453년, 송문제 유의륭이 AD 453년, 아이티우스가 AD
     454년, 발렌티니아누스 3세가 AD 455년 사망한다.

람은 발렌티니아누스와 모의해 아이티우스를 암살했던 막시무스였다. 결국 같은 사람이 아이티우스와 황제를 죽인 것이다. 흔해빠진 이름이 또 나왔는데, 풀네임은 페트로니우스 막시무스Flavius Anicius Petronius Maximus다.

막시무스는 명문가의 자손으로 그 직책이 점점 높아져 아이티우스가 죽기 직전에는 그다음 가는 권력자가 되어 있었다. 막시무스가 발렌티니아누스 3세를 암살한 이유에 대해서는 기록상으로 두 가지 정도가 전해진다. 하나는 아이티우스 제거 후 자신이 그의 자리를 대신하리라 생각했으나 이루어지지 않았다는 것이고, 다른 하나는 발렌티니아누스 3세가 자신의 아내를 겁간하였다는 것이다.

동로마의 역사가 프로코피우스Procopius와 에드워드 기번의 기록에 따르면, 발렌티니아누스가 막시무스의 아름다운 아내를 유인해 강간하자 이에 분노한 막시무스가 그를 암살할 계획을 세웠다고 한다. 몇 가지로 추정되는 이유로 페트로니우스 막시무스는 아이티우스의 옛 부하들과 함께 황제 발렌티니아누스 3세와 환관 헤라클리우스를 저세상으로 보낸다. 아이티우스가 암살된 지 반년 만의 일이었다.

로마는 다시 권력 투쟁으로 혼란에 빠진다. 발렌티니아누스 3세가 아들을 남기지 못했고 후계자 또한 지명하지 못한 상태였기 때문이다. 그러나 나름 준비된 찬탈자였던 만큼 막시무스는 군을 매수하여 몇 명의 정적을 제거하고 제위를 차지한다. 다만 이 혼란은 반달족에 로마 침탈의 빌미를 제공하게 된다. 반달족의 왕 가이세리크가 막시무스가 황제에 오른 지 두 달 만에 로마를 침공한 것이다. 가이세리크는 서고트의 왕 알라리크에 이어 두 번째로 로마를 침탈한 이민족 왕이 되었다.

당시 막시무스는 반달족의 침입에 별다른 대처를 할 수 없었다. 아이티우스 사후부터 계속된 내분으로 군은 물론 행정체계마저 엉망이 된 상태였기 때문이다. 막시무스는 일단 로마를 벗어나 기회를 엿보려고 하였으나 피신 도중 분노한 시민들의 돌팔매에 목숨을 잃고 만다. 오랜 기간 갖가지 음모와 사건을 거쳐 겨우 황제가 되었으나 막상 누린 시간은 석 달도 되지 못했다. 돌에 맞았을 때, 순간이지만 수많은 생각들이 지나가지 않았을까.

발렌티니아누스 3세를 끝으로 테오도시우스 왕조는 끝이 나고, 서로마에는 멸망 전까지 9명의 황제가 나타났다. 그러나 서로 간에 혈연적 연관성이 없어 왕조라고 할 수는 없다. 9라는 숫자로 보았을 때 망국 로마의 황제 야구단이라고 하면 될까. 그 1번 타자가 페트로니우스 막시무스, 방금 돌 맞고 간 사람이다.

마지막 황제들이 재위했던 기간은 모두 21년. 한 사람당 평균적으로 2년 정도 재위하였다. 모든 망국의 군주들이 그러하겠지만 막시무스를 비롯한 9명의 황제들도 공통점이 있다. 일단 제대로 된 모양새로 즉위한 사람이 없었고, 제대로 힘을 가졌던 사람도 없었으며, 제대로 자리를 유지한 사람도 없었다. 단 한 명을 제외하고는 제명대로 산 사람도 없었다. 천수天壽를 누린 한 명이 마지막 황제 로물루스 아우구스투스였다는 사실은 다소 의외라 할 수 있다. 또한 망조가 든 나라에 종종 등장하는 권신이 이 시기에도 나타난다. 바로 리키메르Flavius Ricimer라는 인물이다. 황제들을 갈아치우며 나라를 들었다 놓았다 하는 것이 고구려의 연개소문과 유사하였다. 황제 야구단의 감독이었다고 하면 적당할 것이다. 선수 기용을 제멋대로 하는 그런 감독 말이다. 참고로 연개소문은 리키메르의 150년 후배이다.[127]

## ▌로마의 마지막을 좌우했던 리키메르

리키메르는 서로마 최후반부 역사에서 가장 중요한 인물로 평가된다. 그는

---

127 《삼국유사》에 따르면 연개소문의 생년은 AD 614년이고 AD 666년에 사망했다.

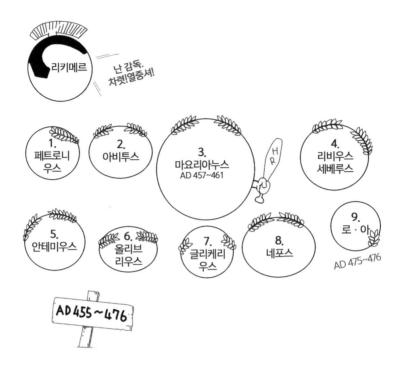

**| 서로마 최후의 황제들 |**
페트로니우스 막시무스 - 아비투스 - 마요리아누스 - 리비우스 세베루스 - 안테미우스 - 올리브리우스 - 글리케리우스 - 네포스 - 로물루스 아우구스투스. 20년 동안 일어난 일이다. 여기에 어둠 속의 지배자 리키메르까지.

서로마의 숨통을 끊은 오도아케르Flavius Odoacer나 그보다 앞서 권력을 잡았던 오레스테스Orestes[128]만큼 대중적으로 알려져 있지는 않으나 서로마의 멸망을 이해하기 위해 반드시 알아야 할 인물이다. 이런 리키메르를 등용한 인물은 서로마의 마지막 황제들 중 2번 타자 아비투스Eparchius Avitus이다. 아비투스는 리키메르를 최고 권력자의 자리에 앉히고는 배반을 당하게

---

128　서로마 마지막 황제 로물루스 아우구스투스(Flavius Romulus Augustus)의 아버지. 그의 전체 이름은 알려져 있지 않다.

된다. 그냥 배반이 아니라 폐위당하고 목숨까지 잃는다. 리키메르의 등장은 역사상 많이 존재했던 권신들의 그것과 크게 다르지 않다.

2번 타자 아비투스를 짚고 넘어가자면 그는 1번 타자 페트로니우스 막시무스가 황제가 되었을 때 서고트 왕국과의 개인적인 친분을 이용해 지지를 얻어낸 인물이다. 찬탈자들은 사건을 저지르고 나면 국내 여러 세력은 물론 주변국에게 동의를 구하는 작업을 한다. 이는 현대의 쿠데타도 마찬가지인데, 찬탈자 막시무스가 아비투스에게 서고트 왕국의 동의를 구하는 역할을 맡겼던 것이다. 그러나 그가 두 달 만에 살해되는 바람에 서고트 왕국의 동의는 결국 자신을 위한 일이 되어버렸다.

제위가 공석이 되면 지방의 각 군단이 군단장을 황제로 추대하는 것은 이미 전통이 되어버린 지 오래였다. 아비투스 또한 서고트의 지지와 더불어 휘하 갈리아 주둔군의 추대를 받았다. 몇 달간 근거지에서 세력을 다진 그는 로마로 진군해 원로원의 지지를 얻어냈다. 실권을 장악한 후에는 동로마에서도 어쩔 수 없이 승인하게 된 것이다. 리키메르가 군 사령관으로 임명된 것이 이때이다. 당시 가장 큰 골칫거리였던 반달족과의 전투에서 공을 세워 입지를 굳힌 리키메르를 아비투스는 자신의 편으로 끌어들였다.

리키메르는 야심이 큰 인물이었다. 황제가 되고 싶었으나 혈통과 종교의 문제[129]로 황제가 될 수 없음을 일찌감치 받아들이고 있었다. 하지만 황제가 아니더라도 최고 권력자가 되고자 하는 노력은 멈추지 않았다. 결국 황제를 능가하는 실권자가 되었고 아비투스를 폐위하기에 이른다. 아비투스의 재위 기간은 1년이었다. 폐위되고 얼마 후 목숨을 잃는데 증거가 없어 그 원인에 대해서는 여러 설이 있다. 분명한 것은 리키메르가 아비투스

---

129  그는 아리우스파 기독교 신자였다.

를 살려두려고 하지 않았다는 것이다. 다음 황제는 마요리아누스Valerius Majorianus이다. 3번 타자.

마요리아누스는 9명의 황제 중 가장 우수한 인물이다. 리키메르와는 친분을 가진 전우였으며, 둘 다 아이티우스의 부하였다. 출신과 능력을 인정받아 발렌티니아누스 3세가 암살되었을 때 페트로니우스 막시무스 대신 1번 타자가 될 수도 있었던 인물. 그러나 원로원이 막시무스를 지지하는 바람에 그 뜻을 이룰 수 없었는데, 이때 원로원이 뇌물을 받은 것으로 기록은 전하고 있다. '만약'이란 말이 소용없는 곳이지만, 만약 마요리아누스가 1번 타자가 되었더라면 서로마의 마지막 역사는 또 달라졌을 것이다.

마요리아누스는 서로마가 희망을 걸 수 있었던 마지막 황제였다.[130] 그는 행정과 정치, 군사 등 모든 면에서 뛰어난 능력을 발휘했는데, 세제를 개편하고 부패한 관리를 추방하는 법령을 만들어 재정과 민생을 안정시키고자 하였다. 그리고 제국 안정에 근본이 되는 부정부패 추방과 인구 증가를 꾀하는 정책을 펼쳐 국력 신장의 큰 그림을 그렸다. 정치적으로는 로마 출신 인재를 요직에 대거 앉혔다. 이는 원로원의 지지를 얻기 위한 것으로, 아비투스가 이민족 출신을 등용해 원로원의 지지를 잃었던 것과 대비된다. 날로 증가하는 이민족 출신 관리들 때문에 그 영향력을 잃어가던 원로원으로서는 이런 정책이 오랜만에 맞는 단비와 같았을 것이다.

그리고 마요리아누스는 대대적인 군사 작전을 펼쳐 갈리아와 히스파니아를 실질적으로 회복하는 실적까지 올렸다. 그의 대담한 전략으로 서고트는 갈리아에서 세력을 잃었음은 물론 히스파니아 내륙까지 밀려나는 수모를 겪게 된다. 이는 서고트 왕국 건국 이래 최대의 위기였으며 서로마로서는 두 번 다시 맛보지 못할 승리였다. 하지만 로마의 운은 여기까지였다.

---

130  에드워드 기번은 마요리아누스를 '영웅'이라고 표현하였다.

**| 마요리아누스 |**
서로마의 마지막 희망이었다.

마요리아누스가 챙기지 못했던 것은 다름 아닌 친구 리키메르의 야심이었다. 막후 실세 리키메르가 원했던 황제는 유능한 인물이 아니라 자신의 말을 잘 듣는 꼭두각시였다. 간신에게 중요한 것은 나라의 운명이 아니라 자신의 이익이므로. 리키메르는 마요리아누스의 능력을 과소평가했음을 알고 그를 제거하기로 마음먹는다. 이를 전혀 몰랐던 마요리아누스는 당시 갈리아와 히스파니아를 회복한 후 서로마의 가장 큰 근심이었던 북아프리카를 회복하고 있었다. 후방의 반달족을 없애지 않고 제국의 재건은 불가능하였기 때문이다.

AD 461년 마침내 마요리아누스는 대군을 히스파니아의 카르타고노바로 집결시켰는데 이는 서로마가 모았던 마지막 대규모 전력이다. 마요리아누스가 등극한 해는 AD 457년이다. 그만큼 반달족 정벌은 수년에 걸쳐 그가 머릿속에 그렸던 가장 중요한 군사적 목표였던 것이다. 서로마의 국운이 걸린 이 작전은 허무하게 끝이 난다. 배신자들이 있었던 것이다. 이 배신자들은 마요리아누스의 성공을 질투했던 자들이었는데, 그 중심에 리키메르가 있었다. 물론 리키메르가 군사 기밀을 반달족에게 넘겨주는 직접적 반역 행위를 했다는 증거는 없다.

반달족의 왕 가이세리크는 배신자들이 만든 서로마군의 틈을 이용해 정박 중인 로마 함대를 공격해 잿더미로 만들어버렸다. 이는 하늘이 반달족에게 준 구원의 손길이었고 서로마에게는 재앙이었다. 현대 역사학자들은 이때의 전력과 지휘관의 능력을 고려하였을 때 서로마군은 충분히 북아프리카를 회복하였을 것으로 평가한다. 그러나 아무리 강한 군대도 배신에는

기원부터 천 년까지 전문세

장사가 없다. 역사는 어떤 외적보다도 내부의 적이 더 치명적일 수 있음을 수도 없이 보여주고 있다. 로마가 마주했던 마지막 운명의 갈림길이었다.

리키메르는 이 사건을 이용해 친구를 제거한다. 북아프리카 원정 실패로 지지를 잃은 마요리아누스를 공격해 체포한 후 폐위해버린 것이다. 리키메르는 알았을까. 자신이 죽인 것이 한 사람의 황제가 아니라 로마의 운명임을.

마요리아누스는 폐위당할 때까지 리키메르를 비롯한 측근들이 자신을 질시하고 있었음을 알지 못한 것으로 보인다. 이는 그가 그만큼 성실하게 일만 하였음을 뜻하기도 하지만, 한편으로는 로마의 관료사회가 마요리아누스의 개혁을 받아들이기에는 너무 부패해버렸음을 보여주는 것이다. 위대하고도 순진한 마요리아누스는 폐위된 지 5일 만에 시체로 발견되었는데 그는 세상을 떠나고 한참 후에 존경의 대상이 된다. 하지만 그때는 이미 서로마가 망하고도 한참이 지난 후였다.

친구이자 로마의 마지막 영웅을 없애버린 리키메르는 4번 타자를 세운다. 리비우스 세베루스Libius Severus. 출신이 명확히 드러나 있지 않은 이 원로원 의원은 리키메르의 지지로 제위에 오르긴 하나 동로마는 물론 서고트, 반달족에게도 인정받지 못한다. 심지어는 속주 지휘관들에게도 무시당하는 처지였다. 덕분에 마요리아누스 대에 잠시 눌려 있던 이민족들이 다시 로마를 침입하게 된다. 지도자를 잃어 로마군의 전력이 약해지기도 하였거니와 정통성이 부족한 황제는 침입자들에게 좋은 명분을 제공했다.

외국이 침략의 빌미로 타국 군주의 정통성을 트집 잡는 것은 드문 일이 아니다. 여기에 전대前代에 체결한 조약이 효력을 잃었다는 이유를 붙이기도 한다. 세력이 역전된 틈을 이용해 과거 불리한 조약을 뒤집고, 침략해서 이익을 얻으니 일석이조라고 할 수 있다. 그러나 세베루스는 이러한 상황에서도 4년 동안이나 황제 노릇을 하였다. 리키메르의 입맛에 맞았던 것이다. 그러나 그도 제명에 죽지 못한다. 갑자기 사망한 세베루스는 그 사인이 명확히 밝혀지지 않았으나 이 또한 리키메르에 의한 살해로 추정된다. AD 465년이다. 존재감 제로였던 이 인물에 대해 사서는 이렇게 표현하고 있다. "역사는 그에게 관심이 없었다."

## ▌동로마에서 온 황제들

5번 타자는 안테미우스Procopius Anthemius이다. 그는 AD 467년부터 472년까지 5년하고도 석 달 동안 재위한, 마지막 9명 중 가장 생명이 긴 황제였다. 세베루스가 의문의 죽음을 당하고 난 뒤 서로마는 2년 가까이 황제가 없었다. 그사이 실권을 리키메르가 쥐고 흔드는 가운데 국가의 권위는 급격히 실추되고 있었다. 마요리아누스 사후 서로마는 황제가 정통성을 인정받지 못해 여러 가지 문제를 안게 되었는데 이에 동로마 황제 레오 1세Leo I가 한 인물을 황제로 임명하여 보낸다. 이는 테트라르키아 이후 테오도시우스 왕조까지 동·서로마가 상호 황제를 지명하여 정통성을 유지하던 전통이 오랜만에 재연된 것이다. 그가 바로 안테미우스였다. 여기에는 당시 동·서로마 정치 상황과 안테미우스의 처세가 재미있게 맞물려 있다.

안테미우스에 대해 간략하게 서술하자면 그는 애초에 동로마의 황제 후보자였다. 동로마 테오도시우스 왕조의 마지막 황제인 마르키아누스가 AD 457년 사망한 후 대가 끊긴 상황에서 후계 결정전이 일어나는데, 불행히도 안테미우스는 황제가 되지 못하고 레오 1세에게 제위를 양보하는 것으로 끝이 난다. 사실 당시 계승 1순위는 황제의 사위였던 안테미우스였다.[131] 그러나 군권을 쥐고 있었던 권신 아스파르Ardabur Aspar가 군을 움직

---

131  테오도시우스 왕조의 혈통상 마지막 황제 테오도시우스 2세가 후계자 없이 죽자 마르키아누스는 공주 풀케리아와 형식적 결혼을 하여 왕위를 계승하였다. 독신을 선언한 풀케리아와는 당연히 자식이 없었다.

| 안테미우스 동전 몇 개 |
여러 가지 도안의 동전이 있다. 창을 어깨에 걸친 디자인은 다른 인물의 동전에도 가끔 쓰인 디자인이다.

여 그가 아닌 자신의 부하 레오를 황제로 세운 것이다.

아스파르는 허수아비 황제를 세우고 조종하는 막후 실력자가 되고자 했다. 서로마의 리키메르처럼. 하지만 상황은 자신이 계획했던 대로 돌아가지 않았다. 심복을 황제로 만드는 것까지는 순조로웠으나 말 잘 듣는 허수아비인 줄로만 알았던 부하가 제위에 오르는 순간 본색을 드러낸 것이다. 꼭두각시가 아닌 호랑이가 되어 자신을 공격했던 것. 둘은 권력을 놓고 치열한 암투를 벌였다. 14년에 걸친 권력 투쟁은 아스파르가 목숨을 잃는 것으로 끝이 났다. 이때가 AD 471년. 아스파르는 리키메르가 되지 못했던 것이다.

아스파르와의 권력 투쟁이 한창이던 때, 레오 1세는 안테미우스를 서로마로 보냈다. 정치적으로 잠재적 위험 인물인 안테미우스를 서로마 황제로 임명하여 보내버림으로써 명분과 실리를 동시에 챙긴 것이다. 리키메르가 그를 없애도 나쁘지 않을 것이고. 리키메르 입장에서도 동로마의 승인을 얻은 황제는 자신의 국정농단 이미지를 희석할 수 있는 좋은 수단이었다. 또한 기회를 봐서 없앨 수도 있을 것이고.

안테미우스는 재능 있는 인물이었으나 군사력이 없는 명목상의 황제가 뜻대로 할 수 있는 것은 없었다. 하지만 그는 포기하지 않았다. 이런 상황이라도 리키메르와의 관계를 좋게 가져가며 풀려 했던 것이다. 나름대로 선정을 베풀며 힘을 모으려 노력하였으나 국내외의 정세는 그를 돕지 않았다. 결정적으로 기독교 신자가 아니었기 때문에 민심을 얻기 위한 그의 노력은 성과를 거두지 못했다. 리키메르와의 관계가 끝나며, 그의 운도 끝이 났다.

그때부터 서로마의 권력 다툼은 막장으로 흐른다. 지금까지도 좋게 볼 수 없는 상황이지만 더욱 악화된 것이다. 아비투스부터 마요리아누스, 세베루스까지 3명의 황제를 없앤 리키메르는 안테미우스까지 없애려고 한다. 여기에 6번 타자 올리브리우스Anicius Olybrius가 가담하는데, 그 또한 동로마의 레오 1세가 보낸 인물이었다. 명목상은 안테미우스와 리키메르를 화해시키러 왔으나, 실제로는 안테미우스를 제거하라는 밀명을 받은 자였다.

사서는 이들 4명의 얽히고설킨 암투를 전하고 있다. 거의 드라마 같은 전개라고 할 수 있겠다. 이 복잡한 싸움의 승자는 리키메르. 역시 정치력의 승리였다. 리키메르는 올리브리우스와 연합하여 안테미우스를 제거하고 약속대로 올리브리우스를 제위에 앉힌다. 밀명이 오고가는 협잡의 포커판을 읽는 데 있어 안테미우스가 리키메르를 이길 수는 없었던 것이다. 리키메르의 안방에서 5년 넘게 목숨을 부지했던 것만도 대단한 일이라고 할 수 있다. 안테미우스가 사망한 해는 AD 472년. 이제 서로마 멸망까지는 4년이 남았다.[132]

리키메르는 안테미우스까지 죽여 4명의 황제를 제거한 인물이라는 기록을 세웠지만, 한 달 후 자신도 세상을 떠난다. 그리고 올리브리우스도 그 두 달 후에 그들을 따라간다. 권력 잡느라 죽으라고 머리를 굴렸건만, 허무

---

132  유송이 멸망하기까지 7년이 남았다. AD 476년 로마 멸망, AD 479년 유송 멸망.

하게 가버린 것이다. 이승을 떠날 때만큼은 사이좋게 떼로 갔다.

다시 로마는 무주공산無主空山이 되었다. 이 공백을 채운 인물은 리키메르의 조카 군도바드Gundobad.[133] 그는 삼촌의 권력을 그대로 이어받아 황제를 좌지우지하는 야구단의 감독이 된다. 그러고는 삼촌이 했던 것처럼 한 인물을 찍어 황제로 세운다. 글리케리우스Flavius Glycerius. 7번 타자가 되겠다. 사실 글리케리우스는 황제가 되어서 더 불행해진 인물이었다. 고금을 통해 군주가 되어서 불행해진 이가 한둘이 아니겠지만, 그는 상황이 조금 다르다. 자신을 옹립한 군도바드가 서로마의 실권자 자리를 내팽개치고 부르군트의 왕이 되어 떠나버린 것이다.

대개 남의 손에 앉혀진 군주가 불행해지는 방식은 자신을 군주로 만들어 준 이가 핍박하는 것이다. 그런데 글리케리우스는 아무런 장치도 없이 버림받은 것이다. 젖이라도 떼게 해주고 가야지. 한국식 표현으로 낙동강 오리알이 되어버린 이 일곱 번째 황제는 내외에서 무시를 당하게 된다.

일단 동로마의 레오 1세가 그를 황제로 인정하지 않았다. 그래서 자신이 다시 한 사람을 뽑아 보낸다. 그의 이름은 네포스. 다시 새로운 황제의 등장이다. 군대를 이끌고 온 네포스를 맨몸의 글리케리우스가 당해낼 방법은 없었다. 그는 즉각 항복하였고 네포스에 의해 폐위당한다. 이때가 AD 474년. 불행한 황제의 재위 1년 만이었다. 이제 서로마 제국은 2년 남았다.

이 황제가 8번 타자 율리우스 네포스Julius Nepos이다. 일단 괜찮은 모양새로 제위에 올랐지만 이후의 상황은 그리 좋게 전개되지 않았다. 자리를 채 잡기도 전에 반란이 일어나 쫓겨난 것이다. AD 475년의 일이다. 자신이 쫓아낸 글리케리우스와 비슷한 운명이 된 것. 네포스를 밀어낸 인물은

---

133  라틴어 표기는 Flavius Gundobadus, 프랑스어 표기는 Gondebaud 또는 Gondovald. 독일어 표기로 Gundowald. 군도발트로 번역하기도 한다.

오레스테스.[134] 오레스테스는 훈족 지도자 아틸라의 신하로 일했던 독특한 경력의 소유자로서, 아틸라 사후 서로마로 귀순하였고 리키메르가 세상을 떠난 후 그의 세력을 이끌고 있었다. 제위 승계의 혼란한 상황을 주시하다가 외부 세력을 끌어들여 거사에 성공한 것이다. 쫓겨난 네포스는 가까스로 탈출하여 목숨은 부지하였다.

오레스테스를 우호적으로 평가한 기록에 따르면, 명예를 중시하는 근면한 사람이라고 한다. 아틸라를 위해 일한 것 또한 그가 복무하고 있던 지역이 훈족에게 양도되면서 지역의 합법적인 지배자를 모신 것이라고 변호하고 있다. 로마군에 다시 배속된 것 또한 그 지역에서 훈족이 물러가면서 원래의 자리로 돌아온 것이라는 논리이다. 이러한 미덕으로 군대의 존경을 받는 인물이었다고 한다.[135]

## ▮ 서로마의 마지막 황제

오레스테스는 자신의 아들을 황제로 앉힌다. 9번 타자. 9명의 황제 중 마지막이자 서로마의 마지막 황제인 로물루스 아우구스투스Romulus Augustus이다. 아이러니하게도 로마 최초의 왕과 최초의 황제 이름이 모두 들어가 있다. 오레스테스 또한 리키메르나 아스파르와 같이 혈통의 문제로 스스로 황제가 되기를 포기하고 대신 아들을 세운 것인데 아들은 혈통상 문제가 없었다. 오레스테스의 아내가 로마인이었기 때문이다.

로물루스 아우구스투스가 아버지에 의해 황제가 되었을 때 그의 나이는 14세였다. 기록은 그를 아무것도 모르는 아름다운 소년이었다고 전한다.

---

134  그의 풀네임은 전해지지 않고 있다.

135  에드워드 기번은 《로마제국 쇠망사》에서 이를 그대로 옮기고 있다.

| 네포스 |  | 로물루스 아우구스투스 |  | 오도아케르 |

■ 로마의 마지막을 장식했던 인물들.

이 아무것도 모르는 미소년의 운명은 아버지로 인해 제위에 오르고, 아버지를 물리친 오도아케르 때문에 변하였다가, 다시 오도아케르를 해치운 테오도리크Theodoric에 의해 결정된다. 그나마 그때마다 행운이 따랐다. 목숨은 부지하였으니 말이다.

시계를 조금 앞으로 돌려 오레스테스가 권력을 잡던 순간으로 가자. 그가 순식간에 이탈리아로 진군해 네포스를 쫓아낼 수 있었던 것은 게르만족의 도움이 있었기 때문이다. 하지만 외세를 이용하는 데 공짜는 없다. 이탈리아를 차지하고 난 후 게르만족의 요구가 점점 커지고 잦아졌던 것이다. 쿠데타를 일으키기 전 오레스테스가 그들에게 모종의 대가를 약속한 것은 당연한 일일 것이다. 다만 그 약속이 이탈리아 영토의 분배였는지, 그랬다면 얼마만큼의 분배였는지는 정확히 알 수 없다.

명확한 사실은 게르만족이 제위 탈취의 대가로 이탈리아반도의 3분의 1을 내놓으라고 요구했다는 것이다. 또 명확한 것은 이 요구를 오레스테스가 단호히 거절했다는 것. 이에 게르만족은 다시 무기를 들었다. 불과 1년 전까지 동맹이자 지도자였던 오레스테스를 향해. 이 공격을 이끈 인물이 바로 오도아케르이다. 중등교육 세계사 교과서에도 등장하는 유명한 인물이다. 그는 게르만족 출신 로마군 장군이었다.

오레스테스는 필사적으로 대항하였으나 패배하였고 곧장 처형당했다. 그에 대해서는 두 가지 다른 성격의 기록이 전해진다. 하나는 네포스를 배신하고 게르만과의 거짓 약속으로 정권을 잡았다가 그 약속을 지키지 못해 신세를 망쳤다는 것. 또 하나는 동맹자의 과한 요구로부터 로마를 지키려다가 목숨을 잃은 불운한 로마 군인. 어쨌든 오레스테스는 오도아케르에게 패했고 그 결과는 자신의 목숨과 아들의 폐위였다. 이때가 AD 476년.

역사는 이해를 서로마가 멸망한 해로 기록하고 있다. 동양에서는 유송의 후폐제 유욱이 재미로 사람 죽이느라 정신이 없던 때였는데, 이 유송이 서로마와 운명의 시간을 비슷하게 가졌던 동양의 왕조이다. 서로마 멸망 3년 후인 AD 479년에 망했으니 멸망 동기쯤 된다고 할 수 있을 것이다. 다만 차이가 있다면 서로마의 멸망이 1,200년 만이라면 유송은 60년 만이라는 것이다.

오도아케르는 대중적 이미지처럼 흉포하게 로마를 파괴한 자가 아니었다. 신사적인 태도로 로마를 안정시켰다. 게다가 오레스테스는 죽였지만 로물루스는 죽이지 않았다. 오히려 많은 연금을 주며 캄파니아Campania에서 편안하게 살게 해주었다. 서로마의 마지막 9명 황제 중 명대로 살다 편안히 생을 마친 황제는 9번 타자 로물루스가 유일했는데, 이 또한 오도아케르의 자비 덕분이었다.

로물루스 아우구스투스는 다른 명칭으로 로물루스 아우구스툴루스 또는 모밀루스 아우구스툴루스로 불린다. 아우구스툴루스Augustulus는 작은 아우구스투스라는 의미로 로마를 잃은 망국 라틴인들이 그를 경멸조로 부른 명칭이다. 모밀루스Momyllus 또한 그리스인들이 붙인 조롱 섞인 이름이다. 이래저래 못난 군주에게 위대한 시조들의 이름을 붙이고 싶지 않았던 것이다.

기원부터 천 년까지 전문세

서로마의 마지막 황제가 누구냐는 아직도 논란이 있다. 역사상 많은 왕조가 그 끝이 애매한 경우가 많다. 서로마 또한 그러하였는데, 관건은 율리우스 네포스와 로물루스 아우구스투스 둘 중 누가 마지막 황제냐 하는 것이다. 오레스테스에게 쫓겨난 네포스는 오레스테스가 오도아케르에게 목이 달아날 때도 살아 있었다. 비록 도주하여 이탈리아 밖에서 숨만 쉬고 있었지만 여전히 공식적인 서로마 황제임을 자처했던 것이다. 동로마 또한 로물루스가 아닌 자기네가 파견한 네포스를 공식적인 황제로 여겼다.

서로마의 마지막 황제가 누구인가에 대해서는 학자마다 의견이 다르다. AD 476년이 서로마 멸망의 해이며, 오도아케르를 서로마를 멸망시킨 자로 본다면 자연스럽게 마지막 황제는 로물루스가 된다. 대중적으로 더 널리 알려진 것 또한 로물루스설이다. 반대로 네포스를 중심으로 볼 경우, 모조리 바뀌게 된다. 이래저래 쓸쓸한 네포스는 암살로 죽는다. 엉뚱하게도 7번 타자였던 글리케리우스에 의해 살해당한 것. 이때가 AD 480년. 네포스는 실제로 1년 동안, 입으로 5년 동안 황제 노릇을 했다. 이때가 로마 멸망의 해라고 주장하는 학자도 있다.

서로마의 마지막 20년 가운데 가장 안타까운 것은 마요리아누스 치세이다. '만약'이란 초식招式이 전혀 먹히지 않는 데가 역사이지만, 만약 마요리아누스를 도와 제국의 재건에 힘썼더라면 리키메르는 역사에 위인으로 이름을 남겼을 것이다. 하지만 그는 그럴 생각이 전혀 없었다. 역시 이 초식은 성공하는 때가 없다.


## ▌남조의 마지막 왕조 진과 남북조 시대의 종말

남조의 황혼黃昏인 진陳의 역사를 간략히 서술하면 이러하다. 30년 남짓 동안 다섯 명의 황제가 나타났는데 대체로 미세한 하강 곡선을 그리다 5대 황제가 한바탕 신나게 인생을 즐긴 통에 나라가 망했다. 완만한 하강 곡선이 수직낙하 곡선으로 바뀐 것이다. 5대가 마지막이 된 것은 당연지사. 서로마가 멸망하고 80년 후에 등장한 진은 드물게 왕조의 성姓과 국호가 같은 매우 드문 케이스의 나라이다. 하지만 이런 드문 경우도 나라의 운명에는 도움이 되지 못한 듯하다. 진은 32년이란 짧은 기간밖에 지속되지 못해 혼란기의 나라임을 증명하였다. 진패선도 직업이 황제가 아닌 개국시조인 인물답게 고작 2년밖에 재위하지 못했다. 제위에 올랐을 때 그의 나이는 이미 54세였다. 공교롭게 진패선은 양梁이 건국될 때 태어나 양이 망할 때 황제가 되었다.

진패선은 양무제의 인정을 받아 무장으로 승승장구하였다. 후경의 난을 진압하는 데 공을 세워 신임과 민심을 얻었고, 원제元帝 사후 자신의 힘으로 소방지蕭方智를 경제敬帝로 옹립했다. 이때가 AD 555년. 신라의 진흥왕이 백제 무왕을 죽이고 한강을 차지한 다음 해이고 이탈리아반도의 동고트 왕국이 멸망한 다음다음 해이다.[136]

그로부터 2년 후인 AD 557년. 진패선은 자신이 세웠던 경제를 제 손으로 밀어내고 나라를 차지한다. 이때도 선양의 형식을 빌려 나라를 빼앗는다. 그리고 얼마 후 사람을 보내 자신이 폐위한 소방지를 살해한다. 열다섯 살에 불과했던 소방지는 자신을 죽이러 왔던 병사들에게 애원했다고 한다.

"내가 원해서 오른 자리가 아니었는데 진패선은 왜 날 죽이려 하는가."

소방지는 칼을 피해 울며 좁은 방을 돌았는데, 어린아이가 병사들의 칼을 피할 수는 없었다. 진패선은 양무제 소연처럼 소방지를 제외한 양 황실 식솔들의 목숨까지 거두진 않는다. 그리고 좋은 황제가 되고자 하였다. 2년

---

136  신라가 백제를 배신해 백제 무왕을 죽인 관산성 전투가 AD 554년, 테오도리크의 동고트 왕국이 동로마의 유스티니아누스 1세와 고트 전쟁을 치러 멸망한 것이 AD 553년이다.

에 불과한 치세를 보냈지만 진패선은 검소한 생활로 전조前朝의 전철을 밟지 않으려고 하였다. 물론 뜻대로 되지는 않았다. 국가의 기초를 다지기에 시간이 부족했던 것이다. 결국 진패선이 세상을 떠났을 때 진 왕조는 제대로 된 권력 기반도, 후계 계획도 없었다. 거기다 그의 자손은 한마디로 엉망이었다. 진패선이 세상을 떠나자마자 권력 다툼이 벌어졌다.

얼마나 아귀다툼에 골몰했는지 창업군주의 시신이 부패해 악취를 풍길 때까지 돌보는 사람이 없었다고 한다. 이때 작은 외침外侵이라도 있었다면 간단히 망해버렸을 것이다. 그럼에도 진이 목숨을 부지할 수 있었던 것은 북조의 북제와 북주가 치열하게 싸우고 있었기 때문이다.[137] 물론 이 또한 잠시 숨을 돌릴 수 있는 정도의 여유였다. 그나마 다행인 것은 진패선의 뒤를 이어 제위에 오른 문제文帝 진천陳蒨이 혼란한 나라를 조금이나마 수습하였다는 것이다. 명줄이 조금 연장된 것.

진은 모두 5명의 황제가 있었고 30년 정도 존속한다. 진패선 이후 4명의 황제는 정상-모지리[138]-정상-모지리의 순으로 나타났다고 보면 이해가 쉬울 것이다. 왕조에 결정타를 날리는 것은 두 번째 모지리. 첫 번째 정상인 문제는 권신들을 제압하고 허약한 황권을 살렸으며 검소한 생활로 존경을 받았다. 그나마 정상인 문제가 재위 6년 만에 세상을 떠난 것이 진 왕조의 불행이었다. 아버지가 권력 기반을 튼튼하게 다져놓지 못한 상황에서 아들 진백종陳伯宗이 뒤를 이은 것이다. 물론 현명했던 문제가 이를 모를 리 없었다. 게다가 진백종은 허약하기까지 했기에, 문제 진천은 권신이자 자신의 동생인 진욱陳頊에게 양위하고자 했다. 그의 마음이 진심이었는지는

---

137 북제는 AD 550년 고환의 둘째 아들 고양(高洋)이 동위의 마지막 황제 효정제(孝靜帝) 원선견(元善見)으로부터 선양을 받아 건국되었고 북주는 AD 557년 우문태의 셋째 아들 우문각(宇文覺)이 서위의 마지막 황제 공제(恭帝) 원곽(元廓)으로부터 선양을 받아 건국되었다.

138 말이나 행동이 다부지지 못하고 어리석은 사람을 낮잡아 이르는 말인 머저리의 전라도 방언.

**| 진 폐제 진백종 |**
존재감이 없었음에도 <역대제왕도권>에
그의 초상화가 남겨져 있다. 당(唐) 시대에
염립본에 의해 만들어진 <역대제왕도권>
에는 총 13명의 황제의 초상화가 있는데 그
중 4명이 진의 황제이다.

알 수 없으나, 진욱이 극구 사양하는 바람에 제위는 아들에게 이어진다.

이어 벌어진 상황은 '허약한 왕과 야심 많은 삼촌' 스토리. 진백종은 삼촌 진욱에 의해 폐위되어 폐제가 된다. 시호도 받지 못하고 2년 만에 쫓겨난 그를 어리석었다고 할 수는 없다. 취약한 권력 기반과 허약한 몸, 그리고 어린 나이. 앞선 왕조의 수많은 폐제와는 달랐다. 게다가 쫓겨난 지 얼마 지나지 않아 목숨까지 잃었다. 당시 그는 16세에 불과했다. 사망 원인을 정확히 알 수는 없으나 삼촌에게 살해당한 것으로 추정된다. 군주에게 삼촌은 위험한 존재일 때가 많다.

진은 이제 두 명의 황제를 남겨놓았다. 정상 하나, 모지리 하나. 이들은 진뿐 아니라 남조 전체의 마지막 두 명의 황제이다. 먼저 정상인 황제는 조카를 죽이고 제위에 오른 진욱으로 4대 선제宣帝이다. 당시 중국은 아직 세 나라三國의 시대였다. 북조가 북제와 북주 둘로 나뉘어 싸우고 있었던 것이다. 이때가 진에게는 그나마 기회였다. 물론 진의 국력은 북쪽의 두 나라에

기원부터 천 년까지 전문세

비해 약했다. 그럼에도 선제는 자신이 다스리고 있는 나라의 주제를 제대로 파악하지 못했다. 북벌北伐을 시도한 것이다.

## ▌ 남북조 시대 내의 '삼국지' 구도

진 선제의 북벌의 배후에는 북주의 실권자 우문호宇文護의 모략이 있었다. 북주와 진이 힘을 합쳐 북제를 공격해 그 영토를 나눠 갖자고 한 것이다. 진은 이를 받아들였고 북제를 공격하였다. 공세 초반 진의 북진은 성과를 보이는 듯하였다. 하지만 이것은 북제와 북주의 다툼에서 생긴 착시 현상이었다. 자신이 동등한 힘으로 천하를 떠받치고 있지 않았던 것을 진은 북제가 사라지고 난 뒤에야 깨달았다. 또한 북조가 통일된 후 북주의 칼이 누구를 향할 것인가도 깨닫게 된다.

진의 입장에서 북제든 북주든 어느 한쪽도 없어져선 안 되는 상황이었던 것이다. 제갈량이 유비에게 설명했던, 솥鼎을 지탱하는 발의 구조를 유지했더라면 역사는 완전히 다른 방향으로 흘렀을 것이다. 아마도 제2의 '삼국지'가 되었을지도 모른다. 하지만 선제는 어리석었다. 이 인물도 모지리로 분류해야 하는 것일까.

북제를 멸망시킨 북주의 황제는 무제武帝 우문옹宇文邕이었다. 권신 우문호가 북제의 공격을 도모한 것은 사실이나 그것을 실제로 행하고 북조 통일을 완수한 인물은 우문옹이었다. 앞서 언급한 바대로 그는 북주를 좌지우지했던 우문호를 제거해 황권을 회복하고 북주의 국력을 크게 신장시킨 명군이었다.

북조를 통일한 북주는 이제 남쪽으로 방향을 틀었다. 진은 그야말로 풍전등화風前燈火의 상태가 된 것이다. 하지만 아직 진의 운이 다하지 않았는지 원정에 나선 무제 우문옹이 35세의 나이로 급사하면서 멸망을 면하게

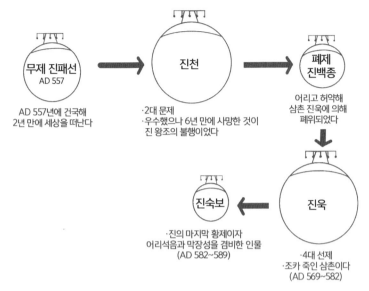

무제 진패선
AD 557

AD 557년에 건국해
2년 만에 세상을 떠난다

진천

·2대 문제
·우수했으나 6년 만에 사망한 것이
진 왕조의 불행이었다

폐제
진백종

어리고 허약해
삼촌 진욱에 의해
폐위되었다

진욱

·4대 선제
·조카 죽인 삼촌이다
(AD 569~582)

진숙보

·진의 마지막 황제이자
어리석음과 막장성을 겸비한 인물
(AD 582~589)

| **진 황제 계보** | 진은 30년 남짓 존속한 왕조였다.

된다. 참으로 아슬아슬한 명줄이다. 더욱 다행인 것은 우문옹의 뒤를 이은
황제들이 우매하여 정치가 흔들린 것이다. 그사이에 외척이었던 양견楊堅
에게 나라를 빼앗기는 변이 일어난다. 북주가 수隋로 바뀐 것이다. 진으로
서는 명줄을 몇 년 늘리게 되었다.

그러나 진은 이렇게 번 천금 같은 시간을 제대로 사용하지 못했다. 목숨
이 걸린 마지막 여유인 줄도 모른 채 어떤 대비도 하지 않았던 것이다. 선
제는 그사이에 세상을 떠났는데, 그가 남긴 것이라고는 혼란뿐이었다. 진
의 마지막 황제가 등극한 때는 수가 세워진 이듬해인 AD 582년이었다. 선
제의 뒤를 이은 아들은 멍청함으로 역사에 한 획을 그은 인물이었다.

이름은 진숙보陳叔寶. 두 번째 모지리이다. '진진陳陳'의 마지막 황제 진숙
보는 천하의 암군이었다. 이 인물은 태자 시절부터 그 상태가 가히 염려스

기원부터 천 년까지 전문세

러웠던 모양이다. 아버지 선제가 생전에 아들 걱정을 그리 하였다고 하니 말이다. 선제 진욱의 입장에선 자신이 배반한 형의 상황을 본인도 고스란히 겪게 된 것이다. 차라리 삼촌이라도 있었다면 나았을 것을.

진숙보는 모든 사람의 우려대로 나라를 멸망으로 이끈다. 사서에 따르면 그가 제위에 오르자마자 시작한 일은 대규모 토목공사였다. 역사의 혼군들이 가장 심혈을 기울이는 짓이 대공사이다. 그런 토목공사 중에도 가끔은 국방이나 발전을 위한 건설이 섞여 있기도 한데, 진숙보의 공사는 오로지 '노는' 목적이었다. 호화로운 궁을 짓고 진귀한 물건으로 장식하였으며 진귀한 꽃과 나무로 조경을 하여 국고를 탕진했다. 이렇게 지어진 시설에서 날마다 잔치를 열며 정사를 내팽개쳤기에 주위에는 간신들이 들끓고, 충신들은 죽어나갔으며, 미희美姬들이 떼를 이루었다. 백성들은 그야말로 죽을 지경이었다.

북쪽의 양견은 이런 진의 상황을 꿰뚫고 있었다. 뛰어난 인물이었던 만큼 자신이 노리고 있는 대상의 허실을 속속들이 파악하고 있었던 것이다. 사실 진은 외부의 침입이 없어도 저절로 무너질 판이었다. 때가 무르익었다고 판단한 양견은 드디어 행동한다. AD 588년 50만의 대군으로 진을 공격한 것이다. 이때 총사령관이 양견의 둘째 아들 양광楊廣이었다. 진숙보는 적군이 공격하고 있다는 보고를 받고도 잔치를 멈출 줄 몰랐다. 황제가 저 모양인데 그 휘하의 군대가 제대로 싸우기를 바라는 것은 욕심이리라. 진의 군대는 대파되었고 나라는 속절없이 무너졌다. 당시 상황에 대한《진서陳書》의 기록은 다음과 같다.

"수의 대군이 황궁에 이르자 진숙보는 우물에 뛰어들려고 했다. 주변의 만류에도 진숙보는 우물에 들어가 숨었다. 수의 병사들이 우물을 조사하였을 때 기척을 숨기고 있었던 진숙보는 우물을 돌로 채우려고 하는 소리에 고함을 질러 자수하였다. 밧줄에 끌려 올라온 진숙보는 적국의 병사에게

| 진숙보 | | 양견 |

거푸 절을 하며 목숨을 구걸하였다."

남조 마지막 황제의 마지막 모습은 이러했다.

《진서》〈후주본기後主本紀〉에 기록된 이 내용이 과장이라는 주장도 있다. 진숙보의 비겁하고 무치한 행동과 대비시켜 수의 위엄을 부각하기 위함이라는 것이다. 그에 비해 진숙보의 아들 태자 진심陳深은 어린 나이답지 않은 훌륭한 모습으로 그려졌다. 이는 태자를 높이려는 것이 아닌 진숙보를 한 번 더 죽이려는 것으로 보인다. 15세의 어린 아들과 비교해도 한심해 보이는 망국의 멍청이 군주. 진숙보는 죽음보다 잔인한 필주筆誅[139]와 사주史誅를 받아 죽어서도 편치 못한 지경이 된 것이다.

---

139  필주는 글로써 책망하고 저주하는 것으로 한 사람에 대한 허물을 기록으로 남기는 것을 이른다. 이는 동양의 유학에서 가장 강한 치욕으로 여겨졌다.

기원부터 천 년까지 전문세

## 망국의 군주와 혼란기의 끝

수에 압송된 이후 진숙보의 삶은 비굴하기 짝이 없었다. 그가 문제 양견 앞에 끌려가 머리를 조아렸을 때 진의 신하들은 치욕에 몸을 떨었다. 수문제 양견은 아량을 베풀어 패망한 진의 군신들을 벌하지 않고 잘 살게 해주었고, 그중에는 관작官爵을 받은 이들도 있었다. 그는 진숙보를 연회에 초대하곤 하였는데 그때마다 강남江南의 음악을 연주하지 않도록 하였다. 강남 출신의 망국의 군주에 대한 배려였다. 그러나 정작 진숙보는 양견에게 아부하며 관직을 내려줄 것을 청하였고 한 술 더 떠 양견을 칭송하는 아부의 시를 짓기도 하였다. 양견은 이런 진숙보를 '심장도 간도 없는 인간全無心肝'이라며 비웃었다.

진숙보는 죽을 때까지 술에 취해 살았다. 그에 관한 다른 기록은 신빙성에 의심이 가는 경우가 많으나 이것은 아마 진실이 아닐까. 그는 양견과 같은 해에 죽었는데 정확히는 양견이 죽고 양광이 제위에 오른 지 반년 후에 죽었다. 황제가 된 양광은 진숙보에게 시호를 내렸다. 당시 수가 따르던 시호법諡號法에 의하면 그 의미가 '여자에 빠져 정사를 게을리하고, 하늘을 거슬러 예를 버리고 백성을 학대하다'였다. 바로 양煬이다. 하지만 양광은 15년 후에 자신이 같은 시호를 받게 될 것이라고는 상상도 하지 못했을 것이다.

북조의 북위와 맞섰던 남조의 네 나라, 송宋 제齊 양梁 진陳은 각각 약 60년, 20년, 50년, 30년 정도 존재했다. 단명한 나라의 퍼레이드였다. 그러나 이들 왕조들은 온갖 종류의 황제, 특히 나쁜 황제들의 모든 전형을 배출하였다. 의아하고도 안타까운 것은 앞의 왕조가 생생하게 보여주었던 패망의 사례를 뒤의 왕조들이 왜 참고하지 못했을까 하는 것이다. 유송 왕조는 사상 최강이라 할 만큼 막장의 진수를 보여주었고 남제 왕조 또한 그에 못지않았건만, 같은 자리에서 연달아 존재했던 이 왕조들은 그것을 보고도 배우는 것이 없었다.

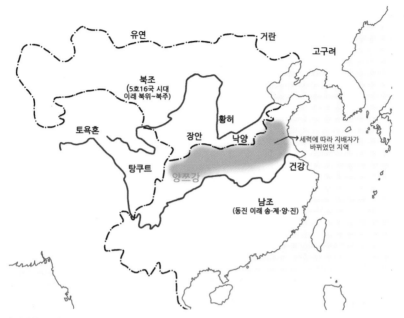

| 위진남북조 시대 | 대체로 북조의 우위가 지속된 시대였다.

왕조 시대에 '역사歷史'는 제왕의 학문이었다. 역사를 정리하고 배우는 목적이 바로 제왕의 그릇을 채우는 데 있었던 것이다. 허나 정작 그것이 가장 필요했던 시대에는 전혀 소용이 없었다. 중국은 다시 수라는 통일제국으로 AD 7세기를 맞게 되었다.

위진남북조 시대는 제2의 춘추전국이라 할 만큼 혼란의 시대였다. 그런데 역사에서 혼란이란 또 다른 의미의 에너지를 의미한다고 볼 수 있다. 무한 경쟁으로 학문과 기술을 발달시키고 국가의 생존력을 높이고자 수많은 제도적 실험을 시도하기 때문이다. 여기에 대규모 민족 이동이 이루어져 물리적·정신적 세계의 확장이 이루어졌다. 이는 춘추 시대와 전국 시대에도 일어났던 현상이다. 위진남북조는 중국의 틀을 갖춘 진·한 이후 동양 역사에서 가장 역동적인 시대였다. 또한 진秦이라는 통일된 대륙을 맛보고, 발달된 한漢을 거치면서 성큼 발달한 문화를 경험한 이후 다시 겪은 성장통이었던 것이다.

위진남북조 시대에 있어 또 하나의 중요한 점은 중국이 정치적으로 한족과 이민족, 즉 농경민족과 유목민족이 융합되는 시기였다는 것이다. 경제적으로는 본격적인 강남 개발이 시작된 시기였고 종교적으로는 불교가 궤도에 오르면서 본격적인 유·불·선 사상이 혼재되어 발전하는 모습을 보였다. 더불어 유목문화가 섞이게 된 화북과, 화북의 한족이 내려와 섞인 강남에 각각 독특한 문화가 발달하는 등 문화사에서도 중요한 시기라 하겠다.

역사학에서도 이 시대는 비중이 크다. 4,000년에 달하는 중국 역사에서 남북조 시대가 차지하는 비중은 270년 정도밖에 되지 않는다. 그럼에도 중국의 정사正史인 24사 중에 11사가 이 시대를 다루고 있다. 시대 구분에 대한 다른 주장에 근거해 북위의 북조 통일을 남북조 시대의 시작이라 가정하더라도, 150년에 불과한 기간에 관련된 사서만 10사에 달한다. 위진남북조라는 명칭에 충실해 진수의 《삼국지》까지 포함하면 절반인 12사에 이르게 된다. 이는 중국 사학사에서 남북조 시대가 차지하는 비중을 고스란히 보여준다고 할 수 있다. 이렇듯 다시 한번 중국의 모든 것을 흔들어 버렸던 위진남북조 시대에 대해 중국의 역사학자 진인각陳寅恪[140]은 호한융합이라는 말로 그 핵심을 지적한 바 있다.

---

140  진인각은 20세기 초부터 중엽까지 활동한 중국의 천재 사학자이다. 그는 관롱집단이란 말을 만들었으며 수·당을 선비족의 왕조로 정의하였다.

# IV

## 중세에
## 대하여

중세는 고대와 근대의 중간 시기로서

서유럽 중심의 시각으로 본

알혹기라는 한 단어로 품을 수 없는 시간이다

# 중세라는
# 시대

# 1

중세中世는 글자 그대로 풀이를 하자면 중간 시대 또는 중간 시대의 세상을 뜻한다. 시기적으로는 서로마 제국이 멸망했던 AD 476년부터 콜럼버스가 아메리카 대륙을 발견한 해이자 서유럽에서 이슬람Islam인들을 추방한 해인 AD 1492년이나 비잔틴 제국이 멸망한 AD 1453년 또는 르네상스Renaissance가 시작되었다고 하는 AD 15세기, 즉 콰트로첸토Quattrocento[141] 중엽까지라고 본다. 천 년에 달하는 기간이다.[142] 한마디로 중세는 명확한 것도, 절대적인 것도 아닌 시대 구분의 하나이다.

또한 중세Middle age/Medium aevum라는 개념을 누가 처음 사용하였는가에 대해서도 여러 학설이 있다. 그 가운데 유력한 인물은 이탈리아의 플라비오 비온도Flavio Biondo라는 기독교 역사학자이다. 물론 그가 말한 중세라는 말은 현재 통용되는 중세의 개념이나 기간과는 차이가 있다. 비온도는 콜

---

141  400을 뜻하는 이탈리아어이다. Quattro는 4, Cento는 100을 말하며, 400(Quattrocento)만으로도 1400년대 즉 15세기 르네상스의 화려한 문화를 뜻한다.

142  중세의 시작과 끝에 대한 주장은 다양하다. 본서에서 채택한 것 또한 여러 학설 중 하나임을 밝혀둔다.

럼버스가 아메리카 대륙을 발견하기 100년 전에 태어났던 인물이기 때문이다. 스스로가 본인이 말한 '중세' 사람인 것이다. 그는 자신이 살던 당대를 중세, 즉 중간 시기라고 말했다.

물론 누구에게나 자신이 딛고 서 있는 시대는 전환기이자 과도기이며 변화의 중간이다. 그렇기 때문에 시대 구분이란 것은 대개 수백 년이 흐르고 난 뒤 객관적인 위치에서 큰 덩어리인 과거를 나누며 자연스럽게 이루어진다. 그런데 비온도는 자신도 모르게 본인을 집어넣어 미래까지 포함한 시대 구분을 해버린 것이다. 물론 자기가 살던 당대를 지칭했던 용어가 역사적 명칭으로, 그것도 지금도 아닌 과거의 가운데로 정착될 줄은 비온도 자신도 몰랐을 것이다. 무심코 썼던 용어가 우연히 과한 대접을 받게 되었다고 하는 것이 맞겠다.

현재, 그가 내뱉은 '중세'라는 말은 고대와 근대의 중간 시기로서 시대 분류의 거대한 한 자리를 차지하고 있다. 이 말이 서양사에서 차지하는 비중은 더 크다. '중세'에는 로마 멸망 이후 고전문화가 침체되었다는 가정과 그것이 다시 꽃필 시기를 기다리는 현실을 뜻하는 개념이 내포되어 있기 때문이다.

| 플라비오 비온도 |

| 에드워드 기번 |

| 야코프 부르크하르트 |

## ▌중세는 곧 암흑?

과거 서양사에서는 '중세는 곧 암흑'이라는 등식이 있었다. 일반적으로 중세는 암흑기로 알려져 있다. 이는 학계의 전통적인 인식이기도 한데, 한국의 중등학교 교과서에도 그대로 나와 있으니 상식이라 해도 무방하겠다. 이러한 정의가 잘못 되었다는 것은 아니다. 역사란 수많은 연구자들이 무언의 합의를 거듭한 결과인 만큼 중세에 대한 이러한 판단은 나름의 합리적인 근거를 갖고 있다.

스위스의 역사학자 야코프 부르크하르트Jacob Bruckhardt는 중세를 '신앙과 환상의 시대, 그리고 유치한 선입견의 시대'라고 하였고, 에드워드 기번Edward Gibbon을 비롯한 로마사 학자들도 중세를 로마의 내리막길과 이어진 쇠퇴의 시기라고 하였다. 이는 현재의 '중세는 곧 암흑기'라는 등식의 성립에 막대한 영향을 끼쳤다. 그러나 이제 그 상식은 변화하고 있다. 한동안 중세에 대한 가장 큰 화두가 '과연 중세가 암흑기였는가'였을 정도로 이에

▌**중세를 암흑으로 그린 이미지** ▌
프란시스코 데 고야의 <종교재판(The Inquisition Tribunal)>이다.

기원부터 천 년까지 전문세

대한 반론과 반증이 이어졌다.

중세는 '로마라는 찬란한 지중해 문명이 붕괴된 후의 혼란의 시간', 그리고 '자유로운 사고를 막은 종교의 시대'라는 이미지로 굳어져 버린 경향이 있다. AD 5세기 이후 서유럽의 주인이 된 게르만German족은 새롭게 차지한 영토에 그들의 문화와 문명을 건설하는 데 오랜 시간을 쏟았다. 작은 건축물에서부터 사회, 정치, 문화, 경제 등의 세세한 부분까지 그들의 비교 대상은 전성기의 로마였다. 상대적으로 더 촌스럽고 미개해 보일 수밖에 없었다. 원래도 찬란했던 문명이 추억과 상상 속에서 더욱 찬란해져 버렸는데 어떤 현실이 그것을 능가할 수 있겠는가.

이렇듯 중세는 슈퍼스타가 휘젓고 떠나버린 무대, 퇴장하는 슈퍼스타의 등을 향해 여전히 열광하고 있는 무대에 올라간 무명가수였던 것이다. 상대적으로 냉정한 시선과 박한 평가가 주를 이루었다. 하지만 이러한 중세에 대한 평가는 현재 많은 변화를 보이고 있다. '암흑'이라는 무지막지한 명에가 씌워진 이 시기에 대한 연구는 중세의 새로운 면을 보여주고 있고, 꽤 많은 연구 결과가 축적되었다. 아무도 들어주지 않았던 그 무명가수의 노래가 새롭게 조명되고 있는 것이다.

중세를 암흑기로 보는 표현 자체가 애초부터 세계사를 서유럽 중심으로 보려는 시각에서 비롯된 것이다. AD 5세기부터 천 년 동안의 암흑은 서유럽의 상황을 말하는 것이므로, 중세라는 말의 앞에는 반드시 서유럽이라는 지역명이 붙는 것이 옳다. 이 시대의 동유럽만 하더라도 동로마 제국, 즉 비잔티움 제국이 서로마 멸망 이후에도 여전히 그 전통을 이어갔기 때문이다. 유럽과 접한 서아시아, 과거 로마의 영토였던 북아프리카는 아라비아인들이 또 다른 화려한 문명을 건설하였으며, 중국은 눈부시도록 찬란한 문화를 꽃피웠다. 암흑은 개뿔. 서유럽을 제외한 모든 대륙은 이때야말로 성기盛期를 누리며 정치적, 경제적으로도 강대하게 성장했다. 서유럽을 제

| 동로마의 문화 |

| 아라비아의 문화 |

외한 대부분의 지역은 서유럽과 한 덩어리로 같이 묶일 이유가 없었다.

중세는 한 단어로 품을 수 없는 시간임을 이해하고, 그런 시각이 어떤 근거에서 출발했는지 고찰하는 계기로 받아들여야 할 것이다. 시간적으로 한 곳이 중세라고 해서 다른 곳이 반드시 중세일 필요 또한 없다. 오히려 서유럽 자신만 선글라스를 쓴 채 지구 전체를 바라보았다고 하는 게 맞을 것이다. 더구나 서유럽 스스로도 다시 돌아보아야 할 시대가 중세인 만큼 어떤 시대이든 특정 집단의 독점적 사관은 반드시 경계되어야 한다. 서양사 내에도 시대 구분에 대한 다양한 주장이 있다는 것 또한 필히 알아야 할 사실이다.


## ▌동양사에 있어서 중세라는 용어

중세를 통해 역사학에서의 '시대 구분'이라는 명제를 논해보자. 앞서 언급하였듯이 모든 지역에서 중세라는 시대 구분을 사용하는 것은 아니다. '중세'라는 용어 자체가 어디에나 통용되는 일반적인 시대라고 생각하는 것은

기원부터 천 년까지 전문세

일종의 선입견이다. 중세는 '일반적인 시간'이 아니며 '일반적인 기간'도 아니다. 역사 구분상 반드시 필요한 것도 아닐뿐더러 그 구분 기준 자체가 주관적인 관점에서 출발한 것이다.

가령 지금부터 1만 년이 더 흘렀다고 가정해보자. 현재 중세라고 말하는 기간을 과연 중간 시대라고 말할 수 있을까. 아마도 다시 개념 정립이 이루어질 것이다. 현재 중국의 경우가 그렇다고 볼 수 있는데, 중국의 역사 구분에 대한 관점은 서양과 다르다. 중국 학계에서 제시되는 수많은 시대구분론에 중세라는 명칭은 거의 보이지 않는다. 근대 사학사史學史의 틀이 갖추어지기 이전부터 있었던 고대와 근대의 이분법이나 고대, 근대, 당대의 삼 시기 구분, 혹은 단대사에 의한 구분에서도 마찬가지이다. 중세는 보편적인 상식이 아닌 것이다.

사학사 연구가 중시되면서 시기 구분에 대한 연구도 활발해졌는데, 양계초梁啓超[143]가 《사학사작법史學史作法》에서 사학사 시기 구분을 설명한 이래 중국의 많은 학자들이 이에 대한 의견을 제시하였다. 그중 주요한 시대 구분을 살펴보면 맹아萌芽 단계–발전번영發展繁榮 단계–쇠락정체衰落停滯 단계의 삼분법, 그리고 맹아기萌芽期–산생기産生期–발전기發展期–전변기轉變期의 사분법, 맹아萌芽–창건創建–충실充實–발전發展–갱신更新의 오분법 등이 있다. 이 외에 육분, 칠분의 구분이 제시되기도 하였다. 동일한 단계로 분류하더라도 그 안에 온갖 다양한 명칭들이 나왔고, 그 기간도 조금씩 달랐다. 이러한 시간적 구분 외에 철학이나 이념이 포함된 전통 사관 또는 마르크스 사관에 의한 구분도 있었다.

이러한 중국 사학사의 시대 구분은 출중한 사가史家의 저술을 중심으로

---

143  양계초(1873~1929)는 중국 청말, 민국 시대의 한학자이자 교육가, 철학자, 사상가이다. 강유위(康有爲)를 만나 제자이자 동지가 되어 무술변법(戊戌變法)을 이끌었으나 실패하였다. 역사, 정치철학 등 중국 근대 학문의 태동에 많은 영향을 끼쳤다.

**| 중국 사학계의 여러 가지 시대 구분 방식 |**
시대 구분은 절대적인 것이 아니며 서양식 구분이 가장 널리 알려진 것뿐이다. (인용: 신승하 저, 《중국사학사》 자료)

한 구분과 왕조, 즉 단대사를 기준으로 한 구분이라는 두 가지 형태로 크게 요약할 수 있다. 현재 널리 사용되고 있는 구분은 후자인데, 이러한 일련의 중국 사학사의 흐름에서 중세라는 명칭은 자리를 잡지 못하고 있다.

한국 또한 마찬가지이다. 한국사에서도 시대 구분은 많은 주장이 있다. 후삼국 시대부터 고려 초기 또는 통일신라 말기부터 고려 시대까지를 봉건적 성격을 띤다는 이유로 중세로 규정하는 연구가 있으나 어느 것도 주류라고 인정할 만한 것은 없다. 또한 고대, 중세, 근대로 구분해 기술한 대중서도 있지만 이 구분에 대한 합리적 근거가 제시되어 있지 않은 경우가 대부분이다.

한국사에서 중세라는 시대 구분이 불명확한 것은, 서양사에서 중세를 규

기원부터 천 년까지 전문세

정할 때 나타나는 특징들이 한국사에 적용하기엔 무리가 있기 때문이다. 그리고 한국사는 각 왕조의 존속 기간이 비교적 길었던 만큼 그 숫자가 많지 않다. 왕조 구분만으로도 시대 구분이 명확해지므로 굳이 별도의 구분이 필요하지 않은 측면도 있다. 연구자에 따라 한국사에 중세라는 말을 넣거나 동양 중세사로 구분하는 경우가 있는데, 이는 주관적인 의견에 지나지 않으며 역시 명확한 이유와 근거를 제시한 경우는 거의 없다. 즉 동양사에서 사용되는 중세라는 말은 행간에 담긴 뜻이 없는, 근대 이전의 시기라는 단순 명칭으로 보는 것이 맞을 것이다.

이에 반해 일본의 현실은 조금 다르다. 일본사에서는 중세라는 말이 오래전부터 널리 사용되고 있다. 시기적으로 헤이안平安 시대까지를 고대로, 가마쿠라 막부를 중세의 시작으로, 에도 막부를 근대의 시작으로 보는 것이 일반적이다. 일본에서 중세라는 용어는 중등 교과서는 물론 많은 연구서에서 시대 구분을 넘어 사회 현상에 대한 설명 도구로 사용되고 있다. 일본사의 경우, 중세라는 구분으로 역사적인 변화를 설명할 수 있는 부분이 많기 때문이다. 서양 사학사의 시대 구분과 잘 맞아떨어지는 것이다.

서양 문물을 일찍 접한 일본은 여러 분야에서 학문적으로 많은 업적을 이루었다. 자국 역사 외에 타국 역사에 대한 연구도 매우 방대하게 이루어졌다. 이는 학문이 발달한 국가에서는 드문 일이 아니다. 하지만 일본은 그 가운데서도 수위를 다투는 세계사 연구 국가이다. 따라서 여러 나라의 역사, 역사학에 대해 나름대로의 시각, 즉 사관을 정립하고 수정하는 과정을 수없이 반복하였다고 볼 수 있다. 가장 대표적인 것이 한국사이다. 두 나라가 고대부터 현대까지 얽히고설킨 이유도 있겠지만, 일본의 한국사 연구는 그 질과 양이 한국을 능가한다는 말이 나올 정도이다. 중국사 또한 만만치 않으며 일본에서 이루어지는 서양사 연구도 그 범위와 깊이를 세계적으로 인정받고 있다. 따라서 세계사에 대한 일본의 시각은 그 자체로 매우 흥미

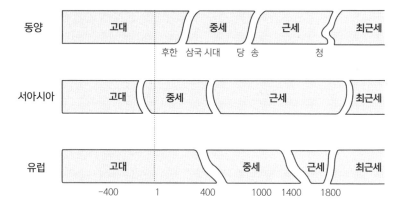

**| 미야자키 이치사다 교수의 세계사 시기 구분 |**
서양식 시대 구분의 적용 또한 학자마다 다양하다.(인용 : 미야자키 이치사다 저, 《중국통사》 자료)

로운 분야라 하겠다.

일본 학계의 중국사 연구자들은 자신의 시각으로 중국 역사에 대한 시대 구분을 시도했는데, 대표적인 학자로 나이토 코난內藤湖南, 미야자키 이치사다宮崎市定 등이 있다. 시대 구분 논쟁과 당송 변혁론을 이끌었던 나이토 코난은 5호 16국五胡十六國 시대부터 당唐 중기까지를 중세로 보았고, 미야자키 이치사다는 삼국三國 시대부터 오대五代 시대까지를 중세로 규정하였다. 나아가 이치사다는 동양사 전체를 구분하면서도 중세를 말하고 있는데, 이는 현재 일본에서 중국사와 동양사 시대 구분의 중요한 기준이 되어있다. 역사학에서도 일본의 영향을 크게 받는 한국으로서는 크게 주의를 기울여야 할 부분이라고 하겠다. 반드시 염두에 두어야 할 것은 이 또한 여러 시각 중 하나일 뿐이라는 것이다.

## ▌중세에 대한 또 다른 주장

서양의 중세를 말할 때 그 시작을 '게르만족의 이동' 또는 '게르만족의 침입

기원부터 천 년까지 전문세

으로 인한 서로마의 멸망'으로 보는 것이 일반적이다. 이것은 현재 중세에 대한 지식이라 할 수 있다. 물론 이에 대한 이설異說 또한 존재하는데 그중 매우 합리적이라고 인정받고 있는 주장은 '이슬람의 침입'이다. 벨기에 역사학자 앙리 피렌Henri Pirenne은 이 주장을 펼치면서 에드워드 기번으로 대표되는 기존의 상식을 흔들었다. 이 또한 많은 학자로부터 설득력을 인정받은 또 하나의 의견이다.

시기적으로 게르만족에 의한 서로마의 멸망과 이슬람의 유럽 침입은 250년 정도의 간격이 있다. 그러나 이 둘 사이에는 본질적인 차이가 존재한다. 게르만족에 의한 로마의 붕괴는 유럽 사회를 바꾸지 않았으나, 이슬람의 침입은 본질적으로 다른 문명의 진입이자 충돌이었다는 것이다.

이미 게르만족은 오랜 세월 로마 문화의 영향을 받아왔고, 로마 또한 긴 시간 동안 그들과 교류하며 수많은 게르만족을 구성원으로 받아들여 왔다. 로마의 멸망으로 인해 유럽의 주인은 바뀌었지만 민중은 바뀐 것이 없었다. 로마가 만들고 사용해온 사회, 경제, 정치 시스템은 성질의 변화 없이 게르만족에게 전해져 한동안 전과 같이 가동되었다. 이후의 중세적 변화는 오랜 시간에 걸친 점진적 변화였다. 즉 지배자만 바뀌었을 뿐, 로마의 멸망은 그저 로마 '정부'의 멸망에 지나지 않았던 것이다.

이에 반해 이슬람은 역사적으로 보았을 때 갑자기 생겨나 폭발적으로 성장한 세력이었다. 그들과 지중해 북쪽의 유럽은 긴 시간이 필요한 동화同化라는 과정 없이 그야말로 순식간에 '충돌'하였다. 게르만이 해가 진 후 천천히 떠오른 달이라면, 이슬람은 어느 날 갑자기 날아온 대운석인 것이다.

게르만과 아랍의 결정적인 차이는 '종교'에 있다. 게르만족이 로마의 전통을 이어받았다고 할 수 있는 가장 큰 이유가 바로 기독교라는 종교의 계승이다. 그 덕에 로마 전통의 단절을 근본적으로 막을 수 있었고, 나아가 일부는 발전도 도모할 수 있었다. 이에 반해 이슬람은 기독교를 받아들이기는커녕 완전히 다른 종교를 전파하고자 하였다. 만들어진 지 얼마 되지 않은 자신의 종교를 말이다. 그 결과 게르만족이 차지한 로마에서는 게르만족이 로마에 동화되었고, 이슬람이 차지한 로마에서는 로마인이 이슬람에 동화되었다. 가장 결정적인 차이이다.

이슬람은 서유럽의 심장부를 정복하지 못했음에도, 그들이 장악한 지중해 바닷길과 동방으로 통하는 땅길을 통해 서유럽에 또 다른 영향을 끼쳤다. 그리고 결정적으로 중세의 끝은 유럽에서 이슬람 세력이 물러가는 시점이었다. 중세가 이슬람에 의해 시작되었다는 주장이 결코 비합리적이라 할 수 없는 이유다.

역사의 시대 구분, 그중 중세에 대해서는 이 외에도 수많은 이론과 주장이 존재한다. 그러한 사실 자체가 역사란 새로운 증거에 따라 얼마든지 합의가 바뀔 수 있는 분야임을 보여주는 것이다. 자연스러운 현상이라는 말이다.


## ▌중세와 봉건제

서양 중세에 있어 가장 특징적인 요소는 '봉건제Feudalism'와 '기독교 Christianity'이다. 그중 기독교는 중세뿐 아니라 로마 시대 이후 서양사의 모든 사건과 관련지어 설명해야 할 정도로 거대한 주제이다. 다만 중세로 한정짓는다면 기독교와 더불어 반드시 짚어야 할 것이 봉건제이다.

봉건제로 번역되는 'Feudalism'은 봉토封土를 뜻하는 라틴어 Feudum에서 왔다. Feudum은 로마 시대 총독이나 지방관의 영지를 뜻하는 말이었으나, 중세에 이르러 군주에 대한 의무의 대가로 받는 토지를 뜻하는 용어가 되었다. 동양의 봉건封建이라는 말은 황제로부터 일정한 지역을 분봉 받아 독립적으로 다스리는 일종의 지방통치 체제를 말한다. 엄밀히 따지면 봉건

기원부터 천 년까지 전문세

과 Feudalism은 차이가 있지만, 토지를 매개로 주종 관계가 맺어지고 봉토는 독립적으로 다스려지며 군사적인 부역이 따른다는 점에서 가장 근접한 용어라고 할 수 있다.

서양의 봉건제는 로마의 제도적 특징과 게르만의 전통적 요소를 모두 가지고 있다. 그래서 유럽의 주인이 로마에서 게르만으로 바뀌는 과정을 보여주는 제도로 여겨진다. 봉건제하에서 주군主君과 봉신封臣은 충성서약으로 관계를 맺는데, 이는 게르만의 사병집단[144]에서 볼 수 있는 주종 관계에서 기원한 것이다. 하지만 여기에 반드시 물질적인 대가가 오고간 것은 아니었다.

봉건제에서 토지가 매개물이 되는 것은 로마의 전통이라고 할 수 있다. 과거 로마는 영토가 확장되자 일정 지역에 자치권을 허용하여 다스린 경우가 있었다. 토지의 주인인 로마가 그 이용권을 봉신에게 부여하되 여러 가지 의무를 부과할 수 있는 구조인데, 이를 베네피키움Beneficium이라고 하였다. 토지를 놓고 맺어지는 주종 관계인 것이다. 특히 갈리아와 같은 지역은 이민족 지도자를 이용한 통치가 이러한 방식으로 이루어졌다.

프랑크족은 서유럽을 차지한 이후 여러 요소가 결합된 방식으로 지방을 통치했다. 근대 연구자들이 이러한 프랑크족의 지방통치 제도를 어떻게 규정할까 고민한 끝에 만들어낸 말이 바로 봉건제이다. 한마디로 봉건제란 AD 8세기 이후 만들어진, 정치, 경제, 군사, 행정 등 사회 전반에 걸친 묘한 시스템을 한마디로 표현하는 말인 것이다.

로마 멸망 이후 서양 중세의 흐름을 지배왕조 중심으로 틀을 잡으면 이렇게 이해할 수 있다.

---

144  이를 라틴어로는 코미타투스(Comitatus)라 부른다. 우두머리와 그를 따르는 전사가 충성서약으로 상하 관계를 유지하는 집단으로, 친위조직이라 할 수 있다. 이는 유목민족들의 전통에서 흔히 볼 수 있는 관계이다.

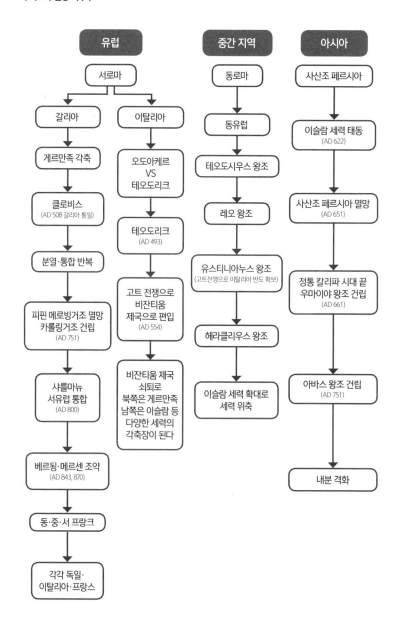

**유럽**

서로마
→ 갈리아
→ 이탈리아

갈리아
→ 게르만족 각축
→ 클로비스 (AD 508 갈리아 통일)
→ 분열·통합 반복
→ 피핀 메로빙거조 멸망 카롤링거조 건립 (AD 751)
→ 샤를마뉴 서유럽 통합 (AD 800)
→ 베르됭·메르센 조약 (AD 843, 870)
→ 동·중·서 프랑크
→ 각각 독일·이탈리아·프랑스

이탈리아
→ 오도아케르 VS 테오도리크
→ 테오도리크 (AD 493)
→ 고트 전쟁으로 비잔티움 제국으로 편입 (AD 554)
→ 비잔티움 제국 쇠퇴로 북쪽은 게르만족 남쪽은 이슬람 등 다양한 세력의 각축장이 된다

**중간 지역**

동로마
→ 동유럽
→ 테오도시우스 왕조
→ 레오 왕조
→ 유스티니아누스 왕조 (고트전쟁으로 이탈리아 반도 확보)
→ 헤라클리우스 왕조
→ 이슬람 세력 확대로 세력 위축

**아시아**

사산조 페르시아
→ 이슬람 세력 태동 (AD 622)
→ 사산조 페르시아 멸망 (AD 651)
→ 정통 칼리파 시대 끝 우마이야 왕조 건립 (AD 661)
→ 아바스 왕조 건립 (AD 751)
→ 내분 격화

| 서양 | AD | 동양 |
|---|---|---|
| 유스티니아누스 왕조 끝<br>포카스 즉위 | AD 602 | |
| | AD 612 | 수양제 고구려 1차 침입,<br>살수대첩 |
| 클로타르 2세 프랑크 재통일 | AD 613 | 수양제 고구려 2차 침입 |
| | AD 614 | 수양제 고구려 3차 침입 |
| | AD 618 | 수 멸망, 당 건국 |
| 히즈라, 이슬람 원년 | AD 622 | |
| | AD 626 | 현무문의 변, 정관지치 |
| 무함마드 메카 입성<br>다고베르트 1세 프랑크 재통일<br>정통 칼리파 시대 | AD 632 | |
| 프랑크 재분열 | AD 639 | |
| | AD 649 | 당태종 사망 |
| 사산조 페르시아 멸망 | AD 651 | |
| | AD 655 | 무측천 황후 책봉 |
| | AD 660 | 백제 멸망 |
| 우마이야 왕조 시작 | AD 661 | |
| | AD 668 | 고구려 멸망 |
| 우마이야 왕조 수프안계 단절 | AD 684 | |
| | AD 690 | 무측천 황제 즉위 |
| | AD 705 | 무측천 사망 |
| | AD 710 | 일본 아스카 시대 끝, 나라 시대<br>당 절도사 설치 |
| 이슬람 세력 이베리아반도 진출 | AD 711 | |
| | AD 712 | 당현종, 개원지치 |
| 술레이만, 콘스탄티노플 공격<br>칼 마르텔 정권 획득 | AD 717 | |
| 투르-푸아티에 전투 | AD 732 | |
| 우마이야 왕조 멸망 | AD 750 | |
| 아바스 왕조 시작 | AD 751 | |
| | AD 755 | 안록산의 난 |
| | AD 763 | 안사의 난 진압 |
| 알 만수르 바그다드 완공 | AD 767 | |
| 샤를마뉴 프랑크 왕 즉위 | AD 768 | |
| | AD 794 | 일본 헤이안 시대 시작 |
| 샤를마뉴 황제 대관식 | AD 800 | |

맥을 짚어주는 연대표

# 중세의
# 시작

## 2

## ▌서로마 멸망 후의 첫 번째 패권 다툼

서로마 멸망 이후 이탈리아반도에서 벌어진 상황과 뒤이어 나머지 서로마 영토에서 일어난 상황을 연계하여 이해하는 것은 중세에 대한 지식의 틀을 잡는 중요한 열쇠가 된다.

중세의 시작을 게르만족의 이동으로 보는 관점에서 결정적인 사건은 서로마의 멸망이다. 그래서 중세는 새로운 세상을 열었음에도 정확한 연도를 갖고 있다.[145] AD 476년. 오레스테스Orestes를 물리치고 로물루스 아우구스투스Flavius Romulus Augustus를 폐위한 오도아케르Flavius Odoacer는 서로마를 단절시켰다. 사실 오도아케르는 서로마를 멸망시키지 않을 수도 있었다. 그가 리키메르Flavius Ricimer나 오레스테스처럼 허수아비 황제를 세우고 배후에서 실권을 휘두르려고 했다면 서로마는 사라지지 않았을 것이다. 그러한 방식을 택했다면 동로마와도 형식적으로 대등한 관계를 유지하고 로마 시민들도 순순히 복종했을 것이다. 로마의 백성들은 오랜 세월 그런 방식의 지배를 받아왔기 때문이다. 하지만 오도아케르는 황제를 세우지도,

---

145  중세를 규정하는 여러 설 중 서로마 멸망설을 따랐을 경우이다.

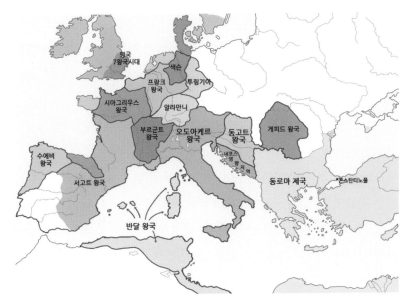

| **로마 멸망 직후의 서양 세계**(AD 477년) |

스스로 황제가 되지도 않았다. 오히려 동로마의 신하를 자처하였는데, 이런 처신 또한 로마 귀족들의 지지를 받았다. 하지만 아이러니하게도 자신을 낮추고 이탈리아의 토착 세력과 협조를 이룬 행동이 서로마를 역사에서 사라지게 만든 것이다.[146]

사람들은 오도아케르가 서로마를 붕괴시켰다는 이미지를 가지고 있다. 하지만 서로마는 붕괴라는 급격한 변화를 맞지 않았다. 어린이용 역사책에서 흔히 볼 수 있는, 불타는 로마를 배경으로 한 오도아케르의 모습은 환상에 지나지 않는다. 오히려 오도아케르가 로마를 다스리던 시기는 이전보다 평화로웠으며 실제로 그가 시행한 제도 또한 붕괴와는 거리가 멀었다. 그는 원로원을 유지하고 집정관을 부활시켰으며, 세제를 개선하고 이전의 법

---

146   허수아비 황제를 세우지 않은 행위가 서로마 제국을 없애버린 결과를 낳은 것이다.

률을 엄격하게 시행하였다. 종교 정책 또한 가톨릭을 중심으로 자유를 허용하여 혼란을 없앴고, 무엇보다도 군사적으로 이탈리아를 잘 방어하였다. 이전까지 빈번했던 이민족의 침탈이 오도아케르의 치세 동안은 한 차례도 없었다. 도리어 공세를 취해 성과를 내기도 하였다. 물론 이때가 태평성대였다는 말은 아니다. 다만 그가 실권을 잡기 전보다 로마 시민들의 삶이 크게 나아졌던 것만은 사실이다.

오도아케르 시대의 좋지 않았던 점을 나열하자면 대체로 이러하다. 우선 외부 침략으로부터의 안전을 제외하고는 하층민까지 혜택이 가지 못하였다. 이탈리아 토지의 3분의 1이 게르만족에게 분배되었기 때문이다. 강제적으로 시행된 토지 재분배로 인해 평민들은 엄청난 고통을 겪었다. 말이 좋아 재분배이지 토지의 상실이 대부분이었을 것이다. 이는 오레스테스가 거부했던 게르만족의 요구이자 그가 목숨을 잃었던 이유이기도 하다. 하지만 이러한 단점을 감안하더라도 오도아케르는 실권을 잡고 있었던 15년간 게르만족의 요구를 감당하며 이탈리아를 안정시켰다는 평가를 받는다. 기록상 그의 인간적인 면모에 대한 평 또한 박하지 않다.

오도아케르는 테오도리크Theodoric라는 인물에 의해 제거된다. 오도아케르는 그토록 이루려 노력했던 동로마와의 신뢰 관계를 끝내 구축하지 못하

| 오도아케르 |

| 테오도리크 |

였다. 그가 초창기 동로마와 맺었던 여러 약속이 어느 정도까지 진심이었는지 명확히 알 수 없으나, 동로마는 영토 정책에 불만을 가졌다. 이에 동로마 황제 제논은 오도아케르에 대한 견제 세력으로 동고트족의 왕 테오도리크를 내세웠고, 테오도리크는 동로마 황제의 명령을 구실로 오도아케르를 공격하여 4년간의 대결 끝에 이탈리아의 지배자가 된다.

## ▎테오도리크와 동고트 왕국

테오도리크[147]는 묘한 인물이다. 그는 우수한 능력과 더불어 간웅奸雄의 풍모를 가진 인물로서 동양의 조조曹操를 연상케 한다. 《삼국지三國志》의 그 조조 말이다. 동고트족의 왕족인 테오도리크는 어린 시절 동로마에서 인질 생활을 한 적이 있었다. 아틸라 사후 훈족이 약화됨에 따라 동고트족은 자신의 힘으로 로마 영토 내에 자리 잡게 된다. 이때 동로마가 동고트의 정착을 허용하는 과정에서 받아들인 인질이 테오도리크였다. 그의 나이 7세 때였다.

　인질이었다고는 하지만 강력한 동고트와 어수선한 동로마와의 관계상 테오도리크의 인질 생활은 유학에 가까웠다. AD 3~4세기 위魏나 진晉에 인질로 왔던 흉노 왕족의 자제와 비슷한 입장이었다.[148] 그는 젊은 시절의 대부분을 콘스탄티노플에서 보냈으며 귀환 후에도 그 관계는 이어진다. 제논에 의해 집정관Consul에 임명되었으며, 이와는 별개로 AD 475년 동고트족의 왕이 된다. 이는 흉노의 유연劉淵이 서진西晉의 사마영司馬穎 아래에 있

---

147　라틴어로는 테오도리쿠스(Theodericus)이다.

148　중원 국가에 인질 명목으로 왔던 흉노 왕족의 자제들은 시자(侍子)라 불리며 한족의 교육을 받았다. 이들은 성장 후 귀국하여 왕이나 고위 관리가 되어 중원 국가와의 관계에 큰 영향을 미쳤다.

으면서도 자신의 부족에서 왕으로 추대된 것과 흡사하다 하겠다.

그러나 테오도리크가 왕이 된 후 동고트와 동로마의 관계에 변화가 생겼다. 오랜 세월 친분을 다졌다고 생각했던 동고트의 새로운 왕이 끊임없이 동로마를 약탈한 것이다. 테오도리크가 이끄는 동고트족은 트라키아, 다키아, 일리리쿰 등 동로마의 서쪽 지역을 마구 침탈했고 심사가 틀리면 콘스탄티노플도 주저 없이 공격하였다. 앞서 오도아케르 또한 동로마와의 경계에서 군사 행동을 한 적이 있었다. 그러나 오도아케르는 스스로 동로마의 신하가 되기를 자처하였고 접경 지역의 군사 행동에도 이민족 정벌이란 명분이 있었다. 하지만 테오도리크는 완전히 달랐다. 명분이라고 할 것이 없었던 것이다. 거주지 확대 등 자국의 이익을 위해서는 과거의 친분 따위 안중에도 없었다.

예측할 수 없는 테오도리크의 행동에 동로마는 당혹스러웠을 것이다. 이에 동로마는 서로마 지역인 이탈리아반도의 정벌을 테오도리크에게 제안하게 된다. 동로마의 황제 제논Flavius Zenon[149]에게는 오도아케르나 테오도리크나 골치 아픈 존재이기는 마찬가지였다. 그래서 서로 싸워주기를 바랐다. 동양에서 말하는 이이제이以夷伐夷의 모양새가 된 것이다. 제논의 이러한 속내를 테오도리크가 모를 리 없었으나 이 제안은 그에게도 나쁠 것이 없었다. 서로마가 동로마보다 공략하기도 용이하였거니와 황제의 명령이라는 명분도 있었기 때문이다. 테오도리크는 오도아케르가 다스리고 있던 서로마를 친다. 이때가 AD 489년. 중국에서는 북위北魏의 탁발굉拓跋宏이 전성기를 이끌 때였다.

테오도리크는 오도아케르와 종종 비교되는 인물이다. 역사의 평가는 테오도리크를 오도아케르의 업그레이드 버전 정도로 본다. 군사적·행정적으

---

149　제논은 초기 동로마 제국에 대한 설명에서 빠지지 않는 황제이다.

로 더 뛰어날 뿐 아니라 특히 정치적인 감각에서 비교할 수 없을 정도라고 평가한다. 테오도리크가 처음 서로마를 침공하였을 때 오도아케르는 여러 면에서 그와 대등하게 상대할 만한 힘이 없었다. 그래서 방어하기 용이한 라벤나로 근거지를 옮겨 저항하였는데, 그 뒤부터는 누구도 상대를 누르지 못했다. 그로 인해 4년이란 시간이 걸린 것이다. 둘의 대결은 라벤나의 주교가 주도한 협상에서 오도아케르가 항복함으로써 끝이 났다. 항복의 조건은 서로마의 공동 통치였다. 본인이 유리한 입장이었음에도 테오도리크가 이런 조건을 수용한 이유는 얼마 지나지 않아 밝혀진다.

두 지도자는 며칠 후 동맹을 축하하는 자리를 마련한다. 그런데 거기서 테오도리크가 오도아케르를 한칼에 베어버리는 사건이 벌어진다. 역시 수상한 동맹은 그냥 체결되었던 것이 아니었다.[150] 오도아케르의 가족이 모조리 학살당했음은 물론이다. AD 493년의 봄이었다. 전쟁에서, 정치에서 목적을 달성하기 위해 거짓말 정도는 태연하게 하는 테오도리크와 상식에 어긋난 약속을 믿고 무방비 상태로 나타난 순진한 오도아케르가 비교되는 장면이다. 과연 테오도리크는 효웅梟雄이라 하겠다. 오도아케르를 베고 난 그는 칼에 묻은 피를 털면서 이렇게 말했다.

"이놈은 뼈가 없나. 왜 이렇게 잘 썰려?"[151]

한 나라의 지도자로서 이탈리아를 정복하기까지 드러난 테오도리크의 냉정함은 그에 대한 편견을 갖기에 충분한 일화들을 만들어냈다. 그러나 오도아케르를 제거한 이후 테오도리크가 보여준 통치는 완벽히 그의 다른 면을 볼 수 있게 해준다. 그를 묘한 인물이라고 하는 이유이다.

---

150  개인적인 견해로 동로마나 오도아케르에 대한 행동 등에서 보이는 테오도리크의 태연함과 과감함은 현대 러시아 대통령 푸틴의 이미지를 연상시킨다.

151  근거가 불충분한 일화이나 널리 알려져 있는 내용으로 많은 사료에서 인용하고 있다.

**| 테오도리크가 오도아케르를 물리친 직후의 서양 세계**(AD 494년) **|**
테오도리크는 업적만큼 대중적으로 인지도를 얻지 못했지만 분명 매력적인 인물이다.

테오도리크는 내치와 외교, 군사 등 모든 면에서 뛰어난 능력을 발휘했다. 오도아케르가 그랬던 것처럼 로마의 전통을 존중하며 원로원과 시민들의 지지를 얻어내기 위해 노력하였다. 동고트족의 대규모 이주로 인한 혼란은 있었지만 이것이 테오도리크의 치세를 흠집 내지는 못하였다. 그는 평민들의 세금을 덜어주고 종교의 자유를 보장하였으며 국방과 치안을 완비한 가운데 농업과 교역을 하였다. 이러한 정치적 성과는 수십 년 만에 이탈리아를 풍요롭게 만들었다.

국제관계에서도 호전적인 이미지와는 달리 분쟁을 종식시켰다. 그 덕에 테오도리크는 이탈리아 백성뿐만 아니라 접경하고 있는 모든 민족의 호응을 얻었으며, 국제 분쟁의 중재자라는 지위를 얻게 된다. 실제로 그는 프랑크, 부르군트, 서고트, 반달족 등과 사돈 관계를 맺었고, 당시 무서운 기세로 일어나던 프랑크Frank족을 견제하는 주된 역할을 맡았다. 또한 동로마와는 대등한 관계를 형성하였다. 오도아케르가 의도적으로 하지 않았던 것을 테오도리크는 당연한 듯 해버린다.

물론 그의 통치에 오점이 없었던 것은 아니다. 특히 종교 문제가 그러하였는데, 신앙의 관용을 베풀었음에도 본인이 아리우스파라는 한계가 있었다. 여기에 말년의 정치적인 실책과 사건들이 합쳐지며 그동안 쌓아왔던 지지를 잃기도 한다. 테오도리크는 AD 526년 병으로 세상을 떠나는데, 여러 오점에도 33년에 달하는 그의 치세는 이탈리아 백성들로 하여금 로마의 태평 시절을 떠올리게 하기에 충분한 시간이었다. 사실 테오도리크와 오도아케르를 비교하는 것은 무의미할 수 있다. 하지만 대중적인 인지도 면에서 그가 오도아케르에 미치지 못하는 것은 사실이다. 테오Theo의 통치 업적보다 오도Odo의 서로마 멸망이 주는 '한 방'이 더 크게 느껴지는 것은 어쩔 수 없는 모양이다.

테오도리크 사후 동고트 왕국에는 그와 견줄 만한 인물이 등장하지 않는다. 뒤이어 열 살 난 손자 아탈라릭Athalaric이 즉위했으나 곧장 권력 투쟁이 벌어진다. 강력한 카리스마의 공백은 내분으로 이어졌고, 이로 인해 순식간에 국력이 기울어진다. 동고트를 호시탐탐 노리고 있던 동로마는 이 내분을 빌미로 전쟁을 일으킨다. 무려 18년에 걸쳐 치열하게 전쟁이 벌어지게 되는데, 이것이 바로 고트 전쟁Gothic war이다. 전쟁을 이끈 동로마의 황제는 유스티니아누스 1세Justinian I이다. 대제로 불리며 동로마의 첫 번째 전성기를 이끈 황제이다. 동고트는 이 전쟁 끝인 AD 553년에 멸망한다. 또 하나의 원맨One man 국가[152]였다.

---

152 동고트 왕국도 건국자가 죽음으로써 곧 힘을 잃고 멸망에 이르렀던 나라들과 같은 결과를 맞이하였으나, 마지막 왕 테이아스(Teias)나 그 앞의 토틸라(Totila)는 우수한 왕으로 평가된다. 그러나 이들도 멸망으로 기운 대세를 막을 수는 없었다. 동고트 왕국이 멸망한 다음 해인 AD 554년, 한국에서는 신라의 진흥왕이 백제 무왕을 죽이고 한강을 차지한 관산성 전투가 있었다.

## ┃프랑크족과 클로비스 그리고 메로빙거

이탈리아반도를 테오도리크가 손에 넣었을 때 서유럽에서는 클로비스 Clovis라는 인물이 날개를 펴고 있었다. 정확하게는 이미 날개를 편 상태였다. 클로비스가 자신의 나라를 세웠을 때가 AD 481년이니 테오도리크가 오도아케르를 제거하기 12년 전이었다. 테오도리크가 동고트의 왕이 되어 동로마를 이리저리 쑤시고 다닐 때 서유럽에선 새로운 나라가 세워졌던 것이다. 같은 시기 동양, 북조北朝에서는 효문제孝文帝 탁발굉이 북위의 전성기를 이끌고 있었고 남조에서는 유씨劉氏의 송宋에서 소씨蕭氏의 제齊로 교체된 지 2년이 지난 후였다. 고구려에서는 장수왕이 죽기 10년 전이다.

클로비스는 서양사에서 매우 중요한 인물이다. 그는 로마에 이어 유럽을 차지한 게르만족의 첫 번째 지도자이다. 역사적으로 '중세의 시작을 알린 인물', 그것이 클로비스를 이르는 가장 일반적인 표현이다. 서로마 멸망 후 지금의 서유럽을 차지한 민족은 프랑크족이다. 로마는 라인강 중·하류에 분포해 살았던 게르만족을 프랑크족이라고 하였다. 여기에는 여러 부족이 포함되어 있었는데, 프랑크는 프랑크족 당사자의 의지와는 아무 상관없이 만들어진 분류와 명칭이었던 것이다.

┃클로비스 1세┃

프랑크라는 용어는 AD 3세기 이후 로마의 사료에 등장하기 시작해 점점 사용 빈도가 높아졌다. 그 어원에 대해서는 몇 가지 주장이 있으나 언어학적 논쟁의 특성상 무엇이 정확하다고 단언할 수는 없다. 우선 갈Gaul족의 땅이라고 해서 갈리아Gallia이고 게르만 German족의 땅이라고 해서 게르마니아Germania라는 설이 있다.[153] 반대로 갈 지역Gallia에 살아서 갈족, 게르만 지역Germania에 살아서 게르만족이라고 하는 설도 있다. 소위 '닭이 먼저냐, 달걀이 먼저냐' 논쟁처럼 프랑크족도 지역 명칭이 소부족의 명칭에서 확장되었다는 설과 해당 지역을 지칭하는 말에서 부족의 명칭이 유래되었다는 설이 있는 것이다. 로마가 완전히 없던 소리를 만들어 이름으로 사용했을 가능성은 낮기 때문이다. 여기에 현대 영어의 'Frankly(솔직하게)'와 같은 단어가 프랑크족에서 나왔다는 주장도 있다. 프랑크는 자유로운 부족, 그것도 로마로부터 자유로운 부족이었음을 언어학적으로 풀이한 경우이다. 이상의 주장들을 종합하면 이런 유추가 가능하다.

AD 3세기경 로마가 라인강 중·하류의 특정 지역에 살고 있는 몇몇 게르만 부족을 명명하였는데, 그 명칭이 '프랑크'였던 것이다. 당시는 게르만족 출신을 로마군으로 받아들이기 시작했던 때이므로 영토 내의 게르만족에 대한 개념 정리가 필요했을 것이다. 이 외에도 여러 부족이 있었던 만큼, 프랑크로 명명된 부족이 성장함에 따라 그 이름도 확산되었을 것이라 추정된다. 이렇게 시작된 프랑크라는 말은 로마를 이어 서유럽을 차지한 주인의 이름이 되었고, 역사에 큰 획을 그은 만큼 소시지 이름부터 독일의 프랑켄Franken, 프랑크푸르트Frankfurt와 같은 지명, 그리고 프랑스France라는 국명에 이르기까지 수많은 흔적을 남기게 된다.

수많은 게르만족들 중에서도 프랑크족이 두각을 나타내게 된 것은 클로비스의 덕이다.[154] 메로빙거Merovingian 왕조 프랑크 왕국의 건국은 AD 481년이다. 당시 클로비스의 나이는 15세로 아버지 킬데리크Childeric[155]로부터

---

153  Gaul은 라틴어 Gallia와 같이 지역을 뜻하기도 한다.

154  클로비스는 자신을 프랑크족이 아닌 살리(Salian)족이라 인식하였다. 더욱 세분한 부족의 명칭으로 프랑크족은 살리족을 포함한 여러 부족을 한데 묶어 로마가 붙인 이름이다.

155  힐데리크(Hildirīk)라고 번역하기도 하는데 여러 나라가 있었던 지역인 만큼 여러 언어로 쓰이고 번역되었다.

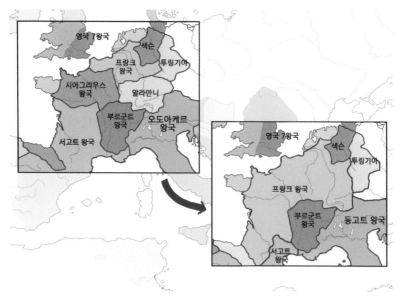

| 서로마 멸망부터 클로비스 사망까지 프랑크 왕국의 변화 |

통치권을 이어받았을 때였다. 프랑크 왕국의 건국에 있어 클로비스가 딱히 선포나 예식과 같은 상징적 행위를 하였다는 기록은 없다. 그렇기에 역사는 클로비스가 자기 부족을 물려받은 때를 메로빙거조 국가의 시작으로 규정한 것이다.

사실 15세의 어린아이라면 나라를 빼앗겨도 이상할 것이 없다. 그러나 클로비스는 건국자의 칭호를 얻는다. 왕의 자질을 보여주었기에 가능한 일이었다. 시간을 역산해보면 클로비스는 AD 466년에 태어났음을 알 수 있다. 중국에서는 남조 유송劉宋이 전폐제前廢帝 유자업劉子業의 분탕질로 어지러울 때였고, 고구려는 장수왕이 남하 정책으로 백제와 신라를 두들기고 있을 때였다.

클로비스는 어린 나이임에도 부족을 이끌자마자 탁월한 전투 감각을 보여주었고 건국 후에도 수변 나라들을 정복해나갔다. AD 486년 수아송

　　　　　　　　　　　　　　　　　　　기원부터 천 년까지 전문세

Soissons 왕국[156]을 멸망시키는 것을 시작으로 서유럽의 강자로 도약하였으며, 이후 프랑크족을 통합하며 영토를 넓혀갔다. 역사적으로 클로비스와 관련된 결정적 장면은 기독교 개종이라고 할 수 있다. 중세사에서 기독교의 중요성에 대해서는 앞에서도 언급한 바 있다. 로마에서 시작되어 중세를 관통하며 서양사 전체에 큰 영향을 미친 기독교가 클로비스와 접점을 갖게 된 것은 중요한 사건이다.

클로비스는 서른 살까지 게르만 전통 종교를 신봉하고 있었다. 초기에 기독교도를 공격하고 교회를 약탈하는 데 거침이 없었던 것도 그가 기독교도가 아니었기 때문이다. 그런 클로비스가 기독교 신자가 된 계기는 톨비악Tolbiac에서 있었던 전투였다. 이름 그대로 톨비악 전투. 클로비스는 아내 클로틸드Clotilde가 이전부터 가톨릭 개종을 권했지만 거부하고 있었다. 하지만 계속된 설득에 그전에도 수긍은 하였던 것으로 보인다. 톨비악에서 패전의 위기에 처했을 때 그는 아내가 신봉하는 신에게 기도하였고, 그 기도가 효과를 보았는지 신기하게도 전세를 뒤집어 승리했던 것이다. 이를 계기로 클로비스는 가톨릭을 받아들여 자신의 부하 3,000명과 함께 랭스Reims의 대성당에서 세례를 받게 된다. AD 496년이다.

클로비스의 개종은 중세뿐 아니라 서양사 전체에 영향을 끼친 큰 사건이었다. 당시 갈리아 지역에서는 이주한 게르만족들이 자신의 전통 종교를 버리고 기독교로 개종하는 경우가 많았다. 그러나 그들은 대부분 가톨릭이 아닌 아리우스파 기독교를 선택했다. 게르만족의 지도자들 또한 대다수가

---

156  수아송 왕국은 로마 시대부터 갈리아의 중요한 도시였다. 서로마 멸망 이후에도 이곳은 요충지로 여겨졌는데 마지막 로마 세력이었던 아이기디우스(Aegidius)와 아들 시아그리우스(Syagrius)가 게르만족과 항쟁하였던 곳이다. 클로비스는 이곳을 수중에 넣고 비상하기 시작하였다. 이후 수아송은 프랑크 왕국에서도 가장 중요한 도시 중 하나가 되었다. AD 752년 난쟁이 피핀(Pepin)이 카롤링거(Carolingian) 왕조를 세우며 대관식을 치른 곳도 수아송이었다.

| **<클로비스의 개종>** |
클로비스의 개종에 관한 회화 중 가장 널리
알려진 것으로 AD 7~8세기 성 자일스(Saint
Giles)의 작품이다

아리우스파로 개종하였다. 그러나 클로비스는 가톨릭을 받아들이는 모험
을 선택한 것이다. 그는 군사적인 재능 외에도 정치 감각이 탁월한 리더였
다. 종교의 선택 또한 클로비스에게 있어 중요한 정치적 결정이었다.

　종교란 통치자에게 있어 효과적인 통치 수단이 되기도 하지만, 어떤 경
우에는 심각한 장애물이 되기도 한다. 클로비스는 영리하게도 갈리아 지역
을 다 차지하기 전까지는 게르만 전통 신앙을 유지했다. 그래서 아리우스
파를 받아들인 게르만족이나 가톨릭교회, 망국 로마 시민들을 공격하는 데
거리낌이 없었다. 그의 개종은 부르군트와 아퀴타니아를 제외한 갈리아의
대부분을 차지한 다음에 이루어진다. 이는 매우 공교로운 사건이었다. 같
은 해(AD 496) 중국에서는 북위의 전성기를 이끈 효문제 원굉元宏[157]이 한창

---

157　AD 490년 이후 한족(漢族) 성을 채택해 탁발굉에서 원굉으로 바뀌었다.

한화漢化 정책을 펴고 있었다.

가톨릭 개종으로 클로비스는 로마의 교황을 아군으로 얻게 되었다. 덤으로 얻은 것은 로마인들의 지지로, 이는 무엇보다 큰 선물이었다. 로마인들의 지지는 교육받은 우수한 인재들의 수급으로 이어졌는데, 통치자에게 이보다 더 큰 선물이 있을까. 한편 가톨릭 입장에서도 클로비스의 개종은 큰 행운이었다. 가톨릭은 서로마 멸망 이후 지속적으로 동방교회와 갈등을 빚어왔다. 대부분 신학적인 논쟁[158]에서 비롯된 것이나 어떤 논쟁은 거대한 정치적 사건으로 확대되기도 한다.[159] 서로마 멸망 이후 세속적 보호자가 없었던 가톨릭은 어느 때보다 위태로운 상황이었다. 여기에는 당시 이탈리아의 지배자 테오도리크가 아리우스파였던 탓도 있다. 따라서 가톨릭교회에 클로비스는 구세주와 같은 존재였을 것이다. 로마인들과 주교들이 기쁜 마음에 클로비스를 향해 로마 황제의 칭호인 아우구스투스Augustus를 연호한 것은 그만한 이유가 있었다.

클로비스는 AD 508년 갈리아를 통일한 지 3년이 지난 AD 511년 세상을 떠난다. 그의 핏줄을 메로빙거 왕조라고 부르는데, 이 이름은 클로비스의 조부 메로베크Merovech의 이름에서 왔다. 또한 프랑크족을 통합하고 프랑크의 관습법인 살리카Salica법을 성문화하였는데, 그 법에 따라 네 아들에게 자신의 왕국을 분할해 물려주었다. 클로비스가 숨을 거둔 해에 서로마의 마지막 황제 로물루스 아우구스투스도 세상을 떠났다. 마치 영웅 제갈량諸葛亮이 세상을 떠난 해에 망국의 황제 헌제獻帝가 그 길을 동행했듯이 말이다.

---

158 예수의 강생 논쟁(Incarnatio)이다. 하느님이 사람으로 태어난 사건, 즉 무한한 존재인 하느님이 유한한 존재인 사람이 된 사건을 어떻게 볼 것인가는 중요한 쟁점이었다.

159 이후 동서 교회는 성상(聖像) 문제로 제대로 분열하게 된다.

테오도리크는 오도아케르가 아니라 클로비스와 비교하는 것이 맞을지도 모르겠다. 같은 시기 우수한 지도력으로 강력한 국가를 이룩한 공통점이 있기 때문이다. 다만 둘의 결정적인 차이는 클로비스의 나라는 후손에 의해 계승되어 지금에까지 영향을 미치는 역사를 만든 데 반해 테오도리크의 나라는 동로마와의 전쟁으로 금방 단절되어 버렸다는 것이다. 역시 조상이 빛이 나고 안 나고는 후손에 달린 것이다.

기원부터 천 년까지 전문세

## 살리카법

살리카법은 프랑크의 대표적인 부족 이름을 붙인 프랑크족 전통 법이다. 클로비스가 바로 살리Salian 프랑크족이다. 이 법은 게르만족 고유의 관습을 그대로 옮겨놓은 것으로, 로마법과는 괴리감 정도가 아니라 아예 DNA부터 다르다.

살리카법의 내용을 보면 한마디로 이렇게 규정할 수 있다. '운運.' 특히 재판에서 죄인을 가리는 법은 상식적으로 이해하기 힘든 내용들로 가득하다. 예를 들면 고소된 자들은 면책 선서를 '잘' 하면 혐의를 벗을 수 있었다. 선서를 할 때, 조금이라도 더듬거리면 거짓말하는 것으로 받아들여졌다. 이것이 두려우면 다른 방식의 판별법을 선택할 수 있었다.

우선 끓는 물에 손을 넣는 방법과 불에 달군 쇠를 잡는 방법이 있었다. 두 방법 다 화상을 입게 되는데, 3일이 지나 감은 붕대를 풀었을 때 상처가 나으면 무죄이고 곪으면 유죄다. 의학적으로 무죄를 받을 수 있을지 의심스러운 방법이다. 이마저 두려우면 물을 이용하는 판별법을 선택할 수 있었다. 정해진 연못에 던져서 물에 가라앉으면 무죄, 뜨면 유죄다. 가라앉았을 때는 죽기 직전에 건져내게 하였다. 맥주병이면 웬만한 죄를 지어도 벌을 받지 않는 것이다.

중세 이후 근대까지 존재했던 결투에 의한 판결 또한 이 살리카법의 영향을 받은 것이다. 시공간에 따라 공정公正에 대한 상식이 이렇게 다를 수 있다.

## 동로마, 비잔틴 제국, 비잔티움 제국

이쯤에서 동유럽의 역사를 좀 살펴봐야 할 듯하다. 현재 유럽은 경제적으로 동쪽보다 서쪽이 훨씬 더 잘산다. 정치적으로도 훨씬 더 강력하다. 동유럽은 한때 '동구권東歐圈'이라는 한자어로 뭉뚱그려 구舊소련의 영향하에 있었던 공산주의 국가들을 가리켰다. 그리고 그 안에는 '경제적으로 낙후된'이라는 이미지가 있었던 것이 사실이다. 그러나 지금 다루는 시대의 동유럽은 서양에서 문화적으로 가장 발달했을 뿐 아니라 경제적으로도 가장 앞서가는 지역이었다. 당시 동로마는 사방에서 도전을 받고 있었음에도 최부국最富國이자 최강국이었다. 사람의 인생이 언제 바뀔지 알 수 없듯 한 나라, 한 대륙도 이렇게 엎치락뒤치락할 수 있음을 역사는 보여주고 있다. 앞으로 수백 년 후에는 또 어떻게 바뀔지……

동로마 제국은 로마가 동서로 나뉜 후 서쪽 로마가 멸망하고 홀로 남은 부분이다. 이 나라의 역사는 대중적으로 잘 알려져 있지 않다. 비단 한국만 그러한 것은 아니다. 대부분 나라의 세계사 교육이 서유럽 중심으로 짜여 있기 때문이다. 따라서 동로마의 역사는 여러 부문에서 개념 정리가 필요하다. 우선 언제부터 동로마를 별도의 국가로 볼 수 있는가 하는 문제부터 살펴보자.

동로마 제국의 시작을 언제로 보아야 할지에 대해서는 몇 가지 주장이 있다. 크게는 콘스탄티누스 대제에 의해 콘스탄티노플이 건설되는 시기인 AD 324~330년, 그리고 통일 로마의 마지막 통치자 테오도시우스가 사망한 AD 395년을 시작점으로 보는 것이다. 동로마 제국의 시작을 서로마가 멸망하여 동로마만이 남게 된 AD 476년으로 보는 경우도 있으며, 여기에 동로마에서 테오도시우스 왕조가 끝나고 레오Leo 왕조가 시작된 AD 457년으로 보는 의견도 있다.

본서는 그중 테오도시우스 대제의 사망 시기인 AD 395년 설을 채택하

기원부터 천 년까지 전문세

| 동로마의 아버지들 |

콘스탄티누스, 테오도시우스, 레오, 메흐메트(넌 아니잖아).

였음은 앞서도 언급한 바 있다. 테오도시우스 대제를 끝으로 로마는 통합되지 못했기 때문이다. 이 나라의 역사에서 그나마 다행인 것은 시작이 이렇게 애매한 대신 멸망 시기는 명확하다는 것이다. 오스만 제국의 메흐메트 2세Mehmet II에 의해 콘스탄티노플이 함락된 AD 1453년 5월 29일이다. 시작과 끝을 위와 같이 규정한다면 이 동쪽의 로마는 약 1,100년 정도 지속된 것이다.

동로마는 로마의 마지막 장을 채우는 역사이다. 따라서 동로마의 시작은 로마이며 동로마는 로마의 끝이다. 그 시작과 끝은 천 년을 넘어 천백 년의 세월, 참으로 긴 역사라 하겠다. 희미한 고대가 아닌 멀지 않은 과거에 존재했으면서 이토록 오래 살았던 나라가 동로마이다. 덕분에 이 나라는 정말 많은 것을 남겼다.

그래서 동로마의 역사를 이해하기 위해서는 길고 지루할 수도 있는 내용을 살펴보아야 한다. 게다가 대부분의 큰 나라가 그러하듯 그 나라의 역사 외에도 얽혀 있는 많은 주변국의 역사와 그들과의 관계사를 알아야 한다. 같은 사건임에도 나라마다 생생한, 때로는 다르게 써진 기록들을 남겼다. 이렇게 자국·타국을 막론하고 너무나 많은 기록을 남긴 덕에 동로마의 역사는 연구자들에게 많은 숙제를 던졌다. 한마디로 표현하면 다이내믹하고 복잡하다고나 할까.

동로마 제국Eastern Roman Empire은 다른 말로 비잔티움 제국Byzantium Empire 또는 비잔틴 제국Byzantine Empire이라고도 불린다(영어식 표기로는 명사형 Byzantium을 Empire 앞에 쓰지 않는다). 학자에 따라 각 용어의 정확한 의미를 따지는 경우도 있으나, 대부분 이들 세 용어는 같은 의미로 사용되고 있다. 물론 동로마와 비잔틴의 차이를 논할 때는 문화적이고 철학적인 담론이 오가기도 한다. 왜냐하면 동로마라는 이름에는 '로마의 연장'이라는 의미가, 비잔틴이라는 말에는 '로마와는 다른 새로운 나라'라는 의미가 들어 있다고 보기 때문이다. 비잔틴 제국이라고 쓸 경우 로마의 시대가 아닌 다른 시대로 바뀌었음을 뜻한다는 것이다. 일리가 있는 주장이나 그와 상관없이 무규칙적으로 혼용되고 있음 또한 알고 있어야 할 것이다.

비잔티움 제국 또는 비잔틴 제국은 후세에 붙여진 이름이다. 이 나라 사람들은 스스로를 그렇게 부르지 않았다. 그들은 항상 로마인Roman이었다. 동로마Eastern Rome도 아닌 그냥 로마Rome 말이다. 당사자로서는 로마 외의 명칭을 상상하지 못했을 것이다. 그들에게 있어 로마란 단어는 자부심이며 존재의 이유였다. 하지만 그러한 그들의 바람은 이루어지지 못했다.

서양사에서 이 나라를 지칭하는 말은 '비잔틴Byzantine'이 일반적이다. 동로마 제국이라고 할 경우, 흔한 일반 명사, 형용사인 Eastern과 Roman으로 인해 '로마의 동부', '로마 동쪽의 속주' 등과 같은 단어들과 헷갈리는 경우가 많았기 때문이다. 그 결과 '비잔티움의'라는 뜻을 가진 비잔틴이라는 용어가 기나긴 로마 역사에서 이 나라를 정확하게 표현하는 편리한 말로 선택된 것이다.

물론 한국을 비롯한 아시아 국가선 이를 번역하는 데 다소 혼선이 있었던 것이 사실이다. 왜냐하면 제국이나 왕조의 영어식 표현에는 Roman Empire, Russian Empire, Macedonian Dynasty 등과 같이 제국과 왕조를 꾸미는 형용사형이 사용되는데, 이를 한국어로 번역할 때는 로만 제국이나 러시안 제국, 마케도니안 왕조라고 하지 않기 때문이다. 앞 단어를 명사형으로 바꾸어 로마 제국, 러시아 제국, 마케도니아 제국으로 말하고 표기하는데, 이 비잔틴Byzantine만은 예외이다. 명사형인 비잔티움으로 바꾸지 않고, 그대로 비잔틴 제국이라고 번역하는 것이다. 로만을 로마로 한다면 비잔틴도 비잔티움으로 해야 원칙에 부합한다는 논리[160]는 틀린 말이 아니다. 하지만 번역가의 고민과는 상관없이 학계나 대중서에서 세 용어가 모두 문제없이 통용되고 있으므로, 이론과 현실이 이러하다는 것 또한 알고 있어야 할 것이다.

동로마 제국의 초기 공용어는 라틴어였다. 이는 통일 로마의 전통으로 당연한 것이었다. 그러나 서로마 멸망 이후, 이는 현실적인 문제와 부딪히게 된다. 정부는 라틴어를, 콘스탄티노플과 그 주변 지역은 그리스어를 사용했기 때문에 여러 문제가 발생한 것이다. 이를 해결하고자 AD 7세기 중엽 헤라클리우스Heraclius 황제는 공용어를 헬라어, 즉 그리스어로 변경한다.

---

160 서울대 서양사학과 한정숙 교수는 Roman Empire라고 해서 로만 제국이라고 하지 않듯이 Byzantine Empire를 비잔틴 제국이라고 부르는 것은 재고되어야 한다고 주장한다. 이 원칙대로라면 영문으로는 Byzantine Empire라고 쓰고 비잔티움 제국이라고 번역하는 것이 맞다. 본서 또한 그 원칙을 따랐다.

동로마가 남긴 기록을 보면, 동로마 제국의 표기가 이때를 기준으로 라틴어에서 그리스어로 변경되는 것을 알 수 있다. 그 흔한 콘스탄티누스Constantinus가 AD 7세기 이후로는 콘스탄티노스Constantinos가 되는 것이다. 물론 두 언어가 혼용되었음을 보여주는 증거도 많다. 그러나 동로마 제국이 비잔티움 제국으로 바뀌어 불리는 시점을 군이 정하자면 이때가 아닐까 생각한다. 어찌 되었건 역사 연구에 있어 언어에 따른 문자 표기의 일관성을 유지하는 것은 중요하고도 매우 어려운 일이다.

## ▌비잔티움과 비잔티움 제국의 이해

비잔티움Byzantium은 BC 7세기경 그리스인에 의해 건설된 도시이다. 지리적으로 흑해Black Sea와 마르마라해Marmara Sea 사이의 보스포루스Bosporus 해협에 위치한 교통의 요지다. 처음에는 큰 규모의 도시가 아니었으나 콘스탄티누스 대제Constantinus I가 새롭게 건설하면서 로마 최대의 도시로 변한다. 이름도 콘스탄티노플Constantinople로 바뀌게 된다. '콘스탄티누스의 도시'란 뜻이다. AD 1453년 이후에는 오스만 제국의 수도가 되어 이스탄불Istanbul로 다시 간판이 바뀐다. 긴 역사와 큰 영향력을 가졌던 도시답게 구舊 콘스탄티노플, 현現 이스탄불은 언어별, 의미별, 나라별로 수많은 이름을 갖고 다양하게 불리고 있다.

비잔티움 제국은 수많은 왕조들에 의해 지배된 나라였다. 혈통을 중요시하는 동양의 정서라면 이들은 모두 다른 나라가 되었을 것이다. 하지만 비잔티움 제국은 로마와 마찬가지로 동일한 정치·행정 시스템을 유지하면 통치자가 누구인가는 상관없이 같은 나라라는 의식을 가지고 있었다. 이러한 의식은 이전 시대의 이집트, 이후의 서유럽에서도 볼 수 있다. 통치자를 선출하는 방식은 다르지만 현대 국가와도 같은 맥락이라 하겠다. 어쨌든

| **콘스탄티노플** | 콘스탄티노플은 경제적 군사적 요충지이자 요새와 같은 방어력을 가지고 있었다.

비잔티움 제국의 역사를 한눈에 이해하는 가장 쉬운 방법은 왕조를 파악하는 것이다. 왕조를 파악하면 역사의 주된 맥이라고 할 수 있는 정치·전쟁·국제관계사를 한꺼번에 이해할 수 있게 된다. 천 년이 넘는 시간을 자르지 않고 단번에 받아들이기는 쉽지 않다. 보통 사람이라면.

통일 로마를 마지막으로 다스렸던 테오도시우스 대제가 세상을 떠나자 나라는 다시 동서로 갈라졌다. 동·서로마의 양兩 테오도시우스 왕조 중 서로마는 AD 455년 발렌티니아누스 3세로 끝이 나고, 동로마를 이어받은 쪽은 마르키아누스Marcianus 황제를 끝으로 단절된다. 이때가 AD 457년이다. 테오도시우스가 세상을 떠난 때를 기준으로 비잔티움 제국은 총 13개의 왕조가 명멸했다. 이는 테오도시우스 왕조를 포함한 숫자인데, 여기에는 이견도 있다. 보기에 따라서 황제나 왕조라고 하기 애매한 인물들이 있기 때문이다. 따라서 13개의 왕조 구분이 다수설이기는 하나 절대적인 것은 아니며, 이해의 편의를 위한 구분임을 밝힌다.

서로마가 멸망하기 직전에 동로마에 있었던 왕조는 레오Leo 왕조이다. 즉 레오 왕조가 있을 때 서로마가 멸망한 것이다. 13개 왕조 중 두 번째 왕조였다. 레오 왕조 다음이 그 유명한 유스티니아누스Justinianus[161] 왕조이다. 전성기 로마의 영토를 대부분 수복하고 《로마법대전》을 만든 그 유스티니아누스의 혈통이다.

이 왕조는 유스티니아누스 대제 사후 내리막을 걷는다. 조카와 자질이 나쁘지 않은 사위들이 50여 년간 명맥을 이어갔지만 국제 정세의 변화로 유스티니아누스 대제가 정복한 영토는 순식간에 쪼그라든다. 그리고 왕조의 마지막 황제 마우리키우스Mauricius는 저질의 반란자 포카스에게 목숨을 잃는다. 그 후 비잔티움 제국은 8년 동안 혼란의 도가니에 빠진다. 바로 혼군 포카스Phocas라는 인물로 인해서. 나라 하나 망치는 데는 멍청이 단 한 명이면 족하다.

포카스를 응징하고 세워진 왕조가 네 번째인 헤라클리우스Heraclius 왕조이다. 그리스어를 공용어로 채택한 그 헤라클리우스이다. 따라서 이 황제부터 그리스식으로 발음하고 표기하는 경우가 많은데, 헤라클리우스를 그리스식으로 하면 '헤라클레이오스Herakleios'가 된다.[162] 헤라클레이오스는 여러 가지 업적을 인정받는 황제이다. 전前 황제의 엄청난 실정失政과 사산조 페르시아의 파상 공격으로 아시아 지역의 영토를 거의 다 잃은 상황에서 뛰어난 전술로 나라를 일으켰다. 이는 기적에 가까운 일이었다.

---

161  라틴어는 Iustinianus, 영어로는 Justinian으로 표기한다.
162  헬라어(그리스어) 알파벳으로 표기하면 Ηρά κλειος, 이라클리오스 정도로 발음된다.

직전까지 대대적인 공세를 펼쳤던 사산조 페르시아는 헤라클레이오스의 등장 이후 비잔티움 제국과 굴욕적인 휴전을 맺게 되는데, 이후 급격한 쇠퇴의 길을 걷는다. 그러나 하늘은 헤라클레이오스에게 끝까지 능력에 걸맞은 행운을 주지 않았다. 페르시아의 빈자리에 막강한 적을 보낸

| 헤라클레이오스 |

것이다. 바로 이슬람이었다. 뛰어난 전술로 영토를 회복했던 헤라클레이오스였으나 이슬람이 태동하면서 그 기세가 꺾이게 된다. 그리고 서양과는 상관없는 일이지만 멀리 아시아의 당唐이 건국된 때도 헤라클레이오스 시대였다.

헤라클리우스 왕조에는 역사적으로 헤라클레이오스만큼 유명한 황제가 있었다. 바로 왕조의 마지막 황제였던 유스티니아노스 2세Justinian II이다. 별칭으로 리노트메토스Rhinotmetos라고 불리기도 하는데, 코가 잘렸다는 뜻이다. 이러한 신체훼손 형벌은 당시 비잔틴 문화에서 드물지 않은 것으로 다시 제위에 오를 수 없음을 선언하는 것이었다.

유스티니아노스 2세는 열일곱 살에 제위에 오른 혈기왕성한 황제였다. 능력 또한 나쁘지 않았는데, 열정적으로 실지失地 회복에 힘을 써 성과를 이뤄내기도 했다. 하지만 AD 692년에 이슬람과 대결했던 세바스토폴리스Sebastopolis 전투에서 패배하며 흔들리기 시작했다.

유스티니아노스 2세는 내부적으로 잔인하고 혹독한 정치를 펼쳤는데 무리한 징세와 관리의 부패 때문에 혼란이 이어졌다. 여기에 비잔티움 제국 역사 내내 문제를 일으켰던 기독교 종파의 대립이 더해져 마침내 반란을 맞게 되었다. 유스티니아니노스 2세는 AD 695년 그리스 지역 사령관이었

던[163] 레온티오스Leontios에 의해 폐위되어 크림반도의 케르손으로 유배되었다. 이때 코가 잘리게 된 것이다.

이대로 끝났으면 유스티니아노스가 그렇게 유명해지지 못했을 것이다. 당시 신체가 잘린 사람은 황제가 될 수 없는 것이 불문율이었다. 하지만 그는 이를 극복해내고 다시 돌아온다. 도피 생활을 하면서도 세력을 모아 권토중래捲土重來를 한 것이다. 불굴의 의지라는 말은 이럴 때 쓰는 것이 아닐까. 그사이 비잔티움 제국은 황제가 바뀌어 있었는데, 유스티니아노스를 밀어냈던 레온티오스도 반란을 당해 코가 잘린 채 유폐된 상태였다. 새로운 황제는 티베리오스Tiberius라는 인물이었다. 유스티니아노스는 그 티베리오스를 공격해 다시 황제가 된 것이다. 코가 잘린 채 유배된 지 10년 만의 일이었다.

하지만 다시 황제가 된 그의 마음속은 내가 왜 폐위되었을까에 대한 반성이 아니라 자신을 폐위시킨 자들에 대한 복수심만 가득했다. 거대한 피의 복수로 제국을 공포로 몰아넣었던 것이다. 유능한 장군들마저 숙청되며 군사력이 약화되었고, 이 틈을 타 불가르족, 이슬람 등이 공격해 와서 제국은 다시 위태로워졌다. 이에 반란이 일어나 유스티니아노스는 다시 폐위되고 말았는데, 반란을 일으킨 인물은 장군 필리피코스Philippicus, 자신이 임명했던 크림반도의 사령관이었다. 드라마틱한 삶을 살았던 유스티니아노스 2세의 생은 이렇게 끝이 났다. 그가 처형됨으로써 헤라클레이오스 왕조도 끝난다.

---

163  당시 비잔티움 제국은 지방을 '테마(Themata) 제도'로 통치하고 있었다. 테마라는 행정구역 단위로 전국을 나누고, 군사령관으로 하여금 행정관을 겸임하게 하는 제도이다. 둔전으로 재정을 충당하며 맡은 지역을 방어하게 했다. 군(軍)과 관(官)을 합쳐 권력을 몰아주는 것이기에 지방 세력 비대화라는 부작용도 있었으나 항상 외침에 시달렸던 상황에서 이는 비잔티움 제국을 유지시켜준 성공적인 제도였다. 테마의 사령관을 스트라테고스(Strategos)라고 불렀다. 스트라테고스는 고대 아테네에서 장군을 이르는 말이었다.

기원부터 천 년까지 전문세

**| 유스티니아노스 2세
리노트메토스 |**
주화에 새겨진 그는 코
가 유독 강조되어 있다.

10년을 다스리다가 10년을 도망 다녔고 다시 돌아와 6년을 다스렸다. 유스티니아노스는 잔혹한 황제였으나 제위를 되찾았을 때 반란자들의 신체를 절단하지는 않았다. 물론 죽이긴 했지만. 이후 비잔티움 제국에서는 권력 다툼에서 서로의 신체를 절단하는 관행이 끊기게 된다.[164] 유스티니아노스 2세가 한 일 중 가장 좋은 평가를 받는 일이다.

다음 왕조는 이사우리아Isauria. 다섯 번째 왕조이다. 헤라클리우스 왕조 이후 6년 동안 제국은 혼란에 빠졌다. 유스티니아노스 2세 때문에 가뜩이나 혼란했던 나라가 필리피코스 때문에 더 혼란해졌는데, 필리피코스가 평균 이하의 인물이었던 것이다. 그를 포함한 3명의 황제가 즉위와 폐위를 거듭하고 난 뒤 나타난 왕조가 바로 이사우리아 왕조였다. 이 왕조는 85년간 지속되었는데, 이때 이슬람과 당에 큰 변화가 있었다. 우마이야Umayyas 왕조가 멸망하고 아바스Abbas 왕조가 그 자리를 대신하게 된 것이다. 이사우리아 왕조 때 이사를 온 아바스 왕조.[165] 그리고 비슷한 시기, 당은 안록산安祿山의 난이라는 큰 사건으로 휘청거린다. 이러한 이슬람의 변화는 비

---

164  대신 혀를 자르는 일이 많았다. 혀는 밖으로 돌출된 신체가 아니기에 이에 해당되지 않는 것으로 보았다.
165  1990년대 후반에 이런 식으로 라임을 맞추는 '아재 개그'가 유행한 적이 있었다.

잔티움 제국에게 행운이라고 할 수 있다. 우마이야에 비해 아바스 왕조는 조금 덜 공격적이었던 것이다.

이사우리아 다음은 여섯 번째 니키포로스Nikephoros 왕조와 일곱 번째 아모리아Amoria 왕조이다. 각각 11년, 50년 동안 존재했다. 반세기 동안 존속했던 아모리아 왕조는 뒤의 마케도니아Macedonian 왕조와 더불어 비잔티움 제국의 전성기를 이끈 왕조라고 할 수 있다. 마케도니아 왕조가 유스티니아누스 대제 이후로 최고의 전성기를 이룩할 수 있었던 것은 아모리아 왕조의 후반부가 괜찮았던 덕분이었다. 마케도니아 왕조의 존재 시기는 AD 867년부터 1056년. 비잔티움 제국에서 인류가 맞은 첫 번째 밀레니엄을 마감한 왕조인 셈이다. 이때 바로 옆 동네에선 셀주크투르크Seljuk Turk가 아바스 왕조를 괴롭히고 있었고, 중국은 당에서 5대 10국五代十國을 지나 송宋의 시대에 접어들었다. 5대 10국 시대는 당이 멸망한 AD 907년부터 송이 통일한 AD 979년까지의 시기이다.[166]

비잔티움 제국이 나쁘지 않은 기세로 새로운 천 년을 맞을 수 있었던 것은 이슬람의 아바스 왕조가 속으로 시끄러웠기 때문이다. 셀주크는 아바스의 속을 시끄럽게 한 세력 중의 하나. 마케도니아 왕조는 나라를 마지막으로 성기盛期에 올려놓은 왕조로 평가되는데 이 왕조가 끝나면서 비잔티움 제국은 내리막으로 접어든다. 전성기라는 말 속에는 정점과 내리막이 동시에 존재한다.

지금부터는 AD 1000년 이후의 일이다. 마케도니아 왕조에 이어 새 천년에 가장 먼저 생긴 두카스Ducas 왕조는 그 내리막을 그대로 겪어야 했다. 20년이란 짧은 기간 동안 제국 역사상 최대의 치욕을 당하는데, 셀주크와의 전투에서 황제가 사로잡힌 것이다. 앞서 나온 유스티니아노스를 비롯한

---

166  송은 AD 960년에 세워져 19년 후인 AD 979년에 통일을 이룬다.

| 이스탄불 군사박물관에 있는 만지케르트 전투 상상도 |

황제들의 '개고생'은 그나마 내부의 일이었으나, 이는 외부의 적에게 당한 치욕이었다. 이것이 바로 AD 1071년에 있었던 유명한 만지케르트 전투 Manzikert Battle이다. 주인공은 로마노스 4세Romanos IV. 로마의 황제가 적군에게 생포당한 것은 군인황제 시대였던 AD 260년 사산조 페르시아와 벌인 에데사 전투에서 발레리아누스Valerianus가 생포된 이래로 처음이었다.

아홉 번째였던 두카스 왕조에 이어 콤네노스Komnenos 왕조, 앙겔로스 Angelos 왕조, 라스카리스Laskaris 왕조가 등장한다. 이들은 각각 100년, 20년, 60년을 지탱하는데 이 중 눈여겨볼 만한 왕조는 라스카리스 왕조이다. 이 왕조는 AD 1204년부터 1261년까지 57년간 존속하는데, 이들의 근거지는 콘스탄티노플이 아니었다. 다른 곳에서 칼을 갈며 세력을 키웠던 것이다. 20세기 식으로 표현하면 망명亡命 왕조쯤 될까. 그렇다면 왜 라스카리스 왕조는 객지생활을 하게 된 것일까?

AD 1204년은 비잔티움 제국 역사에서 가장 큰 사건이 있었던 해다. 멸망滅亡. 멸망이라는 표현이 과하지 않을 정도로 비잔티움 제국은 이해에 멸망 또는 '거의' 멸망을 당하였던 것이다. 그 유명한 제4차 십자군에 의한 콘스탄티노플 침탈이다. 이 사건은 앙겔로스 왕조 황제의 무능력과 베네치아의 탐욕이 만든, 기독교 국가 간 분쟁의 결과였다. 이로 인해 비잔티움 제국은 되돌릴 수 없는 상태가 된다. 수많은 외침을 막아내며 제국은 물론 유럽의 방파제 역할을 했던 테오도시우스 장벽은 완전히 멸망하기 전에 딱 한 번 뚫리게 된다. 그것이 바로 같은 기독교도들에 의한 콘스탄티노플 함락 사건이다.

함락된 수도에서 비잔틴의 많은 귀족들이 탈출했고, 그들은 제국 영토 곳곳에서 나라를 세워 권토중래를 도모하게 된다. 그중 가장 컸던 나라가 니케아 제국Empire of Nicaea이었고, 그때의 왕조가 라스카리스 왕조인 것이다. 순서로는 열두 번째 왕조였다. 참고로 십자군 세력이 콘스탄티노플을 함락하고 세운 나라는 라틴 제국Latin Empire이다. '라틴 사람들이 세운 나라'라는 무심한 이름이다.

수도를 빼앗겼음에도 비잔티움 제국이 지속되는 데 가장 공이 컸던 라스카리스 왕조는 정작 콘스탄티노플을 되찾았을 때에는 돌아오지 못했다. 객지에서 고생만 하고 명이 끝나고 만 것. 여기에는 이유가 있는데 수도를 수복하기 직전 제위를 찬탈당했던 것이다. 제위를 뺏은 자는 섭정을 맡았던 미하일 팔라이올로고스Michael Palaiologos. 마지막 왕조인 팔라이올로고스Palaiologos 왕조를 연 사람이다.

미하일은 우수한 인물이었다. 비잔티움 제국이 나라를 되찾을 수 있었던 데는 미하일의 능력이 크게 작용했다. 어쩌면 콘스탄티노플을 수복하기 직전에 제위를 빼앗긴 것이 아니라 능력 있는 자에게 제위를 내줬기에 콘스탄티노플을 수복할 수 있었던 것인지도 모른다. 어찌 되었건 비잔틴사를 공부하는 입장에서는 수도를 빼앗긴 기간과 라틴 제국과 니케아 제국이 존재한 기간, 너불어 라스카리스 왕조가 객지에 있었던 기간이 일치하게 해

| 비잔티움 제국의 왕조들 |

**테오도시우스 왕조(AD 395~457)**
마지막 통일 왕조이면서 동로마 최초의 왕조.
AD 395년은 테오도시우스 1세가 사망한 해다.

**레오 왕조(AD 457~518)**
이때 서로마가 사라졌다.

**유스티니아누스 왕조(AD 518~610)**
첫 번째 전성기, 로마 시대 영토 잠시 회복.

포카스라는 수준 미달의 황제가 있었다.

**헤라클리우스 왕조(AD 610~711)**
훌륭한 황제가 나타났으나 운이 없었다.
이웃에 이슬람이 태어났네.

6년 동안 3명의 황제가 혼란 속에 오고갔다.

**이사우리아 왕조(AD 717~802)**
기독교 역사에서 매우 중요한 사건인 성상 파괴령이
내려진다.

**니키포로스 왕조(AD 802~820)**
황제가 포로가 되어 죽다.(이름에 문제? 포로⋯⋯.)
AD 811년 플리스카 전투다.

**아모리아 왕조(AD 820~867)**
전성기를 있게 해준 마중물 왕조였다.

**마케도니아 왕조(AD 867~1057)**
비잔티움 제국 최고의 전성기. 200년간 지속된다.

**두카스 왕조(AD 1057~1081)**
인류가 맞은 두 번째 밀레니엄에서 내리막길을 걷는다.
AD 1071년 만지케르트 전투에서 로마노스 4세가
포로가 되었다.

**콤네노스 왕조(AD 1081~1185)**
중흥을 할 뻔했으나 성공하지 못한다.

**앙겔로스 왕조(AD 1185~1204)**
4차 십자군에게 콘스탄티노플을 내준다.
무능력한 왕조.

**라스카리스 왕조(AD 1204~1261)**
여러 망명 왕조 중 하나. 그나마 가장 규모가 컸던
니케아 제국을 세워 객지 살림을 유지했다. 콘스탄티노플
복귀 직전에 제위를 빼앗긴다.

**팔라이올로고스 왕조(AD 1261~1453)**
마지막 왕조. 200년 가까이 비실거리며 살았다.

준 데 대해 미하일에게 감사해야 할 것이다.

비잔티움 제국 왕조의 객지생활 기간을 되새기면 AD 1204년부터 1261년이다. 그리고 미하일이 콘스탄티노플로 돌아오면서 세운 팔라이올로고스 왕조는 190년간 유지되다가 AD 1453년 오스만 제국에 의해 멸망함으로써 제국과 운명을 같이한다. 마지막 열세 번째 왕조였다.

이상이 간략하게 살펴본 동로마 제국 또는 비잔티움 제국 왕조들의 역사이다. 비잔티움 제국의 역사를 파악하려면 이들의 명칭에 익숙해져야 할 것이다. 모든 나라가 그러하듯이 새로운 시대가 나오면 생소한 어감의 이름들이 쏟아진다. 물론 그 단계만 넘으면 수많은 지명, 관직명 등을 익히는 것이 절로 수월해진다. 여기에 세계사의 큰 사건과 관련이 있는 이야기를 몇 개 정도 맞추면 비잔틴사의 틀을 잡는 것도 그리 어렵지 않을 것이다. 다만 존속 기간이 무지막지하게 길어 지겹도록 많은 이야기를 담고 있기 때문에 어느 정도 각오는 필요하다. 이 나라가 이런 나라이다.

기원부터 천 년까지 전문세

# 로마 이후의 유럽과
# 중국의 통일 시대

# 3

## ▌클로비스 사후 프랑크 왕국의 분열과 재통일

테오도시우스 대제 사후부터 AD 1453년까지 비잔티움 제국 천 년의 역사를 약사略史로 살펴보았다. 지금부터 비잔티움 제국사에 비추어 가며 서양사를 서술하게 될 것이다. 어느 시대건 하나를 기준으로 삼으면 인근 지역의 역사를 파악하는 것이 용이해진다. 대개 동유럽의 역사는 서유럽의 역사를 기준으로 하여 부가적으로 서술될 때가 많으나 여기서는 그 반대가 되는 셈이다. 이는 의도한 바는 아니나 굳이 거부할 것도 아니라고 생각된다. 비잔티움 제국은 지역적으로 서유럽과 이슬람의 가운데에 위치해 있어 여러 가지로 이해하기 편리한 부분이 많기 때문이다.

지금 기술할 서유럽은 클로비스가 죽은 AD 511년 이후의 역사이다. 비잔티움 제국의 두 번째 왕조인 레오 왕조에 해당하는 시기이나 레오 왕조는 AD 518년에 끝이 나므로, 클로비스 이후의 프랑크 왕국은 그다음인 유스티니아누스 왕조와 함께 시작된다고 봐도 무방하다. 서유럽에서 클로비스 이후의 시대는 동유럽의 유스티니아누스 시대와 같이 간다는 것을 알면, 복잡해 보이는 로마 이후의 서양사를 이해하는 것이 편해진다. 이 시기

**| 클로비스 말년의 프랑크 왕국과 유스티니아누스 말년의 비잔티움 제국 |**

클로비스는 AD 511년에 세상을 떠났고 유스티니아누스는 선대 황제 유스티누스 시대인 AD 518년부터 비잔티움 제국의 실질적인 지배자였다.

중국은 여전히 남북조 시대이다. 정확히는 남조의 양*梁*이 생긴 지 얼마 되지 않았을 때이다.[167]

클로비스 이후의 프랑크 왕국은 대중적으로 인기가 높은 시기는 아니다. 소설이나 드라마, 영화에서 거의 다루어지지 않다 보니 생소한 시기이기도 하다. 그렇다 보니 금방 살갑게 다가오지는 않을 것이다. 하지만 이때도 사람이 살았다. 게다가 로마보다 현대에 좀 더 가까운 시대임을 때때로 생각하기 바란다. 구체적인 지역으로는 현재의 프랑스와 네덜란드, 독일 정도

---

167　남조 양은 AD 502년부터 557년까지 존속했다.

라고 보면 될 것이다. 서로마 멸망 이후 이 지역에 등장한 최초의 영웅이라 할 수 있는 클로비스가 세상을 떠나고 그가 세운 왕국은 아들들에게 상속되었다. 이것이 복잡하고 인기 없는 시대의 시작이다.

클로비스의 후손들은 클로비스만큼 높은 평가를 받지 못한다. 잘난 아버지를 둔 아들이 그 아버지를 능가한 경우는 드물다. 우선 그의 네 아들은 나라를 물려받자마자 곧장 다투기 시작했다. 그런데 이를 두고 아들들을 탓하기는 어렵다. 왜냐하면 이는 분할 상속의 제도적 맹점이기 때문이다. 피를 나눈 형제라 할지라도 나라로 서로 이웃하게 되었을 때 싸움이 없다면 그게 더 이상한 일이다.

프랑크족의 전통 법인 살리카법을 따르면 어떠한 국가도 강대국이 되기 어려웠다. 국가가 부강해지려면 어느 정도 규모가 따라주어야 하는데, 이 법 아래서는 영웅이 나타나 나라를 크게 성장시킨다 하더라도 그가 세상을 떠날 때면 아들의 숫자만큼 나라가 쪼개져야 하기 때문이다. 그것만으로도 국력이 축소되는데, 분열된 나라들은 분쟁을 피할 수 없다. 운이 좋아 그 나라들이 다시 통일되어 영토를 회복한다 해도 기능적으로 분열 전의 수준으로 돌아가기까지는 시간이 필요하다. 이 무슨 낭비인가.

만약 회복되는 중에 다시 세대를 넘기면 나라는 다시 나뉜다. 세대를 거듭해 영토를 넓히고 인구를 늘려도 시원찮을 판에 있는 나라를 쪼개고 또 쪼개는 열성유전을 반복하는 것이다. 그동안 주변국이 가만히 놓아둘 리도 없거니와 살벌한 국제사회에서 이런 식의 분열과 소모를 계속하다 보면 소멸은 시간 문제일 것이다. 물론 하늘이 특별히 돕고 도와 외동아들로만 점지하면 해결될 일이긴 하다.

클로비스가 남긴 네 명의 아들은 각각 테우데리크Theuderic, 클로도미르Clodomir, 킬데베르트Childebert, 클로타르Chlothar이다. 라틴어로는 테우데리쿠스, 클로도미루스, 킬데베르투스, 클로타리우스이다. 다시 이름의 늪으로 빠져야 하니 또 한 번의 각오를 당부한다. 또한 피해가지 말기를 부탁하며 소개하겠다. 이들이 중세의 시조라고 할 수 있는 클로비스의 직계 주니어들이다.

장남 테우데리크는 이름이 알려지지 않은 클로비스의 첫 번째 부인의 소생이고, 나머지 세 아들은 두 번째 부인 클로틸드의 소생이다. 부부가 이름이 닮은 것이 참으로 큰 다행임을 뒤로 가면 갈수록 알게 될 것이다. 네 아들은 네 조각 난 프랑크 왕국의 왕이 되었다. 처음엔 서로 싸우지 않았다. 그래도 자라온 정이 있으니 같은 집안이라는 일체감 정도는 있었을 것이다. 그래서 힘을 합쳐 튀링겐Thuringian족이나 부르군트Burgund 왕국을 정복(AD 534)하기도 하였다. 국가 간임에도 사이가 좋아 보였다.

그러나 이는 얼마 가지 않았다. 힘을 합쳐 공동의 적과 대항하던 중이라도 그사이에 형제가 죽으면 죽은 형제의 나라를 물어뜯었다. 대외적인 싸움을 멈추고서라도 그 나라를 나누어 가졌던 것이다. 남은 조카들을 무참히 죽이면서까지 말이다.[168] 각자의 나라에서 왕위에 앉아 얼굴은 웃고 있으면서 속으로는 언제든 공격할 준비를 갖추었던 것이다.

클로비스의 아들 4형제는 직접 치고받는 상잔相殘을 벌이지는 않았다. 하지만 행여 형제 중에 병이라도 얻어 죽는 사람이 생기면 남은 조카들이 삼촌들의 칼에 목숨이 위태로워지는 촌극이 벌어졌다. 참 특이한 가풍이다. AD 534년 테우데리크가 죽었을 때 또 재미있는 일이 벌어졌다. 이때에도 삼촌들이 몰려가 조카를 죽이고 나라를 빼앗으려 했는데, 똑똑한 조카가 승냥이 같은 삼촌들을 막아냈던 것이다. 결국 헛물만 켠 삼촌들은 조카를 왕으로 인정하게 되고 나라는 유지된다.

---

168  동복형제 셋이 부르군트 왕국과 전쟁을 벌이다 둘째 클로도미르가 전사하자 나머지 형제들은 클로도미르의 자식들을 살해하고 나라를 분할하였다.

4등분 된 나라를 통일한 인물은 막내 클로타르였다. 보통 클로타르 1세 Chlothar I로 부른다. 클로타르가 최후의 승리자가 된 것은 정치적인 능력이나 군사적인 재능이 있어서가 아니었다. 오히려 군사적인 재능은 형제들 중 가장 떨어진다는 평가를 받는다. 그래서 그는 형제들이 힘을 합쳐 대외 원정을 갈 때도 언제나 보조적인 역할을 하였다. 형들의 뒤를 졸졸 따라다녔던 것이다. 그런 클로타르가 최후의 승자가 될 수 있었던 것은 가장 오래 살았기 때문이다.[169] 그야말로 강한 자가 살아남는 것이 아니라 살아남는 자가 강한 자임을 보여주는 사례이다. 어찌 되었건 분열되었던 프랑크 왕국이 재통일된 순간으로, 한동안 계속될 재통일 중 첫 번째이다. 클로비스의 통일을 첫 번째로 본다면 두 번째 통일이 되는 셈이다. AD 558년, 클로비스 사후 47년 만이었다. 중국에서는 남조 마지막 왕조인 진陳과 북조의 마지막 왕조 북주北周가 생기고 1년 후였다.

## ▍프랑크 왕국의 세 번째 통일

클로타르 1세는 통일 프랑크 왕국을 오래 누리지 못했다. 3년 후인 AD 561년 세상을 뜬 것이다. 아버지 클로비스가 죽은 지 정확히 50년 만이었다. 전통에 따라 나라는 다시 분열되어 상속되는데, 공교롭게도 클로타르가 남긴 아들도 네 명이었다. 헷갈리겠지만 이름을 한 번씩 훑어볼 필요는 있다. 어디 가서 써먹을 일은 거의 없는 이름들이겠지만, 게르만족 명칭에 익숙해지는 과정으로 생각하자.

카리베르트Charibert, 군트람Guntram, 시기베르트Sigebert, 킬페리크

---

169  마지막 남은 형제 킬데베르트와 클로타르는 원수가 되어 치고받는 혈전을 벌였다. 킬데베르트가 먼저 죽는 바람에 클로타르가 최후의 승자가 될 수 있었다. 킬데베르트는 병사했다. 그것도 아들을 남기지 않고.

북해

킬페리크

시기베르트

카리베르트

군트람

대서양

시기베르트    카리베르트

군트람

카리베르트

지중해

킬페리크의 수앙송 왕국
군트람의 부르군트 왕국
카리베르트의 네우스트리아 왕국
시기베르트의 아우스트라시아 왕국

| 프랑크 왕국의 거듭된 분열과 통일 |
클로비스의 아들 클로타르 1세 사망 후
넷으로 분할된 프랑크 왕국(AD 561년).

Chilperic이다. 물론 이 외에도 아들이 있긴 했으나 아버지보다 먼저 죽었다. 이는 비일비재한 일이었다. 클로비스 또한 그러했고. 지금처럼 태어난 아이들이 온전히 어른이 될 수 있는 시대가 된 것은 얼마 되지 않았다.[170] 4형제 중 카리베르트, 군트람, 시기베르트는 동복형제이고 킬페리크는 이복형제이다. 이 두 번째 4형제의 싸움은 아버지 代보다 좀 더 복잡하다. 그래서인지 이들은 자신의 대에서 통일을 이루지 못하고 그다음 대로 넘긴다. 이 싸움판의 승리자도 클로타르. 클로타르의 손자 클로타르가 재통일을 이룬 것이다. 할아버지와 구별하기 위해 클로타르 2세Chlothar II라고 부른다. 로마의 뒤를 이어 서유럽의 주인이 된 프랑크는 클로비스, 클로타르, 클로타르의 순서로 통일을 이룩했다.

통일 과정을 간략하게 풀이하면 이러하다. 대를 이어 싸운 클로타르 1세

---

170   AD 13세기 영국 에드워드 1세의 부인 엘레노어(Eleanor)가 16명의 자식을 낳았지만 그중 성인으로 자란 자식은 한 명뿐이었다는 사실은 유명하다.

**| 클로타르 1세 |**
작자 미상의 클로타르 1세 초상화. 클로타르 2세와는
조손 관계이다.

의 네 아들과 며느리 중에는 희대의 악당과 악녀, 그리고 성인이 있었다. 프랑크 왕국이 재통일되는 과정에는 이들이 얽히고설킨 재미있는 이야기가 전해진다. AD 561년 클로타르 1세 사후 나라는 다시 네 개로 나뉘는데, 첫째 카리베르트가 자식 없이 사망함에 따라 금방 삼국으로 정리되었다. 이 형제들은 아버지의 형제들과는 달리 일찍감치 싸움을 시작한다. 그것도 아주 격렬하게 말이다.

 싸움의 첫 테이프를 끊은 두 주인공은 시기베르트와 킬페리크. 헌데 싸우게 된 원인이 좀 황당하다. 시기베르트는 품위를 중요시하는 인물로서 서고트의 아름답고 정숙한 왕녀 브룬힐데Brunnhilde를 아내로 맞았다. 그런데 이복형제 킬페리크가 브룬힐데를 보고 엄청난 질투를 느낀다. 그런데 질투의 대상은 브룬힐데의 미모가 아니었다. 그저 자신도 정숙하고 품위 넘치는 여인을 취하고 싶었다고 한다. 그거나 그거나. 어찌 되었건 킬페리크는 노력 끝에 본능이 바라는 대로 브룬힐데의 언니와 결혼하게 된다. 프랑크와 서고트가 겹사돈을 맺은 것이다. 그 과정에서 시기베르트와 브룬힐데의 노력이 있었음은 당연하다.

여기까지는 어느 집안에나 있을 법한 이야기이다. 그러나 얼마 가지 않아 사고가 터진다. 어떤 이유에서인지 킬페리크가 그토록 원해서 얻은 부인을 자기 손으로 살해한 것이다. 그러고는 곧장 첩이었던 프레데군트 Fredegund와 재혼한다. 온갖 구실을 만들어 변명했음에도 킬페리크는 첩에게 빠져 부인을 없앤 것이었다. 이것이 사건의 전말이다.

격노한 시기베르트와 브룬힐데는 킬페리크를 공격했고, 두 나라는 전쟁을 벌이게 된다. 치열한 전투 끝에 시기베르트가 승리를 거두고, 킬페리크의 나라는 곧 멸망할 위기에 몰린다. 권선징악으로 끝나는 전개. 하지만 반전이 일어난다. 승전을 축하하는 자리에서 시기베르트가 암살을 당하고, 순식간에 두 나라의 처지가 바뀌어버린 것이다. 자객을 보낸 사람은 킬페리크의 새 왕비 프레데군트, 브룬힐데의 언니를 죽게 만든 그 여자였다. 그녀는 암살로써 남편과 나라를 구한 것이다.

사실 이 사건부터 중세의 역사는 매우 재미있어진다. 그중에서도 이 프레데군트라는 여성은 매우 상품성 있는 캐릭터를 지닌 인물이다. 자객이 그녀의 명을 완수한 때는 AD 575년. 왕을 잃은 군대는 급히 철수하게 되는데 이 와중에 왕자만 챙기는 사태가 벌어진다. 왕비를 버려두고 간 것. 낙오된 브룬힐데는 킬페리크 부부에게 생포되고 만다. 살인을 곧잘 하는 부부였지만, 이상하게도 이때만큼은 브룬힐데를 죽이지 않는다. 방법이 정정당당하지는 못했지만 결국 승리는 킬페리크의 차지였다.

이제 사태가 진정되나 했는데, 또 다른 사건이 이어진다. 아직 드라마가 끝나지 않은 것이다. 얼마 지나지 않아 억류되었던 브룬힐데가 탈출한다. 그녀의 탈출을 도운 것은 놀랍게도 킬페리크의 아들이었다. 그는 프레데군트가 아닌 다른 부인의 소생으로 이름이 메로베크Merovech였다. 이미 보아서 알겠지만 서양사에서는 몇 개 되지 않는 이름을 돌려가며 쓰는 것을 자주 볼 수 있다. 메로베크는 그의 5대 조부의 이름인 동시에 메로빙거 왕조

기원부터 천 년까지 전문세

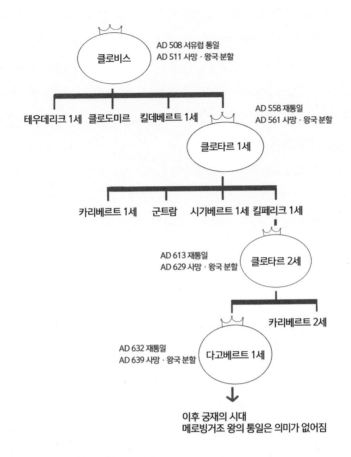

클로비스 — AD 508 서유럽 통일
AD 511 사망 · 왕국 분할

테우데리크 1세   클로도미르   킬데베르트 1세

클로타르 1세 — AD 558 재통일
AD 561 사망 · 왕국 분할

카리베르트 1세   군트람   시기베르트 1세   킬페리크 1세

AD 613 재통일
AD 629 사망 · 왕국 분할 — 클로타르 2세

카리베르트 2세

AD 632 재통일
AD 639 사망 · 왕국 분할 — 다고베르트 1세

이후 궁재의 시대
메로빙거조 왕의 통일은 의미가 없어짐

**| 메로빙거조 프랑크 왕국의 분열과 통일 과정 |**

의 그 메로베크이다.[171] 이 이름 재활용은 이후로도 계속되어 21세기까지 이어진다. 현재 존재하는 유럽의 모든 왕조도 하나같이 투철한 재활용 정신을 갖고 있다.

---

171   클로비스의 기준에서 보았을 때, 메로비크는 클로비스의 할아버지가 된다.

다시 이야기로 돌아오면, 브룬힐데와 그녀의 탈출을 도운 메로베크는 숙모-조카 사이이다. 전말은 어린 것이 숙모와 사랑에 빠진 것. 사랑에 눈먼 메로베크는 내친김에 아버지에게 반란까지 일으키게 된다. 파워 오브 러브 Power of Love. 그러나 반란은 금세 진압되었고, 메로베크는 도주 끝에 자살한다. 그사이 브룬힐데는 자신의 나라로 돌아갈 수 있었고, 어린 아들의 섭정이 되어 실권까지 잡게 된다.

전쟁을 치렀고, 그사이 한 나라의 왕이 죽고 왕비가 포로가 되었으며, 또한 나라에서 왕자가 왕에게 반란을 일으킨 소동이 지나갔다. 하지만 한 나라도 멸망하지 않으며 상속받았던 당시의 질서로 돌아왔다. 아무 일도 없던 것처럼 말이다. 물론 속으론 원수가 되었겠지만. 이런 가운데 형제 사이에서 중심을 잡고 중재한 것이 바로 둘째 군트람이다.[172]

군트람은 메로빙거 왕조 프랑크에서 보기 드문 호인好人으로 칭송받는 인물이다. 그는 두 동생이 싸울 때부터 중재를 위해 노력했다. 아버지 클로타르 1세 같았으면 조카를 죽이고 모조리 빼앗았을 상황에서도 그는 신사적으로 원조하였다. 시간이 흘러 AD 584년 킬페리크는 암살당하고 그의 아들이 나라를 물려받는다. 물론 실질적으로는 그의 아내 프레데군트에 의해 다스려졌는데, 당시 그녀는 암살에 재미를 들인 듯 이리저리로 자객을 보내고 있었다. 만약 군트람이 없었다면 시기베르트가 죽었을 때나 킬페리크가 암살당했을 때 여지없이 분쟁이 일어났을 것임에 틀림없다.

삼국 분열의 상태에서 중심을 잡고 있던 군트람이 AD 593년 사망한다. 자손이 없었던 그는 자신의 나라를 브룬힐데의 아들에게 상속한다. 네 나라로 나뉘었던 프랑크 왕국은 이제 프레데군트의 아들과 브룬힐데의 아들이 다스리는 2국 체제가 되었다. 당시의 기록은 킬페리크를 악당, 프레데

---

172 클로타르 1세의 아들들은 그 생년에 있어 선후 관계가 다른 기록들이 전해진다.

군트를 악녀, 그리고 군트람은 성인으로 그리고 있다.

그렇다면 프레데군트와 브룬힐데의 대결은 악녀와 선녀의 대결로 보일지 모른다. 그러나 이 이야기는 아직 끝나지 않았다. 현명하고 정숙한 여인이었던 브룬힐데가 나이 들면서 미움을 받게 된 것이다. 세월이 사람을 바꾸어놓은 것. 그래서 아들이 자신보다 먼저 세상을 떠났을 때 브룬힐데는 나라를 잃게 된다. 게르만의 전통상 여자는 부동산에 대한 권한이 없기 때문에 다른 남자 형제에게 나라가 넘어가는 것이 맞다. 하지만 이것은 겉으로 드러난 명분일 뿐, 신하들의 지지만 있었다면 그런 명분 정도는 형식적으로 갖출 수 있었을 것이다. 하지만 인심을 완전히 잃은 상태였기에 브룬힐데의 지지파는 반대파에게 금방 무너지고 만다. 그 과정에서 그녀는 큰 힘을 발휘하지 못한 것이다.

결국 시기베르트의 나라는 킬데리크와 프레데군트의 아들에게 바쳐졌다. 악당과 악녀로 불리던 부부의 아들에게 통일 프랑크 왕국이 돌아가게 된 것이다. 이때가 AD 613년. 그리고 그 아들이 바로 클로타르 2세였다. 두 번째 재통일도 클로타르에 의해 이루어졌다. 클로비스의 통일부터 계산하였을 때 세 번째 통일이다. 건국 이래 수대에 걸쳐 나라를 쪼개고 붙이기를 반복하는 것은 다른 왕조에서는 보기 드문 형태의 국력 소모라 하겠다.

반전은 아직 더 남아 있다. 정숙하고 아름다웠던 브룬힐데는 끝내 비참하게 죽음을 맞았고, 암살이 취미였던 악녀 프레데군트는 천수를 누린다. 아마 이것을 메로빙거 왕조의 세 번째 통일의 끝이라고 해야 할 것이다. 소설 같은 이 역사는 이후 오랫동안 여러 문학작품과 연극의 인기 있는 소재가 되었다. 이 시대에 대한 관심을 높이는 데 조금은 기여한 셈이다.

이후에도 메로빙거 왕조는 아들의 숫자만큼 나라가 나뉘고, 그중 죽는 이가 나오면 합쳐진다. 하지만 더 이상 분열과 통일이 큰 의미가 없어진다.

왜냐하면 더 이상 이들이 역사의 주인이 아니었기 때문이다. 메로빙거조의 왕이 허수아비가 되어버린 것. 통일된 왕국을 선물 받았던 클로타르 2세는 다고베르트 1세Dagobert I에게 그것을 물려준다. 처음엔 이복동생 카리베르트 2세와 영토를 분할하였으나 얼마 지나지 않아 동생이 세상을 떠남으로써, AD 632년 나라는 다시 통합되었다.

다고베르트는 문화와 상공업을 발달시키고 외적을 방어하고 정적을 제거하여 왕권을 강화하였다는 평가와 사치와 호색을 즐겼다는 평가를 받는 왕이다. 호평과 혹평을 동시에 받는 것은 여느 왕과 크게 다를 바 없으나, 한 가지 확실한 것은 그가 메로빙거조의 실질적인 마지막 왕이라는 것이다. 그의 사후 프랑크 왕국은 왕이 아닌 궁재宮宰의 시대를 맞게 된다. 왕이 존재하나 더 이상 왕이 아닌 상황. 왕이 궁재의 눈치를 보는 시대가 된 것이다.

🗨

## 궁재에 대해서

궁재는 동양에선 찾을 수 없는 벼슬이라 고 할 수 있다. 라틴어로 Major Domus, 영어로 Mayor of the Palace인데 단 어들을 들여다보면 알 수 있듯이 궁전 Domus/Palace에서 최고 지위Major/Mayor 라는 뜻이다. 물론 왕이 아닌 사람 중에. 이를 일본에서는 궁宮의 재상宰이란 뜻으 로 궁재라 번역하였고, 중국 역시 궁宮의 재상相이란 뜻으로 궁상宮相으로 번역하 였다. 한국에서는 궁재를 일반적으로 사 용하고 다르게는 궁장宮長이라고도 한다.

| 베르사유 궁전에 있는 칼 마르텔 조각상 |

역시 궁의 우두머리長라는 의미이다. 이렇게 번역되는 이유는 이 궁재가 궁내宮內라는 왕의 사적인 공간에서의 대신과 정무적으로 재상의 업무를 동시에 맡았기 때문이다. 동양에선 환관이 왕조를 장악한 일은 있었으나 공식적으로 재상의 자리에 앉은 경우는 그 사례를 찾기 어렵다. 동서양 문화의 차이라고 할 수 있겠다.

왕조의 입장에서 궁재는 매우 위험한 벼슬이었다. 어떤 시스템이든 왕이 현명하고 왕권이 굳건하면 어떤 문제도 생기지 않는다. 사고는 왕권이 약할 때 일어나는 법이다. 권신이 왕의 힘을 능가할 경우, 궁재는 왕을 완벽하게 통제할 수 있는 자리다. 공적으로 재상이며 사적으로 집사장인 신하가 권력을 쥐었을 때 왕이 누구의 도움을 얻을 수 있겠는가. 중국의 황제가 외척에 대항할 때 환관과 손을 잡고, 환관에게 장악되었을 때 외척에게 손을 내미는 것과 완전히 다른 상황이다. 궁재는 곧 외척이자 환관인 것이다.

궁재는 중세 초기의 관직으로 7세기 메로빙거 왕조 때부터 궁재의 권한이 점점 강화되기 시작해 군주의 섭정이나 부왕의 지위까지 이르게 된다. 여기에 궁정의 관리 인사권을 가지게 되고, 마침내 군사 지휘권까지도 가지게 된다. 실질적으로 왕이 된 것이다. 궁재의 가문은 그것을 세습하였다. 저절로 들어오다시피 한 권력을 다시 내놓을 이유가 없었기 때문이다. 궁재의 가문은 왕조와 다를 바 없었고 왕은 그 권력을 다시 찾을 수 없었다. 그리고 실제로 그들은 왕이 되고 왕조가 되었다.

기원부터 천 년까지 전문세

## ▌허수아비 왕과 궁재

다고베르트 1세의 죽음으로 프랑크 왕국이 다시 분할된 때는 AD 639년이다. 10년 만에 다시 분열된 것이다. 이때 한반도는 선덕여왕이 첨성대를 세우고 있었고[173], 중국은 당태종唐太宗 이세민李世民이 정관지치貞觀之治로 기세를 올리고 있었으며 일본은 아스카 시대[174]의 중간이었다.

앞서 설명했듯 궁재는 재상이자 왕의 사생활도 보좌하는 궁내대신을 겸하는 직책이다. 프랑크 왕국이 상속으로 분할될 때면 왕국의 수만큼 궁재가 존재하게 되었다. AD 639년의 분열 이후 각 프랑크 왕국에서는 왕들이 실질적인 권력에서 밀려나는 상황이 벌어진다. 대신 그 자리를 차지한 사람들이 바로 궁재였다. 이는 모든 프랑크 왕국에서 똑같이 일어난 현상이다. 실권 없는 왕은 자리만 차지하고 있고, 국가 간의 다툼은 클로비스의 후손들이 아닌 궁재들의 전쟁이 되어버린 것이다.

급기야 왕의 별칭으로 무위왕無爲王이란 말이 등장하게 된다. '아무것도 하지 않은 왕'이란 뜻으로, 왕의 허수아비화가 공식적인 사실이 된 것이다. 이는 역사에 기록된 명칭이 아니라 역사에 아무런 행적도 남아 있지 않기에 후대에 붙여진 명칭이다. 첫 테이프를 끊은 왕은 AD 657년 다섯 살에 등극한 클로타르 3세Chlothar III이다. 그를 시작으로 서양사에서는 무위왕이란 별칭이 붙는 경우를 자주 볼 수 있다. 앞서 등장했던 클로타르들은 모두 통일의 행운을 얻은 왕인 데 반해 세 번째 클로타르는 그런 운을 얻지 못했다.

이러한 상황에서 메로빙거조의 분할 상속은 더 이상 의미가 없었다. 나라가 나뉘어 있건 없건 궁재 가문들의 다툼은 계속되었기 때문이다. 궁재

---

173  첨성대 건립은 AD 632~647년 사이로 추정되며 여러 설이 있다. 정확한 연도는 알려지지 않았다.

174  아스카 시대는 AD 538년부터 710년까지로 보고 있다.

가문의 싸움이 곧 나라의 싸움이 되었고, 나라가 달라도 같은 궁재 가문이 권력을 장악한 경우도 있었다. 왕은 완전히 소외된 존재였다. 여기에서 특히 두각을 나타낸 궁재가 있었으니, 바로 피핀 2세Pepin II이다.

피핀은 다른 궁재들을 하나씩 제거하면서 그의 왕 테우데리크 3세를 다시 통일된 프랑크 왕국의 지배자로 만든다. AD 687년이었다. 물론 왕은 큰 의미가 없었다. 어차피 실질적인 지배자는 피핀이었으므로. 실제로 피핀은 테우데리크 3세를 얼마든지 폐위하고 다른 왕을 세울 수 있었음에도 그렇게 하지 않았다. 실익이 없다고 판단했던 것이다. 또한 왕이 죽고 자식들에 의해 다시 여러 나라로 나뉘어도 피핀의 권력은 변함없었다. 모든 나라의 궁재로 있을 수 있었기 때문이다. 여러 개의 문이 있지만 들어가면 하나의 공간인 것이 이때의 상황이다. 궁재 시대 이후의 프랑크 왕국은 통일과 분열이 큰 의미가 없었던 것이다.

궁재의 직위는 세습되었다. 실권을 한 손에 쥔 직위의 세습은 왕이나 다름없는 것이었다. 상식적으로 왕권에 가장 큰 위협이 되는 것이 신권臣權의 세습이다. 어느 시대, 어느 나라에서건 신권의 세습이 부작용을 일으키지 않은 적은 없었다. 왕의 입장에서는 왕권을 제외한 다른 모든 대물림되는 권력을 경계해야 한다. 그래서 왕권이 강할 때 다른 권력들은 항상 개혁이나 토벌의 대상이 되는 것이다. 하지만 프랑크 왕국에서 이런 상식은 전혀 지켜지지 못했다. 그들의 왕조는 궁재가 세습되는 순간부터 위험에 노출된 것이다. 현대에서도 정치 권력의 세습은 비정상이 일어날 가능성을 키우는 일이고, 실제 수많은 문제를 일으켰다. 정치인의 세습이 얼마나 무서운지 역사는 이렇게 끊임없이 보여주고 있다.

강력했던 피핀 2세가 세상을 떠나자 궁재 자리를 놓고 싸움이 벌어졌다. 이 싸움은 프랑크 왕국의 왕위 다툼과 다를 바 없었는데, 그의 죽음은 다른 귀족 가문들이 고개를 드는 기회가 되었다. 피핀에게 눌려 지내던 이

기원부터 천 년까지 전문세

| **<투르-푸아티에 전투>** |
AD 19세기 화가 샤를 드 스토이벤(Charles de Steuben)이 그린 것으로 베르사유 궁전에 소장되어 있다.

들이 피핀 가문이 혼란해진 사이 왕족 한 명을 내세워 내전을 일으킨 것이다. 피핀 가문의 입장에서는 그동안 쌓아 올린 것을 모두 잃을 수도 있는 상황이었다. 이때 나타난 인물이 바로 칼 마르텔Carl Martel이다.

칼 마르텔은[175] 피핀 2세의 서자庶子로서 아버지의 모든 것을 차지한 인물이다. 당시 피핀의 적자嫡子들은 모두 세상을 떠난 상태였는데, 그들이

---

175  라틴어는 카를루스 마르텔루스(Carolus Martellus), 독일어는 카를 마르텔(Karl Martel), 프랑스어는 샤를 마르텔(Charles Martel), 영어로는 찰스 마르텔, 까를 마르텔, 칼 마르텔 등등. 모두 맞다. 마르텔뿐만 아니라 중세의 모든 인물은 이렇게 지칭할 수 있다. 마르텔은 망치란 뜻의 별명이다. 미국 프로야구(MLB)의 베이브 루스(Babe Ruth), 버스터 포지(Buster Posey)나 미 프로농구(NBA)의 매직 존슨(Magic Johnson)과 같은 경우라고 보면 될 것이다. 아기 같은 루스, 폭발력 있는 포지, 마술 같은 존슨, 망치처럼 강력한 샤를.

| **투르-푸아티에 전투** | 프랑크 왕국 투르와 푸아티에 사이의 중간 지대에서 전투가 일어났다.

남긴 아들들은 칼 마르텔의 상대가 되지 못했던 것이다. 집안을 정리한 칼은 그 여세를 몰아 내전을 정리해나갔다. 얼마 가지 않아 피핀 가문은 위상을 되찾았고 나라는 안정되었다. 물론 이는 피핀 가문의 입장에서 보았을 때의 안정이다. 그리고 그는 피핀 2세가 세상을 떠난 AD 714년 이후 약 5년에 걸쳐 갈리아 전체를 평정한다. 이는 프랑크의 모든 왕국을 평정했다는 뜻이다. 칼 마르텔은 아버지에 이어 세 나라의 궁재를 겸하면서 왕국 전체의 단독 통치자가 되었다. 이렇듯 궁재의 차원에서 분열된 프랑크 왕국을 통일한 후, 그는 본격적인 대외 원정을 펼쳐 영토를 확대해나간다.

칼 마르텔은 궁재 하면 떠오르는 아이콘이다. 그가 아버지 피핀을 밀어내고 이런 대접을 받게 된 것은 역사적인 일을 해냈기 때문이다. 칼이 가장 큰 위업은 뭐니뭐니 해도 이슬람의 침공을 막은 것이다. 이슬람 세력은

AD 8세기 초 아프리카에서 지브롤터 해협을 건너와 순식간에 이베리아반도를 장악했고 다시 피레네산맥을 넘어 서유럽으로 쳐들어왔다. 우마이야조 이슬람군과 칼 마르텔의 프랑크군은 투르와 푸아티에 사이의 어떤 곳에서 격돌했다.[176] 이것이 AD 732년에 있었던 투르-푸아티에 전투이다. 이 전투는 유럽의 기독교 세력과 아시아의 이슬람 세력의 운명을 결정짓는 몇 개의 사건 중 하나이다.

서유럽에서는 이를 가장 큰 사건으로 친다. 한국에서도 한때 이슬람 세력 차단에 있어 가장 큰 사건으로 이 투르-푸아티에 전투를 가르친 적이 있다. 허나 이는 서유럽의 시각에서 본 것이고 현재는 많은 변화가 있다.[177] 어찌 되었건 이 전투의 승리는 큰 의미가 있다. 당시 아시아와 아프리카를 장악하고, 지중해 서쪽을 건너 에스파냐까지 진출하는 등 급격하게 팽창하던 이슬람 세력을 한풀 꺾은 것이다. 만약 이때 승패가 바뀌었다면 현재 유럽은 이슬람의 세계가 되었을지도 모른다. 투르-푸아티에 전투는 AD 717년 우마이야 왕조 대의 콘스탄티노플 포위전과 더불어 이슬람으로부터 유럽을 지킨 중요한 전투였다. 칼 마르텔은 이로 인해 기독교 세계의 수호자로 역사에 남아 있다. 궁재의 아이콘은 하찮은 덤이랄까.

칼 마르텔의 평생은 전투로 점철되어 있다. 외교, 내치와 함께 수많은 대외 원정으로 세월을 보냈다. 메로빙거조의 왕은 진작부터 허수아비였는데 AD 737년부터는 왕을 세우지 않아 왕국에 왕 자체가 없는 상황이 되었다. 이를 메로빙거 왕조의 공위空位 시대라고 한다. 아마 그마저도 귀찮았던 것이 아닐까. 서양사에서는 심심치 않게 왕이 존재하지 않는 공위 시대가 나

---

176  투르-푸아티에 전투는 투르와 푸아티에 사이의 정확한 지점을 모르기 때문에 붙여진 이름이다.

177  현재는 AD 717년의 콘스탄티노플 포위전을 이슬람 세력의 유럽 진출을 막은 더 큰 사건으로 보는 것이 일반적이다.

타난다. 이 또한 동양과 정서상의 큰 차이라고 할 수 있다. 동양은 단 한순간도 왕이 없으면 안 된다는 의식이 지배했다. 그래서 왕을 하루도 없으면 안 되는 태양에 비유했던 것이다. 물론 BC 9세기 후반 주周의 공화共和 시대와 같이 왕이 자리를 비운 적도 있긴 하다.[178] 이 공위 시대에 칼 마르텔은 세상을 떠나버렸다. AD 741년 가을이었다. 실질적인 왕이었지만 궁재라는 이름으로 불리던 자리는 그의 아들에게 세습된다.

메로빙거 왕조는 칼 마르텔이 죽고 정확히 10년 후인 AD 751년에 멸망한다. 아들 피핀 3세Pepin III에 의해서. 참고로 사이좋게 이슬람의 우마이야 왕조도 같은 시기에 망했다. 정확히는 1년 먼저인 AD 750년이다.

---

178 《사기》〈주(周)본기〉에 등장하는 공화 시대에 대한 설명이다. 주의 여왕(厲王)이 국인(國人)의 폭동으로 도망쳐 왕위가 비었을 때 주공(周公), 소공(召公) 두 사람이 정무를 맡아 공화라고 칭했다는 내용이다. 하지만 《죽서기년(竹書紀年)》이라는 한대의 역사서에 따르면 이때마저도 간왕(干王)이라는 임시 왕이 있었다고 기록되어 있다. 왕을 버리기가 이토록 어려웠던 것이다.

기원부터 천 년까지 전문세

🦅

## 중세와 기독교

기독교는 로마 시대와 중세를 관통하는 중요한 연결고리이다. 현재 중세의 성격을 규정하는 가장 일반적인 내용은 '봉건제 + 기독교'이다. 봉건제는 전술하였던 바대로 중세를 특징짓는 중요한 요소이다. 따라서 중세가 아니면 별로 볼 일이 없는 어휘이다. 하지만 기독교는 다르다. 중세가 아니더라도 서양사에서 기독교가 미친 영향은 지대하기 때문이다. 선후로 따지자면 중세 훨씬 이전부터 존재했기에 기독교를 설명하기 위해 중세가 얹혀가야 할 판이다. 서양사에서 기독교의 존재감이 이토록 크다는 이야기이다. 어찌 되었건 중세의 기독교는 고대와 중세를 이어주는 고리의 역할을 한다. 기독교의 발전 과정상 미약한 집단으로 태동하여 주요한 종교로 성장한 시기가 로마 시대였다면, 그 이후는 세속 권력과 맞물려 서양사의 큰 축으로 우뚝 서는 시기라고 하겠다. 기독교가 살아남는 과정, 기독교가 확장되는 과정, 기독교가 세속 권력과 협력하고 경쟁하는 과정이 곧 중세의 정치사라고 해도 틀린 말이 아니다.

중세는 정치, 경제, 문화, 건축 등 사회 전반적인 면에서 로마 시대와 확연히 달라졌다. 사실 두 시대가 과연 연속적인 시간인지 헷갈릴 정도로 큰 차이를 보이는데, 이는 갈리아 지역에서 더욱 심했다. 더욱이 게르만이 수백 년간 로마에 동화되어 로마 문화를 받아들였던 민족임을 감안하면 그 의외성이 더욱 크게 느껴진다.

| 교황관(삼중관)과 왕관 |

게르만의 입장에서는 기독교가 큰 돌파구가 되었다. 서유럽의 새로운 주인이 되었을 때, 이들은 이 시공간을 어떻게 다스려야 할지 고민이 컸다. 더구나 모든 분야에서 자신보다 앞섰던 자들을 지배하게 된 상황이다. 정치에 미치는 영향력과 습득의 용이성을 고려했을 때 종교보다 가성비 높은 수단을 생각할 수 있었을까. 가톨릭교회가 살기 위해 손 내밀지 않았더라도 게르만은 이 종교를 받아들였을 가능성이 높다. 물론 어떤 가톨릭이 아닌 어떤 기독교인가 하는 문제도 있었으나 이는 '메인스트림'이 아니다.

중세 기독교의 논의는 중세 정치의 논의와 크게 다르지 않다. 클로비스와 유스티니아누스, 헤라클레이오스, 칼 마르텔과 피핀, 그리고 이후의 샤를마뉴와 오토 등 동·서유럽의 모든 영웅이 중세 기독교의 역사에서 빠지지 않고 거론되는 것도 이러한 이유에서다. 지배자에게 종교보다 더 큰 수단이 없다는 말이 있지 않은가.[179]

---

179  종교란 대중에게는 진실이고 현자에게는 거짓이며 지배자에게는 유용한 수단이다(Religion is regarded by the common people as true, by the wise as false, and by rulers as useful). 세네카가 한 말로 알려져 있으나 출전이 불명확하다. 에드워드 기번 또한 비슷한 말을 하였다.

# ┃ 수·당 시대

중국 사학사에서 수隋·당唐은 또 다른 의미가 있는 시대이다. 수는 AD 581년 양견楊堅에 의해 세워졌다. 실체는 북주로부터 선양禪讓이라는 이름으로 찬탈해 간판을 바꾼 것이다. 왕망王莽이 써먹은 이래 선양은 중국 역사에서 나라 빼앗는 방법의 정석定石이 되었다. 북주도 그러했고 그전의 위魏와 진晉도 그러했으며, 남조의 모든 왕조가 그러했다. 이때 서유럽에서는 클로타르 2세가 죽고 그 아들들이 싸우고 있었고, 동유럽에서는 유스티니아누스 왕조의 마지막 황제가 즉위하려던 시절이며[180], 무함마드가 열한 살 나던 해이다.

양견의 수는 여러모로 진시황의 진秦을 닮았다. 전국 시대와 남북조 시대라는 오랜 분열을 마감한 것과 영토의 통일에 맞춰 여러 제도적인 기틀을 마련하였으며 대규모 토목공사를 일으켰다는 점 등. 무엇보다 얼마 안 가 멸망하였다는 것과 그 뒤를 이은 왕조가 혜택을 입어 번영하였다는 것도 닮은 점이다. 역사학에서 말하는 가장 좋은 표현을 가져오면 새로운 시대를 열었다고 할 수 있다. 진의 멸망은 한이라는 진정한 통일 시대를, 수의 멸망은 당이라는 국제화 시대를 열었다.[181] 여러 이유로 수, 당은 전대의 진, 한과 많은 비교가 된다.

남북조 시대에 일어선 수는 AD 589년 통일을 하고 AD 618년에 멸망하였다. 정확한 건국 시점은 통일되기 8년 전인 AD 581년이나 보통 수의 수명은 통일제국의 존속 기간인 30년이라고 말한다. 이는 대부분의 통일왕조를 언급할 때에도 해당한다. 진이 BC 221년부터 206년까지 지속되었고

---

180  위대한 유스티니아누스 대제의 왕조는 AD 518년부터 602년까지 존재했고 마지막 마우리키우스 황제는 AD 582년에 즉위해 20년간 비잔티움 제국을 다스렸다. 그리고 혼군 포카스의 반란으로 처형되면서 유스티니아누스 왕조는 끝이 난다.

181  일본학계에서는 이 변화를 중국의 중세 시대라고 일컫는다.

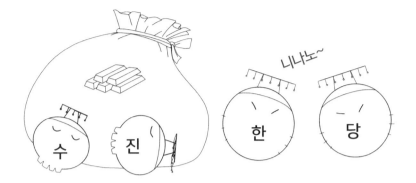

**| 만들어놓고 가버린 진(秦)과 수(隋), 거저먹은 한(漢)과 당(唐) |**
1980~90년대 '수와 진'이라는 듀엣 가수가 있었다. 꽤 괜찮은 노래를 발표했었는데 팀명이 수와 진이 아니라 '한과 당'이
었다면 아시아권을 휩쓸지 않았을까. 작명상으로 보면 그러하다는 얘기다.

전한이 BC 202년부터 AD 8년까지 존재했다고 하는 것도 통일된 시점부
터의 기간이다. 분명 진은 춘추 시대부터 존재했고 유방이 한을 세운 것이
BC 206년임에도, 이는 별로 중요하게 여겨지지 않는다. 어쨌든 중국사에
서 수는 짧은 기간 동안 많은 것을 만들어놓고 간 왕조이다.

수는 법률을 정비하였다. 물론 법이 없었던 왕조는 없다. 하지만 수의 법
은 이전과는 차원이 달랐던 것으로 본다. 이때 제정된 것이 중국 정치제도
의 기본이 된 3성 6부제와 〈당률唐律〉의 모태인 〈개황률開皇律〉이다. 이는
동아시아 율령제의 틀을 제시하는 그야말로 역사적인 사건이었다. 이를 바
탕으로 주州, 군郡, 현縣이라는 전통적인 3등급 행정구역을 주州·현縣제로
간소화하였으며 과거제科擧制 등의 제도를 새로 실시하였다.

과거제는 이전까지 없었던 획기적인 인재 등용방법으로 그 파장이 매우
컸다. 이전의 구품중정제九品中正制로 대표되는 추천 방식의 등용제는 수백
년 동안 이어져 온 제도였다. 이는 동서양이 다르지 않았다. 신분제를 바탕
으로 하는 사회에서 전통적인 제도를 대신해 시험으로 관리를 뽑는다는 것

기원부터 천 년까지 전문세

은 왕권을 강화하는 것을 넘어 계급제도 자체를 흔드는 일이었다. 하지만 가문의 후광이 아닌 개인의 노력으로 관직에 진출할 수 있게 한 이 제도는 기득권 세력을 견제할 새로운 세력을 만들어냈다. 이는 양견이 노렸던 효과이기도 하다.

과거제는 중국을 넘어 외국으로 확산되었고 오랫동안 아시아 전체에 영향을 미쳐 20세기까지 시행되었다. 물론 추천 방식의 등용제가 사라진 것은 아니고 두 제도가 병용되었다. 하지만 과거제는 동양을 대표하는 관리 선발제도라고 할 수 있다. 이처럼 수가 처음 시행한 제도들은 이후 왕조들의 전범典範이 되는데, 진한 시대 이후 또 한 번의 혁명이었던 것이다. 이밖에도 북위에서 시행되었던 균전제均田制나 조용조租庸調, 부병제府兵制[182] 등도 수에서 완성되어 당으로 전해진 것이다. 수의 제도가 역사에서 이런 위치를 차지하게 된 것은 이를 잘 사용한 당의 역할이 절대적이었다.

수는 하드웨어에서도 큰 업적을 남겼다. 수의 브랜드라고 할 수 있는 대표적인 토목사업은 대운하大運河이다. 대운하는 만리장성 이상으로 중국 정치, 경제 등 사회 전반에 큰 영향을 미쳤다. 물론 중국의 모든 운하를 수가 건설한 것은 아니다. 운하는 만리장성과 마찬가지로 역대 왕조들이 관심을 가진 사업으로, 진시황 또한 운하를 만들었고 그런 경향은 현대까지 이어졌다. 그리고 수 또한 만리장성을 대대적으로 축조하였다. 운하는 중국의 주요 5대 수계[183]를 연결해 하나의 물길로 만들고 있는데, 이는 만리장성이 춘추·전국 시대 북부 왕조들의 성을 이어 건설된 것과 같은 맥락이다. 두 사업 모두 중국 대토목 공사의 대표주자이다.

---

182 부병제의 근원을 서위의 우문태가 만든 8주국 12대 장군 제도에서 찾는 하마구치 시게쿠니(浜口重國)의 설도 힘을 얻고 있으나 확실한 것은 부병제가 수에서 확립되었다는 것이다. 이것이 당으로 이어져 당의 대표적인 병제로 정착된다.

183 중국의 인공운하는 황하(黃河), 양자강(長江), 회하(淮河), 전당강(錢塘江), 해하(海河)를 연결하고 있다.

| 쑤저우 시에 있는 수·당 시대의 대운하 |

## ▎중국의 대운하

중국의 주요 하천은 동서로 흐른다. 그래서 남북으로의 물류는 역대 통일 왕조들에게 중요한 문제였다. 물과 관련하여 치수治水 못지않은 우선 과제였던 것이다. 수대의 운하는 수도 장안[184]에 식량을 원활히 공급하기 위해 착공되었다. 물자 이동을 원활히 하여 부가적으로 경제적 이득을 얻으려고 했음은 물론이다. 문제文帝가 시작한 운하 공사를 양제煬帝가 계승하였고, 이렇게 건설된 여러 운하의 총길이는 2,500~3,000km에 달한다. 실로 만리장성에 비견될 엄청난 규모의 공사였다. 운하의 건설은 경제 발전을 넘어 중앙집권을 강화시키는 정치적 효과까지 있었는데 교통의 편의가 중앙정부의 힘을 키워주었기 때문이다. 또한 문화 교류와 그로 인한 도시의 발전, 농업생산 증가에도 기여했다.

운하의 건설은 국방에도 영향을 미치는데 그 대표적 사례가 영제거永濟渠이다. 양제가 건설한 영제거는 단일 운하로는 규모가 가장 큰 운하로서 고

---

184  수는 장안을 도읍하고 대흥(大興)으로 불렀다. 대흥성은 이전 왕조의 장안성과 조금 떨어져 있다.

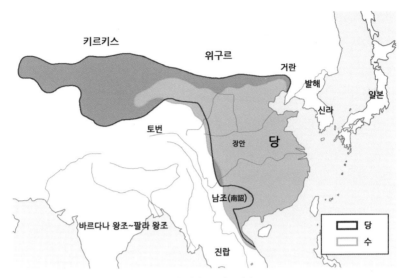

**| 수와 당의 영토 비교 |** 당의 영토는 기역(ㄱ)자 형태였다. 수보다 큰 기역.

구려 원정이 건설의 주된 목적이었다. 비록 고구려 원정은 실패하였지만 이후 이 시설은 물류 외에 대규모 병력 이동의 주요 통로로 사용되었다. 현대의 환경지리론環境地理論에 근거한 역사학은 중국의 역대 토목사업 중 사회 전체에 가장 큰 영향을 미친 것으로 이 대운하 건설을 들고 있다. 자연환경뿐만 아니라 당시 중국인의 생태계를 완전히 바꾸어놓았다는 것이다.

수는 비록 2대 양제로 멸망하지만 초대 문제가 이뤄낸 개혁은 개황지치開皇之治라는 이름으로 높이 평가되고 있다. 이런 수의 업적이 당으로 하여금 찬란한 문화를 이룩하고 국세國勢를 떨칠 수 있게 한 기초였음은 부정할 수 없는 사실이다.

당이 수의 혜택을 입은 것이 진의 덕을 본 한의 경우와 유사함은 몇 번이고 언급하였다. 그래서 당의 정치·경제·문화적 업적을 높여 성당盛唐이라 하고, 이를 한과 합쳐 한당 시대漢唐時代라는 성기盛期의 의미로 부른다. 어쨌든 당은 수의 혜택을 입어 건국한 지 얼마 지나지 않은 시점부터 빠르게 번성할 수 있었다. 당이 이전의 왕조와 구별되는 점은 중국의 힘을 본격적으로 외부에 과시했다는 것이다. 실크로드를 통한 서양과의 교역이 궤도에 오른 것도 이 시기였는데, 이는 당의 군사력이 지역의 안전을 감당해낸 덕분이었다. 또한 관용적인 종교 정책으로 전 세계의 모든 종교가 유입되었으며 그것은 또 다른 문화적 융합을 낳았다. 한 나라가 세계 문화의 용광로가 된 것인데 그 영향력은 지리적으로 과거 메소포타미아의 제국이나 로마와는 비교도 할 수 없을 정도의 규모였다. 당은 동서양의 교류 창구를 제대로 연, 역사상 최초의 글로벌 국가였던 것이다. 당시의 비잔티움 제국과 자주 비교되기도 하지만, 영토, 인구, 농업 생산력, 군사력 등 수치로 비교 가능한 국력에 있어 당은 명실상부 세계 최고의 국가였다.

동아시아의 강국 고구려가 수는 물리쳤으나 당을 극복하지 못한 것도 이와 관련하여 생각할 수 있다. 고구려의 멸망은 내분으로 자멸한 것이 가장 큰 원인이겠지만 세계 최강국의 성한 기운 또한 무시할 수 없는 요인이었을 것이다.

# 동양과 관련한 용어에 대하여

## 4

## ▌ 동양과 아시아, 그리고 중동

수와 당이 지구 반대편에서 주연을 맡고 있던 시절인 AD 6세기 말, 즉 500년대 말의 지구촌에서 반드시 짚고 넘어가야 할 동네가 있다. 바로 중동中東이다. 왜냐하면 이 시기 중동에서 이슬람이 나타났기 때문이다. 이슬람은 세계사에서 매우 중요한 위치를 차지하고 있다. 그런 이슬람을 이해하기 위해서는 아시아와 동양의 개념부터 살펴볼 필요가 있겠다.

아시아Asia라는 말은 아시리아Assyria 제국의 이름에 어원을 두고 있는 라틴어이다.[185] 아시리아인들은 자신을 기준으로 해가 뜨는 쪽을 아수Acu, 해가 지는 쪽을 에레브Ereb라 불렀다. 아수는 헬라어인 아나톨리아Ανατολή, 또 라틴어인 아시아[186]로 변형되었으며, 이후 현재의 터키 지역을 부르던 말로 정착했다. 물론 나중에는 메소포타미아를 포함한 중동 전체를 뜻하는

---

185 페니키아설도 있으나 아시리아설이 다수설로 인정받고 있다. 세상 어휘의 모든 어원은 추정이며 주장임을 알아야 한다. 그 어떤 말의 어원도 학설(學說)에 불과할 뿐 정답을 아는 사람은 없다. 현재 일반화된 어원들은 가장 권위 있는 학자들의 무언의 합의 정도로 보면 될 것이다.

186 -ia는 라틴어의 명사형 어미 중 하나로서 지명을 나타낼 때 많이 사용된다.

말로 확장된다. 같은 식으로 에레브는 유럽이란 말로 변화되어 현재까지 사용되고 있다.

아시아와 유럽이란 단어의 어원은 모두 고대 셈어의 갈래인 아시리아어인 셈이다. 이 지방의 모든 언어와 문자의 확산에 페니키아인들의 역할이 컸던 것은 익히 알려진 바다. 그리스 신화에 나오는 에우로파Europa 에피소드 또한 유럽이란 어휘에 대한 여러 학설 중 하나이며 에우로파가 아예 페니키아인으로 나오는 버전의 신화도 있다.

이런 과정을 거쳐 발생한 아시아라는 말은 지중해를 둘러싼 문명 내에서 동쪽 지역을 뜻하는 명칭이 되었다. 그러나 세월이 흘러 서양인이 인식하는 세상이 지구 전체로 넓어졌음에도 동과 서를 가르는 기준은 변하지 않았다. 그 결과 유럽은 저렇게 작은 대륙이 되고 아시아는 현재와 같이 넓디 넓은 대륙이 되어버린 것이다. 다시 그 결과로 고대 지중해 문명권에서 아시아라고 불렸던 지역은 자연스럽게 작은 아시아, 이른바 소小아시아가 되었다.

오리엔트Orient 또한 비슷한 의식의 흐름을 거친다. 오리엔트는 라틴인들[187]의 세계에서 동쪽 한계, 즉 해가 떠올라 빛이 옮겨오는 시작점을 말하는 것이었다. 다소 철학적인 의미를 내포하고 있긴 하나 지역적으로는 결국 아시아와 같은 곳을 뜻하는 용어이다.

유럽을 기준으로 현재의 아시아를 근동近東, 중동中東, 극동極東 등으로 나누어 부르기도 한다. 하지만 어느 분류나 명칭도 그 기원이나 정의가 정확히 밝혀지거나 규정된 것은 없다. 이와 관련해 알려진 것은 대부분 주장,

---

187 라틴인들을 어렵게 보는 경우가 있는데, 이들은 그냥 로마인이다. 로마가 작은 도시에서 벗어나 최초로 무력 병합을 한 곳이 라티움(Latium), 즉 라틴인들이었던 것이다. 최초의 합병이었기에 로마와 라틴은 곧 한 덩어리라고 보아도 틀리지 않다. 현재 라티움은 지명이 그대로 쓰이고 있는데 라치오(Lazio)가 바로 그곳이다. 당연하게도 이탈리아 수도 로마를 둘러싸고 있는, 이탈리아의 경기도이다.

기원부터 천 년까지 전문세

**| 유럽과 아시아의 경계, 그리고 중동 |**
우랄산맥, 우랄강에서 갑자기 흑해로 돌아 터키로 나뉘는 경계는 역사성과 문명성이 무시된 경계이다.

학설의 수준이라고 보는 것이 맞을 것이다. 다만 현재까지 알려진 보편적인 내용을 정리하면 이러하다.

근동, 중동, 극동 중 가장 널리 사용되는 용어는 중동Middle East이다. 중동은 근동보다 뒤에 나온 말인데 이 명칭들은 AD 19세기 유럽, 그중에서도 영국과 오스만 제국 간의 관계를 지칭하는 데서 시작되었다. 영국의 식민지가 전 세계에 널려 있던 시절 영국군의 작전 지역이 동쪽East으로 끝Far은 중국이고, 가까이Near는 오스만 제국이었기 때문이다. 그래서 근동은 오스만 제국이 차지했던 지역을, 극동은 중국과 그 근방을 뜻하는 말이 되었다. 근동과 극동의 구분이 최초로 나타난 때는 크림 전쟁(AD 1853~1856) 동안이다.

현재 근동Near East이란 말은 학문적으로 지금도 널리 사용되고 있으나 대중적으로는 사용 빈도가 크게 줄었다.[188] 극동Far East 또한 동아시아 또는 동북아시아라는 용어로 대체되고 있는 상황이다. 사실 유럽인들이 지칭하는 '동쪽 구석'이라는 말을 당사자들이 달가워할 이유는 없다. 이는 비단 중심이라고 자부하는 중국인만의 감정은 아닐 것이다.

중동이라는 용어는 AD 20세기에 생겼는데, 정확히는 1902년 미 해군 제독 알프레드 마한Alfred T. Mahan이 수에즈 운하와 페르시아만 사이에 위치한 지역을 중동으로 지칭하면서부터였다. 그러다 제2차 세계대전 중 영국군이 중동보급센터The Middle East Supply Center라는 기관을 설치하면서 중동은 공식적인 명칭으로 굳어졌다. 이후 미국과 유럽 국가들이 사용하면서 지금에 이르게 된 것이다.

현재 중동으로 불리는 지역은 이름대로 '동東'이라는 분류에 들어 있지만 역사적으로 보았을 때 동양보다는 서양에 가깝다. 그러나 '아시아'라는 또 다른 지역적인 분류가 더해지면서 관념적으로 동양이라는 인식이 대중화되었다. 그래서 '4대 문명 중 3개의 문명이 동양에서 태동했다'는 말이 생기기도 하였고 아시아인 중에는 이것을 자부심으로 여기는 경우도 있다. 하지만 이것은 정신적 자위自慰에 불과하다.

오늘날 우리가 사용하는 대륙의 이름은 5대양 6대주의 구분에 따른 것으로 이것은 유럽인들의 작품이다. 고대부터 현대까지 이어져온 유럽인의 역사 인식에 기인한 것으로, 대항해 시대와 제국주의를 거치며 유럽의 필요에 의해 만들어진 것이기도 하다. 구체적으로 설명하면, 유럽과 아시아의 지역적 경계가 우랄산맥에서 지중해-흑해 라인으로 급격히 꺾이게 된 것은, 유럽인들이 고대 지중해 세계 안에서 그 경계를 그대로 유지하려고

---

188  물론 유럽에서는 대중적으로도 자주 사용된다.

했기 때문이다.[189]

물론 현대의 시각에서 보아도 지중해-흑해 라인을 경계로 유럽과 아시아는 크게 달라 보인다. 언어, 문화, 종교 등 사회 전반적으로 다른 면모를 보인다고 주장하지만, 그러한 차이는 동쪽으로 오면 올수록 더 심해진다. 얼마나 다른가를 기준으로 한다면, 그 정도 기준에 부합하는 곳은 다른 지역에도 지천으로 널렸다.

그리고 분명히 알아야 할 것은 문명의 태동 이래 지금까지, 지중해를 둘러싼 유럽과 아시아, 아프리카는 한 덩어리였다는 것이다. 지중해를 가운데에 놓고 살았던 그들은 각각의 특색을 지닌 채 미우나 고우나 같은 공간 안에서 함께 살아온 사람들이다. 따라서 전 지구적인 차원에서 보았을 때는 하나로 묶여야 할 이유가 충분하다.

그럼에도 그 작은 바다를 가운데에 두고 유럽, 아시아, 아프리카라는 다른 동네로 나뉘어 있다. 이래저래 지중해는 세계의 중심으로 인류사를 관통하고 있는 셈이다.


## ▌다시 동양과 아시아

일반적인 통념상 동양은 곧 아시아를 뜻한다. 메소포타미아 지역과 지구 반대편의 중국, 한국, 일본에 인도, 동남아까지 한 덩이로 묶은 것이다. 이는 생각해볼 필요가 있는 문제이다. 사실 당사자의 입장에서 보면, 한국인이 인도나 이란, 터키와 한 덩어리로 묶일 이유는 없다. 정작 국경을 맞대고 있는 그리스는 터키와 전혀 다른 분류에 속하는데 말이다. 수천 년간 같

---

189  고대 지중해 세계는 지중해와 흑해를 경계로 동서로 나뉜다. 그 기준에서 동쪽을 동양이라 하고, 그것을 또 아시아로 불렀다. 현재 아시아와 유럽의 경계는 고대인의 그 협소한 세계관을 아무런 비판 없이 이어온 것이다.

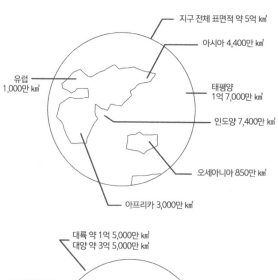

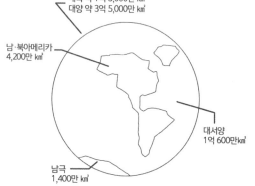

| 지구의 바다와 대륙의 면적 |

이 살아온 동네를 나눠서 엉뚱한 다른 동네에 붙인 것이니, 생뚱맞은 조합
이 아닐 수 없다. 분명한 점은 서양인들에 의해 이루어진 공간 구분에 대해
비판적으로 볼 필요가 있다는 것이다. 나아가 동양은 아시아와 같은 개념
이 아님을 인식해야 할 것이다.

　　　　　　　　　　　　기원부터 천 년까지 전문세

아시아는 6대주 중 가장 넓은 대륙[190]으로 그 면적이 유럽의 4배가 넘는다. 아시아 대륙은 중국 문명 중심의 진정한 동양을 넘어 북쪽의 극지 문화권과 인도와 인도양 문화권, 남방의 열대 문화권, 그리고 태평양의 거의 모든 섬을 아우르는 해양 문화권에 지중해 문화권인 중동까지 아우른다. 초대형 복합 문화권이면서 섬세함이라고는 찾아볼 수 없는 잡탕이다. 이는 좁은 공간에 수많은 나라들이 모여 있으면서도 자연적인 경계와 문화적인 경계로 세세하게 나뉜 유럽과 극명한 차이를 보인다. 유럽을 정교하게 분리한 뒤 남는 부분을 모조리 아시아에 우겨넣은 것으로 보면 이해가 빠를 것이다. 직설적으로 표현하면 귀찮음의 산물 정도.

작금의 중동이라 불리는 지역[191]은 대륙 구분상 아시아에 속해 있지만 결코 동양이라고 할 수 없다. 중동은 유럽과 지리적으로 같은 공간을 점유하였고, 역사적으로 동일한 뿌리를 갖고 있으며 문명 또한 공유하여 왔다. 심지어 같은 나라였던 적도 있다.[192] 이처럼 중동은 태동부터 유럽과 서양 문화권으로 함께 살아왔다. 반면 중국과 제대로 접촉한 것은 기껏해야 AD 8세기 이후의 일이다.[193]

인류 역사시대의 시작부터 현재까지를 1만 년이 아니라 메소포타미아-이집트 문명의 시작부터 따져 5천 년으로 보았을 때 중동은 5천 년 중 4천 년을 유럽과 같이 살았다. 진정한 동양과 접촉한 시간은 천 년 남짓에 불과하다. 그런데도 중동과 중국이 한 덩이로 묶여 있는 것이다. 중동이 무슨 깍두기인가.

---

190　아시아의 면적은 약 4,400만 km², 유럽의 면적은 약 1,000만 km²이다.

191　편의상 이하 중동이라고 표현하겠다.

192　로마가 그 대표이다. 유럽인들이 그토록 자랑해 마지않는 그 로마. 비잔티움 제국 또한 같은 맥락이라고 할 수 있다.

193　동양과 서양이 무역이 아닌 문명으로 충돌한 최초의 사건은 AD 751년 탈라스 전투이다.

기독교와 이슬람이라는 종교적 차이 때문에 지중해-흑해 라인을 반드시 다른 세계로 나누어야 한다는 주장 또한 근거가 부족하다. 그리스가 독립하기 전인 AD 19세기 초까지 동유럽의 많은 영토가 이슬람의 지배하에 있었다. 오스만 제국이 마음만 먹었으면 현재 동유럽인들의 종교는 모조리 이슬람이 되었을 것이다. 같은 방식으로 AD 14세기까지는 터키 지역이 모두 기독교도의 땅이었다. 종교의 경계가 지리와 관계없이 결정된 사례는 매우 많다. 지중해-흑해 라인이 문화적·종교적 경계로 굳어진 것은 거의 AD 20세기에 와서야 이루어진 일이다. 지중해-흑해의 경계는 그보다 훨씬 이전에 만들어진 것이고.

그러므로 보스포루스 해협이 동서양의 경계가 되어야 한다는 것은 어떤 이유를 대든 그 설득력이 떨어진다. 게다가 기독교와 이슬람이 이질적이라는 이유로 경계를 나누어야 한다면 이슬람과 동아시아는 합쳐져야 할 동질성이 있는가. 결국 유럽이 자신 외의 모든 것을 '비유럽'이라는 테두리에 넣은 결과 나온 산물이 '아시아'인 것이다. 그 범위 또한 제국주의 시대에 확정된 것이므로, 다분히 정치적 의도가 포함되어 있는 지역 구분이라는 주장은 매우 합리적이다.


## ▌공간적 구분과 제국주의

대륙을 어떻게 구분하든 지도 색깔이 달라지는 것 외에 뭐가 문제냐고 생각하는 사람도 있을 것이다. 하지만 이것은 매우 중요한 문제이다. 대항해 시대 이후 유럽 국가들은 전 지구적인 침략을 가하기 시작하였다. 노예 산업과 같은 반인륜적인 행위 또한 이때 시작되었으며, 산업혁명, 자본주의와 맞물리면서 기술적·정신적으로 극한의 행위들이 가능해졌다. 이것이 최종석으로 나타난 형태가 제국주의라고 할 수 있다. 영토적인 침략, 물질

| 발트제뮐러의 지도 |

| 오르텔리우스의 지도 |

| 김정호의 대동여지도 |

▌ 발트제뮐러의 지도는 아메리고 베스푸치를 소개한 최초의 지도이다. 이로 인해 아메리카 대륙이 '아메리카'라는 이름을 얻게 된 것이다. 오르텔리우스의 지도는 집 한 채 가격으로 거래될 정도로 인기가 높았으며 지도를 만든 오르텔리우스는 거부가 되었다. 대동여지도를 만든 김정호는?

적인 약탈, 자본적인 예속, 이 모든 분야에서 끊임없는 기술 발달이 이루어진 제국주의는 지구적 차원에서 한쪽에는 극단적인 이익을 주고, 다른 한쪽에는 극단적인 피해를 입혔다. 5대양 6대주의 개념이 나오기 시작한 것도 이때였다. 그리고 그 의식을 반영한 지도들이 만들어졌다.

지도의 역사는 유구하다. 이를 모르는 사람이 있을까. 하지만 이 지도가 어떻게 사용되었는가 하는 것은 각 문명마다, 나라마다 천차만별이다. 조선과 같이 국가 기밀로 취급되어 일반인들은 지도에 접근조차 쉽지 않았던 사회가 있었는가 하면, 일반인들에 의해 퍼져 상상의 나래를 펴게 만든 사회도 있었다. 이슬람 세력 때문에 육로가 막혀 바다를 개척해야 했던 서유럽인들에게 있어 지도는 공상의 자극제임과 동시에 생존의 수단으로 변하게 된다. 그래서 그 필요성을 국가가 인식하기도 전에 민간에서 지도를 만들고 보완하며 발전시켜 나갔다. 동서고금 공무원이 억지로 만든 것이 민간에서 자발적으로 만든 것보다 나았던 적은 없었다.

이렇게 발전을 거듭한 유럽의 지도는 유럽인들에게는 이미 친숙한 물건이었다. 대항해 시대 이후 아시아 침략의 선봉에 선 전위부대에게 지도가 북극성과 같은 이정표가 된 것은 자연스러운 일이었다. 그런데 여기에 대륙별로 경계가 만들어지고 거기에 다른 색깔이 칠해지자, 이 지도는 전 세계를 집어삼키러 나가는 유럽의 군인, 상인, 해적들에게 특별한 의식을 심어주게 된다. 그들의 눈에는 지도가 유럽인과 비非유럽인을 구별해주는 차별의 경계로 보였던 것이다. 어떠한 선을 기준으로 이곳은 비유럽인이 사는 땅이고, 저곳에 사는 사람은 다른 인종이며, 또 그들은 비기독교도이자 심지어 비인간일 수도 있다는 차별 의식이 만들어진다.

지도는 종교와 역사의 수많은 의미를 한 번에 볼 수 있는 시각 자료이다. 결국 유럽인들에게 무의식적으로 심어진 이 차별 의식은 상대에게 어떠한 행위도 할 수 있게 하는 바탕이 된다. 수백 년 동안 전 세계에서 행해진 납치와 학살, 인종 청소 등이 이에 해당한다. 여기에 신앙심이라는 자기변명이 더해지면 양심이라는 최후의 장치마저 작동하지 않게 된다. 각국이 그토록 노력하지만 쉽게 개선되지 않는 인종차별 의식의 형성에 지도가 너무나 큰 역할을 한 것이다. 유럽인들이 만든 대륙의 구분과 그들이 만들어낸 지도는 이렇게 인류사에 큰 영향을 미쳤다. 이러한 이유 때문에 지도는 매우 조심스럽게 만들고 다루어야 할 물건인 것이다. 이는 지도를 이용한 교육 또한 마찬가지이다.

아시아가 곧 동양이라는 사고는 옳지 않다. 더불어 세계 4대 문명 중 3개가 동양에서 태동했다는 것도 맞지 않는 설명이다. 그 문명들은 6대주라는 지금의 구분상 아시아 대륙에 위치해 있는 것일 뿐, 동양이 아닌 서양에서 태동한 것이다. 지금에 와서 어찌할 수 있는 문제는 아니지만, 현재 사용되는 수많은 세계지도는 이러한 이념을 담고 있었던 역사의 결과물이다.

👁

## 바야돌리드 논쟁

콜럼버스가 아메리카 대륙을 발견하기 4년 전인 1488년에 바르톨로뮤 디아스 Bartolomeu Dias가 아프리카 최남단에 도달하였다. 또 5년 후인 1497년에 바스코 다가 마 Vasco da Gama가 인도 항로를 개척하였다. 본격적인 대항해 시대가 열린 것이다. 대항해 시대 이후 유럽은 많은 변화를 겪게 되었다. 세계 각지에서 들어오는 정보와 재화가 정치·경제·사회·문화적인 대변혁을 일으킨 것이다. 그중에서 주목할 만한 것이 바로 기독교적 정의와 경제적 이익의 충돌이었다. 아메리카 대륙을 본격적으로 개발하던 에스파냐는 대륙의 원주민을 어떻게 대해야 할 것인가 하는 태도 정립 문제에 봉착하게 된다. 이들을 인간, 즉 기독교적 신의 피조물로 보아야 할 것인가에 대한 문제. 지금의 시각으로 보자면 인권 논쟁이라 할 수 있다. 그런데 사실 이 논쟁의 실체는 아메리카 원주민들을 노예로 부릴 수 있느냐 없느냐에 있었다. 역사적으로 이를 바야돌리드 Valladolid 논쟁이라고 하며, 인권을 대상으로 한 최초의 재판으로 불린다. 물론 현지에서는 이미 노예로 쓰고 있던 상황이었지만.

당시 유럽은 아프리카인 노예가 일반화되어 있었다. 포르투갈에서는 콜럼버스가 아메리카를 발견하기 반세기 전부터 노예 시장이 존재했는데 여기서는 주로 아프리카인들을 거래하고 있었다. 그것도 대량으로 말이다. 고대부터 존재했던 노예제가 아프리카인들로 수렴되고, 또 점차 산업화되고 있었던 것이다. 이런 상황에서 앞으로 인디오Indio라고 불리게 될 라틴아메리카 원주민들을 대상으로 어떠한 규정을 하려 했다는 것이 다소 우스워 보인다. 결과가 이미 예측되기 때문이다. 하지만 나름 논쟁은 심각했다.

AD 1550년 카를 5세의 명으로 '아메리카 원주민이 인간이냐 아니냐'를 결정하기 위한 토론이 시작되었다. 이 논쟁은 단순한 찬반을 넘어 당시 유럽 사회에 여러 가지 화두를 던졌다. 유럽인의 시각에서 원주민의 문화를 어떻게 볼 것인지, 유럽인의 정의를 실천하기

| 바야돌리드 논쟁이 이루어진 바야돌리드의 산 그레고리오 성당 |

위한 군사 개입이 정당한 것인지, 보편주의에 따라 야만인에게도 기독교의 윤리가 적용되어야 하는지, 문화적 상대주의에 따라 개별적인 연구가 필요한지 등등.

열 달 가까이 진행된 이 논쟁은 승패를 명확하게 가르지 못했다. 그래서 학계에는 찬성한 측이 승리했다는 주장도, 반대한 측이 승리했다고 주장도 모두 존재한다. 물론 피해자인 아메리카 원주민이나 동양인의 입장에서 보았을 때 이는 코미디나 다름없다. 이 논쟁 이후 현장에서는 양심을 버린 행위가 더욱 성행했기 때문이다. 비인간을 주장한 쪽이 승리한 것이다. 인간임을 주장한 쪽이 승리하였다고 말하는 자들은 조상의 만행을 조금이라도 변호하려는 의도일 것이다.

다만 이 바야돌리드 논쟁은 대항해 시대 이후 서구 열강이 인권과 같은 도덕적 문제를 조금이나마 고민했음을 보여주는 상징적 사건이다. 물론 당시 원주민들에 대한 대우는 더욱 악화되었다. 새로운 세상에 뿌려진 유럽인들이 내린 결론은 이러했기 때문이다. '세계지도의 어떠어떠한 곳에서는 사람이 아니니 무슨 짓을 해도 된다.'

# 수양제와
# 무함마드

# 5

/

## ▌아라비아와 이슬람

이슬람[194]은 AD 7세기 초 무함마드Muhammad[195]
에 의해 만들어진 종교이다. 21세기 현재 세계에서 두 번째로 많은 신자를
가진 종교이다. 이슬람을 논하기 위해서는 우선 이슬람이 탄생한 지역인
아라비아와 그 주변에 대한 설명이 선행되어야 할 것이다.

'아라비아Arabia'라는 지명은 셈어의 갈래인 고대 아랍어로 '사막'이나 '황
무지'를 의미하는 'Arab'에서 왔으며, 지리적으로는 아라비아반도를 의미
한다. 일반적으로 통용되는 '아랍Arab'이라는 말은 아라비아의 줄임말이다.
그러나 아라비아는 'Arab'이라는 어원에 헬라어와 라틴어 어미 '–ia'가 붙은
형태일 가능성이 크다. 따라서 아랍은 어원과 줄임말이 우연히 같은 모양
이 된, 묘한 경우이다. 현재 아라비아는 중동이란 말과 더불어 아프리카와
서아시아의 이슬람을 믿는 나라들을 통칭하기도 한다.

---

194  이슬람(Islam)은 '알라에게 복종하다'라는 의미를 가진 말로, '이슬람', '이슬람교' 두 표기가 모두 가능
하다. 본서는 알라를 믿는 종교라는 의미로 해석하여 이슬람으로 표기하였다.

195  아랍어의 표기는 아랍어 원음에 가장 가까운 영어 표기를 따랐다. 본서는 《옥스퍼드 이슬람사전(The
Oxford Dictionary of Islam)》의 표기를 기준으로 하였다.

　　　　　　　　　　　　　　　　　기원부터 천 년까지 전문세

이슬람이 나타나기 직전 지중해 동쪽 지역은 동로마와 사산조 페르시아의 각축장이었다. 하지만 아라비아반도는 여기서 한발 물러나 있었다. 아라비아반도는 항상 붐비는 북쪽 지중해 연안과 일부 해안을 제외하면 대부분의 땅이 사막이었기 때문에 큰 세력들이 탐내지 않았던 지역이다. 작은 규모의 유목민족들이 나름 치열하게 살아왔겠지만 주류 역사에서는 잘 보이지 않는 불모지였던 것이다. 아라비아반도의 이러한 역사적인 위치는 시대를 거슬러 올라가도 크게 다르지 않다. 간혹 제국의 지배를 받기도 하였지만 대체로 메소포타미아 문명이나 이집트 문명이 번성하던 시대부터 이곳은 역사의 변두리였다. 그러나 AD 7세기부터 이 지역은 세계사의 큰 기둥으로 거듭나게 된다. 이슬람이 탄생한 것이다.

이슬람은 등장 이후 얼마 지나지 않아 지역을 넘어 세계사에 영향을 미쳤다. 기독교가 서양사를 넘어 전 세계에 영향을 미친 것처럼, 이슬람 또한 중동사를 넘어 유럽과 세계를 흔들었다. 아랍인들은 이슬람이 나타나기 전의 시대를 자힐리야Jahiliyyah라고 부른다. 자힐리야는 무지無知를 뜻하는 아랍어로 무함마드가 신의 계시를 받기 전의 상태를 말한다. 그들 스스로도

| 무함마드가 깨달음을 얻은 곳 |

이슬람 시대 이전을 미약하다고 보는 것이며 무명無明에 빠져 있었다고 자인하는 것이다.

이슬람은 무함마드에 의해 만들어졌다. 이는 분명한 사실이다. 하지만 이슬람에서는 무함마드를 창시자로 보지 않는다. 이슬람은 아브라함의 신을 섬기기에 원래 존재했던 종교이므로, 무함마드는 단지 예언자일 뿐이라는 것이다. 그것도 알라의 마지막 예언자. 당사자는 마지막이라고 하는데 남들은 자꾸 창시자라고 하는 형국이다.

무함마드는 AD 570년 8월 20일생이다.[196] 메카Mecca에서 태어난 무함마드는 대부분의 위인이 그러하듯 순탄치 않은 어린 시절을 보냈다. 유복자로서 아버지는 얼굴도 보지 못하였고 어머니 또한 일찍 세상을 떠났다. 조실부모한 무함마드는 상인이었던 삼촌의 손에 자라는데, 대상大商의 일원으로 여러 곳을 다니며 경험을 쌓게 된다. 삼촌 또한 크게 부유하지 못했던지 다른 부유한 상단에 고용되어 일하게 되는데, 무함마드가 그곳의 CEO인 여성과 결혼하게 되면서 팔자가 바뀌게 된다. 결혼할 당시 그의 나이는 25세, 사장님 나이는 불혹. 15세 연상의 사장님이자 부인의 이름은 카디자Khadija. 이미 결혼한 경험이 있는 과부였다. 이 혼인에는 무함마드의 잘생긴 외모가 크게 작용하였다고 한다. 잘생기고 봐야 함은 시공간을 초월한 진리인지.

명석하여 일찍부터 인간과 신, 삶과 죽음, 그리고 진리에 대해 고뇌했던 무함마드는 부인의 도움으로 사업에서 손을 떼고 본격적인 명상과 수행을 하게 된다. 그리고 마침내 40세에 천사 지브릴Jibril[197]의 계시를 받게 된다. AD 610년경의 일이다. 그리고 남편의 신비한 이야기를 접한 아내 카디자

---

196  무함마드의 생년은 정확히 알려져 있지 않다. 현재 사용하는 연대 또한 추정이다.

197  기독교의 가브리엘(Gabriel)과 같은 신으로 본다.

| 메카와 메디나 |

메디나는 메카에서 북쪽으로 약 350km 거리에 있으며 제다는 메카에서 홍해로 통하는 외항이다.

가 이를 믿어주면서 첫 번째 신자, 즉 첫 번째 무슬림Muslim이 된다. 평소 남편의 행실이 믿음을 주지 못했다면 결코 있을 수 없는 일일 것이다. 특히 대한민국이라면 있을 수 없는 일. 이러한 연유로 이슬람의 첫 신자는 여성 이다.

아내의 개종 이후 사촌동생이자 사위인 알리Ali, 노예였지만 아들처럼 키운 자이드Zaid가 두 번째와 세 번째 무슬림이 된다. 네 번째 무슬림은 무 함마드의 친구이자 장인이며 후에 초대 칼리파khaliifa가 되는 아부 바크르 Abu Bakr이다.

무함마드는 이렇게 주위 사람들부터 개종시켜 나갔고 이슬람의 교세는 비교적 빠르게 확장되었다. 그러나 당시 아라비아는 일부 유대교도와 기독 교도를 제외하고는 대부분의 사람이 다신교를 신봉하고 있었다. 메카는 그런 다신교의 본산으로 항상 많은 순례자들이 모여드는 상업의 요충지였다. 현재 이슬람의 5대 의무 중의 하나인 성지순례는 이슬람 창시 전부터 존재하던 의식이었고, 이러한 의식 덕분에 상업이 융성할 수 있었다. 하지만 유대교의 영향으로 유일신 사상을 가진 이슬람은 다신교를 반대했다. 이는 당시의 경제 시스템에 엄청난 폐해를 끼치는 것으로, 순례자들을 대상으로 많은 이익을 얻고 있던 메카 상인들이 무함마드를 보는 시선이 고울 리 없었다. 손님 떨어질 것이 뻔했기 때문이다.

여기에 한 술 더 뜬 것이 이슬람의 평등 사상이었다. 이 교리는 근본적인 사회구조를 뒤집는 것으로 메카의 지배층들이 무함마드를 공적公敵으로 여기게 만들었다. 세력이 미약했던 무함마드는 위험에 빠질 수밖에 없었다. 결국 지지자들과 함께 모든 기반을 메디나Medina로 옮기게 되는데, 그들은 이를 '성스러운 이주聖遷'라 하며 아랍어로 히즈라Hijrah라고 부른다. 이때가 AD 622년. 이슬람에서는 이를 원년元年으로 삼는다.[198] 무함마드의 사랑하는 아내 카디자가 세상을 떠난 지 3년 되던 해, 지구 반대편에서는 동년배의 중국인 양광煬廣이 수나라를 말아먹은 지 4년이 지난 때에 이슬람이 시작된 것이다.


## ▌수라는 나라

수·당 시대에서 먼저 수를 보면, 양견이 나라를 세우고 문제로 즉위했을 때가 AD 581년이다. 프랑크에서는 클로타르 1세의 아들들이 박 터지게 싸우고 있었고, 무함마드는 열한 살이 되었으며, 동로마에선 유스티니아누

---

198  처음부터 원년이 있었던 것은 아니다. 이 해를 이슬람의 원년으로 삼은 것은 한참 뒤인 2대 칼리파 우마르(Umar) 때이다.

스 대제가 세상을 떠난 지 16년이 되던 해였다.[199] 수문제는 내부를 안정시킨 뒤 남조 정벌에 힘을 기울였다. 남조의 마지막 왕조 진陳은 이미 진숙보의 실정으로 자멸하고 있었기에, 남조 토벌을 명받은 문제의 차남 양광은 어렵지 않게 진을 멸망시켰다. AD 589년이다.

**| 진숙보 |**
진숙보는 양견 이상으로 남북조의 통일에 중요한 역할을 했다.

이렇게 오랜 혼란을 끝낸 문제는 갓 태어난 제국의 기틀을 잡기 위해 법제를 정비하고 과거제를 실시하였으며 대규모 토목사업을 일으켰다. 문제의 토목사업은 진시황이나 양제의 그것과는 다른 점이 있었으니, 민생을 염두에 둔 정책의 일환이었다는 것이다. 그가 건설한 대운하 또한 장안이라는 대도시의 식량 수송이 주된 목적이었다. 더불어 토지제도와 세금제도를 개혁하고 세금을 낮춰주기도 하였는데, 기본적으로 문제 스스로가 검소한 생활을 하였다. 황제의 행동은 말로 내리는 어떠한 명령보다도 아랫사람에게 강하게 어필된다. 입만 나불거리는 썩은 위정자를 보는 백성의 시선은 고금이 다르지 않기에 군주의 이 같은 노력은 재정 확충과 민생 안정이라는 결과물로 나타났다. 역사는 이러한 수문제의 치세를 '개황의 치'라 부른다. 여기까지가 앞 장에서 언급한 내용이다.

수문제는 우수한 군주로 평가받지만 그 또한 실패가 있었다. 말년에 저지른 몇 가지 실수 중 대표적인 것이 고구려 원정과 후계자 문제였다. 고구

199  유스티니아누스 1세는 AD 527년부터 565년까지 약 40년간 재위했다.

려와의 전쟁은 당사자인 두 나라뿐만 아니라 동아시아 전체에 영향을 미치게 되는데 이는 고-수 전쟁 파트에서 별도로 다루고자 한다. 수문제의 결정적인 실책은 무엇보다 후계자 지명에 있었다. 문제의 뒤를 이은 것은 양견의 둘째 아들 양광으로, 그 유명한 양제이다. 당시 상황을 설명하려면 먼저 알아야 할 인물이 있다. 바로 독고황후獨孤皇后.

수문제 양견은 소문난 공처가恐妻家였다. 천하를 한 손에 거머쥔 천자였음에도 부인에게는 꼼짝도 못 한 사나이였다. 현대의 시각이라면 멋진 남자로 불리었을까. 천자를 한 손에 쥐고 흔들었던 독고황후의 시호는 문헌황후文獻皇后이다. 그녀의 본명은 독고가라獨孤伽羅. 결혼할 때 양견과 독고가라는 각각 16세, 14세였는데, 양견이 AD 541년생이니 AD 557년이 그들이 결혼한 해이다.

혼인 당시 양견은 황족이 아니었다. 그저 권력자의 아들일 뿐이었는데, 이는 독고부인 또한 마찬가지였다. 독고부인을 한마디로 평하자면 보통 인물, 보통 여자가 아니었다는 것이다. 혼인하던 때에 그녀는 양견에게 조건을 걸었다고 한다. 바로 자신 이외의 여인에게서 자식을 보아서는 안 된다는 것. 당시의 사회 통념으로는 엄청나게 당돌한 '스탠스Stance'이며 파격적인 내용이라 할 수 있다. 더구나 14세에 지나지 않았던 소녀의 발상이었다고 하니, 후세의 평가가 여걸이든, 질투의 화신이든 그녀는 떡잎부터 남달랐음을 알 수 있다. 양견은 이 조건을 받아들였다. 바보같이. 그리고 지켰다. 바보같이.[200]

나중에는 황후를 어떻게 하지 못해 가출[201]까지 하고 칭얼거리는 황제가

---

200  당시 남자들의 속마음은 이러했을 테지만 어떤 사서에서도 이렇게 직접 표현한 것은 없다. 그만큼 양견은 신부를 마음에 들어 했던 것이다.

201  《수서》와 《자치통감》에 따르면 문제는 독고황후가 자신이 총애하던 미인의 머리를 자른 것에 충격을 받아 출궁하였고, 신하 고경의 설득으로 환궁하였다고 한다. 문제는 자신이 황제임에도 마음대로 할 수 없음을 한탄하였다고 하니 황후에 대한 그의 자세를 알 수 있다.

되지만 그가 약속을 지켜낸 것만은 분명하다. 실제로 아들 다섯을 독고부인에게서만 얻었던 것이다. 원래 대단했던 양견이지만 또 다른 분야에서 대단한 인물임을 증명했다.

양견이 40세에 나라를 얻고 황제가 되는 데 있어서 독고부인은 큰 역할을 한다. 《수서隋書》에 따르면 북주의 정제靜帝를 폐하는 결단 또한 부인의 조언이 결정적이었다고 한다. 이는 독고부인이 황후가 된 후에도 영향력을 유지하게 한 원동력이 된다. 그러나 이러한 막강한 힘을 가졌음에도 그녀는 원래의 검소한 생활을 이어나갔고 친정의 독고씨들을 단속하여 발호를 막는 등 문제의 개황지치에 적잖은 기여를 하였다. 하지만 독고황후는 다른 이유로 인해 수나라를 망친 자로 지목되기도 한다. 그것은 기존의 태자를 폐하고 차남 양광을 태자로 책봉하는 데 결정적인 역할을 했기 때문이다.[202]

---

202 《자치통감》에서는 독고황후를 질투가 지나치게 강해 나라를 망친 여자로 기록하고 있다.

🦅

## 중국의 인재 등용 2

앞서 인재 등용에 대해 논한 바와 같이 전통적인 중국의 인재등용 방법은 천거였다. 이를 찰거察擧라고 하는데, 사료에서 볼 수 있는 한漢의 향거리선鄕擧里選제가 대표적이다. 그러나 춘추 시대 이전의 사료에도 천거와 선발에 대한 일화는 차고 넘친다. 유명한 주周 문왕文王의 강태공 발탁 설화 또한 이에 관한 기록이다. 사실 여기에는 차마 웃어 넘기지 못할 심각한 고민이 들어 있다. 군주의 인재에 대한 고민이 얼마나 심했으면 꿈에까지 나타났을까. 이는 어떤 시대든 다를 바가 없었다.

당태종 대의 기록인 《정관정요貞觀政要》에도 태종이 인재 찾기에 골몰한 흔적이 보인다. 그가 신하들한테 했던 푸념이 이러하다. "내가 꿈이라도 꿔야 되겠니?" 과거제를 광범위하게 실시한 왕조였음에도 당의 황제가 이런 고민을 했던 것이다. 현대적인 시각으로 보면 어느 시대든 구인난과 구직난이 동시에 존재했음을 알 수 있다. 황제가 이렇게 사람 찾기에 열을 올리던 당대에도 과거의 경쟁률은 50대 1에서 100대 1에 달했다는 연구가 있다. 춘추나 전국 시대에도 군주는 군주대로, 유세객은 유세객대로 고민이 많았음은 주지의 사실이며, 드물지 않게 볼 수 있는 천리마千里馬에 대한 일화들도 사실은 모두 인재에 대한 것이다.

서양의 사서에 비해 동양의 사서는 인재 발탁과 관리 임용에 많은 부분을 할애하고 있

기원부터 천 년까지 전문세

다. 동서양을 막론하고 관리를 뽑는 방법은 대부분 천거제였다. 신분제가 존재하고 교육의 기회가 극히 제한된 당시 사회에서 관료로 쓸 수 있는 인재집단은 소수에 지나지 않았다. 천거, 등용, 인재, 권력 등 모든 것은 오로지 '그들만의 리그'였다. 새로운 왕조, 새로운 국가가 세워져도 얼마 지나지 않아 권력을 독점하고 대물림하는 집단이 생기는 것은 자연스러운 현상이었다. 부정이 생길 여지가 없을 수 없다. AD 6~7세기 수에서 처음 시행한 과거제는 이러한 기득권 집단을 견제하기 위한 방책이었다.

그렇다고 천거제가 사라진 것은 아니었다. 오히려 천거제가 주된 등용 방식이고 과거제는 그저 보완책인 경우가 더 많았다. 이를 받아들인 나라 중에 조선은 과거제가 훨씬 큰 비중을 차지한 예외적인 나라라고 할 수 있다. 그럼에도 과거제는 세계사에서 매우 의미가 큰 사건이었다. 획기적인 제도라고 해도 지나치지 않다. 귀족 세력에 대항해 황제의 권력을 강화시키는 중요한 요소였던 것이다. 과거제라는 시험제도의 시행은 역사적으로 중앙집권 체제 발전에 있어 가장 큰 사건 중 하나이다.

한 가지 더 부연하자면 그 유명한 신언서판身言書判은 당 왕조에서 인재를 뽑는 기준이었다.[203]

---

203 《당서(唐書)》<선거지>에는 "이조에서 사람을 뽑는 네 가지 기준을 말하면 신체와 말, 글씨와 판단력 (吏曹所銓者四, 謂身、言、書、判)"이란 기록이 있다.

## ▌수양제 양광

양광이 물오른 연기로 황제와 황후
의 환심을 사 태자로 책봉된 때는 AD
600년이다. 그리고 2년 후인 AD 602
년 실질적으로 가장 두려워하던 어머
니 독고황후가 사망한다. 문제는 독
고황후가 세상을 떠난 후 정사를 제대
로 돌보지 못하였고, 양광은 연기가
아카데미상급으로 발전한다. 그러다
얼마 후 문제가 병을 얻어 자리에 누
우면서부터 양광은 슬슬 본색을 드러
내기 시작한다. 그때서야 문제는 태

| 수양제 양광 |

자에게 문제가 있음을 알게 된다. 그러나 이미 모든 실권은 양광에게 넘어
가 버린 뒤였다.

AD 604년 어느 날 문제는 세상을 떠난다. 양광이 문제의 후궁을 겁간하
려다 탄로 났던 날이었다. 이 후궁은 양광이 평소부터 음심淫心을 품고 있
던 선화부인 진씨라는 여인으로 진의 마지막 황제 진숙보의 동생이다. 문
제는 분노하여 폐태자 양용을 불렀으나 힘없는 황제의 명령이 먹힐 리 만
무했다. 양광은 부왕의 침실에서 시중드는 사람을 모두 내보냈다. 그리고
문제 양견은 세상을 떠났다.

《수서》와 《자치통감資治通鑑》 등의 사서에 양광이 부왕을 죽였다는 명확
한 표현은 없다. 하지만 기록된 정황상 양광의 문제 살해는 정설로 굳어져
있다. 《자치통감》은 항간에 그것이 사실로 인식되고 있음을 기록하고 있
다. 남북조의 혼란을 매듭짓고 개황의 치를 이끌며 새로운 시대를 열었던
수문제 양견의 죽음은 이렇게 허망했다. 이제 수의 새로운 황제는 양광이

기원부터 천 년까지 전문세

다. 그 유명한 수양제隋煬帝.

양제의 양煬이라는 글자는 주대周代의 시법諡法에 '예를 멀리하고 하늘을 거슬러 백성을 학대하다'라는 의미로 나와 있다. 이 시호는 수 왕조에 이어 천하의 주인이 된 당 왕조에서 정한 것이다. 제위에 오른 양광은 자신이 죽어서 받게 될 시호대로 지긋지긋했던 모범생의 탈을 벗어던지고 본성을 발산하게 된다. 일단 막냇동생 양량楊諒의 반란을 진압한다. 형은 등극하기 전에 죽었고 등극 후에는 동생을 죽인 것이다. 과거 문제 양견은 신하들을 모아놓고 "짐의 아들들은 모두 한 어미의 소생이라 황위를 놓고 싸울 일은 없다"라고 자랑한 적이 있었다. 입이 방정이다.

사료를 기준으로 양제는 중국 역사상, 아니 세계 역사상 가장 스케일 큰 한량閑良이었다. 고금을 통틀어 이토록 화끈하게 쓰고 놀다 간 인간이 있을까 싶을 정도다. 그는 곧장 토목공사를 시작했다. 일단 궁궐을 새로 짓고, 문제가 시작했던 대운하를 훨씬 더 큰 규모로 건설했으며, 운하를 따라 대로를 닦고 나무를 심은 데 이어 40여 개의 행궁을 지었다.[204] 그리고 만리장성을 개축하였으며[205] 아예 낙양에 수도를 하나 더 만드는 패기를 보여준다.

또한 개인 놀이공원을 만들었는데 그 스케일이 장대했다. 둘레가 200리에 달했다고 한다. 1리里의 거리가 국가와 시대별로 큰 차이를 보이기에 직접 비교는 어려우나 현재의 기준으로 서울 한양도성이 40리가 되지 않는다.[206] 여기에 진귀한 동식물을 넣고 인공 호수와 산을 만들어 그 안에서 온

---

204 운하는 주변의 조영(造營)과 같은 공사가 수반된다. 2010년대 한국에서도 유사한 공사가 행해졌다.

205 양제가 대운하만 건설한 것이 아니듯 진시황 또한 만리장성만 건설한 것이 아니었다. 만리장성은 역대 대부분의 왕조가 보수와 증축을 하였고, 진시황 또한 운하를 건설하였다.

206 《조선왕조실록》에 따르면 조선 태조 5년에 완성된 한양도성의 길이는 59,500척(尺)이다. 현재 도성의 공식적인 길이 18.6km에 비추어 보았을 때 1척은 약 31cm인 셈이다. 6척이 1보(步)이고 360보가 1리(里)였던 조선의 기준에서 보아도 한양도성은 30리가 채 되지 않는다. 국립민속박물관 전시도록에 따르면 조선의 대표적인 척(尺)인 황종척, 주척, 영조척, 포백척 등을 현재의 미터법으로 환산하면 약 21~47cm로 다양하다고 한다.

| 수대에 건설된 대운하 |

갓 사치를 부렸다. 또 전국의 악사와 광대를 불러 모아 공연을 열었는데 그 복장을 만드느라 장안과 낙양의 옷감이 바닥날 지경이었다고 한다. 그 밖에 사서가 전하는 사치와 백성에 대한 가혹함은 역대 어느 군주와 비교해도 모자람이 없었다. 이 정도만 해도 진시황의 토목공사와 이세황제의 향락과 맞먹는 수준으로 볼 수 있다.

하지만 양제의 하이라이트는 따로 있었다. 바로 수상水上에서의 유희. 이는 걸주桀紂 이래 새로운 규모로 업그레이드 된 잔치였다. 대운하가 완성되었을 때 양제는 이를 통해 강도江都에서 탁군涿郡까지[207] 행차했다. 양제가 탄 용선龍船은 길이가 200척, 높이가 45척의 4층짜리 배였는데 금과 옥으로 장식된 방이 100개가 넘었다. 이 용선 뒤로 수천 척의 배가 따랐고 노군

---

207  강도는 양자강이 끝나는 지점의 도시이다. 양제는 그곳에서 산양독(山陽瀆), 통제거(通濟渠), 영제거(永濟渠)를 거쳐 운하가 끝나는 지점인 탁군까지 왔다. 2,000km가 넘는 거리이다.

기원부터 천 년까지 전문세

만 8만 명에 달했다. 여기에 필요한 천문학적인 재정과 지옥과 같은 노역은 고스란히 백성들의 몫이었다. 하지만 이게 끝이 아니었다. '나는 아직도 목마르다I'm still hungry.'

## ▍수양제의 몰락, 수의 멸망

양제는 진시황과 이세황제 외에 캐릭터를 하나 더 가지고 있었던 인물이다. 아마도 한무제漢武帝라고 하면 적당할 것이다. 한무제의 대표적인 업적은 흉노와의 전쟁에서 승리하여 농경민족 한족漢族의 위상을 올리고 한 제국의 위세를 세상에 떨친 것이다. 하지만 이후 한은 내리막길을 걷게 된다. 여러 가지 이유가 있겠지만 무제로 인한 재정의 파탄이 큰 원인으로 작용한다. 양제 역시 이를 그대로 재연한다. 물론 그가 의도한 것은 승리의 영광이었을 것이다. 하지만 전쟁의 결과는 완전히 달랐고 전쟁 이후 나라가 기울어진 것은 비슷했다.

양제의 대 고구려 전쟁은 무제의 흉노 정벌에 비해 명분과 실리가 없었음에도 그 규모는 상상을 초월했다. 세 차례에 걸친 고구려 침략 중 하이라이트는 AD 612년 있었던 첫 번째 원정이었다. 113만 명이라는 전무한 규모의 병력[208]은 당시 지구상의 어떤 나라도 흉내 낼 수 없는 것이었다. 그가 건설한 운하 중 가장 거대했던 영제거永濟渠의 목적도 고구려 원정이었으니, 이 전쟁에 투입된 재정은 그야말로 천문학적이었다. 하지만 결과는 좋지 못했다. 투입에 비하면 참패라고 하는 것이 맞는 표현일 것이다.

요동성 전투와 살수대첩薩水大捷은 이 전쟁에서 가장 유명한 전투이다. 특히 살수대첩은 한국사에서 가장 대승한 전투 중 하나인데 이로 인해 양

---

208  이 기록은 20세기에 있었던 제1차 세계대전에 와서야 깨진다.

제의 첫 번째 고구려 원정이 무산된다. 패배의 충격은 컸다. 나라의 뿌리가 흔들렸으나 양제는 포기하지 않고 거듭 고구려를 친다. 민생이 망가진 나라에서 쥐어짜내듯 한 공격이 성공할 리 만무했다. 두 번이나 더 시도된 원정으로 수는 완전히 파탄 났고, 각지에서 일어난 반란은 오히려 늦은 감이 있을 정도였다.

나라가 쑥대밭이 된 상태에서 양제는 장안과 낙양을 손자와 자식에게 맡기고 강도로 도망갔다. 강도는 뱃놀이를 시작했던 곳으로 양자강과 운하가 교차하는 요지였다. 애착이 컸던 도시였으리라. 양제는 모든 것을 포기했던 것인지 그곳에서도 향락에 빠졌고 급기야 부하들의 반란으로 살해되었다. 그를 살해한 인물은 우문화급宇文化及, 고구려 원정군 총사령관 우문술宇文述의 아들이며 양용을 살해한 우문지급宇文智及의 형이다. 모두 양제의 총애를 받았던 심복들이다. 사서에서 전하는 그의 최후는 목숨을 아까워하는 소인배 그 자체였다. AD 618년으로 수는 이때 실질적으로 멸망하였다.

양제는 이슬람을 창시한 무함마드와 같은 시기를 살았다. 정확히는 양제가 한 살 형.[209] 둘은 똑같이 대단히 높은 위치까지 올랐으나 뒷이야기가 너무나 달랐다. 한 사람은 대제국을 날려버렸고 다른 한 사람은 대제국을 이룩한 것. 양제가 제국을 날리고 4년 후 무함마드의 대제국이 시작된다. 비슷한 시기라는 얘기다.

양제가 살해되고 난 뒤 각지의 반란 세력들은 제각각 황제를 옹립한다. 폭군이었어도 여전히 정통성이란 것이 수에 있었기 때문이다. 양제를 직접 살해한 우문화급은 양제의 조카 양호楊浩를, 수의 무장으로서 낙양을 점령했던 왕세충王世充은 양제의 손자 양동楊侗을, 장안을 점령한 이연李淵은 양제의 또 다른 손자 양유楊侑를 황제로 세웠다. 이들은 모두 반란 세력의 허

---

209  수양제 양광은 AD 569년생, 무함마드는 AD 570년생. 다만 무함마드의 생년은 추정이다.

수아비에 불과했지만 형식적으로는 양제의 뒤를 이은 것이기 때문에, 양광을 각각 다른 이름으로 추숭하게 된다. 양제는 그중에서 양유의 추숭에 의해 정해진 시호이다. 즉 '양煬'은 이연의 뜻이었던 것이다.

참고로 양동이 추숭한 시호는 명제明帝인데 간혹 이를 정통이라고 주장하는 경우가 있다. 그 근거는 이러하다. 이 시호를 올린 왕세충이 수에 끝까지 충성한 신하였다는 것과 양제가 사망한 후 양동을 옹립하였다는 것이다. 이것은 양제가 살아 있음에도 새 황제를 내세웠던 다른 세력과의 차이이다. 일견 합리적인 면이 있다. 그러나 반대 의견 또한 만만치 않은데 그 왕세충도 타 세력과 다를 바 없다는 것이다. 조금의 시간 차이만 있을 뿐 그도 자신이 옹립한 양씨 황제를 살해하고 스스로 제위에 오르게 된다. 수많은 반란집단 중 하나에 불과해진 것이다. 사정이 이러하다면 후대 왕조가 역사를 기록하는 전통에 따라 당이 정한 시호가 오히려 정통성에 부합한다고 할 수 있다. 그리고 양제는 양煬이 어울린다. 명明보다는.[210]

---

210  양제를 재평가해야 한다는 주장도 있다. 후 왕조에 의한 기록은 항상 과장되는 측면이 있는데, 양제 또한 부정적인 면만 부각하였다는 것이다. 양제의 토목공사와 대외 원정은 반드시 필요한 것이었고 대운하는 훌륭한 업적이었으며, 대외 원정 또한 고구려를 제외하면 성공적이었다는 주장이다. 또한 양제의 폭군 이미지도 당태종의 명에 의해 《수서》가 편찬되었기 때문이라는 것이다. 공교롭게 당태종도 군사적 재능으로 아버지를 도와 창업에 기여하였고, 형을 살해하고 황제가 되었으며, 고구려 원정에 실패한 이력이 있다. 양제와 겹쳐지는 면이 많은 것이 설득력이 전혀 없지는 않다. 하지만 역사는 양제는 폭군으로, 태종은 명군으로 기록하고 있다. 아마도 수는 망했고 당은 번성했기 때문이리라. 어쩌겠는가.

## 관롱집단

한때 중국의 역대 왕조가 한족漢族인가 비非한족인가가 중국의 역사와 사회를 분석하는 중요한 잣대로 작용한 적이 있었다. 왕조들을 한족 왕조와 유목 왕조로 구분하여 이들의 투쟁으로 중국 역사를 보았던 것이다. 물론 이것이 틀렸다고 하는 것은 아니다. 지금도 유목민족과 농경민족의 대립 구도는 학문적으로 여전히 유효한 분석 수단이기 때문이다. 현재는 크게 중요한 문제가 아니지만, 과거 학계에서 수와 당은 한족 왕조로 구분되었고, 한족이 5호 16국을 포함해 위진남북조 시대를 종결시킨 것으로 보았다. 하지만 지금은 바뀌었다. 수와 당은 한족 왕조가 아니라는 것이 정설로 통하고 있는 것이다.

이러한 변화는 중국 역사학에서 매우 중요한 사건으로 통한다. 그리고 그 중심에 있었던 것이 진인각陳寅恪이란 학자와 그가 만든 관롱집단關隴集團이란 용어이다.[211] 진인각은 5호 16국을 통일한 선비족의 나라 북위 이후 서위와 북주의 중심 세력을 관롱집단이라고 이름 붙였다. 시작은 북위가 5호 16국을 통일한 이후 외침을 막기 위해 설치한 여섯 개의 진六鎭에서 비롯되었다. 한족화 정책의 일환으로 북위가 수도를 낙양으로

---

211 진인각의《당내정치사술논고(唐代政治史述論稿)》가 내표석 기록이나.

| 수의 영역과 관중·농서 |

옮긴 이후 급변하는 정치 상황에서 육진 중 하나인 무천진武川鎭의 실세들이 중심 세력
으로 떠오른다. 그들이 자리를 새로 잡은 곳이 관중關中과 농서隴西였는데 관롱關隴은
관중과 농서를 합친 말이다.

서위西魏를 세운 우문태宇文泰는 그 관롱집단의 선두주자였다. 서위를 이은 북주가 동
위의 후신인 북제를 이긴 것을 관롱집단의 입장에서 보면, 우문태의 무천진이 또 다른
육진 중 하나인 고환高歡의 회삭진懷朔鎭을 이긴 것이다. 양견의 양씨와 이연의 이씨 또
한 무천진 출신이며 우문태의 부하들이었다. 몇 대를 거슬러 올라갈 것도 없이 모두가
선비족인 것이다. 북주에서 수로, 수에서 당으로의 교체는 왕조의 교체 이전에 선비족
관롱집단 간의 권력 이동으로 보면 이해가 쉬울 것이다.

## ┃ 무함마드 사후의 이슬람

이슬람이 태동한 아라비아반도가 주류 역사에서 한발 벗어난 곳임은 앞서 언급한 바 있다. 게다가 메카는 반도의 중남부에 위치해 있어[212] 지리적으로도 독자적인 문화를 유지하기에 적합했다. 게다가 AD 7세기 초는 아라비아반도에 인접한 양대 강국 동로마와 사산조 페르시아가 숨 가쁘게 치고 받던 시기였다.[213] 이슬람은 이 두 제국이 다투는 틈을 이용해 성장했다고 볼 수 있는데, 당시 동로마는 헤라클리우스Flavius Heraclius[214]라는 걸출한 황제의 출현으로 겨우 내부가 안정된 상태였고, 사산조 페르시아는 동로마의 강세로 국력이 급격히 기울고 있었다.

국외를 돌볼 틈이 없었던 사산조 페르시아와의 경쟁에서 이겼다고 판단해 서쪽의 경영에 몰두했던 비잔티움 제국, 그사이에서 대륙 헤게모니의 일시적 공백 상태를 맞은 아라비아반도에서는 씨족 중심의 지방권력들이 그 자리를 도토리 키재기 식으로 메워나갔다. 이러한 이슬람의 성장은 동로마의 입장에서는 모처럼 맞은 상승세에 찬물을 끼얹은 꼴이었다. 한편 쇠약해 가던 사산조 페르시아의 입장에선 엎친 데 덮친 형국으로 결국 무함마드가 죽고 20년 후에 망하게 된다. 비유를 좀 과하게 하자면 사산조는 '이슬람 제국 성립 기념쇼'의 제물로 바쳐진 나라이다.

히즈라 이후 무함마드는 메디나에서 절치부심切齒腐心 세력을 키워 메카로 권토중래한다. 그가 메카를 탈환한 것은 메디나로 쫓겨 가다시피했던

---

212  메카는 홍해와 가까우나 항구도시는 아니다. 메카로 통하는 항구도시는 제다(Jeddah)이다. 한때 비잔티움 제국이 홍해를 마주보고 있는 에티오피아(Ethiopia)를 통해 아라비아반도에 영향력을 행사한 적이 있긴 하지만 본국의 약화로 물러나게 된다.

213  AD 626년 콘스탄티노플 공방전과 대규모 해전이 있었고 승세를 잡은 동로마가 사산조 페르시아의 심장부까지 쳐들어가는 등 두 제국은 이슬람의 성장에 신경쓸 겨를이 없었다.

214  그리스어(헬라어)로는 헤라클레이오스 또는 이라클리오스이다. 이때부터 동로마는 공식적으로 그리스어를 채택하였는데 라틴어와 병용된 것으로 보인다.

기원부터 천 년까지 전문세

때로부터 8년 만인 AD 630년. 그야말로 종교의 힘이라고 할 수밖에 없는 역전 드라마였다. 메카를 손에 넣은 무함마드는 다신교의 성전이었던 카바 Kaaba 신전에서 카바의 검은 돌을 제외한 모든 우상을 없앤 후 그곳을 이슬람의 성소로 만들었다. 하지만 그토록 힘들게 돌아온 무함마드는 그곳에서 오래 누리지 못하고 메카 입성 후 2년 만에 세상을 떠나고 말았다. 창업군주는 오래 재위하기가 힘들다.

🔱

## 무하지룬과 안사르

AD 622년 히즈라에서 무함마드를 따라 메카에서 메디나로 이주한 70여 명의 추종자를 무하지룬Muhajirun이라 한다. 이주자 또는 망명자를 뜻하는 아랍어 무하지르مهاجر의 복수형이다. 이후 무하지룬은 메카 이외의 지역에서 메디나로 이주한 사람을 포함하는 등 의미가 확장되었고, 이슬람이 제국이 되었을 때 각지에 건설된 도시로 이주해 간 무슬림을 지칭할 때도 사용되었다. 이에 상대되는 개념이 안사르Ansar인데, 메디나의 거주민으로서 무함마드와 무하지룬을 받아들인 사람들을 말한다. 안사르الأنصار는 조력자란 뜻이다. 무하지룬과 안사르는 초기 이슬람 세계의 구성원으로 이슬람 역사에서 매우 중요한 위치를 차지하고 있다.

무하지룬과 안사르의 관계는 원만하지 못했다. 서로 자기 공로가 더 크다고 여겼던 탓이다. 이러한 '굴러온 돌' 대 '박힌 돌'의 갈등 구조는 메디나에 거주하고 있던 유대인과의 갈등으로도 이어져, 이슬람과 유대인이 원수지간이 되는 시초가 되었다. 당시 유대인에 대한 무함마드의 분노는 무슬림이 절하는 방향을 메카로 바꾸는 계기가 된다. 애초의 방향은 예루살렘이었다.

무함마드 사후에도 이슬람 세계의 주도권을 둘러싼 무하지룬과 안사르의 대립은 계속되었다. 결과는 무하지룬의 승리였고 정통 칼리파 시대의 모든 칼리파는 무하지룬에서 선출되었다.

무함마드는 아들을 남기지 못했다. 자연스럽게 이슬람 지도자의 후계가 심각한 문제로 불거지고 이슬람의 주요 세력들은 권력 다툼에 돌입하게 된다. 이는 이슬람이 처음으로 맞게 된 분열의 분위기였다. 이 시기의 위기를 봉합하였다고 알려진 인물이 아부 바크르[215]이다. 무함마드의 친구이자 장인, 네 번째 무슬림인 그는 무함마드의 첫 번째 계승자가 된다. 우선 4명의 정통 칼리파는 다음과 같다. 아부 바크르, 우마르, 우스만, 알리. 다시 생소한 이름들의 등장이다.

아부 바크르에 의한 계승은 이후 후계자를 선출로 뽑는 전통을 만들게 되는데, 그 후계자를 칼리프, 칼리파 또는 할리파라고 한다. '계승자'라는 의미의 이 말을 중·고교 세계사 교과서에서는 칼리프라고 표기한다. 영어식 표기 Caliph에서 온 것인데, 현재는 대부분 원어 발음에 가까운 칼리파로 읽고 표기한다. 칼리파 선출은 초대 아부 바크르부터 4대까지 유지되는데 이들을 정통 칼리파, 이들이 다스리던 시대를 정통 칼리파 시대 Rashidun Caliphate라고 한다.

정통 칼리파 시대는 세습 왕조가 성립하면서 끝나게 되는데, 선출직이 거듭되면 그 사이에 세습 욕망을 가진 자가 나타나는 것은 흔한 경우이다. 고대 중국의 오제 시대도, 카롤링거 왕조 이후의 서유럽도 그러했으며 심지어 교황 가운데도 그런 경우가 있었으니, 이는 본성과 관련된 것인지도 모르겠다.

---

215 무함마드 사망 직후 벌어진 혼란 상황을 진압한 사람은 무함마드의 사위 알리(Ali)라고 주장하는 집단도 있다.

## ▌정통 칼리파 시대의 이슬람

정통 칼리파 시대가 시작된 것은 당의 이세민이 황제가 된 지 햇수로 7년이 되던 해였다. 이 시대에 이슬람은 영토가 급격하게 팽창했다. 4명의 칼리파 시대에 이슬람의 판도는 아라비아반도는 물론 메소포타미아 문명권이었던 아시아 전역[216]과 이집트를 넘어 북아프리카 리비아에 이르렀다. 정통 칼리파 시대에 이어 등장한 우마이야 왕조 또한 적극적인 확장 정책을 펼쳐 그 세력이 유럽에까지 이르게 된다.

또한 내부적으로 정통 칼리파 시대는 무함마드가 닦은 기초가 자리 잡아가는 진통의 기간이었다. 현재의 이슬람이 보여주는 전통과 문제점이 동시에 만들어진 시기이기도 하다. 따라서 4명의 정통 칼리파에 대한 이해는 초기 이슬람의 내면과 이와 관련된 국제관계를 동시에 파악할 수 있는 열쇠라고 할 수 있다. 어차피 역사라는 건 인간이 벌인 일들이 아닌가.

초대 칼리파 아부 바크르는 종교로써 이슬람의 가장 위태로운 시기를 극복한 리더였다. 무함마드의 가족을 제외한 최초의 무슬림이며 무함마드가 인정한 가장 친한 친구였던 그는 칼리파의 지위를 2년 정도 누린다. 공교롭게도 무함마드가 메카에서 누린 세월과 같다. 일단 취임했을 때부터 나이가 너무 많았다. 무함마드와 동년배였으니 언제 저세상으로 가도 이상할 것이 없었다.

부호였던 아부 바크르는 자신의 씨족을 배신하면서까지 무함마드를 도왔다. 재산을 다 털어 바친 것이다. 여기에 무함마드의 목숨을 수차례 구하며 생사를 같이하였고 자신의 딸을 무함마드의 아내로 바쳤다.[217] 이렇게

---

216  레반트(Levant)에서 페르시아를 아우르는 지역을 말한다.

217  아부 바크르의 딸은 무함마드의 세 번째 아내인 아이샤(Aisha)로서 이슬람사에서 첫 번째 아내 카디자 이후 가장 영향력이 큰 여인이다. 무함마드와 나이 차를 45년 정도로 추정하며, 혼인 당시 여섯 살, 합방은 아홉 살에 하였다고 한다. 이 혼인은 이슬람 사회에서 조혼의 근거가 되기도 한다.

모든 것을 바친 공로로 그는 메카 수복 이후 최초의 성지순례라는 은혜를 허락받는다. 당시 이슬람에서도 아부 바크르가 무함마드의 뒤를 잇는 것을 자연스럽게 받아들였다.

아부 바크르는 재위 기간이 2년에 불과했음에도 정력적으로 일하였다. 꾸란Quran의 정리 작업을 시작하였으며, 무함마드의 죽음을 빌미로 일어난 반란을 진압해 이슬람 세계의 분열을 막았다. 그리고 무함마드가 마지막에 진력했던 아라비아반도의 통일을 이룬다. 여기에는 칼리드Khālid ibn al-Walīd라는 용장勇將의 공이 컸는데, 그의 대에 비로소 이슬람 세력이 반도를 벗어나 대륙을 향하게 된 것이다. 바크르는 무함마드 이후 이슬람 성립에 가장 큰 기여를 했다고 평가받는 인물로 AD 634년 세상을 떠났다. 이 시기는 황제가 된 이세민이 당을 태평성대로 이끌던 때로 두 나라 모두 사정이 좋을 때였다.

2대 칼리파로 선출된 인물은 우마르Umar이다. 우마르는 무함마드보다 스무 살 정도 어렸다.[218] 이슬람의 세대가 처음으로 바뀐 것이다. 그는 초대 칼리파 아부 바크르의 추천과 무함마드의 사촌동생이자 양아들인 알리의 지지로 2대 칼리파가 된 인물이다. 재위 기간은 10년 정도였으며, 4인의 칼리파 중 가장 칼리파다운 칼리파로 인정받고 있다. 우마르는 권력을 남용하지 않았다는 평가를 받는데, 그가 겸손하고 솔선수범하는 자세로 스스로를 낮추어 거대해진 이슬람이 초심을 잃지 않고 정착하는 데 공헌하였기 때문일 것이다.

우마르는 원래 완력이 장사였던 것으로 알려져 있다. 개종 전에는 무함마드에 가장 적대적이던 쿠라이시Quraysh의 일원으로서, 무함마드와 추종자들이 가장 두려워하는 반反이슬람주의자였다. 무함마드를 잡아 죽이겠

---

218  우마르의 생년 또한 정확하지 못해 무함마드와의 나이 차를 13~16세로 추정한다.

**| 이슬람의 세력 확장 |** 아바스 왕조 시대에는 서쪽 영역이 아프리카에서 일부 축소되었다.

다는 말을 입에 달고 살았다고 하며 실제로 수많은 무슬림이 그의 손에 죽었다고 한다. 그러나 여동생과 매제로 인해 허무하게 이슬람으로 개종하게 되는데, 일단 개종한 후에는 가장 열렬하고 충성스러운 무슬림이 된다.

우마르는 이슬람을 대표하는 전사답게 앞장서서 전장을 누볐다. 그랬던 그였기에 우마르가 칼리파가 된 후 이슬람이 대제국의 기반을 잡은 것은 어느 정도 예상된 일이었다. 우마르의 대에 이르러 이슬람은 자신의 영역을 아라비아반도 밖으로 넓혀나가기 시작한다. 이 무지막지한 전사 칼리파는 당시 최강국이었던 비잔티움 제국을 연파하여 시리아에서 팔레스타인을 거쳐 이집트까지 차지해버린다. 제국으로서의 이슬람은 우마르로부터 시작되었던 것이다.[219]

당시 동쪽으로는 전통의 강국 사산조 페르시아가 있었다. 하지만 이때의

---

219 물론 아부 바크르나 우마르의 군사적 업석에는 희대의 명상 칼리드 이븐 알 왈리드(Khālid ibn al-Walīd)의 공이 결정적이었다. Khālid를 할리드라고도 읽는다.

페르시아는 손대면 톡하고 터져버릴 정도로 약해진 상태였다. 사산조 페르시아의 공식적인 멸망은 AD 651년이지만 실질적인 사망 판정이 내려진 건 우마르 칼리파 시대였다. 아프리카와 오리엔트 지역을 기독교와 조로아스터교에서 이슬람으로 갈아치우는 데 결정적인 역할을 한 것이다. 현대의 이슬람 분포 지역은 기본적으로 우마르의 시대에서 비롯되었다.

우마르는 외형적 성장뿐만 아니라 이슬람 본연의 문제에 대해서도 관심을 기울였다. 그는 이슬람교의 빠른 전파를 넘어 정확한 전파를 강조하여 여러 기준을 세우게 된다. 히즈라를 이슬람의 원년으로 정했으며, 거대해진 이슬람 세계를 다스릴 체제도 이때에 확립한다. 화폐제도와 세금제도 그리고 관료제와 경찰제도 등이 그 예이다.

결정적으로 행동규범인 샤리아Sharia를 정리하여, 대륙 사이즈로 성장했음에도 공동체 수준의 마인드를 가졌던 이슬람 세계인 움마Ummah를 이슬람 제국으로 변화시켰다. 이는 로마가 반도에서 벗어나 대제국으로 성장했을 때 그에 맞는 법체계를 정비한 것과 같은 맥락이다. 움마란 이슬람 공동체를 뜻하는 아랍어이다.

당시 많은 이슬람 지도자가 문맹이었다. 대부분이 문자를 몰랐던 사회였고 무함마드조차 문맹이었으니 이를 부끄러운 것으로 여기지 않았다. 하지만 우마르는 글을 읽을 줄 알았을 뿐 아니라 상당한 교양을 갖추고 있었다. 당시에는 이것만으로도 존경받을 자격이 되었는데 여기에 문학적인 자질과 말솜씨까지 갖추었다고 한다. 그야말로 싸움도 잘하고 운동도 잘하는 능력자.

하지만 그의 죽음은 허무했는데, 어느 날 새벽에 한 기독교도의 칼에 찔려 갑자기 세상을 떠난다. 우마르는 제국 내 다른 종교의 자유도 보장해 주었으나 피지배자들은 충분하지 않았던 모양이다. 10년간 칼리파로 재위했던 그는 현재 이슬람이 세계 종교로 발전하는 데 가장 중요한 역할을 한 것으로 평가받고 있다.[220] 우마르의 뒤를 이은 3대 칼리파는 우스만Usman이라는 인물이다.

## ▎정통 칼리파 시대 이슬람의 변질

우스만은 재벌이었다. 무함마드가 처음 신의 계시를 설파할 때 가장 힘든 것은 자금이었다. 어떤 사업이든 밑천이 받쳐줘야 가능한 법이다. 연상의 아내가 꽤나 부자였고 또 부호였던 친구 아부 바크르의 도움도 있었지만 얼마 못 가 무함마드는 거덜이 났다. 신의 말씀을 전하기는커녕 입에 풀칠하기도 어려워진 무함마드에게 막대한 수혈을 해준 이가 바로 우스만이다. 일종의 고위험 자산에 대한 대규모 투자였던 셈이다. 물론 결과는 좋았다.

우스만 역시 초기 반反무함마드의 기수였던 쿠라이시의 일원이었으며, 그중에서도 우마이야라는 강력한 집안의 자손이었다. 그는 2대 칼리파 우마르처럼 무함마드 때려잡으려고 혈안이 된 집안에서 배신자 소리를 들으며 무함마드의 수하가 된다. 그것도 보통 수하가 아닌 사위. 사위도 보통 사위가 아닌 두 딸의 사위가 된다.[221] 이 정도면 이슬람에서 쌓을 수 있는 최고의 스펙이 아닐까.

그러나 우스만은 자신이 얻은 지위만큼 역량을 가지진 못하였다. 일단 심성이 나약했던 그는 결정적인 위기 상황에서 무함마드까지 버리고 도망치는 비겁한 모습을 보인 적이 있다. 위기의 연속이었던 초기 이슬람의 시

---

220  우마르에 대한 부정적인 평가 또한 존재한다. 특히 급격한 확장에 따른 부작용 등이 대표적이다.

221  우스만은 무함미드의 둘째 딸 루카이야(Rukaiyya)와 결혼하였으나 그녀가 죽자 셋째 딸인 움무 칼숨(Um Kulthum)과 다시 결혼한다. 그러나 이들 사이에는 아들이 없었다.

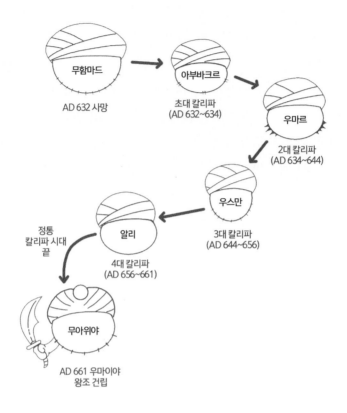

**| 칼리파 계보 |** 무함마드 - 아부 바크르 - 우마르 - 우스만(사산조 멸망) - 알리 - 무아위야.

대를 살았음에도 그는 강건하고 굳건했던 다른 지도자와 달리 정신 상태마저 오락가락하여 우울증 증세까지 보였다. 이런 우스만이 칼리파가 될 수 있었던 것은 전적으로 가문과 지위라는 스펙 덕이라고 할 수 있는데, 이는 그에 대한 가장 안 좋은 묘사들이다.

약점을 스스로도 알고 있었던 우스만은 칼리파로서 꽤 많은 노력을 한다. 무함마드가 사위로 선택한 만큼 기본적인 자질은 있었던 것이다. 그는 우선 선대부터 이어온 꾸란의 정리 작업을 완성하였고, 그 꾸란을 제국 전역으로 전파한다. 또한 사업 수완이 좋아 이슬람 제국의 재정 문제를 일정 부분 해결하고 경제적인 성장을 이룬다. 재벌 출신인 만큼 자금 분야에서 재능이 컸던 것. 그러나 분배에서 다소 문제가 있었는데 일부 세력이 부를 독점하는 결과를 낳게 된 것이다. '재벌 프렌드리' 정책, 그것도 일부 재벌에 한해 친화 정책을 펼쳐 부작용을 낳았다. 그 부작용이란 전대 칼리파 우마르가 우려했던 이슬람의 세속화와 부패. 성립한 지 얼마 되지 않은 거대 제국에서 모두의 불만을 잠재우기란 쉽지 않겠지만 이 우울한 칼리파 우스만은 온갖 문제가 불거져 나온 상태에서 역시 암살로 생을 마감한다. AD 656년. 우스만의 재위 기간은 아부 바크르와 우마르가 재위했던 기간을 합친 만큼인 12년이다.

우스만의 치세 동안에도 이슬람 제국의 영토는 넓어져만 갔다. 서쪽으로는 북아프리카의 튀니지를 손에 넣었고 동쪽으로는 아프가니스탄까지 진출했으며 그사이 사산조 페르시아가 멸망했다. 사산조 페르시아의 완전한 멸망은 우스만 대에 이루어진 것이다. 그리고 주목할 것은 해군의 창설이었다. 이슬람 해군은 비약적인 발전을 하여 얼마 지나지 않아 비잔틴 해군과 대적하는 수준에 이른다.


## ▌마지막 정통 칼리파 알리

우스만에 이어 4대 칼리파로 선출된 사람은 알리Ali이다. 알리가 칼리파로 선출되었을 때는 중국에서 그 유명한 무측천武則天이 황후가 된 직후였다. 알리는 어린 무함마드를 보살펴준 삼촌 아부 탈리브의 아들이다.[222] 무함마

---

222　그래서 알리의 정식 이름은 알리 이븐 아비 탈리브(Alī ibn Abī Ṭālib). 아비 탈리브의 아들 알리. 아비 탈리브가 아비다. 아부 탈리브라고도 읽는다.

드의 사촌동생. 무함마드는 결혼으로 경제적인 안정을 얻은 후 삼촌의 부담을 덜어주고자 알리를 양아들로 들이게 된다.

알리는 최초의 남자 무슬림이다. 그리고 무함마드의 막내딸 파티마 Fātimah와 혼인하여 사위가 되었는데, 사위 중 아들을 생산한 사람은 알리가 유일하다. 아들이 일찍 죽어 대를 이을 남자가 없던 무함마드에게 알리는 혈통적 후계자나 다름없었던 것이다. 여기에 명석하고 충직하였으며 전투 능력도 뛰어나 무함마드의 목숨을 여러 차례 구하기도 하였으니 여론이 알리를 무함마드의 적통으로 여긴 것은 당연한 일이었다. 배경으로 보나, 이력으로 보나, 능력으로 보나 알리가 초대 칼리파가 되지 못한 것이 이상할 정도였다. 따라서 무함마드가 사망하였을 때 이슬람 세계 대부분이 알리를 후계자로 여겼다는 학설은 매우 타당성이 있다. 그러나 그는 초대는커녕 4대에 와서야 겨우 칼리파가 된다. 그것도 제국이 혼란스러워진 상태에서 말이다.

대단한 배경을 가진 알리에게도 반대파가 있었으니, 이들은 무함마드 사망 당시부터 그의 칼리파 등극을 반대해온 세력이었다. 그들이 내세운 이유는 무함마드 사망 당시에는 그의 나이가 너무 젊다는 것과 혈연에 의한 지배가 이슬람 세계의 변질을 가져온다는 것이었다. 그러나 실제로는 쿠라이시 부족을 비롯한 기득권 가문들이 무함마드의 혈연으로 이슬람 세계의 권력구조가 굳어지는 것을 막고자 했던 것이다. 알리의 나이를 걸고넘어진 것은 핑계였다. 반면 알리의 지지자들은 자격과 능력 면에서 그가 당연히 칼리파가 되어야 한다고 생각하였다. 무함마드가 사망한 직후의 혼란을 수습한 사람이 알리였음에도 초대 칼리파에 엉뚱한 사람이 앉았다는 것이다. 한마디로 알리가 칼리파가 되는 것은 사필귀정事必歸正이라는 논리였다.

초대 칼리파를 양보한 알리 지지파로서는 고령이었던 아부 바크르가

2년 만에 세상을 떠난 것은 다행스러운 일이었다. 얼마 지나지 않아 알리가 칼리파가 될 기회가 오지만 그 바람은 이루어지지 못한다. 이번에도 알리가 대권을 잡지 못한 것이다. 아마도 초대 칼리파를 뽑을 때의 분위기가 2년이 지난 후에도 잊히지 않았던 것으로 보인다. 삼십 대 초반이었던 알리는 이번에도 대인의 풍모를 보이며 쓰라린 마음으로 새 칼리파인 우마르 지지 선언을 한다. 속으로는 금방 자기에게 대권이 올 것이라고 생각했을 것이다. 그러나 10년이 지나 2대 우마르가 암살되고 난 뒤 3대 칼리파로 우스만이 선출됐을 때는 꽤나 실망했던 모양이다. 하지만 칼리파들의 수명은 점점 길어져 다시 알리에게 기회가 온 것은 그로부터 12년이나 지나서였다.

알리는 우스만이 암살되고 난 뒤 4대 칼리파에 오르게 된다. 이때가 AD 656년으로 처음 칼리파로 거론되던 때에서 24년이 지난 시점이었다. 하지만 그가 칼리파가 되었을 때 이미 이슬람은 타락과 분열로 초기와는 분위기가 많이 달라진 상태였다. 특히 정치 상황에서 많은 변화가 있었는데 칼리파의 입지가 예전과 같지 않았던 것. 알리가 칼리파에 오르기 전부터 그를 견제하던 세력은 이슬람이 생기기 전부터 힘을 갖고 있던 가문들이었다.

보통 쿠라이시라고 부르는, 이 메카의 기득권 집단은 이슬람 움마의 세속화가 자신들에게 유리한 환경이라는 것을 알고 있었다. 그들의 힘은 부富를 기반으로 하였기에 종교의 순수성이 가장 큰 위협이었는데, 무함마드의 혈통은 그 위협이 현실화된 것이었다. 하지만 이제 알리는 충분히 해볼 만한 상대였다. 비록 그의 등극을 막지는 못했지만 정치적 공격으로 약화시킬 수 있었던 것이다. 쿠라이시의 대표 주자는 우마이야 가문이었다. 우마이야 가문은 우스만 대에 높은 지위에 오르고 큰 부를 축적하였는데, 그들이 알리 공격에 앞장섰다. 우스만의 암살 배후로 알리를 지목하며 그의 정

기원부터 천 년까지 전문세

통성을 부정한 것이다.

당시 알리는 이슬람의 초심을 지키고자 하였다. 무함마드 사후 빠르게 진행된 이슬람의 세속화를 반대하며 제국의 안정을 위해 노력했으나 암살로 세상을 떠나게 된다. 알리는 과거 자신과 동지였던 자들에게 죽임을 당하는데, 재위 5년 만인 AD 661년의 일이었다. 한국에서 백제가 멸망하고 1년 후였다. 4명의 정통 칼리파 중 3명이 암살로 생을 마친 것이다. 이후 이슬람 세계의 지도자는 선출이 아닌 세습의 길을 걷게 되는데 알리까지 4대를 정통 칼리파 시대라고 하며 그 이후는 왕조 시대라 한다. 이슬람 최초로 세습 왕조가 된 우마이야 가문은 이름 그대로 우마이야 왕조가 되었다.

이슬람에는 여러 종파가 있는데 크게 수니Sunni파와 시아Shia파로 나눌 수 있다.[223] 우마이야 왕조로 이어지는 전통을 따르는 세력은 수니파가 되었고, 4대 칼리파 알리를 추종하는 세력은 시아파가 되었다. 시아파는 우마이야가家가 알리 암살의 배후를 넘어 실체라고 믿고 있다. 한편 앞서 우스만의 지지자들은 우스만의 암살 배후에 알리가 있다고 주장한 바 있다. 우마이야 가문과 알리 지지파가 서로 암살을 주장하고 있는 것이다.

현재까지도 수니파와 시아파의 사이가 좋지 않은 것은 널리 알려진 사실이다. 두 종파 간 다툼의 시작을 1,400년 전에 있었던 알리 암살 건에서 찾기도 하나 이는 일부의 주장이며 부분적인 사실에 불과하다. 원인은 알리 암살 건 외에도 많이 있다. 두 세력은 서로에게 악업惡業을 쌓는 역사를 반복한다.

현재 시아파는 전체 무슬림의 10% 정도로 추산된다. 80% 이상을 차지하는 수니파에 비해 수적으로 열세이다. 이란과 이라크, 바레인 등이 시아

---

223  수니는 무함마드의 언행, 전통적 관습을 뜻하는 순나(Sunnah)를 따르는 자를 말하고 시아는 시아투 알리(shīatu 'Alī)의 줄임말이다. 즉 알리의 추종자를 뜻한다. 아랍어 시아(shi'a)는 무리, 집단을 의미한다.

파가 많은 대표적인 나라이며, 사우디아라비아, 이집트, 터키 등이 수니파 국가이다. AD 661년, 이제 이슬람은 우마이야 왕조의 시대를 맞게 된다.

🜁

## 알라의 칼 칼리드

무함마드에게는 황당할 정도로 대단한 무장이 있었다. 그의 이름은 칼리드 이븐 알 왈리드. 그는 별명으로 더 유명하다. 알라의 칼. 참으로 '임팩트' 있는 닉네임이다. 다소 과장된 것 같아도 무함마드가 직접 붙여준 이 별칭은 그에게 전혀 과한 것이 아니었다. 칼리드는 신의 칼 정도가 아니라 창, 총, 대포에 미사일까지 붙여도 괜찮을 전과를 올렸다.

칼리드가 이슬람으로 개종한 것은 AD 627년. 무함마드가 메카로 돌아올 때 함께 왔다. 물론 그 또한 개종 전에는 무함마드를 죽이려고 했던 인물이었다. 하지만 개종한 이후에는 더욱 열렬하게 무함마드를 따랐다. 결과를 두고 하는 말이지만, 칼리드가 무슬림이 된 것만으로도 무함마드는 자기도 모르는 새 죽을 고비를 수십 번 넘긴 셈이다. 이 칭찬 자자한 무장은 무함마드 생전에는 아라비아반도 내에서 반란 진압에 힘써 많은 성과를 올렸다. 다만 이때까진 최고 지휘관이 아니었다.

그가 총사령관에 오른 것은 초대 칼리파 아부 바크르에 의해서다. 칼리드는 그때부터 본격적으로 재능을 발휘하기 시작한다. 우선 무함마드가 2년에 걸쳐 반란을 진압하며 매달렸던 아라비아반도의 통일을 그는 석 달 만에 해냈다. 후딱 해치웠다는 것이 더 맞는 표현일 것이다. 무함마드가 사람 보는 눈이 더 밝았더라면 좀 더 넓은 이슬람의 영토

| 시리아 홈스(Homs)에 있는 칼리드 이븐 알 왈리드 모스크 |

를 볼 수 있었을 것이다. 그리고 본격적으로 활동했던 AD 632년부터 638년까지 햇수로 7년간 칼리드는 크고 작은 백여 차례의 전투를 치렀는데 모조리 승리했다. 단 한 차례의 패배도 없는 깨끗한 클리어Clear.

아라비아반도를 통일한 후 칼리드가 맞이한 상대는 동로마와 사산조 페르시아라는 전통 깊은 거인들이었다. 하지만 그는 거침없이 때려눕힌다. 한창 성기盛期를 이끌고 있었던 헤라클레이오스 황제의 동로마도, 왕조의 사활을 걸고 필사적으로 저항한 사산조도. 칼리드가 얼마나 강하였던지 원수처럼 싸우던 두 세력이 합쳐 대항하기도 하였다. 하지만 동로마의 지원을 받은 기독교도들과 사산조 페르시아가 합친, 10만이 넘는 연합군은 2만에 지나지 않았던 칼리드의 군대에게 3분의 2가 전사하며 참패한다. 도무지 답이 없는 인물이다.

이후 칼리드는 동로마와 사산조를 빛과 같은 속도로 오가며 격파하였는데, 이듬해인 AD 634년에는 아자나단에서 벌어진 동로마와의 전투에서 15만의 로마군을 격파하는 전과를 올렸다. 칼리드는 2대 칼리파 우마르에 의해 해임될 때까지 밥 먹고 전투만 했는데 이슬람 제국의 폭발적인 확장은 칼리드가 있었기에 가능했던 일이다.

칼리드가 치른 가장 유명한 전투는 동로마의 명장 황제 헤라클레이오스와 치른 야르무크Yarmouk 전투이다. AD 636년 야르무크강에서 6일간 벌인 이 혈투는 5만의 아랍군이 15만의 동로마군을 궤멸시키는 것으로 끝나 칼리드에게는 명예를, 헤라클레이오스에게는 추락을 선물하였다. 야르무크 전투 결과, 이집트부터 시리아에 이르는 땅이 모조리 이슬람 제국으로 편입된다. 그리고 칼리드는 곧장 사산조로 옮겨가 사산조 페르시아의 명줄을 실질적으로 끊은 카디시야Qadisiyah 전투를 승리로 이끈다.

약 7년 동안 백여 차례의 크고 작은 전투를 치르면서 칼리드는 단 한 차례도 패배하지 않았고 지저분한 승리도 없었다. 그러나 그는 너무 강해서 손해를 봤다. 2대 칼리파인 우마르가 그를 해임해버린 것이다. 병사와 백성들 사이에서 칼리드의 신망이 너무도 높았기 때문이다. 장군이 너무 강해 왕의 시기를 받은 사례는 역사에서 어렵지 않게 볼 수 있다. 칼리드가 태어나기 20년 전에 죽은 동로마의 벨리사리우스도 그런 경우였다.

전장에서 밀려난 지 4년 후 그는 죽는다. 훌륭한 무장들이 죽을 때 자주 하는 말이 있다. "전장에서 죽었어야 하는데." 칼리드 또한 그렇게 말했다고 한다. 하지만 해임되지 않았더라도 그 소원은 이루어지지 않았을 것이다. 전투에서 누가 칼리드를 죽일 수 있었겠는가.

전쟁과
대결

# 6

## ▎세계사의 '빅 매치' 고구려-수 전쟁

무함마드가 동굴에서 깨달음을 얻었을 무렵, 동아시아는 두 강국의 빅 매치Big Match가 성사되기 직전이었다. 양 코너의 선수는 수나라와 고구려. 수를 다스리는 인물의 성정을 보았을 때 둘의 전쟁은 피할 수 없는 상황이었다.

고구려-수 전쟁. 고구려와 수는 크게 4차에 걸쳐 전쟁을 벌였다고 보는 것이 일반적이다. 1차전은 문제가, 나머지 2차부터 4차전은 양제가 일으켰다. 300년의 혼란을 끝내고 이룩한 왕조이자 개황지치로 새로운 제국의 기틀을 닦은 수가 30년 만에 망한 주된 원인은 고구려와의 전쟁이었다. 다른 설명도 필요 없이 네 차례의 전쟁이 일어난 해를 보면 알 수 있다. 1차 AD 598년, 2차 AD 612년, 3차 AD 613년, 4차 AD 614년. AD 612년부터 3년 연속으로 전쟁을 일으킨 것이다. 그것도 세계 최대 규모의 전쟁을 말이다.

어떤 강대국이라도 이 정도면 안 망하는 게 용할 것이다. 4차에 걸친 전쟁들 중 치명타를 안긴 것은 전투병만 100만 넘게 동원하고도 패배한 2차전이었다. 하지만 승패를 떠나 연속된 전쟁 자체가 나라를 뿌리부터 흔들

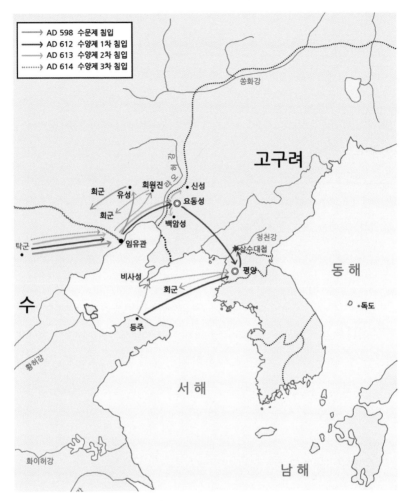

**| 고구려-수 전쟁 |** 수나라가 참 고생이 많았다.

어놓았다. 게다가 이미 무리한 토목공사와 무분별한 사치로 내부의 피로도가 한계에 다다른 상황이었음은 주지의 사실이다.

　사서에 의하면 고수려-수 전쟁의 시작은 의외로 고구려의 선공先攻이었다. 당시 수는 고구려를 제외한 주변의 모든 세력을 성공적으로 제압한 상태였다. 그중 가장 적대적이고 강력했던 돌궐은 전쟁을 통해 눌렀고, 그 외 대부분은 외교적으로 관계를 정립하였다. 하지만 고구려만은 고분고분하지 않았다. 웬만한 엄포가 먹히지 않는 상태로 수로서는 당돌한 상대를 만난 것이다. 물론 수와 고구려는 겉으로는 상하 관계였다. 이는 전쟁 중에도 변함이 없었다. 실제로 조공도 착실히 하였다. 《삼국사기》에는 최전성기였던 광개토대왕과 장수왕 때도 조공을 한 기록이 있다. 중국이 분열기였음에도 말이다.[224] 하지만 국가 간이든 사람 사이든 불가피하게 싸움을 하게된다면 선공이 유리한 것은 진리다. 당시 고구려의 영양왕은 수와의 결전을 피할 수 없는 것으로 생각했던 것. 그래서 먼저 쳤다.

수가 고구려 원정에 동원한 군사는 1차 30만, 2차 200만 이상, 3차 30만이다. 4차는 정확한 기록이 없으나 비슷한 숫자일 거라 추정된다. 특히 2차전에서는 평양성으로 직격한 별도의 군대만 30만 명이다. 이것이 과장이든 아니든 '30만'이라는 숫자가 옆집 개 이름 나오듯 한다. 당시 중국의 인구가 세계 최대임을 고려하고, 기록의 과장을 참작해도 대단한 동원력이 아닐 수 없다. 이런 수를 상대로 고구려는 대등하게 겨루어 스스로 강국임을 입증한 것이다.


## ▌네 번의 전쟁

수문제의 1차전은 대규모로 확대되지 않았다. 수의 대군은 요하遼河까지 진군하였다가 철수하였는데, 영양왕의 사죄가 있었다는 것이 공식적인 철수 이유이다. 이는 고구려가 실리를 취하는 대신 수에게 후퇴할 명분을 준 것

---

224 《삼국사기》는 대부분 중국의 기록을 참고하였기 때문에 중국 측 표현이 그대로 옮겨진 경우가 많다. 진위가 의심되는 부분 또한 적지 않으나 이를 반증할 한국 측 자료가 부족한 것이 현실이다.

으로, 실제 수의 군대는 전염병으로 전투를 수행하기 어려운 지경이었다. 수는 이때다 싶어 냉큼 돌아선 것이다.

　네 차례의 침입 중 가장 유명한 것은 2차전이다. 이 전쟁은 여러 면에서 대중적으로 널리 알려져 있다. 특히 한국인들에게는 역사적 자부심으로 남아 있는 전쟁이기도 하다. 양제의 입장에서 고구려 정복은 아버지가 이루지 못한 과업이기도 하거니와 제국의 위신, 대외정책의 일관성 면에서 반드시 짚고 넘어가야 할, 단 하나의 돌출변수이고 걸림돌이었다. 특히 돌궐을 다시 제압한 후에는 더욱 그러했다.

　수양제는 진압을 넘어 고구려를 제대로 굴복시키기 위해 준비를 제대로 하였다. 결코 거대한 힘을 가진 폭군의 신경질적인 행동이 아니었다. 그래서 수의 제2차 고구려 원정은 양국이 전력을 다해 제대로 붙은 판으로 고-수 전쟁의 절정 부분이라 할 수 있다. 양제의 전쟁 준비는 대운하 중 가장 규모가 큰 영제거 공사부터였다. 동원한 군사만 113만 3,800명, 군량을 수송한 자의 수는 그 배였다고 《수서》는 기록하고 있으니, 이 엄청난 숫자는 전투병으로 봐도 무방하다. 숫자의 진위에 대해서는 일단 논외로 하자.

　《삼국사기》에 의하면 매일 1군씩 서로 간의 거리 40리를 유지하며 나아갔다는데, 40일 만에 출발이 완료되었고 깃발이 960리를 뒤덮었다고 한다. 이것은 제1차 세계대전 전까지 전 세계를 통틀어 최대 규모의 전력 동원이었다. 하지만 역사상 가장 규모가 컸던 이 군대는 전쟁에서 승리하지 못했다. 아니, 승리하지 못한 정도가 아니라 단 하나의 성도 함락시키지 못하는 어이없는 결과를 냈다.

　해일과 같은 군세를 처음으로 맞이한 고구려의 제1선은 요동성이었다. 요동성은 석 달에 걸친 어마어마한 공세를 굳건히 버텨낸다. 예상치 못한 상황 전개에 수는 평양성을 직접 공격하는 부가적인 작전을 펼치는데, 이것

**| 고구려의 을지문덕 |**
한국은행 소장 〈을지문덕 표준영정〉. 상상도이다.

이 한국 역사 교과서에 나오는 '수나라 별동대'다. 이 부대의 대장이 고구려 장수 을지문덕이 시詩[225]로 조롱하며 보내버린 우중문于仲文이다.

하지만 이렇게 알려져 있는 내용 중에 사서와 조금 다른 점이 있다. 수는 요동성에 대한 공세가 여의치 않아 별도의 부대를 파견한 것이 아니다. 《수서》를 비롯한 사서에 따르면 주력의 요동성 공격과 별도의 우회 공격이 동시에 이루어졌다고 한다. 여기에 또 다른 평양 직격부대로 내호아來護兒가 이끄는 수군水軍을 파견하였다. 그리고 별동대라는 명칭은 사서에 등장하지 않는다. 아홉 개의 부대를 모았다는 구군九軍이라는 명칭이 나올 뿐이다. 그 일군一軍의 대장이 우문술이라는 인물이다.

어쨌든 30만에 달했던 이 우중문의 공격군은 갈 때부터 온갖 고초를 겪는다.[226] 겨우 평양 근처까지 도착해서도 성과는 없었다. 그러다 몇 번의 전투 끝에 후퇴하게 되는데 고구려군은 이때 후미를 공격하였다. 도주하던 수의 병사들은 살수薩水에서 몰살당하다시피 하였는데 기록에 의하면 1%도 살아 돌아가지 못하였다. 그야말로 전멸이었다.[227] 이것이 유명한 살수

---

225  〈여수장우중문시(與隋將于仲文詩)〉. 고구려군 총사령관 을지문덕이 수의 장수 우중문에게 보낸, 이제 그만 후퇴할 것을 권유한 시이다. 한국 중등 교과서에 등장한다.

226  병사들은 한꺼번에 100일치의 식량을 지급받았다고 한다. 그러나 행군이 불가능한 무게였기에 병사들은 식량을 땅에 묻어버린다. 이로 인해 식량 부족에 시달리게 된다.

227  《삼국사기》와 《수서》에서는 2,700명만이 요동성으로 돌아왔다고 기록하고 있다.

**與隋將于仲文詩**(여수장우중문시)

**神策究天文** 신기한 책략은 하늘의 이치에 닿고
**妙算窮地理** 절묘한 계산은 땅의 이치에 이르렀다
**戰勝功旣高** 싸움에 이겨 그 공이 이미 높으니
**知足願云止** 만족함을 알고 이제 그만하기를 바라노라

▌점잖게 울화통을 터트리게 만드는 내용이다.

대첩이다.

평양성을 공격하러 갔던 수군 또한 크게 패배를 당한 것은 마찬가지였다. 물론 주력인 본대 또한 별반 차이가 없었는데 그때까지도 요동성이 끄떡하지 않았던 것이다. 참담한 결과에 분노한 양제는 우문술 등 지휘관들을 사슬에 묶어서 돌아갔다고 한다.

권위의 손상과 물적 피해가 상상을 초월했음에도 수는 이듬해인 AD 613년에 다시 30만을 동원한다. 양제는 직전의 전투에서 얻은 경험을 바탕으로 요동성을 효과적으로 몰아붙여 함락 직전까지 간다. 그러나 후방에서 반란이 일어나 어쩔 수 없이 철수하게 된다. 3차전은 이렇게 끝이 났다. 후방에서 반란을 일으킨 인물은 양현감楊玄感이란 자로 그는 양제의 측근이었다. 사실 수의 내부는 무리한 공사와 전쟁으로 혼란에 빠진 지 오래였다. 반란은 시간 문제였고, 양현감이 그 불을 댕긴 것이다. 이후 수에서는 전국적으로 반란이 일어났다.

이는 고구려로서도 행운이었다. 숨 가쁘게 싸우던 와중에 겨우 한숨을 돌릴 수 있었던 것이다. 비록 이전 전쟁에서 승리하긴 했지만 피폐해지기는 고구려도 마찬가지였다. 승전의 대가는 그저 살아 있다는 것일 뿐, 이긴

나라의 국력 또한 크게 소진되었던 것이다.

그러나 수양제는 포기하지 않았다. 양현감의 반란은 고구려 원정군의 회군으로 어렵지 않게 진압되었으나 여전히 수많은 반란이 일어난 상태였다. 그럼에도 AD 614년 다시 대군을 일으킨 것이다. 대국의 저력인가, 그 동원력이 그저 놀라울 뿐이다. 4차전에서 수는 처음으로 성 하나를 함락시킨다. 내호아가 이끄는 수군이 천신만고 끝에 요동반도의 비사성卑沙城을 차지한 것이다. 4차 침입의 조서를 내린 지 다섯 달이 지난 때였다. 2대에 걸쳐 수백만의 군사를 동원한 끝에, 무려 16년 만에 이룬 첫 전공戰功이었다. 비효율의 극치였지만 눈물 나는 순간이었을 것이다.

내호아는 곧장 평양으로 진격할 태세였다. 하지만 여기서 고구려 영양왕은 양제에게 항복의 뜻을 내비친다. 수가 작은 승리라도 얻은 이 사건은 고구려가 전쟁을 멈출 좋은 기회였다. 수의 위신을 살려주면서 군사를 거두게 할 수 있기 때문이다. 고구려는 항복의 증표로 앞선 3차전에서 망명해 온 곡사정斛斯政[228]을 돌려보냈다. 이에 양제는 내호아를 소환하였고 군사를 철수시켰다.

사실 내호아는 물론이고 수나라도 전쟁을 길게 수행할 수 있는 상황이 아니었다. 이는 너도 알고自知 나도 아는我知 사실이었다. 물론 이 항복은 말뿐인 항복이었다. 단지 수에게 철수의 명분을 준 것인데, 이후 수는 고구려에게 실질적인 항복을 요구한다. 조회朝會[229]하라는 명을 내린 것이다. 고구려는 가볍게 거절한다. 이렇게 두 나라의 국운을 건 대결에서 수가 실질적으로 얻은 것은 하나도 없었다. 고구려-수 전쟁은 그야말로 수의 완패로

228 곡사정은 양제의 신하였으나 양현감이 반란을 일으켰을 때 그와의 친분으로 인해 죽임을 당할 것을 두려워해 고구려로 망명했던 인물이다

229 입조해서 신하의 예를 갖추는 것.

끝난 것이다.

AD 7세기에 일어났던 세계 최대의 전쟁은 수의 멸망과 고구려의 쇠퇴라는 결과로 이어졌다. 두 강국의 변화는 아시아의 새로운 질서를 낳았고 그 와중에 태어난 당이 열매를 땄다. 고-수 전쟁은 단순히 두 나라만의 전쟁이 아닌 수많은 세력이 얽히고설킨 국제관계의 중요한 사건이었다.


## ▌ 알리와 무아위야의 대결

AD 661년 알리의 죽음으로 정통 칼리파 시대가 끝나고 우마이야 왕조[230]가 세워졌다. 이슬람에도 세습의 시대가 온 것이다. 고구려-수 전쟁이 있고 40년 정도가 지났을 때이니 당에서는 측천무후則天武后가 황후로서 실권을 휘두르고 있던 때였고, 서유럽에서는 궁재가 실권을 휘두르던 시기였다. 우마이야 왕조의 창건자는 무아위야Muawiyah라는 인물이다.

무아위야는 쿠라이시 중에서도 우마이야 가문 출신으로 3대 칼리파 우스만의 가까운 친척이었다. 무함마드가 비루했던 시절부터 메카의 기득권 세력이었던 그 쿠라이시 부족이다. 무아위야는 초대 칼리파 아부 바크르에 의해 발탁된 이후 승진을 거듭하였고 우스만에 의해 시리아 총독으로 임명되었다고 알려져 있다. 그러나 우마이야 가문은 우마르 칼리파 시대에 이미 시리아를 지배하고 있었다. 무아위야는 가문의 위세를 등에 업고 탄탄한 세력을 갖추고 있었던 것이다.

이후 이슬람의 영토가 갑자기 확장되면서 정복지에 총독의 배치가 늦어지는 일이 잦아졌다. 자연스럽게 주변의 총독에게 그곳을 맡기게 되었는

---

230  옴미아드(Ommiad) 왕조라고도 한다. 옴미아드는 정확한 기원이 알려져 있지는 않으나 영국인들이 아랍어를 영국 발음으로 옮기는 과정에서 나온 것으로 추정된다. 현재 국립국어원에서는 옴미아드 또한 표준 표기로 인정하고 있다. 하지만 《옥스퍼드 이슬람 사전》에는 'Ommiad'가 등재되어 있지 않다.

| 돛대 해전 |
AD 655년에 있었던 돛대 해전을 묘사한 19세기의 일러스트이다.

데, 기존 총독이 다스리는 지역이 넓어지게 된 것이다. 무아위야 또한 주변 지역이 그의 관할로 편입되면서 더욱 세력이 강력해졌다. 그는 얼마 지나지 않아 단독으로 비잔티움 제국과 대규모 전투를 치를 정도로 성장하게 된다. 물론 이 시기 비잔티움 제국의 헤라클리우스 왕조 황제들은 제국을 엉망으로 만들고 있었다.

이 시기에 주목할 만한 것은 이슬람이 해군을 갖게 되었다는 것이다. 무아위야는 우스만의 해군 창설에 크게 기여하였다. 신생 이슬람 해군은 곧바로 위력을 발휘하여 금세 이집트와 팔레스타인 해역을 장악하였고, 키프로스Cyprus와 로도스Rhodes를 병합하였으며, AD 655년에는 마침내 비잔틴 해군을 격파하기에 이른다. '돛대 전투'[231]라 불리는 이 해전은 이슬람 해군이 비잔틴 해군을 무찌른 최초의 전투로 제1차 포에니 전쟁에서 로마 해군

---

231  돛대 전투는 AD 655년 터키 남부 피니케(Finike) 근해에서 벌어진 이슬람 해군과 비잔틴 해군의 진두로 양측이 돛대에 각각 초승달과 십자가를 달고 싸웠다 하여 붙여진 이름이다.

이 카르타고 해군을 이긴 것에 비견된다. 655년은 당에서 무조武照[232]가 고종의 황후로 봉해졌을 때였다. 사기충천한 무야위야는 단독으로 비잔티움을 도모하기에 이른다. 그러나 AD 656년 친척 형이자 칼리파인 우스만이 죽고 알리가 칼리파로 당선되면서 그의 비잔티움 공세는 잠시 중단된다. 이때 비잔티움은 잠시 한숨을 돌리게 된다.

무아위야는 새로 칼리파가 된 알리를 반대하는 입장에 서게 되는데, 그 명분은 알리와 우스만 살해범 사이의 관련이었다. 즉 우스만 암살의 배후로 알리가 의심스럽다는 것이다. 앞서 수차례 언급한 대로 이는 무아위야뿐 아니라 우마이야 가문 전체의 기조였다. 자연스럽게 이슬람은 알리 지지파와 반대파로 나뉘는데, 새롭게 떠오른 세력이었던 무아위야는 반알리파의 중심이 되었다. 두 세력의 대결은 처음에는 알리 지지파가 우세했다. 그러던 가운데 AD 657년 양측은 각자의 명운을 걸고 시리아의 시핀Siffin에서 대규모 전투를 벌이게 된다. 유명한 시핀 전투이다.

이 전투에서 두 세력은 운명이 엇갈린다. 알리가 결정적인 타격을 입게 되는데, 이는 어이없게도 전투가 아닌 술책의 결과였다. 알리는 당시 승리를 목전에 두고 있었다. 패전의 위기에 몰린 무아위야가 목숨이라도 부지하기 위해 고심 끝에 내놓은 것이 평화협상 제안이었다. 이슬람의 신앙을 이용해 알리가 거부할 수 없게 만든 것이다.[233] 물론 이 협상은 결렬된다. 애초에 노련한 무아위야가 시간을 벌려고 한 것일 뿐, 우스만 살해범 처벌 요구를 굽히지 않았으므로 접점을 찾는 것이 불가능했던 것이다. 알리는 하등 필요 없는 협상에 끌려 다니느라 시간만 버린 꼴이 되었다.

---

232  측천무후의 이름이다. 황제가 되었을 때 '武曌'로 한자를 바꾼다. '曌'는 측천 시대에 별도로 만든 측천 문자 중 하나이다.

233  무아위야군은 이슬람 경전 꾸란의 구절을 적은 깃발을 달고 협상을 요구했고 알리 측의 신앙심 깊은 병사들이 싸움을 거부하면서 협상 분위기가 만들어졌다.

그런데 전투는 물론 전체적인 분위기가 예상치 못한 방향으로 흐르기 시작했다. 승기를 잡았던 알리 세력에 내분이 일어난 것이다. 알리가 반역자에 대항해 끝까지 싸워야 한다는 계시를 어기고 협상을 했다는 이유로 불만을 표출하는 집단이 생겨난 것. 절박한 상태에서 굴린 무아위야의 잔머리가 성공한 셈이다. 그리고 대세는 완전히 뒤바뀌게 된다.

알리는 시핀 전투 이전에도 여러 차례 반란을 맞았으나 잘 진압하였다. AD 656년 있었던 낙타 전투Battle of the Camel는 주동자가 무함마드의 부인 아이샤였다는 점에서 뼈아팠지만 그래도 승리하였다. 그런 다음 일어난 것이 무아위야와의 시핀 전투였다. 이번에도 전투에서는 우세를 점했지만 적을 제대로 누르지 못했고, 그 결과 내분으로 이어진 것이다. 그전까지 알리의 든든한 아군이었던 세력들이 이탈하기 시작했고, 더욱 난처해진 알리는 마침내 암살로 생을 마치게 된다. 알리에게 칼을 꽂은 자들은 바로 내분으로 이탈한 자들이었다. 알리와 결별했던 세력들은 이슬람에서 카와리즈Khawarij라 불리며 하나의 분파로 자리를 잡는다. 카와리즈는 이슬람 최초의 종파이며 의미는 '갈라져 나간 자'이다.


## ▌무아위야와 우마이야 왕조

알리가 사라지자 무아위야에 대적할 만한 세력은 없었다. 그러나 이슬람 움마는 여전히 칼리파를 선출해야 한다는 분위기였으므로, 알리의 장남 하산이 칼리파로 추대된다. 하지만 무아위야는 처음부터 알리파에게 칼리파 자리를 내줄 생각이 없었다. 이제 세상이 바뀌었다고 여긴 것이다. 힘으로 권력을 잡아도 될 정도로 초기의 순수성에서 멀어졌다고 판단한 무아위야는 무력 대결을 선언한다. 이는 그가 알리에게 반기를 들었을 때부터 예상했던 일로, 반란의 마지막은 자신이 대권을 잡는 것이 되어야 했다. 칼리파

하산이 무력 대결을 끝내기로 하고 무아위야에게 그 지위를 넘김으로써 내전은 끝이 난다. 하산은 충분히 싸울 수 있는 세력을 가지고 있었고 실제로 싸우기도 했으나 끝을 보지는 않았던 것이다. 이슬람 움마의 평화를 바랐다고 보는 것이 일반적이다. 아버지나 아들이나 착하다고 해야 하나 무르다고 해야 하나.

이슬람에서는 이를 1차 피트나Fitnah가 끝났다고 말한다. 피트나는 종교적 견해 차이로 인한 분쟁, 즉 내전을 의미하는 아랍어이다. 이와 더불어 정통 칼리파 시대도 끝나게 된다. 한국에서는 백제가 끝장났다.[234]

AD 661년 우마이야 왕조가 세워졌다. 알리 부자를 차례로 꺾은 무아위야의 왕조이다. 이슬람권 최초의 세습 왕조인 우마이야 왕조는 무아위야의 근거지였던 다마스쿠스Damascus를 수도로 삼았다. 다마스쿠스는 시리아 지역의 도시이다. 알리의 마당이었던 메카에서 벗어난 것이다. 또한 이슬람이 아라비아반도를 벗어나 오리엔트의 중심 세력임을 천명하는 순간이었다. 무아위야는 내정을 안정시킨 후 다시 적극적인 영토 확장에 나선다. 무아위야의 이러한 공세 기조는 새삼스러운 것이 아니었다. 무함마드 이래 이전부터 이슬람이 추구해온 것이었다. 우마이야 왕조 또한 이를 유지한 탓에 지중해를 둘러싼 지역은 끊임없이 전쟁을 치러야 했다.

총독 시절 내내 비잔티움 제국을 공격했던 무아위야는 내전 기간에는 얼굴을 바꿔 휴전 협정을 체결했다. 알리와의 싸움이 급했기 때문에 공물까지 바치면서 이뤄낸 불리한 협정이었다. 당시 비잔티움 제국은 이를 거절할 입장이 아니었다. 잠시 나라를 부흥시켰던 헤라클레이오스 황제가 AD 641년에 사망한 이후 나라가 완전히 혼란에 빠져 있었기 때문이었다. 상황이 바뀌면 무아위야가 다시 공격해올 것이 분명했지만 어쩔 수 없었다. 비

---

234  AD 660년 백제가 멸망했다.

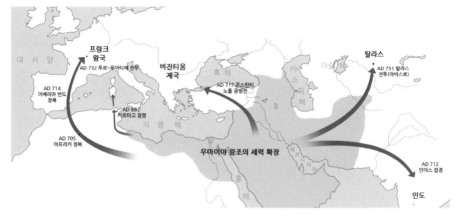

**| 우마이야 왕조의 영토 확장 |** 우마이야 왕조는 가장 호전적인 이슬람 세력이었다.

잔틴인들은 그저 알리가 무아위야를 이겨주기를 바랄 뿐이었다.

기도가 신통치 않았던지 비잔티움 제국은 더 강해진 무아위야의 공격을 받게 된다. 밀리고 밀려 AD 670년엔 콘스탄티노플이 포위되는 지경에 이르렀다. 물론 그 유명한 테오도시우스 장벽은 뚫리지 않았다. 하지만 비잔티움 제국은 만신창이가 되었고 신생 우마이야 왕조의 위신은 한껏 높아졌다. 이후에도 우마이야 왕조의 콘스탄티노플 공격은 계속되었다.

그때마다 비잔티움 제국은 안간힘으로 막아냈는데, AD 674년부터는 획기적인 신무기가 전쟁의 양상을 완전히 바꾸어 놓았다. 간절했던 비잔틴인들의 기도를 신이 다른 모양으로 들어준 것이 아닌가 싶을 정도로 강력한 무기였다. 바로 '그리스의 불Greek Fire'이다. 이 막강한 무기는 가연성 액체로 알려져 있을 뿐 자세한 내용이 전해지지 않는다. 연구에 의하면 현대의 화염 방사기와 유사한 것으로 보인다. 당시 우마이야군이 많이 뜨거웠을 것이다. 한번 불이 붙으면 좀체 꺼지지 않았다고 하니 말이다.

우마이야 왕조의 이슬람은 북쪽으로는 비잔티움이라는 철벽의 도시로 인해 진격이 막힌 상황이었지만 동쪽과 서쪽으로는 거침없이 뻗어나갔다.

초대 무아위야 이후로도 이 왕조의 정복 활동은 멈추지 않았는데 서로는 북아프리카를 모조리 휩쓸며 대서양에 도달했고, 동으로는 지금의 우즈베키스탄, 아프가니스탄의 대부분을 점령하기에 이른다. 그 뒤에도 기세는 꺾이지 않고 AD 8세기 초에는 지중해를 넘어 에스파냐를 점령했고 다시 피레네 산맥을 넘어 서유럽을 공략하기도 했다.[235] 파죽지세破竹之勢가 딱 들어맞는 표현이다.

## ▌우마이야 왕조 속의 두 계통

무아위야는 AD 680년 사망한다. 그는 약 20년 동안 재위하면서 제국을 확장시켰다. 하지만 그가 죽자 이슬람은 다시 내란에 빠지게 된다. 사실 우마이야 왕조는 90년밖에 지속되지 못한다. 게다가 그 안에서도 두 개의 다른 왕조가 존재했다고 보는데, 무아위야의 직계는 3대로 끝이 난다. 이 무아위야의 혈통을 수프얀Sufyan계 또는 수프얀 왕조라고 하고 나머지 하나는 마르완Marwan계 혹은 마르완 왕조라고 한다.

수프얀계와 마르완계는 무아위야의 족보를 따지면 몇 대 위에서 갈라진 형제이다. 따라서 별개의 왕조가 아니라 하나의 왕조에서 나온 두 개의 계통이라고 보는 것이 맞을 것이다. 수프얀은 무아위야의 아버지 이름이다. 우마이야라는 이름은 좀 더 거슬러 올라가서야 나타나는데, 수프얀계와 마르완계의 공통된 아버지, 무아위야의 증조할아버지 이름이 바로 우마이야이다. 증조부에서 만나게 되니 마르완 1세는 무아위야의 6촌이 되는 것이다. 우마이야라는 왕조의 명칭은 후대에 붙은 것으로 이 두 계통을 아우르

---

235  AD 697년 카르타고 점령, AD 711년 이베리아반도 공격. AD 732년 투르-푸아티에 전투. 그 외에 AD 8세기 이후 프랑스 남부 연안과 이탈리아의 섬과 본토 일부까지 장악하기도 하였다.

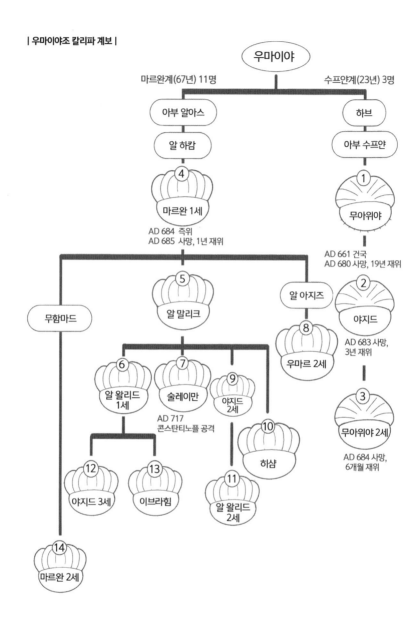

우마이야

마르완계(67년) 11명       수프얀계(23년) 3명

아부 알아스       하브

알 하캄       아부 수프얀

④ 마르완 1세
AD 684 즉위
AD 685 사망, 1년 재위

① 무아위야
AD 661 건국
AD 680 사망, 19년 재위

무함마드

⑤ 알 말리크

알 아지즈

⑧ 우마르 2세

② 야지드
AD 683 사망, 3년 재위

③ 무아위야 2세
AD 684 사망, 6개월 재위

⑥ 알 왈리드 1세

⑦ 술레이만
AD 717 콘스탄티노플 공격

⑨ 야지드 2세

⑩ 히샴

⑫ 야지드 3세

⑬ 이브라힘

⑪ 알 왈리드 2세

⑭ 마르완 2세

▌ 우마이야조는 수프얀계와 마르완계로 나뉘었다. 각각 3명, 11명의 칼리파를 배출하였으며 90년간 존속했다.

기 위한 것이다.

왕조로서는 길지 않은 90년의 역사인데, 수프얀계는 고작 23년간 집권한다. 그마저도 무아위야가 19년을 써버려, 남은 4년 중 무아위야의 아들인 야지드Yazid가 3년, 그 아들 무아위야 2세가 1년을 보낸다. 기간만 보면 수프얀계는 무아위야 한 사람으로 끝났다고 해도 할 말이 없다. 이제부터 다시 생소한 이름들을 만나게 된다. 왕조화된 이슬람 세계의 지배자들이다.

무아위야의 아들 야지드는 아버지가 힘으로 눌러왔던 제국의 여러 문제를 아버지 사후에 한꺼번에 만나게 된다. 우선 아랍인, 특히 시리아 출신 아랍인을 우대하는 정책으로 인한 불만의 목소리가 높았다. 무아위야가 시행한 지역적, 민족적 차별 정책에 불만을 품은 세력들이 생겨났던 것이다. 왕위 세습에 대한 불만도 터져 나왔다. 그때까지도 이슬람 움마의 공식적인 승계 방식은 선거였다. 처음부터 세습 왕조를 세운 것이 아니라 무아위야가 힘으로 세습을 관철시켜 왕조가 된 것이기에, 이에 대해 불만을 가진 세력이 생겨났다. 바로 후세인 지지파였다. 후세인은 알리의 아들이자 하산의 동생이었는데, 그를 지지하는 세력이 바로 시아파라고 불리게 되는 집단이다. 우스만-알리의 대결은 아직도 끝나지 않은 것이다.

이때 알리 암살에 이어 수니파와 시아파가 등을 돌리게 되는 결정적 사건이 일어난다. 새 칼리파가 된 야지드에 반대하는 세력들이 후세인을 지도자로 모시려고 한 것이다. 이를 간파한 야지드는 후세인과 지지자들을 습격했다. 이때 후세인은 잡혀 목이 잘리는데, 야지드는 그의 잘린 머리를 욕보였다고 한다. 사건이 일어난 AD 680년 당시에는 그것으로 끝이었다. 칼리파인 야지드가 왕조를 위협하는 최대 적대세력을 제거한 정치적 사건에 지나지 않았던 것이다. 하지만 훗날 이는 역사를 바꾸는 단초가 된다.

제국이 여전히 불안한 가운데 야지드가 재위 3년 만에 세상을 떠나고,

칼리파를 이어받은 그의 아들 무아위야 2세까지 반년 만에 아버지를 따라가 버린다. 위태하던 이슬람 제국은 곧장 부족 전쟁에 휘말리게 되는데, 그 와중에 선출된 칼리파가 마르완 1세Marwan I이다. 마르완계는 그의 이름을 딴 것이다. 이 마르완계가 남은 66년 동안 이슬람 제국을 다스리게 되는데, 이들 역시 길지 않은 시간 동안 발전과 쇠망을 동시에 겪는다.

마르완계 우마이야 왕조는 권력을 제대로 안정시키기도 전에 격렬한 내전을 치른다. 이것이 우마이야의 제2차 내전, 즉 제2차 피트나이다. 이 내전은 거의 10년 동안 지속되며 이슬람 움마를 흔들었다. 마르완 1세는 칼리파가 되고 1년 만에 세상을 떠난다. 다행한 일은 그 아들이 유능한 인물이었다는 것. 그의 이름은 아브드 알 말리크Abd al-Malik. 새로운 이름의 등장이다. 짧은 마르완계 우마이야 왕조에 그나마 전성기라는 것을 안겨준 인물이다.

AD 685년 칼리파에 오른 말리크는 AD 692년에 내전을 끝내는데, 안으로 싸우는 중에도 밖으로 영토를 확장했다. 또한 개혁을 병행하여 사회와 종교를 안정시키는 능력을 발휘하였다. 이 같은 국력 과시와 사회 안정에 대한 자신감으로 말리크는 이슬람 제국 최초로 금화를 발행했다. 말리크의 금화에는 '알라는 유일하며 어떤 반려자도 배우자도 없다'라는 꾸란의 구절이 새겨져 있다. 이 글귀는 기독교의 삼위일체설Trinity을 반박한 것이다. 기독교의 오랜 교리 논쟁의 주제였던 삼위일체를 부정한 가장 강력한 상대는 추방된 아리우스파가 아니라 이슬람이었던 것이다. 미래에 13억의 신자를 갖게 될 이슬람.

알 말리크의 20년 치세는 후대에 강한 군사력으로 나타났다. 이제 다져진 기초체력과 채워진 통장이 힘을 발휘할 차례. 말리크의 아들 알 왈리드 1세al-Walid I는 AD 705년부터 10년간 재위하였는데, 자신의 치세 동안 영토를 더욱 넓혀 동으로 인더스강에 이르렀고 지중해를 건너 에스파냐를 휩쓸었으며 로마의 섬들과 본토를 공포에 떨게 만들었다. 에스파냐에 처음으로 무슬림이 발을 디딘 것도 바로 이때였다. 그리고 그의 아들 술레이만 Suleyman은 AD 717년 콘스탄티노플을 공격한다. 콘스탄티노플 공방전 중에서도 가장 유명한 공방전이다. 알 왈리드의 시대, 이때가 우마이야 왕조의 절정이었다. 하지만 이는 전성기의 변곡점이기도 했다.

13개월간 공격을 퍼붓고도 술레이만이 테오도시우스 장벽을 무너뜨리지 못한 것이다. 이 실패는 단순히 한 전투의 패배로 끝나지 않고, 이슬람의 기운이 꺾이는 것으로 이어졌다. 무아위야를 제외하고 우마이야 왕조 마르완계에서 꼭 알아야 할 인물이 있다면 바로 술레이만이다. 사실 이슬람의 역사에서 '술레이만'이라는 이름은 여러 차례 등장한다. 인기가 꽤 좋은 이름이다. 우마이야조의 술레이만보다 더 유명한 술레이만도 있으나, 이 술레이만도 그에 못지않은 유명인이다.

기독교도의 관점에서 그는 AD 717년 콘스탄티노플을 덮쳤던 거대한 파도의 주인공. 유럽과 우마이야 왕조의 운명이 아슬아슬하게 비껴가게 한 갈림길의 인물이 바로 이 술레이만이었다. 이런 이유로 그는 아바스조의 만수르와 더불어 이슬람의 위세를 떨친 세습 칼리파로 평가된다. 차이가 있다면 끝이 좋지 않았다는 것. 이 술레이만이라는 이름은 후에 오스만 제국 시대에도 등장하여 다시 양명揚名하게 된다.

## 콘스탄티노플 공방전

콘스탄티노플 공방전은 여러 세력이 비잔티움 제국의 수도였던 콘스탄티노플을 공격한 것을 일컫는 말이다. 콘스탄티노플은 비잔티움 제국이 1453년 오스만 제국에 의해 멸망하기 전까지 수없이 많은 공격을 받았다. 전성기였던 유스티니아누스 대제 때도 공격이 있었으니, 이 도시를 놓고 시도 때도 없이 전투가 벌어졌던 것이다.

콘스탄티노플 공방전의 횟수에 대해서는 학자마다 차이가 있으나, 큰 전투만 하더라도 20여 차례에 이른다. 이는 비잔티움 제국이 많은 침략에 시달렸음을 의미하지만, 그만큼 오랫동안 존재했다는 뜻이기도 하다. 천 년은 그리 만만한 세월이 아니었던 것이다.

그중에서도 마르완계 우마이야조의 술레이만에 의한 공격이 유명하다. AD 717년에 있었던 이 콘스탄티노플 공방전은 역사적으로 여러 가지 의미를 가지고 있는데, 전투의 규모나 무기, 양측의 전술 등이 그러하다.

일단 비잔티움 제국 멸망 전에 있었던 공방전 중 가장 치열했다. 우마이야 왕조의 두 번째 공세였던 이 콘스탄티노플 공방전은 육·해군 외에 정치 공작까지 투입된 입체적인 전투였다. 비잔티움 제국을 완전히 복속시키려 했던 술레이만은 당시 비잔티움의 장군인 레오 3세를 통해 내분을 일으키려고 했던 것이다.

우마이야의 대군은 유럽 지역인 트라키아에 상륙하여 양편으로 콘스탄티노폴리스를

기원부터 천 년까지 전문세

봉쇄하고 공격을 펼쳤다. 이에 비잔틴인들은 콘스탄티노플의 튼튼한 성벽과 신무기 '그리스의 불'로 결사항전하였다.

우마이야군의 파상 공세는 질병이 덮치며 무뎌졌다. 여기에 비잔티움과 손을 잡은 불가르인들이 공격해옴으로써 끝내 무슬림은 콘스탄티노플의 성벽을 넘지 못한다. 게다가 철수 과정에서 비잔티움 제국군의 공격과 폭풍으로 다시 한번 손실을 입고 만다. 이후 우마이야 왕조는 콘스탄티노플에 대한 공격 의지를 완전히 상실하게 되고, 왕조의 기반 자체가 흔들리게 된다.

AD 717년의 콘스탄티노플 공방전은 이슬람 세력의 유럽 진출을 막은 결정적인 사건이었다. 그러나 15년 뒤에 일어난 투르-푸아티에 전투에 비해 그 중요성을 인정받지 못하고 있는 것이 사실이다.

## ▌우마이야 왕조의 멸망

AD 717년은 서유럽에서 프랑크 왕국의 궁재 칼 마르텔이 쿠데타를 일으켜 정권을 잡은 해이다. 그는 15년 후인 AD 732년 우마이야 왕조가 유럽 서쪽을 공격할 때 만나게 될 인물이다. 이 인물 때문에 우마이야는 또 유럽 공략에 실패하게 된다.

술레이만의 콘스탄티노플 공격이 실패하면서 재정에 큰 타격을 입은 우마이야 왕조는 이후 비틀거리기 시작한다. 무아위야 이후로 진행되었던 확장 정책의 큰 실패이자 그전부터 이어져 왔던 이슬람 팽창주의의 제동이었다. 이후 비잔틴이 반격해오고 반란 세력들이 다시 고개를 들면서 우마이야 왕조는 급격히 쇠퇴한다. 끝없이 일어나는 반란은 내전으로 번졌고, AD 743년부터의 상황을 제3차 피트나라고 한다. 3차 피트나는 우마이야 왕조가 멸망할 때까지 지속된다. 반란 세력 중 하나에게 멸망한다는 뜻이다.

당시 가장 강력한 반란 세력은 코라산Khorasan[236] 지역에 근거를 둔 아바스 가문이었다. 이 가문은 AD 740년대에 차별받았던 반反우마이야 세력들을 결집시켰다. 그렇게 모인 세력들 중에 매우 남다른 의미의 집단이 있었으니, 바로 알리의 추종자들이다. AD 680년 야지드에 의해 희생당한 후세인의 세력, 즉 시아였던 것이다. 이들은 아바스가 결집시킨 반우마이야 세력 중 가장 강력한 세력이었다. 아바스와 시아의 결탁은 우마이야에 대한 정치적 적대 세력과 종교적 적대 세력의 연합을 뜻한다. 힘을 키운 아바스 가문은 내전 초기 기회를 엿보다 AD 746년에야 본격적으로 전투를 벌인다. 우마이야 왕조는 이미 힘이 떨어진 상태였지만 아바스 가문의 검은 깃발을 맞아 치열한 격전을 벌였다. 우마이야의 상징은 흰 깃발이었다.

---

236 호라산 또는 후라산으로 불리기도 한다.

AD 750년 1월. 두 깃발은 최후의 결전을 벌인다. 이것이 자브Zab강 전투이다. 자브 전투라고도 불리는 이 대결은 우마이야와 아바스의 운명을 결정짓는 순간이었다. 여기서 아바스가가 승리한다. 우마이야 왕조의 마지막 칼리파인 마르완 2세는 이집트로 도주하였으나 반년 후 아바스군에 잡혀 살해당한다. AD 661년 무아위야로부터 시작된 이슬람 최초의 세습 왕조가 90년 후인 AD 750년에 멸망한 것이다. 프랑크 왕국의 메로빙거 왕조가 멸망하기 1년 전이었고, 신라에서는 김대성이 불국사를 짓기 1년 전이었으며, 당의 안록산이 반란을 일으키기 5년 전이었다.[237]

우마이야 왕조가 100년도 지속되지 못한 가장 큰 원인으로 차별 정책이 지목된다. 무아위야 대부터 행해졌던 비非아랍인, 비非시리아인에 대한 차별은 이슬람 정신과도 맞지 않아 내부의 모순을 낳았다. 이는 왕조가 지속되는 내내 사회 불안으로 작용하며, 끊임없이 일어나는 내란의 빌미가 되었다. 군부도 차별 정책의 예외가 아니었기에 직접적인 전력 약화로 이어졌다. 차별은 사회의 어떤 부문에서건 아킬레스건으로 작용하는 법인데, 여기서도 예외는 아니었다.

우마이야 왕조는 한 세기도 되지 못하는 짧은 삶을 살고 갔지만 많은 건축물과 유적을 남겼다. 또한 유럽을 지배했던 만큼 그들이 남긴 이슬람의 흔적은 현재까지도 유럽에 남아 독특한 분위기를 풍기며 과거의 영광을 말하고 있다.

한편 발생 당시에는 크게 중요하게 여기지 않았던 야지드의 후세인 살해가 이슬람 역사에 큰 획을 긋게 된다. 가해자는 대수롭게 여기지 않았으나 피해자에겐 큰 상처였다면 적절한 비유일까. 이때 당한 후세인의 죽음과 모욕은 시아파에게 구원舊怨으로 남았고, 얼마나 가슴에 크게 남았던지 현

---

237 《삼국유사》에 따르면 불국사는 AD 751년(경덕왕 10년) 김대성이 짓기 시작했다고 한다.

재도 그들은 매년 이슬람력의 첫 달에 아슈라Ashura라는 의식을 행하며 후세인의 순교殉教를 기리고 있다. 아슈라는 후세인의 죽음을 애도하며 자해를 하는 의식이다. 심하게 행해지는 곳에서는 몸에 채찍질이나 칼질까지도 해 야만성 논란도 있다. 시아파에게 아슈라가 갖는 의미는 이슬람 전체에서 히즈라가 차지하는 비중에 비견되곤 한다. 그리고 알리 사망과 후세인의 죽음 이후 일어난 시아파의 여러 활동을 시아 운동이라고 부르게 된다. 이제 이슬람의 바통은 아바스로 넘어간다. AD 750년이다.

# 새 왕조의
# 출현

# 7

## ▌당이라는 나라

당唐은 역대 중국 왕조 중 가장 융성한 시대를 이룩했다는 평가를 받는다. 가장 반짝거린 시절을 만들었다고 하면 적절한 표현일까. 당은 중국 문화의 기초를 마련한 한漢보다 융성하였고, 훨씬 더 넓은 영토를 차지했던 원元·청淸보다 화려했으며 강남 시대를 열었던 송宋보다 강렬했다.[238]

당의 건국은 무함마드가 신의 계시를 받아 메카에서 열심히 말씀을 전하고 있던 AD 618년이고, 멸망은 동프랑크에서 카롤링거의 핏줄이 끊어지기 직전[239]인 AD 907년이다. 300년에서 11년이 빠지는 기간 동안 지속된 것이다. 당은 나라를 세우고 곧장

**▌당의 당삼채 ▌**
중국인들이 갖고 있는 당의 이미지는 이렇게 화려하다.

---

238 스탠퍼드대 마크 E. 루이스 교수는 당의 영토가 원보다 넓었다고 주장한다.

239 서양편에서 곧 나올 설명이다.

전성기를 맞는다. 2대 황제 대로 바로 정관의 치라고 불리는 시절이다. 당이 전성기를 이렇게 빨리 맞을 수 있었던 것은 태종 이세민이라는 걸출한 인물도 있었지만 당의 바로 직전 왕조, 수隋가 있었던 덕분이다.

수는 오랜 분열을 봉합한 에너지로 평소라면 쉽지 않았을 개혁과 대규모 토목공사를 해치웠다. 획기적인 통치의 기틀 마련, 거대한 인프라의 건설. 당은 이것을 고스란히 이어받았다. 고맙게도 수가 어려운 것을 많이 해놓고 금세 저세상으로 가버린 덕에 당은 건국하면 필연적으로 따라오는 내부 정리의 수고로움을 건너뛰고 곧장 국력 신장에 힘쓸 수 있었던 것이다. 진秦의 업적을 통해 성세를 누린 한漢과 같은 케이스인데 속된 말로 하면 날로 먹은 것이다. 하도 반복해서 지겨운 내용이다.

당고조唐高祖 이연李淵은 수의 양씨楊氏와 인척 관계였다. 그의 어머니가 수양제의 어머니와 친자매였으니 당과 수는 사촌지간인 셈이다. 양제 양광은 이연의 이종사촌 동생이다. 게다가 그들 모두 관롱집단에 속했으며, 그 이전에는 북위의 6진 중 하나였던 무천진에 있었던 선비족이었다. 수에 이어 다시 선비족이 중국을 지배하게 된 것이다. 이 또한 반복한 내용이다.

AD 755년에 일어난 안록산의 난을 가운데로 하여 당의 역사를 살펴보면, 전반기가 137년, 안록산의 난이 8년, 후반기가 144년이다. 전·후반을 다시 큰 사건으로 나누자면 전반기는 측천무후가 나라를 빼앗은 사건이 그 가운데를 지나고 있고, 후반기는 황소의 난이 지나고 있다. 황소의 난은 당에 결정타를 날린다. 사건들로 당사唐史의 큰 틀을 잡으면 이러하다. 이연이 건국한 후 정관의 치와 무위의 화로 전반기. 안록산·사사명의 난으로 후반기 시작. 100여 년의 쇠퇴기와 황소의 난, 그리고 멸망. 어머나, 간단하여라.

당은 찬란한 문화와 강대한 국력을 떨쳤던 만큼 난리의 규모가 크고 강도도 높았다. 정관의 치에 이은 무측천의 제위 찬탈은 높은 산에 붙어 있는 깊은 골이었다. 물론 이 골은 이씨 왕조에 해당하는 것이고, 일반 민중은 무측천의 지배를 그다지 큰 어려움으로 여기지 않았다. 왜냐하면 측천무후의 시대가 백성들에게는 나쁜 정치가 아니었기 때문이다. 오히려 무후의 치武后之治로 칭송하는 기록도 많이 있다.

그리고 뒤이어 일어난 개원의 치와 안록산의 난이 다시 높은 산과 깊은 골짜기를 만들어낸다. 당의 성쇠는 급격하게 전환하는 바이오리듬 곡선을 그린 듯 경사 급한 오르락내리락을 반복한다. 하지만 후반 150년만 떼어놓고 보면 대부분 내리막이라고 해야 할 것이다. 절도사節度使로 대표되는 지

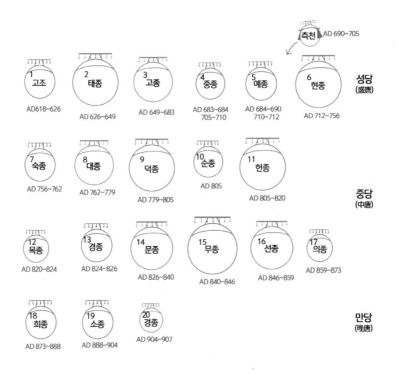

| 당나라의 황제들 |

방의 군사력을 억제하지 못해 숱한 내전을 겪어야 했고, 왕조 내부 또한 환관으로 인해 어지러웠다. 혼탁한 국정으로 민생은 도탄에 빠졌고, 민간에서는 반란이 일어났다. 그 대표가 황소의 난이었던 것이다.

## ▌당의 건국 과정

시간을 조금 돌려 당고조 이연이 어떻게 중국의 주인이 되었는지 살펴보자. 수 왕조가 살아 있던 AD 613년, 3차 고-수 전쟁 중에 양현감의 난이 일어났다. 이를 시작으로 수는 온 나라가 반란에 휩싸이게 된다. 나라가 혼란에 빠진 와중에도 반복해서 고구려를 치는 오기를 부렸던 양제는 자포자기에 빠진다. 원정 실패 후 낙양과 장안을 아들과 손자에게 맡기고 강도로 도주해버린 것이다. 이때 장안을 차지한 인물이 이연이었다. 수많은 반란 세력들이 세상을 뒤덮었던 때에 제국의 최중심부를 접수한 것이다.

장안과 낙양은 수의 양경兩京이다. 수도를 장악했다는 것은 다른 세력들의 공동의 적이 될 수 있음을 뜻하지만, 전략이 강하다면 그만큼 성공 가능성을 높이는 것도 없다. 이미 탄탄한 조직을 갖춘 이연에게 주도主都 장안은 더없이 좋은 도약대였다. AD 617년의 일이다. 그리고 이연은 양제의 손자 양유를 새 황제로 추대하면서 자연스럽게 양제를 폐위한다. 앞서 설명했듯 양제라는 시호는 이때 정해진 것이다. 즉 당 왕조의 작품이다. 이듬해 양제가 살해되자 그는 자신이 세운 공제恭帝로부터 선양을 받아 당을 세운다. 이연은 당의 고조가 되었고 근거지 장안은 그대로 수도가 되었다.

당이 공식적으로 건국한 후에도 여전히 많은 반란 세력이 할거하고 있었다. 당과 마찬가지로 저마다 나라를 세워 수의 뒤를 이으려 한 것이다. 하남의 왕세충王世充, 하북의 두건덕竇建德, 산동의 유흑달劉黑闥 등이 이연과 경쟁하던 대표적인 세력들이다. 초창기 가장 강력했으나 쇠퇴한 이밀李密

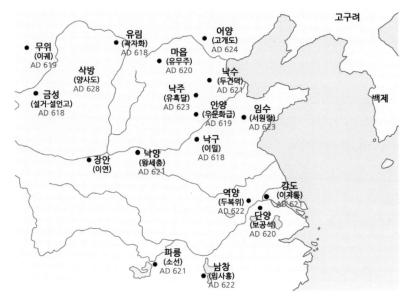

| **수말 당초의 반란 세력들** | 이 반란 세력들은 당초까지 이어졌다.(인용: 노누메 조후 외 저, 《수당오대사》 자료)

도 있다. 당은 이 세력들을 잠재우는 데만 긴 시간을 소요한다. 이 또한 여느 왕조와 다를 바 없는 모습이다. 반란의 잔불까지 완전하게 정리된 것은 태종 대이나 주요 반란 세력들의 진압은 고조 대에 마무리되었다. 이 시점을 건국 6년 만인 AD 624년으로 본다.[240] 내부의 불길이 잡혀가자 당은 서서히 대륙 전체를 안정시켜 나간다. 강북을 평정한 후 얼마 지나지 않아 강남까지 아울렀고 동시에 외부와의 관계도 정립하게 된다. 돌궐 등 주변의 이민족들을 제압해 변경을 안정시킨 것이다.

많은 승리자가 그러하듯 이연이 가장 큰 세력은 아니었다. 그가 단기간에 챔피언이 될 수 있었던 데는 장안을 차지했다는 것과 둘째 아들 이세민

---

240   AD 623년 유흑달의 죽음으로 당은 거의 안정을 찾게 된다. AD 624년 보공석, 고개도의 반란을 진압함으로써 평정이 마무리되었다고 본다. 태종 때인 AD 628년 돌궐과 손잡고 당에 대항했던 양사도가 죽음으로써 건국 초기 진압 작업은 완전히 끝난다.

의 역할이 컸다. 이연이 보유하고 있던 기병은 오랜 돌궐과의 전투로 막강한 위력을 갖고 있었다. 양제 재위 시절 돌궐의 위협을 해소해 그 전력을 국내로 돌릴 수 있었던 것은 수 왕조에 결정적 한 수가 되었는데, 당시 돌궐을 실질적으로 막아낸 사람이 바로 이세민이었던 것이다. 당은 건국 후 성기를 맞는다. 이 시기를 성당盛唐이라고 하는데 이 또한 이세민에 의해서였다.

이세민은 아버지에 이어 2대 황제에 오른 인물이다. 당태종唐太宗으로 유명한 바로 그 사람. 그 능력으로만 보면 당연히 제위에 앉아야 할 듯하지만, 과정이 그리 평탄하지는 못했다. 고조가 장자인 이건성李建成을 태자로 책봉했던 것이다. 물론 여기엔 여러 가지 이유가 있었고 이해하지 못할 일도 아니었다. 고조는 적장자가 물려받아야 탈이 없다고 생각했던 것이다. 그리고 이건성이 능력이 크게 모자라는 인물도 아니었다. 그 또한 건국 과정에서 적지 않은 공을 세우며 능력을 입증한 바 있었다.

그리고 태종이 재위하는 동안 이건성에 대한 기록이 왜곡되었을 가능성까지 고려하면, 고조의 태자 책봉에는 문제가 없었다고 볼 수 있다. 그래서 현재는 고조가 이건성을 태자로 책봉한 것이 앞서 언급했던 이유들 말고도 이세민을 두려워하였기 때문이라는 설까지 있다. 물론 사료의 해석 차이에서 비롯된 주장일 뿐, 역사는 능력이 더 뛰어난 둘째 아들이 아닌 첫째 아들을 태자로 책봉하여 사달이 났다는 것이다. 나라가 세워지자마자 집안이 망가지는, 이른바 '콩가루 로드맵'이 그려지는 듯했다. 수가 그러했듯.

## ❘ 이세민과 현무문의 변

역사는 이를 현무문의 변玄武門之變이라고 한다. 당고조 이연은 22남을 두었는네 첫 4형제가 한 배에서 나왔다. 첫째가 건성, 둘째가 세민, 셋째가 현패玄覇, 넷째가 원길元吉이다. 이 중 셋째는 요절하여 실질적인 동복형제는 3형제였다. 여기에 첫째 이건성과 넷째 이원길이 연합하여 둘째 이세민과 대립하는 상황이 벌어졌다. 형제들은 모두 능력이 준수했으며, 특히 이세민과 이원길은 무예에도 능했다고 한다. 기록에 따르면 태자 측은 이세민을 제거하기 위해 온갖 시도를 했다고 한다. 자객을 보내거나 독살을 시도하고 휘하의 인재들을 회유 또는 공격하였던 것이다. 여기에 그에 대한 온갖 참소를 하며 명분을 쌓아 나간다.

수차례 죽을 고비를 넘기며 반격의 기회를 엿보던 중 이세민은 결정적으로 자신의 병력을 빼앗으려는 조치에 대항하여 거사를 일으킨다. 현무문은 궁성의 북문으로 특별한 경우에만 드나들 수 있는 곳이었다. 이세민은 미리 현무문의 수비대장을 매수한 후 군사를 매복시키고 형제들을 불러들여 제거한다.[241] 정치 상황으로 본다면 이세민이 태자에게 역전승을 거둔 것이 바로 현무문의 변이다. 이때가 AD 626년. 서유럽에서는 프랑크 왕국을 세 번째로 통일한 클로타르 2세가 재위하던 시절이었다.

고조는 정변이 있은 지 3일 만에 이세민을 태자로 책봉하고, 두 달 후에는 아예 제위를 물려주게 된다. 기록상 두 달이지만 형식상의 절차를 이행하는 데 걸린 시간을 고려하면 즉시 물려준 것으로 볼 수 있다. 고조 입장에서는 어쩔 수 없었을 것이다. 이세민의 힘이 막강했기 때문이다. 이 과정을 보면 고조가 이세민을 두려워했다는 주장이 완전히 허무맹랑한 것은 아닌 듯하다. 고조 입장에서는 아버지로서 허무하지 않았을까. 어쨌든 이세민이 황제가 된다. 그가 바로 중국 역사상 가장 우수하다고 평가받는 태종이다. 다음 해인 AD 627년에 태종이 정한 연호가 정관貞觀이고.

---

241 《신당서》에는 태종이 건성과 원길을 그냥 죽였다고 기록하고 있고《구당서》에는 정확한 상황 설명 없이 벌하였다고 되어 있다. 그러나 《자치통감》에는 세민이 직접 건성을 쏘아 죽였다고 나와 있다.

**| 대명궁 단봉문 |**
현재 장안성은 명대에 건설된 것이다. 원래의 대명궁은 없어진 상태이며 복원된 대명궁 단봉문(丹鳳門)은
전시관으로 사용되고 있다.

현무문의 변은 역사상 수많은 왕자의 난 중에서 가장 유명한 사건이라고 할 수 있다. 이유는 이세민이라는 인물이 역사에서 차지하고 있는 비중 때문이다. 선대에 일어났던 수양제 양광의 변이나 후대에 일어난 명明 성조의 정난의 변靖難之變, 조선 초기 태종의 왕자의 난, 수양과 안평의 대립 등 왕자들의 다툼이 거론될 때마다 언급되는 것이 바로 현무문의 변이다. 또한 현대의 성공한 쿠데타들을 논할 때도 가끔 소환되어 견강부회牽强附會되기도 한다. 당사자 태종은 이 사건을 자신의 큰 약점으로 여겼다. 사료를 보면 이 사건으로 인해 자신이 역사에 어떻게 남을까 걱정한 흔적을 볼 수 있다. 역시 필주筆誅는 무섭다.

## ▌정관의 치와 태종

태종의 동치하에 당은 크게 번창한다. 정치제도를 정비하고, 조세, 병역,

기원부터 천 년까지 전문세

과거제도를 정비하고 학교를 세워 학문을 일으켰다. 국력이 강해져 영토가 확장되었다. 경제가 발전하여 민생이 안정되었고 학문, 종교[242] 등 여러 문화가 발전하였다. 자연스럽게 인재들이 모여들었다. 태종과 더불어 알아둘 만한 인물로는 장손무기長孫無忌, 위징魏徵, 방현령房玄齡, 두여회杜如晦, 저수량褚遂良, 무신 위지경덕尉遲敬德, 진경秦瓊 등이 있다.[243] 이들은 대부분 현무문의 변이 있던 시기 이세민의 부하들이었다. 황자 시절 이세민의 작위가 진왕秦王이었기 때문에 진왕부秦王府 사람이라고 할 수 있다.

다만 위징은 건성의 부하였으나 이세민이 포섭한 인물이었다. 바른말을 잘했던 위징은 후에 태종에게 대드는 것으로 이름을 크게 떨친다. 수양제 같은 인물 밑에 있었더라면 금세 목이 떨어졌을 인물이 성군을 만나 능력을 발휘했다. 장손무기는 태종의 현명한 부인 장손황후의 오라비이다. 방현령과 두여회는 합심하여 많은 계책과 정책을 만들었는데 한 사람은 책모에 밝고 또 한 사람은 결단을 잘 내린다 하여 방모두단房謀杜斷이라 불렸다. 모두 정관의 치에 공헌한 인물들이다.

태종이 높이 평가받는 또 다른 분야는 법과 제도이다. 모두 정치제도에 속한다고 할 수 있는데 구체적으로 말하면 〈당률唐律〉과 〈당령唐令〉을 제정하여 시행한 것이다. 율령제도의 율령律令이라는 단어가 여기서 나왔다.[244] 이로 인해 태종의 정치를 율령정치律令政治라고 하는데 참고로 당의 율령은

---

242  중국의 불교는 태종 시기에 융성기를 맞는다. 가장 대표적인 인물이 《서유기》의 주인공으로 유명한 현장(玄奘)이다. 그는 20년에 걸친 인도 유학 이후 불교 경전의 보급에 대단한 업적을 남긴 학승(學僧)이다. 그가 남긴 방대한 자료는 불교사에 큰 획을 그었다. 그리고 기행문인 《대당서역기(大唐西域記)》 또한 당시 인도와 중앙아시아 140여 개국에 대한 풍습과 지리, 산물 등이 기록되어 있는 보물과 같은 사료이다.

243  이에 관해서는 태종과 신하들의 문답을 정리한 《정관정요(貞觀政要)》를 참고할 수 있다. 《정관정요》는 태종 사후 50여 년이 지나 학자 오긍(吳兢)이 펴낸 것으로 제왕학의 모범으로 여겨지고 있다.

244  법으로서 율령은 그전부터 존재했다. 그래서 고구려의 태조왕(AD 3C) 시대에도 율령 국가가 있었다고 하는 것이다.

｜방현령｜　　　　｜두여회｜

▌두 사람이 합심하여 좋은 방책을 만들어낸다는 방모두단의 두 인물. 방현령과 두여회는 《정관정요》에 등장하는 당태종의 신하들이다.

수문제가 만든 〈개황률開皇律〉을 정비한 것이다. 여기서도 당은 수의 덕을 보았다. 그렇다고 당이 율령을 제대로 이용하였기에 가능했음을 간과하는 것은 아니다. 한국과 일본의 율령제도 또한 실질적으로 당태종의 작품을 받아들인 것이다. 당의 제도는 곧 아시아 전체의 제도의 틀이 되었다고 해도 과언이 아니다.

그러나 오랜 세월 동안 명군과 성군의 이미지로 비쳐졌던 태종에 대해 비판의 시각도 다수 존재한다. 그중 가장 많은 연구가 이루어진 것은 그에 대한 사서의 비판이다. 태종 이세민에 대한 기록은 유독 승자역사勝者歷史의 시각으로 조명되는 경우가 많다. 주로 실제보다 미화되었다는 것이다. 이는 수양제의 경우와 비교되어 더욱 그러하다. 아버지를 도와 건국에 일조하고, 형제를 살해하고 제위에 오른 것과 대대적인 국가 개조, AD 645년에 있었던 고구려 원정 실패까지 그는 많은 면에서 놀랍도록 양세와 닮았다. 그러나 양제는 과過를 부각하고 태종은 공功을 부풀렸다. 양제와 모든 것이 달라도 형제 살해의 원죄는 같기 때문에 더욱 장점을 부각시켜 차이를 만들 필요가 있었던 것이다.

오래전부터 있어온 주장이며 현재는 거의 정설로 받아들여지고 있는 내용이다. 하지만 어쩌겠는가. 역사가 그러한 것을. 결과보다 과정이 중시되어야 한다는 말도 있지만 양제와 태종의 경우는 특히 결과가 모든 것을 결정했다. 전자의 결과는 망국지난亡國之亂이고 후자의 결과는 정관지치. 차이가 좀 크긴 하다. 하지만 논쟁과 관계없이 당시의 당은 태평성대를 구가했고 역사는 태종을 최고의 명군名君으로 여기고 있다.

## ▌당고종과 측천무후

태종은 AD 649년에 세상을 떠난다. 향년 50세. 23년을 재위하였으나 70세까지 산 고조에 비하면 다소 이른 죽음이었다. 뒤를 이은 황제는 태종의 9남 이치李治, 고종高宗이다. 당의 영토는 이때에 더 확장된다. 백제와 고구려가 멸망한 것도 고종의 치세 동안이었다. 태종의 살림을 이어받았기에 가능한 일이었겠으나, 적어도 무능력자는 아니었기에 전성기를 비교적 잘 이어갈 수 있었던 것이다. 하지만 그는 왕조에 망조의 씨앗을 뿌려놓고 떠난다. 바로 측천무후이다.[245]

역사를 놓고 보았을 때 당은 잠시 동안 숨을 멈추었다가 되살아난 적이 있다. AD 690년에서 705년까지이다. 사전적으로 '멸망'했던 시기가 있는 것이다. 이 단기멸망 사건의 주인공이 바로 측천무후이다. 측천무후의 원래 이름은 무조武照이다. 그녀는 14세에 태종의 후궁으로 들어갔으나 총애를 받지 못하였고 태종 사후 관례에 따라 비구니가 되었다. 그녀가 궁으로

---

245  당고종의 브랜드는 고구려 멸망과 측천무후이다.

| 무측천 |    | 당고종 |

▌ 당고종의 초상화로 알려진 것 중 하나로 논란이 있는 작품이다. 물론 동양 인물들의 초상화는 서양의 회화나
조각에 비해 사실성이 떨어지는 것이 대부분이다. 이는 군주를 대하는 자세 등 문화의 차이에서 비롯된 것이다.

되돌아올 수 있었던 것은 고종 덕분이었다. 고종은 왕자 시절 이미 무조에게 호감을 가지고 있었다. 그러나 아무리 황제라 하여도 부왕의 후궁을 환궁시키는 것은 쉬운 일이 아니었다. 법적으로 어머니뻘이 아닌가. 그런데 무조의 환궁에 뜻하지 않게 도움을 주는 사건이 일어난다. 황후 왕씨와 후궁 소숙비蕭淑妃의 암투가 그것이다.

황후 왕씨는 소숙비에 빠진 고종의 마음을 돌릴 방법을 고민했다. 고심 끝에 그녀가 찾은 방법은 고종과 무조를 만나게 하는 것이었다. 신도 알 수 없는 것이 여자의 마음이라고 하였던가. 자신을 좋아하게 만들기 위해서 짜낸 방법이 다른 여자를 만나게 하는 것이라니, 이게 대체 무슨 생각인지.

황후는 곧 자신이 얼마나 바보 같은 짓을 했는지 깨닫게 된다. 무조가 궁에 들어온 후 황제의 사랑은커녕 자리보전마저 위태로워진 것이다. 늑대를 물리치려고 호랑이를 불러들인 정도가 아니라 쓰나미를 몰고 온 셈이었다. 우려는 금세 현실이 되었다. 고종을 사로잡은 무조는 누명을 씌워 황후를 쫓아내고 그 자리를 차지한다. 단 한 번의 잘못된 판단으로 인해 왕 황후는 폐위당한 것으로도 모자라 목숨을 잃었고, 집안마저 멸문을 면치 못하였다. 소숙비는 부록으로 딸려서 날아갔다.

AD 655년 황후에 책봉되어 무후武后가 된 이후 그녀의 위세는 고종을 능가하게 된다. 모든 실권이 하나하나 그녀의 손으로 넘어가, 국정 전체가 그녀에 의해 좌우되었다. 황후 책봉 4년 만인 AD 659년에는 태종의 심복이자 장인이었던 장손무기를 제거하기에 이른다. 공신 중의 공신이자 태종의 처남이었던 장손무기는 당시 승상으로 신망이 높은 관료였다. 그런 그가 유배되어 죽임을 당한 것이다. 누구도 무후의 앞을 막을 수 없음을 증명한 사건이었다. 사실 당이 실질적으로 무후의 지배하에 놓인 것도 고종이 살아 있을 때였다. 장손무기의 숙청도 고종 생전에 있었던 일이다.

고종은 뒤늦게 사태의 심각성을 깨닫고 조치를 취하고자 하였으나 소용이 없었다. 이미 자신도 모르는 사이에 식물 황제가 되어 있었던 것이다. 백제와 고구려가 멸망한 것도 이때였다.[246] 당시 신하들은 황제가 둘이라 하여 이성二聖으로 불렀다고 한다. 그러나 이미 황제는 하나였다. 다만 이씨도, 남자도 아니었을 뿐.


## ▌황제 무측천

고종이 세상을 떠나자 무후는 이제 형식적으로도 거리낄 것이 없었다. 그녀는 남편의 뒤를 이어 일단 자신의 아들을 제위에 앉힌다. 그러나 두 달도 지나지 않아 폐위하고 또 다른 아들을 앉힌다. 그 두 아들은 중종中宗과 예종睿宗이다. 중종은 말 한마디 잘못해 폐해졌다고 기록은 전하고 있지만,

---

246  백제와 고구려의 멸망은 고종이 살아 있을 때 이루어졌고, 발해가 건국된 AD 698년은 고종이 죽고 난 후였다.

실은 중종의 외척 위씨 세력을 견제하기 위함이었다. 그러나 어떤 이유로
든 황제를 세우자마자 폐했다는 것 자체가 그녀의 성정과 위세를 그대로
보여준다. 측천무후는 예종을 세워놓고 자신이 수렴청정을 하였다. 그리고
조카인 무승사武承嗣를 재상에 임명해 권력 장악을 돕게 하였다. 하지만 그
녀는 새로 앉힌 예종마저도 마음에 들지 않았는지 6년 만에 밀어내고 아예
직접 황제가 된다. 참고로 무후가 쫓아낸 두 황제는 모두 친아들이다.

무측천은 중국 역사 최초의 여자 황제이다. 북송 시대에 편찬된《신당서
新唐書》〈무후본기武后本紀〉[247]에 의하면 이때 바쳐진 국호가 주周였으며, 존
호는 성신황제聖神皇帝였다.[248] 그리고 수도는 낙양으로 옮겨졌고 첫 번째
연호는 천수天授였다. 천수 원년(AD 690)에 새 황제는 무씨 일족의 칠묘七廟
를 세운다. 칠묘는 그 규모가 역대 왕조의 태묘太廟에 손색이 없었고, 측천
은 아예 그것을 태묘로 정해버린다. 당 왕조의 태묘는 향덕묘享德廟로 격하
된다. 이는 당 왕조에 대한 확인 사살이었다. 고종 생전부터 구석구석 자연
스럽게 실권을 장악해놓은 결과였다.

물론 이 같은 찬탈에 대해 저항이 없을 리 없었다. 하지만 많이 늦은 몸
부림이었다. 측천은 이를 모두 여유 있게 진압한다. 뒤늦게 각성한 당 황족
들의 저항 또한 어렵지 않게 진압되었다. 그리고 이어진 숙청에 이씨들의
씨가 마르다시피 하였다. 이씨들 중에서 목숨을 부지할 수 있었던 것은 철
저하게 무측천에게 협조했던 극소수에 불과했다.

무측천은 황후로 28년, 태후로 7년, 황제로 15년, 무려 50년 동안 군림
했다. 결과를 놓고 보았을 때 그녀에 의해 당이 호흡을 멈췄던 기간은 15년
이다. 모든 상황이 한漢의 숨통을 잠시 끊었던 왕망王莽과 흡사하다. 기간도

---

247 《신당서》제4권은 측천황후와 중종(則天皇後中宗) 합본이다.
248 제위에 오르고 세상을 떠날 때까지 측천대성황제(則天大聖皇帝)로 기록하고 있다.

**| 적인걸 |**
무측천의 치세를 이끌어 명재상으로 평가받는 인물이다.
중국에서는 그를 주인공으로 한 작품이 많다.

공교롭게 15년으로 같다. 그러나 둘은 후대에 완전히 다른 대접을 받았다. 왕망은 천하의 역적으로 남아 길이길이 비난받고 있지만, 무후는 많이 다르다. 정식으로 황후의 시호[249]가 내려졌으며 고종과 합장合葬되어 능호도 함께했다. 왜 이렇게 다른 평가와 처리가 이루어졌을까.

무측천에 대한 여러 판단을 위해 그녀의 통치 결과를 살펴볼 필요가 있다. 우선 무측천의 치세에 사회가 안정되었다는 것이다. 대개 외척이 권력을 휘두르고 권좌를 찬탈한 경우 나라가 혼란에 빠지는 것이 다반사이다. 그런데 이 시기 당에서는 기록상 농민의 반란이 없었다. 이는 정관의 치부터 이어진 사회 분위기를 유지하였다는 의미로, 조정의 정치 상황이 복잡했던 데 반해 민중이 받아들이는 정치는 그렇지 않았음을 알 수 있다.

여기에 변방을 안정시켰으며 오랫동안 지속되어 온 관롱집단의 전횡을 일소하는 등 수많은 사회적인 폐단을 시정했다. 뿌리 깊은 기득권 세력인 관롱집단에 대한 조치는 태종도 못 했던 일이었다. 그리고 적극적인 인재

---

249  당에서 올린 정식 시호는 측천순성황후(則天順聖皇后)이다. 스스로 성신황제라 칭하였으나 죽음에 이르러서는 황후로 돌아갈 것을 유언으로 남겼다.

등용으로 뛰어난 인물들이 모여들었다. 무측천의 인재 기용은 밀고가 성한 시기에도 제대로 이루어졌다는 것이 일관적인 평가이다. 뒤이어 등장하는 현종의 개원지치開元之治가 이때 등용된 인물들이 있었기에 가능했다는 것 또한 널리 알려진 사실이다.

이러한 그녀의 치세를 정관지치나 개원지치에 빗대어 무주지치武周之治 또는 무주혁명武周革命이라고 부른다. 정사政事만을 놓고 본다면 무후의 업적은 결코 그리 간단한 것이 아니었다. 물론 부작용을 과소평가할 수는 없다. 수차례 언급되는 황족과 신하들에 대한 대대적인 숙청, 그 과정에서 아첨꾼과 밀고자를 키워 법과 제도를 혼탁하게 한 것은 분명 혹정酷政이었다. 이러한 종류의 혹정은 정통성의 결함에서 비롯된 것으로 많은 찬탈자들이 해온 것이다. 그러나 무측천이 전대의 찬탈자들과 다른 점은 정권이 안정되자 스스로 혹리들을 제거하여 정상적인 관료조직 유지에 힘썼다는 것이다. 당시의 지식층이 무조에 저항하지 않고 오히려 협조적이었다는 것이 그 증거이다.

## ▮ 당의 부활과 무측천의 평가

역사학적 관점에서 볼 때 무주武周 시대의 특이한 점은 사후 처리이다. 어떤 연유에서건 무측천은 나라를 없애는 대역죄를 저질렀다. 그런데도 그녀는 당 왕조의 역적逆賊으로 역사에 남지 않았다. 상식대로라면 무측천의 핏줄은 9족이 아니라 한 명도 남김없이 사라져야 했다. 하지만 상황은 전혀 다르게 전개되었다. 황제로만 인정받지 못하였을 뿐 황후로서 높이 모셔졌고 고종의 능에 합장까지 되었다. 무씨 일족 또한 어떤 처벌도 받지 않았다. 오히려 무삼사武三思를 수장으로 하는 정치 세력은 건재하였고 무측천의 딸인 태평공주의 권세도 여전히 강력했다. 주周에서 당唐으로, 무씨에서 이씨로 천하의 주인이 다시 바뀌었는데도 마치 아무 일도 없었다는 듯 말이다.

이를 이해하려면 무측천 말기의 상황을 알아야 할 것이다. 그녀에게도 자신의 후계에 대한 고민은 분명히 있었다. 그중 누구를 후계자로 해야 할 것인가보다 무씨와 이씨 중 어디로 대통을 잇게 할 것인가 하는 것이었다. 무씨들은 자신의 일족이 왕조가 될 것으로 생각했다. 당시 실권자인 측천의 조카 무승사와 무삼사는 실제로 그런 기대를 갖고 있었다. 무씨 왕조가 성립된다면 자신들이 1순위였기 때문이다. 하지만 이는 관료조직의 반대로 이루어지지 못한다. 황태자로 중종이 다시 책봉된 것이다. AD 698년의 일이다. AD 705년까지 치세가 이어진 것을 고려하면 일찌감치 후계를 정한 것인데 찬탈자답지 않게 평화롭게 정권을 돌려준 셈이다.

여기에는 재상이었던 적인걸狄仁傑의 공이 컸다. 적인걸은 아들이 아닌 자가 제위를 잇는다면 무측천에 대한 제사가 이루어질 수 없음을 지적한 바 있다. 결과적으로 이러한 평화적인 정권 이양은 토벌이라는 시끌벅적한 방법이 아닌 잠시 '어머니'를 거쳐 온 예외에 불과한 제위의 이동으로 마감되었던 것이다. 그리고 세상을 떠나기 몇 달 전 양위를 마쳤다. 여기서도 역시 피를 부를 만한 사건이 없었던 것. 다만 중종은 국호와 제도를 환원하며 당의 부활을 알렸다.

정사인 《신·구당서》와 《자치통감》은 그녀를 학정虐政을 한 인물로 기록하였다. 이후 오랜 세월 동안 무측천은 암탉이 수탉의 일을 대신하여 국정을 어지럽힌 인물로 여겨졌다.[250] 당대의 많은 기록에서도 무측천과 무씨를 역적이나 원수로 칭하는 것을 볼 수 있다. 그러나 동시에 공식적인 기록과 궤를 달리하는 사회적 감정도 있음을 증거 하는 자료 또한 많다. 매우 평가

---

250  빈계사신(牝鷄司晨), 암탉이 새벽을 알리는 일을 맡는다는 뜻으로 《서경(書經)》에 등장하는 표현이다.

하기 어려운 대상이나 근대 이후 많은 재평가가 이루어졌다. 진인각, 오함 吳晗 등이 대표적인 학자들이다.

이후 중국에서는 두 번 다시 여성 황제가 나타나지 않았다.

## ▌무위의 화

중종은 동서고금을 통해 둘도 없는 가족을 가진 황제였다. 할아버지가 황제였고, 아버지가 황제였으며, 어머니도 황제였고, 동생도 황제였다. 그것뿐인가 그의 여동생[251]도 황제가 될 뻔 했고, 부인과 딸도 제위를 노렸다. 그야말로 황제가 발에 차이는 가족이었다. 이런 등장인물들이 중종에게 선사한 스토리 또한 보통 수준이 아니다. 그는 친어머니에 의해 황제가 되었다가 친어머니에 의해 쫓겨났고, 다시 친어머니에 의해 황제가 되었다. 그러나 중종은 5년 만에 다시 쫓겨나게 된다. 이번에 그를 쫓아낸 사람은 마누라. 이번에는 황제 자리뿐 아니라 아예 이승에서 쫓겨나게 된다. 더 슬픈 것은 친딸이 여기에 가담하였다는 것이다. 눈물 없이는 볼 수 없는 드라마의 주인공 중종 이현李顯이다.

남편 중종을 독살한 황후 위씨韋氏는 시어머니 무측천을 흉내 내 새로운 나라를 세우려고 하였다. 사실 중종이 어머니에게 쫓겨났던 명목상의 이유 중 하나가 바로 위씨의 방종을 제어하지 못했다는 것이었다. 그랬던 위씨가 여전히 정신을 못 차린 것이다. 무측천 생전에는 무씨 세력에게 지극한 아부를 하여 목숨을 부지했던 위씨가 무측천의 길을 밟으려 한 것이다.

그러나 이번에는 이씨들이 당하지 않았다. 중종의 손자이자 예종의 아들인 이융기李隆基가 태평공주太平公主와 연합하여 위씨 세력을 일소한 것이다.

---

251　무측천의 딸이자 중종의 동생이었던 태평공주는 제위를 요구하기도 하고 도모하기도 하였다.

그리고 아버지 예종을 복위시켰
다. 예종 또한 형 중종과 같이 폐
위와 복위를 경험한 적이 있는 인
물이다. 하지만 부인에게 독살당
한 형과 운명이 같지는 않았다. 그
는 즉위 2년 만에 자신을 복위시켰
던 아들에게 제위를 물려주고 4년
간 상황上皇으로 지내다가 세상을
뜬다. 그 아들이 바로 현종玄宗이
다. 유명한 양귀비楊貴妃와 멋진 한
세월을 보낸 그 현종. 한편 막강한

| 당현종 이융기 |
훌륭함과 아둔함의 편차가 큰 군주였다.

권세를 갖고 있었고, 위씨를 몰아내는 데 힘을 모았던 태평공주는 현종과
대립하다가 죽음을 맞는다.

무측천과 위후가 정권을 장악한 것을 무위의 화武韋之禍라 부른다. 무측
천은 상반된 평가가 공존하는 것에 반해 위후의 경우 일관되게 나쁜 평가
를 받는다. 하지만 이 둘이 합쳐지면 무후 또한 화禍에 불과해진다. 며느리
탓에 도매금으로 넘어간 시어머니이다. AD 712년의 가을이다.


## ▌카롤링거 왕조

당에서 무위의 화가 진압되고 40년 정도가 지났을 때 피핀 3세는 메로빙거
왕조의 마지막 왕 킬데리크 3세를 폐위하고 스스로 왕이 된다. AD 751년
이다. 서양은 동양의 선양처럼 형식적으로라도 조용한 양도양수讓渡讓受가
이루어지는 법이 없었다. 피핀은 왕의 머리를 삭발시켜 수도원에 처넣어
버린다. 겉과 속이 같은 행동이다. 카롤링거 왕조는 이렇게 시작되었다.

킬데리크 3세Childeric III는 피핀이 메로빙거 왕조의 인물 중에 적당히 골라 세운 왕이었다. 아버지 칼 마르텔이 왕을 세우지 않아 왕위가 꽤 오랫동안 비어 있었는데 피핀은 이것이 탐탁지 않았던 것이다. 하지만 막상 왕을 세워놓고 나니 그의 생각이 달라졌다. 실권을 가진 자신이 이미 힘을 잃은 지 오래된 왕이라는 존재 아래에 있는 상황이 이해되지 않았던 것이다. 실질적인 권력과 지위가 맞아떨어지려면 자신이 왕이 되는 것이 이치에 맞았다. 세상의 많은 권력자들이 이렇게 생각했다. 피핀은 그것을 행동에 옮긴 사람들 중의 하나이고.

당시 왕은 신으로부터 낙점을 받은 존재라는 인식이 있었다. 이는 게르만뿐 아니라 근대 이전의 모든 문명에서 가지고 있었던 인식이다. 따라서 왕이 바뀌려면 신과의 커뮤니케이션 정도는 있어야 했다. 그렇다면 당시 서유럽에서 신과 접촉하려면 누구를 통해야 했을까. 그렇다. 교황이다. 우마이야 왕조가 망한 다음 해인 AD 751년, 피핀은 특사를 통해 교황 자카리아스Zacharias에게 질문을 던졌다. '실제 통치하지 않는 사람을 왕이라고 할 수 있는가.'

교황은 금방 눈치를 챘다. 피핀 이 인간이 왕이 되고 싶은 것임을. 당시 위태로운 가톨릭의 처지를 생각했을 때 교황에게 있어 피핀의 특사는 하늘의 선물과도 같았을 것이다. 신의 대답은 이러했다. '실권을 가진 자가 왕으로 불려야 한다.' 그것도 신속한 답변. 피핀은 특사가 돌아오자마자 킬데리크 3세를 폐하고 스스로 왕이 되었다. 물론 귀족들의 형식적인 투표와 성 보니파키우스의 기름 부음Anointment의 의식으로 신의 허락을 받는 모양새는 확실히 갖추었다.

킬데리크 3세는 원치도 않았던 왕위에 앉았다 험한 꼴을 당하고 쫓겨났다. 삭발당한 채 수도원에 유폐된 것이다. 왕조의 마지막 왕은 목숨만 부지해도 감지덕지해야 할 판인데 머리카락쯤이야.

기원부터 천 년까지 전문세

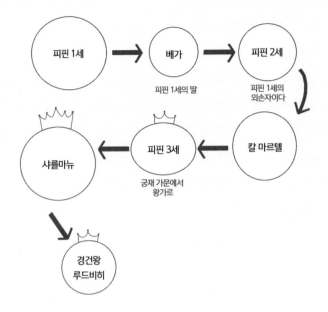

**| 카롤링거 왕조의 태동 |**
피핀과 찰스가 초반에 대거 등장한다. 칼 마르텔과 샤를마뉴는 모두 'Charles'를 다르게 발음하는 것일 뿐,
같은 이름이다.

당현종이 양귀비에 빠져 정신 못 차리던 시절[252]에 이루어진 카롤링거 왕
조의 탄생. 그것은 피핀과 가톨릭의 이익이 맞아떨어진 사건이었다. 가톨
릭은 때마침 동로마와 성상숭배 문제로 격한 대립을 하고 있었고,[253] 교황
령은 롬바르디아족의 위협을 받고 있었다. 아리우스파 신자였으나 그나마
가톨릭에 우호적이던 테오도리크 사후 이탈리아반도는 정치적으로 매우

---

252　AD 745년 양옥환은 귀비에 책봉돼 양귀비가 된다. 그 후 10년의 세월 동안 당은 쇠락의 길을 걷게
　　　된다.
253　AD 726년 레온 3세(Leon Ⅲ)는 제1차 성상 파괴령을 내린다.

불안정했다. 교황에게는 정치적·군사적 후원자가 절실했던 시기였다.

자카리아스의 뒤를 이은 교황 스테파누스 2세Stephanus II는 이러한 절실한 마음을 담아 AD 754년 피핀에게 기름을 한 번 더 부어주었다. 마음 같아서는 양동이째 퍼부어 줄 수도 있었을 것이다. 피핀은 정성 어린 기름을 기쁘게 뒤집어쓴 뒤 확실한 대가를 지불했다. AD 755년 롬바르드족으로부터 교황을 지켜준 데 이어 동로마의 간섭으로부터 벗어나게 해주었던 것이다. 윈-윈Win-Win이었다. 이때부터 교황은 이탈리아 중부 지방 일대를 독자적으로 다스릴 수 있게 되었다. 바로 교황령Papal State의 시초이다. 성스러운 왕이 세속의 왕과 점점 차이가 없어지는 과정이다.


## ▍피핀 3세

카롤링거 왕조를 세운 피핀이란 사나이의 개인사를 좀 살펴볼 필요가 있다. 왜냐하면 이후의 서유럽이 그의 핏줄에 의해 돌아가기 때문이다. AD 714년 궁재 칼 마르텔의 둘째 아들로 태어난 그는 세 번째 피핀으로 피핀 3세이다. 믿고 쓰는 이름 피핀. 그는 아버지가 죽자 형 카를로만Carloman과 함께 상속을 받는다. 카를로만 또한 재활용 상위 이름. 처음에는 카를로만과 힘을 합쳐 각지의 반란을 진압하고 원정을 하며 힘을 길렀다. 어느 정도 실력을 갖췄다고 생각한 그는 AD 747년에 형을 은퇴시키고 조카마저 유폐시킴으로써 권력을 독차지하게 된다.

피핀 3세의 별칭은 단신왕短身王, 키 작은 피핀으로 불린다. 그의 신장에 대해서는 진위 논쟁이 있다. 서양사에서 키가 작은 인물들은 대부분 진짜 키가 작았는가에 대한 논란이 있다. 기록이 애매한 경우가 많기 때문이다. 앞에서 언급한 대로 서양사, 특히 중세사에서는 동일한 이름이 반복 사용되는 것을 볼 수 있다. 그래서 일찍부터 사서에서는 별칭을 붙여 이들을 구

기원부터 천 년까지 전문세

별하였다. 피핀 3세의 경우, AD 9세기경의 기록에서 '작다', '짧다'라는 뜻의 라틴어 'Brevis'가 붙어 단신왕으로 불리게 되었다. 이를 오역으로 보고 단신이 아닌 청년왕 피핀Pepin the Younger으로 쓰는 경우도 있다. 로마의 두 스키피오를 대大, 소小로 구별한 것처럼 이것도 '소'에 해당한다는 주장이다. 무엇이 옳다고 규정할 수 없는 부분이다. 사실 사서에 피핀의 키를 추정할 수 있는 일화는 거의 없다. 대중적으로는 단신왕 또는 난쟁이로 더 알려져 있다.

피핀은 이름 외에 많은 업적을 쌓은 것으로도 유명하다. 카롤링거 왕조의 시조라는 것만 해도 대단한데 불행히도 아들로 인해 묻힌 측면이 있다. 물론 아들 덕에 유명해지기도 했는데, 그 잘난 아들이 바로 중세 최고의 영웅으로 불리는 샤를마뉴Charlemagne이다. 샤를마뉴는 프랑스어이다. 라틴어로는 카를루스 마그누스Carolus Magnus, 영어로는 찰스 대제Charles The Great로 읽힌다.[254] 그러나 샤를마뉴라는 프랑스어 발음 자체가 이 인물의 '아이덴티티'가 되어버렸다. 대제라는 명칭이 이름과 화학적으로 결합해버린 꼴이다. 그래서 영어식임에도 Charlemagne를 그대로 쓰면서 발음만 셸러메인[ʃɑ́ːrləmèin]으로 하는 경우가 많다.


## ▎유럽의 영웅 샤를마뉴

샤를마뉴는 AD 742년에 태어났다. 할아버지 칼 마르텔이 치른 투르–푸아티에 전투로부터 정확히 10년 후이고, 당현종이 갑자기 암군이 된 천보난치天寶亂治가 시작된 해이며, 우마이야 왕조가 멸망하기 8년 전이고, 탈라스 전투가 일어나기 9년 전이다. 로마 이후 가장 유명한 유럽인 중 하나인

---

254　모조리 프랑스어로 하면 피핀은 페팽(Pépin)으로 읽어야 한다.

샤를마뉴는 영토적으로 서유럽 전역을 차지하였다. 그로 인해 서로마 멸망 이래 서유럽의 문화는 비약적으로 도약했다. 더불어 그는 경제를 발전시키고 교황을 보호해 가톨릭을 안정화 단계로 이끌었다. 현재의 유럽은 샤를마뉴로부터 시작되었다고 해도 과언이 아니다.

지리적으로 샤를마뉴의 영토 확장이 가지는 중요성은 매우 크다. 그가 이룬 판도는 이후 유럽 지도의 기본 값Default으로 사용되기 때문이다. 우선 샤를마뉴는 롬바르드 왕국을 흡수해 이탈리아 중부까지 손에 넣었다. 이는 아버지 피핀이 임시로 봉합해놓은 상황을 마무리한 것이었다. 롬바르드 왕국은 프랑크와 이탈리아의 중간에 위치해 있으면서 오랫동안 프랑크와 적대 관계를 유지해왔다. 프랑크로서는 교황과의 관계에서 롬바르드가 여간 껄끄럽지 않았을 것이다. 교황 또한 롬바르드 왕국이 없어지지 않는 한 교황령이 안전할 수 없었다. 샤를마뉴는 결혼 관계를 맺기도 하고 파기하기도 하는 등 여러 외교 책략을 벌인 끝에 롬바르드 왕국을 멸망시킨다. 이로 인해 오랜 근심이 해소되었으며, 교황과의 관계 또한 더 돈독해졌다. 가톨릭의 입장에서는 큰 위협이 제거되었을 뿐 아니라 든든한 조력자와 국경을 맞대게 되었다.

샤를마뉴는 롬바르드 병합을 시작으로 동서남북으로 영토를 확장하기 시작했다. 그의 조부와 부친도 얻지 못한 작센Saxony을 통합해 엘베Elbe강에 닿았고 동쪽으로는 지금의 오스트리아까지 차지했다. 샤를마뉴는 조상들이 그러했듯 평생 전쟁을 벌였다. 그는 뛰어난 군사적 재능으로 유럽 대륙을 종횡무진하며 대부분의 전투를 승리로 이끌었다.

이러한 샤를마뉴를 정점에 올려놓은 사건은 AD 799년 로마에서 일어났던 교황 습격 사건이었다. 이탈리아반도 내의 교황 반대 세력이 일으킨 반란이었는데, 교황은 샤를마뉴의 도움을 받아 겨우 목숨을 구하게 된다. 그덕분에 그는 교황으로부터 로마 황제Augustus의 칭호를 받게 된다. 샤를마

기원부터 천 년까지 전문세

| 샤를마뉴 즉위 시 영토 (AD 768)
| 샤를마뉴 정복 영토
| 속주화 지역

북 해

앵글로색슨
왕국

런던

슬라브족

메르센 아헨
베르됭

대 서 양

파리
투르
푸아티에

아스투리아스
왕국

에스파냐변경

베네치아

라벤나

후우마이야조

바르셀로나

로마

스폴레토
공국
베네벤토
공국

지 중 해

비 잔 티 움 제 국

| 샤를마뉴의 정복 활동 |

뉴의 마뉴magne는 라틴어 마그누스Magnus에서 온 것임을 여러 차례 언급한 바 있다. 이때 샤를Charle이 샤를마뉴Charlemagne가 된 것이다. 서유럽의 지배자가 로마 황제의 관을 받은 대관식은 AD 800년의 크리스마스에 로마의 성 베드로 성당에서 거행되었다. 이날은 세상사 모든 사건 중 손꼽히는 유명한 날짜이다. 팔공공의 성탄절.

우수한 정복군주들에게 전투는 그리 어려운 일이 아닌 것처럼 보인다. 그들에게는 전쟁보다 더 어려운 것이 통치였다. 중세 유럽의 최전성기인 샤를마뉴 치세에도 프랑크 왕국은 통치 시스템이 안정되지 못하였다. 그도 그럴 것이 상속만 되면 소국으로 나뉘고, 항상 서로 싸우는 통에 광대한 영토를 다스리는 노하우가 발전할 틈이 없었던 것이다. 샤를마뉴의 나라 또한 마찬가지였다. 자신의 아들들을 지역의 왕들로 앉히고 감찰단Missi Dominici으로 하여금 지방관을 감시하게 하는 등 나름의 통치체제를 만들었음에도 여전히 통치 시스템이 안정되지 못했던 것이다.

샤를마뉴가 살아 있는 동안에는 엉성한 체제라도 그나마 나라가 돌아갔다. 강한 군사력과 리더의 강력한 카리스마 덕분이었다. 문제는 제도가 정

**| 샤를마뉴 초상화 |**
16세기 독일의 화가 알브레히트
뒤러(Albrecht Dürer)가 1512년에
그린 샤를마뉴의 전신이다.

착되지 못했다는 것이다. 우수하지 못
한 왕이라도 무리 없이 다스릴 수 있게
해주는 통치 시스템의 구축은 요원한
현실이었다. 또한 분할 상속이라는 전
통이 존재하는 한, 샤를마뉴 아니라 샤
를마뉴의 할아버지가 나타나도 프랑크
족의 제국은 존속되기 어려웠다.

샤를마뉴는 게르만족 왕으로는 처음
으로 동로마로부터 동로마 황제와 동
등하다는 인정을 받았다.[255] 이는 클로
비스도, 피핀도 알아서 동로마에 굽혔
던 것과 비교하면 엄청난 국력의 신장
이었다. 개인적으로 샤를은 낙천적인
성격과 넓은 포용력을 가진 훌륭한 리

더였다. 단점으로 자주 지적되는 것은 그가 문맹文盲이었다는 것이다. 하지
만 당시의 지배층 사이에서는 문맹이 큰 문제가 아니었다. 그만큼 글자를
모르는 사람들이 많았기 때문이다. 그리고 샤를마뉴는 그것을 덮고도 남
을 만한 학구열과 열린 귀를 갖고 있었다고 한다. 자신의 학식을 자만하는
것보다는 남의 말을 잘 듣는 것이 왕으로서 더 나은 점일지도 모른다. 또한
그는 키가 190cm가 넘는 장신의 거구였다고 한다. 아버지 피핀 3세를 '기
럭지'[256] 논쟁에 빠지게 만든 장본인이 바로 아들 샤를마뉴다.

---

255 동로마 황제 미카엘 1세(Michael I)는 AD 813년 공식적으로 샤를마뉴를 바실레우스(Basileus)로
   인정하였다.
256 '길이'의 방언으로 강원, 경기, 경북, 전라, 충북, 황해 등 광범위한 지역에서 쓰이는 말이나. 이 정도로 널
   리 사용되면 방언을 넘어선 말이 아닐까.

## ▌서양의 봉건제와 기사

서양 봉건제의 가장 두드러진 특징 중 하나는 말 탄 기사로 대변되는 기병이다. 전신을 감싸는 갑옷으로 무장하고 큰 창을 들고 말을 탄 기사들의 집단. 칼 마르텔이 중세 특유의 기병의 틀을 만들었다고 보는 설이 유력하다. 유럽은 AD 8세기에 군사적으로 큰 변혁을 맞이하는데, 그것이 바로 기병騎兵이었다.

물론 기병은 오래전부터 존재했다. 다만 그전까지 유럽에서는 보병이 전투의 주력이었다. 하지만 유목민족과 이슬람 세력의 유럽 침입이 늘어나고 그들과 전투를 거듭하게 되면서 기병의 필요성을 절감하게 된다. 전통의 보병 전술로는 새로운 기병 전술에 대적하는 것이 불가능에 가까웠던 것이다. 이는 갑옷과 무기, 작전의 변화를 가져왔다. 특히 말이라는 기동력의 확보는 전투력을 획기적으로 증가시켰다. 이러한 시대적인 요구로 보병의 보조 역할을 해왔던 기병이 주된 전력으로 떠오르게 된다. 그리고 이를 대규모로 육성하기 시작한 것이 칼 마르텔이었다. 그를 시작으로 피핀 3세, 샤를마뉴로 이어지는 카롤링거 왕조의 종횡무진한 원정은 이러한 기병이 있었기에 가능한 것이었다. 하지만 말이 쉬워 기병 양성이지 이는 누구나 할 수 있는 것이 아니었다. 가장 큰 문제는 재정財政이었다.

기병은 너무 비쌌다. 말과 갑옷, 무기는 어느 하나 만만한 것이 없었다. 기록에 의하면 전투용 말 한 마리는 당시 암소 20마리 가격과 맞먹었고 정강이 보호대도 그 정도였다. 좋은 방패 하나는 그보다 더 비쌌다고 하니 기사 한 명의 장비는 암소 수백 마리의 가격과 맞먹었다. 더욱이 말을 타고 육중한 무기를 자유자재로 다루는 병사를 육성하는 데는 오랜 시간이 필요했다. 기병 한 명을 육성하는 것이 지금으로 치면 '전투기 파일럿' 한 사람을 양성하는 것과 같은 부담으로 다가왔을 것이다.

프랑크는 상업이 발달하지 못한 사회였고 로마와 같은 화폐경제 시스템

**| 중세 기병 |**

파올로 우첼로(Paolo Uccello)의 <산로마노 전투(The Battle of San Romano)> 3연작 중 2번작인 '베르나르디노 델라 치아르다가 낙마하다'이다. 세 작품은 각기 다른 곳에 소장되어 있는데 이 작품은 피렌체 우피치 미술관에 있다. 중세 기병들의 모습을 짐작할 수 있다.

이나 국가적인 규모의 세금제도도 갖추지 못했다. 그래서 기병 부대를 조직하기 위해서는 봉신들에게 '벌이 수단'을 주면서 말 타고 싸울 수 있는 병사들을 육성하게 해야 했다. 그때 주어진 것이 토지이다. 바로 봉토封土인 것이다. 왕 또한 개별적으로 이러한 방식으로 기병을 육성하며 살아가야 했다. 규모가 조금 더 큰 봉신封臣이 왕이었다고 할 수 있는 것이다.

봉토를 받은 봉신들은 그 땅의 생산물로 먹고살며 기병을 육성해야 했다. 즉 자급자족하며 힘도 기르는 독립적인 권력자였던 것이다. 칼 마르텔은 이 독립적인 권력자들에게 각각 게르만식의 충성서약을 하게 만들었다. 개별적인 계약을 한 것이다. 봉토는 마르텔에 대한 군사적인 의무를 이행하는 데 대한 대가였다. 봉신들은 토지를 받으면 봉사를 해야 했고 봉사를 하지 않으면 토지는 몰수되었다. 이것이 바로 중세 봉건제가 만들어지는 과정이다. 마르텔의 입장에서는 이러한 봉신들이 많아야 대규모의 기병을 유지할 수 있었다. 따라서 기병을 늘리기 위해서는 끊임없이 새로운 토지

기원부터 천 년까지 전문세

가 필요했고, 토지를 얻기 위해서는 전쟁을 멈출 수 없었다. 전쟁이 곧 비즈니스였던 것이다.

봉건제는 샤를마뉴의 자손들에 의해 새로운 국면을 맞는다. 이들 형제는 게르만족 상속제의 폐단을 고스란히 보여준 인물들로서 남과 다를 바 없이 싸웠다. 그사이 나라는 피폐해졌고 나라 밖 적들에 대한 방어는 거의 불가능해져 버렸다. 그 와중에 유럽의 역사를 바꾸는 민족이 쳐들어온다. 바로 노르만족Normans이다.

노르만 외에도 유럽을 노렸던 세력은 많다. 이슬람이나 마자르족Magyars 등이 그러하다. 이들의 침입은 구멍이 뚫려버린 국경을 넘어 나라 전체를 혼란에 빠트렸다. 이들의 빠르고 잔인한 약탈은 유럽 전체의 지도를 바꾸어놓았다. 국경 지방이든 내륙이든, 농촌이든 도시든 군대와 떨어져 있는 백성들은 안전하지 못한 상황에 놓였다. 자연스럽게 백성들은 멀리 떨어져 있는 군대가 아닌 가까운 곳에 있는 군대, 그것도 빠르게 움직일 수 있는 군대를 필요로 했다. 이것이 중세 봉건제가 확실히 자리를 잡는 과정이다.

그리고 독립적인 권력자 봉신은 완전히 지방의 왕과 같은 존재가 되었는데 그들을 봉건영주라고 한다. 기병을 보유하고 가까운 곳에 존재하는 지배자. 중앙의 왕과 봉토를 매개로 계약을 한 자. 그리고 봉토에서 자급자족하며 왕과의 계약만 이행하면 누구의 간섭도 받지 않는 독립된 권력자. 봉건영주이다.

백성들은 이런 봉건영주에게 안전을 의탁할 수밖에 없었고 점차 봉건영주의 힘은 커지게 되었다. 현재 정립된 중세 봉건제는 이런 과정을 거치면서 생기고 정착된 시스템인 것이다. 이제 서유럽의 시간은 9세기를 지나 10세기로 달려간다.

| 서양 | | 동양 |
|---|:---:|---|
| | AD 805 | 당헌종 즉위 |
| | AD 806 | 원화지치 |
| 샤를마뉴 사망 | AD 814 | |
| 경건왕 루드비히 상속령 | AD 817 | |
| | AD 818 | 헌종 번진 제압 |
| | AD 820 | 헌종 사망 |
| 경건왕 아들들 첫 번째 반란 | AD 830 | |
| 경건왕 아들들 두 번째 반란 | AD 833 | |
| | AD 835 | 감로의 변 |
| 경건왕 아들들 세 번째 반란 | AD 839 | |
| 경건왕 루드비히 사망 | AD 840 | |
| 스트라스부르 맹약 | AD 842 | |
| 베르됭 조약 | AD 843 | |
| | AD 857 | 최치원 출생 |
| 로타르 사망 | AD 855 | |
| | AD 859 | 구보와 난 |
| 메르센 조약 | AD 870 | |
| | AD 874 | 최치원 빈공과 급제 |
| (중) 카롤링거 왕조 단절 | AD 875 | 황소의 난 |
| 대머리 샤를 사망 | AD 877 | |
| 리베몽 조약 | AD 880 | |
| | AD 881 | 황소 칭제 |
| 비만왕 카를 프랑크 재통일 | AD 884 | 황소의 난 진압 |
| 비만왕 카를 폐위 | AD 887 | |
| | AD 890 | 이극용의 난 |

# 새로운
# 국면
# 8

## ▌아바스 왕조

프랑크의 단신왕 피핀이 메로빙거 왕조로부터 나라를 빼앗기 직전으로 시간을 거슬러 가보자. 공간은 이슬람 제국. AD 750년 마르완 2세가 죽음으로써 이슬람의 주인은 우마이야 왕조에서 아바스 왕조[257]로 바뀐다. 아바스 왕조를 실질적으로 세운 사람은 아부 알 아바스Abu al-Abbas이다.[258] 아바스는 그의 형제 이브라힘Ibrahim이 마르완 2세에게 처형당하면서 가문의 리더가 되었다. 그리고 마지막으로 자브강 전투를 승리로 이끌며 자신의 이름을 딴 새 왕조의 초대 칼리파가 되었다.[259] 아부 알 아바스의 칼리파 칭호는 알 사파al-Saffah. 피의 복수자라는 뜻이다. 이 칭호는 우마이야 왕조를 무너뜨리기 전 칼리파로 추대될 때 이미 얻은 것이다.

---

[257] 압바스 또는 압바시야(Abbasiyya)라고 표기하기도 한다. 본서는 《옥스퍼드 이슬람사전》에 따른 영문 표기와 외국어 표기법에 따라 아바스(Abbas)로 한다.

[258] 아불 아바스라고도 하나 정확하게는 아부 알 아바스(Abu al-Abbas)이다. 줄인 말이라고 할 수 있다. 한국어 '붕어 알'을 빨리 읽으면 나타나는 것과 같은 음운 현상.

[259] 아바스는 이슬람 창시자 무함마드의 숙부의 이름이다.

| 아바스 왕조 내의 여러 왕조들 |

이슬람 세계에서 아바스 왕조의 탄생은 매우 큰 의미를 가진다. 단순한 반란이나 흔한 왕조 교체가 아니라고 보는 것이 일반적이다. 아바스 가문과 그 동조 세력의 우마이야 왕조에 대한 저항은 세속화된 이슬람으로부터 초기의 이상적인 이슬람으로의 회귀이자 불평등을 바로잡는 계급 투쟁이었다. 타도의 대상은 신을 사욕私慾의 대상으로 삼은 타락한 세력이었고, 변혁의 주체는 불합리와 불평등에 억눌린 민중이었다.

그래서 이슬람에서는 아바스조에 의한 정권 교체가 근대 시민혁명의 정신과 맞닿아 있다고 본다. AD 747년 이브라힘이 우마이야 체제에 대해 반기를 들고, 아바스가 새로운 왕조를 세우며, 다시 그의 이복형제 알 만수르 al-Mansur가 새로운 질서를 잡는 일련의 과정을 일반적으로 '아바스 혁명'이라 하며 아랍어로 '다울라Dawla'라고 부른다. 다울라는 전환, 혁명이라는 뜻이다.

이렇듯 아바스 왕조의 건설 과정은 사회학적 관점에서 많은 의미가 부여되고 있다. 하지만 왕권을 다지는 과정은 고금의 다른 나라들과 다를 바 없었다. 바로 숙청. 피비린내 나는 숙청의 연속이었다. 우선적인 숙청 대상은

기원부터 천 년까지 전문세

전 왕조의 잔당들. 알 사파는 이름대로 자비를 베풀지 않았다. 그다음 대상은 우마이야의 계승을 명분으로 건 세력과 이젠 거추장스러워진 과거의 동지들이었다.

이들이 우마이야 왕족을 없앤 일화는 꽤 유명하다. 우마이야의 주력을 제거한 자브강 전투 이후 알 사파는 잔존 세력들을 초대해 연회를 베풀었다. 초대받은 우마이야 왕조의 사람들은 불안하긴 했지만 도주하지 못한 이상 이를 거절할 수도 없는 상황이었다. 연회의 분위기가 무르익었을 때 새 칼리파의 신호가 떨어졌고 사방에서 병사들이 뛰어들어 우마이야 왕조 사람들을 도륙했다. 사극을 많이 본 사람이라면 어렵지 않게 생각해낼 수 있는 시나리오. 그날은 멸망한 왕조의 '피의 밤', 세상에서 우마이야의 핏줄이 사라지는 순간이었다. 단 한 사람만 빼고.

알 사파의 최종적인 제거 대상은 또 다른 동지였던 시아파 무슬림이었다. 이들은 아바스 왕조를 세우는 데 가장 큰 활약을 했던 공신 중의 공신이었다. 하지만 공이 가장 크다는 것은 그만큼 정권에 위협이 된다는 뜻이기도 했다.

당시 알리와 후세인을 추종하던 세력은 사실 '시아파'라는 이름을 붙일 수도 없는, 종교적으로 맹아 단계에 불과한 집단이었다. 그들의 초점은 오로지 알리 가문의 부활에 맞춰진 상태였다. 따라서 아바스 가문과의 협력은 정치적 동맹에 지나지 않았던 것이다. 반면 아바스 왕조의 입장에서는 종교적 입지가 탄탄한 알리 추종 세력이 권신으로 자리 잡는다면 왕권 자체가 불안해질 수 있었다. 피의 복수자 알 사파는 결심하고 즉시 행동했다. 단절斷切.

그는 이들과의 관계를 과감하게 청산했다. 우마이야 왕조에 이어 동지였던 아바스 왕조한테까지 무참히 도륙당한 알리 추종 세력은 뿔뿔이 흩어져 몸을 숨기게 된다. 세월이 흘러 이들이 시아파 무슬림이 되는 것이다. 시아

| 라흐만 |　　　| 만수르 |

▌ 스페인 그라나다 알 무네카르에 있는 라흐만의 동상과 바그다드에 있는 만수르의 두상. 만수르는 라흐만을 '쿠라이시의 매(Hawk of Quraysh)'라고 불렀다. 혈혈단신으로 왕조를 세운 그를 높이 평가한 것이다.

파에 대한 이러한 조치는 다음 칼리파인 알 만수르까지 이어져 색출과 숙청이 끊이지 않았다.[260]

알 사파가 열었던 '피의 밤'의 살육에서 벗어난 단 한 사람은 아브드 알라흐만Abd al-Rahman. 우마이야 왕조 10대 칼리파의 손자로 알려져 있는 인물이다. 참고로 마지막 칼리파인 마르완 2세는 14대이다. 지옥에서 탈출한 라흐만은 사력을 다해 레반트, 이집트, 북아프리카를 지나 모로코에서 이베리아반도로 넘어갔다. 그는 그곳에서 우마이야 왕조 추종 세력을 모아 천신만고 끝에 나라를 세운다. 그때가 AD 756년. 탈출한 지 6년 만이었고

---

260   우마이야 왕조와 달리 아바스 왕조가 시아파 왕조인 줄 아는 경우가 있으나 아바스 왕조 또한 수니파 왕조이다.

아바스 왕조에서는 알 만수르가 칼리파가 되었을 때였다. 이 왕조를 후後 우마이야 왕조라고 하며, 275년간 존속했다.

여담으로 '피의 밤' 일화는 우마이야 왕조에 취해진 말살 행위들을 종합해 만든 이야기일 가능성이 높다. 라흐만은 아바스 왕조의 숙청을 피해 흩어진 사람들 중 하나였을 것이다. 그러나 '한 명'이라는 말의 효과는 극적인 면이 있다.

## ▌아바스의 역사 틀 잡기

아바스 왕조는 AD 750년부터 1258년까지 500년을 존속했다. 한국 역사에서 왕조의 나이로 500살은 별것도 아니지만 세계 역사에서 500살은 꽤 긴 축에 속한다. 게다가 그 속을 들여다보면 아바스 왕조의 500년은 특이한 점이 많다. 한 나라의 역사인데 그 안에 수많은 다른 역사가 들어 있는, 소위 액자 구조를 갖고 있다. 그것도 액자가 한두 개가 아니다. 아바스라는 틀 안에 작은 액자가 옴니버스 식으로 들어 있다고 하면 맞는 표현일 것이다. 그러고도 아바스 왕조는 또 다른 외부의 힘에 의해 멸망한다. 세상에 존재했던 수많은 나라의 역사를 하나의 패턴으로 이해하려고 하는 것은 어리석은 일이다.

아바스 왕조의 500년은 크게 여섯 부분으로 나눌 수 있다. 1기는 자주기自主期이다. 아바스조 건국 직후 알 만수르가 바그다드를 건설하고 그의 손자 알 라시드al-Rashid[261]가 전성기를 이끈 50년의 기간이다. 이때 영토 또한 동쪽으로 확장되어 최대 판도가 된다. 하지만 알 라시드가 재위한 전성기

---

261 〈천일야화(The Thousand and One Nights)〉에 등장하는 그 칼리파이며 실제 재위는 AD 786년부터 809년까지다. 참고로 〈천일야화〉의 '천일'은 '1,000일(日)'이 아니라 '1,001'이다.

에도 반란은 계속 일어났고 그가 사망한 직후부터 권력 투쟁이 벌어졌다. 먼저 밝히자면 아바스 왕조는 반란이 일상이었다. 역사상 이처럼 반란이 많은 왕조가 있었을까 하는 생각마저 들 정도이다.

2기는 왕조 난립기亂立基이다. 아바스조의 건국 직후인 AD 756년, 과거 우마이야 왕조의 세력권이었던 에스파냐 지방이 후우마이야 왕조의 영토가 된다. AD 9세기에는 영토 내에서 본격적으로 독립적인 왕조가 생겨난다. 전성기였던 알 라시드 재위 시기에도 독립왕조들이 생기기는 했으나, 이 시기에 들어오면 반란이 성공하는 경우가 늘어난다. 루스탐Rustam 왕조나 이드리스Idris 왕조가 그 예이다. 이러한 왕조들은 세기가 바뀌면서 더욱 많아진다. 아바스 왕조는 인명뿐 아니라 왕조 이름으로도 연구자를 성가시게 하는 시대이다. 아랍어 왕조의 어감에 익숙해지는 기회로 삼기를 바란다.

AD 9세기 아바스 왕조 내에 생긴 독립왕조들은 북아프리카의 아글라브Aghlab, 이란 지역의 사만Saman, 타히르Tahir, 사파르Saffar, 알라비Alabi, 지야르Ziyar와 시리아와 이집트 지방의 툴룬Tulun, 파티마Fatimah, 익시드Ikhshid, 부와이흐Buwayh 등이 있다. 세기도 힘들 정도이다.[262]

이들 독립왕조와 아바스 왕조는 종주권과 독립성을 서로 인정하고 유지하는 관계였다. 춘추 시대의 주周와 제후국의 관계와 유사하다고 할 수 있다. 그래서 아바스 춘추 시대 또는 이슬람 춘추 시대가 2기에 맞는 명칭인 듯 보일지 모르나, 왕조 난립기가 더 적합한 명칭일 것이다. 왜냐하면 3기가 되면 정말 중국의 전국 시대와 비슷하게 되기 때문이다. 이 시기가 되면 아바스 왕조는 조금이나마 남아 있던 실권을 완전히 잃게 된다.

---

262  이들 중에는 왕조라 하기에는 다소 미약한 가문도 있기는 했으나 아바스 왕조는 이들을 완전히 누를 수도 없는 수준이었다.

**| 아바스 왕조의 시기별 구분 |**

**1기 자주기**

AD 751년 건국 이후 약 50년 정도.
알 만수르와 알 라시드의 전성기가 있었다.
※후우마이야(AD 756 건국) : 이베리아 반도

**2기 왕조난립기**

AD 8C 말부터 계속 지속된다.
그 사이에 생긴 대표적인 왕조들은 다음과 같다.
·루스탐 왕조(AD 778~909) : 알제리 북부, 페르시아인의 후손
·이드리스 왕조(AD788~974) : 아프리카 모로코의 이슬람 왕조
·아글라브 왕조(AD 800~909년) : 이집트 변경
·사만 왕조(AD 819~999) : 페르시아
·타히르 왕조(AD 821~873) : 이란
·사파르 왕조(AD 861~1003) : 이란고원
·툴룬 왕조(AD 868~905) : 시리아, 이집트
·익시드 왕조(AD 935~966) : 시리아, 이집트
·알라비 왕조(AD 864~940) : 이란
·파티마 왕조(AD 909~1171) : 이집트
·지야르 왕조(AD 930~1090) : 이란 북부
·부와이흐 왕조(AD 932~1062) : 이란과 이라크 일부
이 외에 더 있다.

**3기 부와이흐기**

AD 945년부터 110년간.
부와이흐 왕조에게 100년 동안 실권을 빼앗긴 시기.
AD 1055년에 부와이흐가 셀주크에게 멸망함으로써 끝난다.

**4기 셀주크기**

AD 1055년부터 100년간.
셀주크에게 100년 동안 실권을 빼앗긴 시기.
셀주크는 분열과 반란으로 AD 1157년에 멸망한다.

**5기 멸망기**

AD 1157년부터 100년간.
잠시 권력 되찾았으나 정신 못 차리다가 몽골에 의해 멸망. AD 1258년.

3기는 부와이흐Buwayh기다. 부와이흐 왕조에 의해 바그다드가 점령되는 AD 945년부터 110년간을 말한다. 아바스 왕조 내에 생겨난 수많은 왕조 중 이 왕조가 가장 중요하다. 부와이흐 왕조는 한 세기 동안 아바스 왕조의 칼리파를 마음대로 폐하고 마음대로 세웠다. 가장 존재감이 컸던 것. 그러면서도 묘한 것은 아바스 왕조의 권위만은 인정해 멸망시키지 않았다는 것이다. 아바스 왕조는 이름만 있을 뿐 실권은 없었던 전국 시대의 주周와 다를 바 없었다. 이때 중국은 5대 10국의 분열기였는데, 아바스 왕조의 전국 시대와 혼란기를 같이하고 있었던 것이다. 부와이흐 왕조는 AD 1055년 셀주크투르크에 의해 멸망한다.

4기는 셀주크Seljuk기. 부와이흐에 이어 셀주크투르크가 아바스 왕조를 좌지우지하는 시기이다. 역사적으로 투르크인이 이슬람의 주인으로 나선 것이다. 허수아비는 그대로 있고 실권자들끼리 바통을 주고받았다. 아바스 왕조, 즉 아랍인은 이제 완전히 조연으로 물러나는데 오스만투르크가 멸망하는 20세기까지도 힘을 쓰지 못한다. 셀주크투르크는 여러 나라를 세웠다. 아바스 왕조라는 집 안에다 다시 여러 나라를 세운 것이다. 물론 집주인이 힘이 없어 세입자가 무엇을 하든 상관할 수는 없었다. 셀주크가 세운 여러 나라 중 큰집인 대大셀주크는 100여 년 동안 아바스 왕조의 실권을 장악했다.

마지막 5기는 아바스의 멸망기이다. 셀주크가 내분과 반란으로 멸망한 해는 AD 1157년이다. 오랜만에 아바스 왕조가 권력을 되찾는다. 물론 잠시 동안이다. 이미 제국은 정상이 아니었고 여전히 적은 많았기에 아바스의 달콤한 시간은 그리 길지 못했다. 아직 셀주크의 분국들이 남아 있었고, 코라즘Khwarazm[263]의 위협, 계속되는 십자군 전쟁에다 새로 생긴 다른 왕

---

263  호라즘으로 읽는 것이 일반적이나 본서는 [Kh]를 [ㅋ]으로 표기한다.

조들로 인해 국력을 회복할 길은 요원했다. 그리고 결정적으로 세계 최강의 군대의 위협을 받게 된다. 알라도 무심하시지. 바로 몽골Mongol이었다. 아바스의 마지막 칼리파 알 무스타심al-Mustasim은 몽골에게 막대한 조공을 바치며 불안한 평화를 유지하려 한다. 하지만 이런 노력도 소용이 없었다. AD 1258년 아바스 왕조는 몽골에 의해 질긴 명줄이 끊어지게 된다. 셀주크투르크의 손에서 벗어난 지 꼭 100년 만이었다.

## ▎당, 꺾이다

당의 1막이 건국 후 '정관의 치'와 '무위의 화'였다면 2막은 '개원의 치'와 '안록산·사사명의 난安史之亂[264]이라고 할 수 있다. 측천무후의 통치가 태종 시대와 이어진 것처럼 안·사의 난 또한 현종과 이어진 것이다.

현종이 제위에 오른 때는 AD 712년. 프랑크의 단신왕 피핀이 태어나기 2년 전이고 당의 300년 역사에서 볼 때는 3분의 1이 지난 시점이다. 이때 프랑크와 당, 두 나라는 모두 새로운 국면을 맞게 된다. 당의 개원의 치. 개원은 현종 시대 대부분을 차지하는 연호로 역사는 현종의 치세를 그렇게 부르고 있다. 이는 태종이 이룬 정관의 치와 무측천의 시대에 이어 펼쳐진 안정의 시대였다. 황실의 분란이 나라를 혼란에 빠뜨리는 경우가 많으나, 무위의 화는 다행히 그렇지 않았다. 무측천의 치세를 이룬 관료들이 현종대에도 중용되었으니 개원의 치는 무측천이 이룬 성과의 연장선에 있다고 볼 수 있다.

그렇다고 하여 무측천 집권기가 태평 시대였다는 것은 아니다. 전술한

---

264  안록산의 난은 일반적으로 안록산 사후 사사명이 반란을 이어갔던 시기까지 포함한다. 두 사람의 이름을 모두 넣어서 안·사의 난이라고도 한다.

**| 고력사 |**
이백의 신발을 벗기는 고력사.《구당서》<이백열전>에 의하면 이백은 술김에 고력사에게 자신의 신발을 벗기라고 명령했는데 이로 인해 조정에서 쫓겨나게 되었다고 한다. 이 일화는 많은 작품을 낳았다.

바와 같이 무씨와 위씨 집권 하에서 폐단 또한 많았음은 물론이다. 무측천이 한때 의식적으로 부추겼던 밀고와 위씨의 매관매직 등으로 관료 조직이 크게 혼탁해졌던 것도 부정할 수 없다. 현종은 이를 척결하고자 많은 노력을 기울였는데, 그의 치적은 이런 내부적 모순, 즉 정치적 부패를 해결하는 것이 핵심이었다.

어떤 개혁이든 그 중심은 사람이다. 우수한 군주는 사람을 잘 다루는 사람이다. 재능 있는 인재를 공정하게 뽑아 적재적소에 배치하고, 논공행상을 적절히 하는 것. 이것이 국가의 모든 모순을 해결하는 근본임은 동서고금 변함이 없다. 이 어려운 일을 완벽하게 해내기란 어려울지 모른다. 그러나 그러기 위해 노력하는 것만으로도 국력은 신장되고 민생이 편안해짐을 수많은 사례로 알 수 있다. 현종 또한 그것을 보여주었다. 개원의 치는 무측천의 성공 요소로 쉽게 얻은 것이 아니라 매우 어려운 개혁을 해냄으로써 얻은 업적이었던 것이다.

여기서 주목할 만한 인물로 재상을 지낸 요숭姚崇과 송경宋璟, 장열張說

　　　　　　　　　기원부터 천 년까지 전문세

등을 들 수 있다. 독일어와 아랍어 이름에 이어 다시 한자어 이름의 등장이다. 중국사에서 매우 이름을 날린 인물들이니 한 번쯤은 눈에 담았다가 놓아주어도 될 것이다. 이들은 현종의 통치를 빛낸 인물들로 모두 무측천이 발탁했다는 것이 포인트다.

현종의 중요한 조력자 중에는 고력사高力士라는 환관도 있다. 고력사는 전횡을 한 인물로 더 유명하기에 현종 인사의 오점으로 남아 있다. 하지만 멍청한 황제를 쥐고 흔들었던 다른 시대의 환관들에 비할 정도로 큰 폐해를 끼친 것은 아니었다. 오히려 현종이 총명했던 시절에는 고력사의 공훈 또한 적지 않았다. 하나 덧붙이자면 그는 일반적인 환관과는 다른 이미지를 가진 인물이었는데 덩치가 매우 좋았다고 한다. 이름도 역사力士가 아닌가.[265]

개원의 치는 건국 초 대외적으로 세력을 떨쳤던 것과는 달리 사회, 문화, 경제적으로 성과를 이룬 시기였다. 태종 이후 국가의 틀이 잡힌 상태였기에 시기적으로 내부 안정을 기하는 것은 자연스러운 발전 방향이었다. 이 시기 농업 생산력이 크게 증가하였고 상업 또한 번성하였다. 정치의 안정과 경제의 발달로 인구가 급증하여 AD 726년에는 4천만을 넘었고 AD 740년 이후에는 5천만에 이르렀는데, 이는 태종 때와 비교해 두 배가 넘는 숫자였다.

이러한 국력을 바탕으로 모병제를 채택하여 이미 한계를 드러낸 부병제를 대신하였다. 그 결과 전투력을 증가시켰다는 평가를 받는다. 한마디로 국가가 부富하고 강강强해진 것이다. 여기까지가 현종이 잘한 부분이다. 이제 잘못한 것이 나올 차례이다.

---

265 고력사는 완력만큼이나 권력도 강했다. 당의 환관이 힘을 얻어 말기에는 황제를 능가하는 권력을 휘둘렀는데 그 시작을 고력사로 본다.

## 천보난치와 양귀비

현종은 나라를 훌륭하게 이끈 동시에 망치기도 한 황제이다. 중국 역사에서 남북조 시대 남조의 양무제 이후 같은 인물이 이토록 상반된 면을 보인적은 없었다. 현종의 개원의 치를 직접적으로 끝장낸 사건은 안록산의 난이다. 그 이후 당은 쇠퇴의 길을 걷는데, 현종이 실정 모드로 접어들게 된원인으로 역사는 한 여인을 지목한다. 바로 양귀비이다. 그 유명한 미인의대명사.

현종 이융기는 착한 성품에 지혜롭고 용기가 있었다는 평가를 받는다. 형제들과도 우애가 돈독하였는데, 황제의 아들들이 사이가 좋은 것은 역사에서 흔한 경우가 아니다. 황자 시절 병든 동생을 위해 직접 약을 달였으며, 이복형들과는 술을 나누며 담소하고, 때로는 운동을 같이 하였다는 기록도 있다. 이 같은 우애 덕에 황자들에게 아첨하여 세력을 형성하는 무리가 없었다고 하니 매우 이상적인 풍경이라 할 것이다. 형제들 사이에 비집고 들어갈 틈이 없었던 것이다.

또한 그는 학문과 예술에도 관심이 많았다. 《당서》에 따르면 현종은 음악에도 재주를 보여 관현악기를 다룰 줄 알았으며 나머지 황자들도 각자다룰 줄 아는 악기가 있어 우애 깊은 형제들이 모여 함께 합주를 하는, 역사에 참으로 보기 드문 모습을 연출했다. 진정한 로열 오케스트라Royal Orchestra.

인간으로서 현종의 성품은 이 정도이다. 여기에 '짐이 마르더라도 천하가 살찐다면 그것으로 족하다'는 측은지심까지 갖고 있었던 것으로 보아그는 충분히 로맨스에 빠질 만한 남자였다.

전한前漢 시대의 관료였던 이연년李延年이 자신의 누이를 황제에게 소개하면서 쓴 시에 이런 구절이 있다.

"한번 보면 성이 기울고, 다시 보면 나라가 기운다一顧傾人城 再顧傾人國."

**| 말에 오르는 양귀비 |**
원나라 화가 전선(錢選)의 작품이다

이는 한무제가 말년에 총애한 이부인李夫人을 묘사한 것이다.[266] 경국傾國이란 말이 이 시에서 비롯되었다. 본디 경국은 미녀를 지칭하는 말이 아니었으나, 이 시로 인해 경국지색傾國之色의 줄인 말이 되어 아름다운 여인을 뜻하게 된 것이다. 여기에 현종과 양귀비의 사랑을 그려 크게 히트한 〈장한가長恨歌〉[267]의 첫 구절 '한의 황제가 미색을 중히 여겨 경국을 찾았다漢皇重色思傾國'로 경국은 그 쓰임새가 완전히 미인의 대명사로 굳어진다. '장한長恨'이란 긴 한숨이라는 뜻이다. 이 시는 제목처럼 한숨이 나올 정도로 길다.

양귀비의 이름은 옥환玉環으로 알려져 있다. 그녀는 17세였던 AD 735년 현종의 아들 이모李瑁의 비가 되었다. 그러나 10년 후인 AD 745년에 시아버지였던 현종의 비로 자리가 바뀐다. 부자의 정情이 엉뚱한 데서 돈독했던

---

266  《한서》〈외척전(外戚傳)〉에 나오는 내용이다.

267  당의 시인 백거이(白居易)가 지은 장문시(長文詩)로서 현종과 양귀비의 사랑, 그로 인한 국정 혼란, 반란으로 인한 몽진(蒙塵), 군심과 민심, 양귀비의 처형, 현종의 심정과 애환 등을 한 편의 파노라마처럼 그린 대서사시이다. 단어의 선택이 절묘하고 문장이 아름다워 오랜 세월 사랑을 받았다. 영원한 사랑을 뜻하는 '연리지(連理枝)' 또한 여기에 등장한 말이었다. '장한가(長恨歌)'란 길고 긴 아쉬움을 노래한다는 뜻이다.

것. 그때 현종이 내린 지위가 귀비貴妃인데, 무조가 황후가 된 지 정확히 90년 되던 해였다. 현종은 아들의 비였던 그녀를 자신의 비로 만들기까지 10년간 엄청난 노력을 하였다. 결실이 맺어졌을 때 현종의 나이 환갑이었다.

공교롭게도 그가 며느리 탈취 작전을 수행했던 10년의 시간 동안 당은 많은 것이 바뀌었다. 먼저 연호가 개원에서 천보天寶로 바뀌었다. 그리고 변경의 수비를 맡은 절도사의 권한이 늘어 지방행정의 성격이 바뀌었고, AD 742년에 안록산이 절도사로 임명되었다. 그리고 무엇보다 현종의 정신 상태가 바뀌었다. 날카롭고 현명했던 황제는 온데간데없고 한 여자에 빠져 정신 못 차리는 어떤 할아버지가 있을 뿐이었다.


## ▌제국을 무너트린 간신의 아이디어

옥환이 귀비가 되고 다시 10년이 지난 AD 755년, 안록산의 난이 일어났다. 나라를 완전히 새로운 국면으로 빠트린 이 사건의 주역은 안록산 외에 이림보李林甫와 양국충楊國忠이 있다. 현종과 양귀비가 포함되는 것은 물론이다. 직접 칼을 든 사람은 안록산이지만, 그 동기를 제공한 것이 이림보와 양국충의 전횡이었다. 이림보는 양귀비가 수왕壽王 이모의 비가 되기 1년 전인 AD 734년에 재상에 임명되어 장장 18년을 재임한 인물이다. 현종 치하에서 가장 오랫동안 자리를 보전한 재상이다. 사서가 전하는 이림보는 나쁜 평가가 주를 이룬다. 한마디로 악인. 그는 만년에 죽음이 두려워 수백의 경호원을 두었다. 찔리는 일이 많았던 것이다.

현종이 실시한 번진藩鎭 제도와 절도사[268]는 임지의 군사권과 행정권을

---

268  절도사라는 명칭은 현종 이전부터 존재했다. 예종(睿宗) 시대인 AD 710년에 하서(河西) 절도사가 양주에 설치되었다는 기록이 있다.

기원부터 천 년까지 전문세

함께 부여해 해당 세수를 군비에 사용할 수 있게 한 제도였다. 시간이 갈수록 절도사는 왕과 같은 지위가 되었고, 이는 중앙 권력의 약화를 초래하였다. 직접적으로는 중앙의 세수를 악화시켜 재정에 타격을 입혔다. 자원과 인력의 누수 또한 규모가 커졌고, 급기야는 북부 하천의 용수를 전용하여 운하의 기능까지 마비시키는 지경에 이르렀다.

물론 당의 지방행정 제도가 처음부터 이러했던 것은 아니다. 절도사의 운용이 잘못된 것에는 이림보의 역할이 컸다. 건국 초기의 당은 국경의 군사력을 통제하기 위해 충의가 높은 문관을 변방의 군사 책임자로 임명하는 것이 통례였다. 임기 또한 길지 않았으며, 중앙의 고관, 특히 재상이 되기 위해 변방의 관직은 반드시 거쳐야 할 코스로 인식되었다. 절도사의 운용 방식 또한 그와 다르지 않았다. 문관이 변방에서 절도사가 되었다 중앙으로 돌아와야만 재상이 될 수 있었던 것. 험지險地를 경험해야 요지要地를 누릴 수 있다는 식이다. 이것이 출장입상出將入相이다.

그러나 이림보가 이를 막았던 것이다. 변방에서 군공을 세우고 돌아오는 문관이 자신의 자리를 위태롭게 할 수 있었기 때문이다. 그래서 그는 이민족을 무장으로 등용하고 그중에서 우수한 자는 절도사가 될 수 있게 하였다. 이민족이 재상이 될 리는 없었기 때문이다. 이림보의 이기심에서 나온 이 아이디어는 결국 제국을 망치는 중요한 단초가 된다. 그 과정에서 기용된 이민족 인물이 바로 안록산이다. 안록산은 이란 계통269의 부친과 돌궐 계통의 어머니 사이에서 태어났다. 그래서 그를 호족胡族 또는 잡호雜胡라고 한다.

현종이 정사를 내팽개치자 이림보는 국정을 마음대로 쥐고 흔들었다. 정

---

269 소그드(Sogd)인이라고 알려져 있다. 소그드는 중앙아시아에 분포된 스키타이인(Scythian)을 이르는 말로 소그드라는 용어 또한 스키타이의 변형으로 추정된다.

**| 도호부와 절도사 |**
당 초기 기미 정책은 도호부제로 운영되었다. 이후 도호부제가 유명무실하게 되면서 번진이 그 역할을 대신하게 되었다.
절도사가 관할하는 최초의 번진은 국경 지방에 설치된 10개뿐이었다.

적들을 제거하여 견제할 세력을 없앴고, 반대파는 싹이 트지 못하도록 인사의 전반을 관리했다. 절도사로서 이미 막강한 힘을 가지고 있었던 안록산조차 이림보 앞에서는 공손하였다고 하는데, 기록으로는 이림보의 면전에서는 한겨울에도 땀을 흘렸으며 그의 칭찬에 기뻐할 정도였다고 한다. 중동에서 이슬람 제국의 주인이 우마이야 왕조에서 아바스 왕조로 바뀌는 사이, 현종은 양귀비와 불꽃같은 로맨스를 만들어갔다. 그동안 당의 정치는 이림보의 손아귀에서 놀아났고 사회는 병들어갔다.

　권신 이림보는 황제와 같은 권세를 누리다가 AD 752년 사망한다. 그가 간신이며 나라를 망하게 한 원흉임은 부정할 수 없다. 그러나 이림보는 단순한 권신이기 이전에 무측천에 의해 일소되었던 관롱집단의 부활을 알리는 인물이었다. 현종이 그를 중용하면서 관롱집단은 다시 살아나 당의 붕괴에 일조하게 된다. 현종의 과오가 다시 부각되는 순간이다.

## | 안록산의 난

이림보의 뒤를 이어 재상이 된 인물은 양국충이다. 드디어 본격적인 양씨의 등장. 그는 양귀비의 사촌으로 안록산의 난에 직접적으로 불을 댕긴 장본인이다. 양귀비 덕에 출세한 인물로, 국충國忠이란 이름 또한 현종으로부터 하사받은 것이다. 글자 그대로 나라에 충성하란 뜻이나, 이름과는 전혀 다른 삶을 살다 간다. 그는 이림보 사후 재상으로 임명되어 권력을 잡자 사리사욕을 채우기 위해 온갖 전횡을 일삼는다. 역사에서 볼 수 있는 전형적인 외척의 모습이었다.

조정 내에 그를 견제할 세력은 없었으나 군사력을 가지고 있었던 안록산은 달랐다. 그는 양국충의 토벌을 명목으로 반기를 든다. 물론 이것은 명목상의 이유일 뿐 안록산은 야심이 가득 찬 인물이었다. 권력 다툼으로는 황제의 측근에 있는 양국충을 이길 수 없었기에 자신의 대군을 몰아 수도로 진격한 것이다. 이림보와 양국충이라는 권신들의 국정 농단이 끝내 대규모 반란을 초래한 것이다.

안록산은 난을 일으키기 전 3개 번진의 절도사를 겸하고 있었다. 수하의 병사만 18만을 넘었다. 이는 국경 방어병력의 40%에 달하는 것이었다. 반란 직후 안록산은 먼저 낙양을 점령하였다. 변경에서 단련된 대군을 타성에 젖은 중앙군이 막을 수는 없었다. 그는 낙양에서 대연大燕이라는 나라를 세우고 스스로 황제를 칭한다.

거구였던 안록산은 배가 유난히 많이 나왔다고 한다. 한때 현종이 그 배엔 뭐가 들었냐고 농담을 던진 적이 있었는데, 그의 대답이 걸작이다.

"폐하 이 속엔 충성심이 가득합니다."

그러나 그 뱃속에 가득했던 것은 야심이었다. 안록산은 그다음 장안을 공격하였다. 낙양에서 많은 시간을 지체하였으나 크게 어려움은 없었다. 사실 조정은 충분히 방어가 가능한 상황이었다. 심지어 반란군이 여러 날

| **안록산의 난** | 명대 화가 구영(仇英)의 작품이다. 긴박한 피난 상황인데 경치가 더없이 훌륭하다.

을 허비했음에도 관군은 우왕좌왕할 뿐이었다.

우매한 황제가 이끄는 조정은 수많은 반격의 기회를 놓치고 결국 사천으로 도주하게 된다. 장안을 버리고 피난하자고 주장한 것은 양국충이었다. 안록산이 목소리 높여 요구한 것이 자신의 목숨이었던 만큼 보신을 위해 피난하고자 한 것이다. 그런데 장안을 나서자마자 양국충은 분노한 병사들에 의해 살해당한다. 그들은 이 난리의 주범이 누구인지 정확히 알았던 것이다.

양귀비 또한 병사들의 요구를 거부하지 못한 현종의 명으로 자살하게 된다. 양귀비에 대한 사랑보다는 자기 목숨이 더 중요했던 것이다. 황제의 사랑을 독차지했으며 그녀가 말을 타면 환관 고력사가 직접 말고삐를 잡을 정도의 권세를 누렸으나 최후는 비참했다. 같은 해 현종은 분조分朝를 이끌던 아들 이형李亨에게 양위하고 상황上皇으로 물러난다. 한 시대를 풍미했

기원부터 천 년까지 전문세

던 현종은 이렇게 자신의 치세를 마감했다. 새로 황제가 된 숙종肅宗이 난리법석의 제국을 맡게 되었다.

안록산은 거병한 지 만 1년이 지나 갑자기 아들 안경서安慶緒에 의해 살해당한다. 그가 이런 일을 벌인 원인은 아버지가 후계자로 지명된 자신을 제치고 늦둥이를 새로운 후계자로 세우려고 했기 때문이었다. 아버지의 늦둥이는 망한 집안에서 자주 연출되는 드라마이다. 사실 안록산의 난 내내 일어난 전투들은 전술적으로 보면 그야말로 '당나라 부대'와 '더 당나라 부대'가 엉겨붙은 어설픈 대결이었다. 물론 더 당나라 부대는 관군이다. 없느니 못한 조정은 관군과 의병들의 전투를 방해하는 수준이었고, 안록산은 안록산대로 좋은 기회들을 놓치며 자중지란에 빠지기 일쑤였다.

안록산 사망 후 관군은 장안과 낙양을 겨우 수복하는데, 아버지를 죽인 안경서는 안록산의 부장이었던 사사명史思明에게 죽임을 당한다. 사사명은 관에 귀순했다가 다시 배신해 반란군으로 돌아간 상태였다. 당시 관으로 투신했던 사사명에게 도움을 청한 것은 안경서였다. 두 번의 배신 끝에 원래의 위치로 돌아온 사사명은 이제 안경서를 죽이고 스스로 대연 황제를 칭하게 된다. 이는 한 번 배신해 본 자는 두 번의 배신이 어렵지 않음을 간과한 결과였다.

그런데 사사명은 상황이 반란 초기와는 차이가 있음을 알게 된다. 관군이 어느 정도 정신을 차린 것이다. 장군들 가운데 우수한 자들이 능력을 발휘하기 시작해, 더 이상 반란 세력이 확대되기 어려운 상황이었다. 이런 가운데 사사명이 세상을 떠난다. 그 또한 자신의 아들 사조의史朝義에게 살해당한다. 배신과 협잡, 그리고 운명까지 모셨던 대장과 여러모로 유사했다. 사사명까지 사라지자 반란 세력은 급격히 약화되어 투항자가 속출하게 된다. 아버지를 죽인 사조의 또한 부하들에 의해 죽임을 당하고 8년에 걸친 반란은 겨우 평정된다. AD 763년이다.

안·사의 난은 당의 정치, 사회 등 전반에 걸쳐 막대한 충격을 가했다. 중앙집권의 붕괴가 걷잡을 수 없이 진행되었다. 지방 세력들이 더욱 힘을 얻어, 북쪽 변경은 거의 반독립 상태에 이르게 되었다. 애초부터 현종이 시행했던 절도사 제도는 중앙집권이라는 율령제의 기본 성격을 위배한 것이었다. 당의 기본적인 통치철학과 배치되는 것으로 사회 전체에 모순을 가져올 소지가 충분했다. 그런 상황에서 전란이 일어나자 나라 전체가 혼란에 빠진 것이다.

전란과 군비 조달을 위한 수탈로 인해 민생이 파탄에 이르러 기존의 세제는 변화를 피할 수 없게 된다. 조용조가 붕괴되고 양세법兩稅法[270]이 시행되는데, 이 또한 안록산의 난이 결정적이었다. 당이 자랑하던 문화 또한 큰 변화를 맞게 되었다. 장안과 낙양이 폐허가 되다시피 하였으니 당연한 결과라 하겠다. 더불어 문화의 지원자였던 귀족들의 생활 변화 또한 문화에 부정적인 영향을 미치게 되었다. 한마디로 나라가 너덜너덜해진 것이다.

현종의 난치亂治와 안록산의 난에 양귀비가 결정적인 원인으로 지목되는 경우가 있다. 그러나 이는 사실이 아니다. 양귀비의 영향이 없다고 할 수는 없으나 현종은 당시 정사에 염증을 느끼고 있던 차였다. 개원 말엽에 이미 황제 본인은 물론 관리들의 향락이 도를 넘기 시작했던 것이다. 연호가 천보로 바뀐 AD 742년은 현종의 치세가 30년이 되던 해였다.

이 치세 말년을 천보의 쇠天寶之衰 또는 천보난치天寶亂治라고 하며 개원의 치와 '라임'을 맞춰 부른다. 안·사의 난은 그 가운데에 있었던 가장 큰 사건일 뿐, 조그만 균열들은 수도 없이 많았다. 결국 이 모든 원인은 황제인 현종에게 있다. 양귀비는 핑계였을 뿐이다. 대중적으로 경국지색은 아

---

270  양세법은 AD 780년 덕종(德宗) 대에 시행되었다.

주 흡수율 높은 수단이다. 안록산의 난이 끝난 시점에서 당에게 남은 시간은 내리막의 144년이다.

### 번진의 증가

당의 번진藩鎭은 AD 701년 국경 지역에만 설치되기 시작하여, 10년 동안은 그 수가 10여 개에 지나지 않았다. 하지만 안·사의 난 이후 내륙에도 설치되면서 50여 개에 이르게 된다. 장안과 낙양 주변을 제외한 대부분의 지역이 번진의 지배를 받게 된 것이다. 국경 지역의 절도사와 달리 내지 번진의 절도사들은 처음엔 행정과 군사가 분리된 상태에서 병권을 담당했다. 그러다 점차 권한이 확대되면서 두 직책을 겸하는 경우가 많아졌다.

번진화가 가속된 과정은 이러하다. 당은 태종 대에 영토가 대폭 확장되었는데, 정복지는 기미정책羈縻政策의 기조하에 도호부都護府를 설치하여 다스렸다. 하지만 도호부 제도가 유명무실해지면서 군진軍鎭이 이를 대신하게 되었고, 종국에는 번진제로 바뀌었다. 부병제의 부실화로 군진 또한 책임자인 절도사가 강력한 권한을 갖게 되면서 번국의 성격을 가진 번진으로 변화한 것이다.

번진이라는 명칭은 부병제로 배치된 병사 대신 관할 지역에서 병사를 충당하여 진을 운영한 데서 비롯되었다. 즉 번병이 주가 된 진鎭이란 뜻인데, 국경 지역의 특성상 번진에서 자체 충당하는 병사는 대부분 이민족 출신이었다. 따라서 번병이란 곧 이민족 출신 병사를 의미하게 되었다. 이렇게 자체 충당된 병사는 사병화가 용이하다는 특성을 가진다. 현종 대를 지나며 부병제가 완전히 붕괴되었고, 그에 따라 내지도 번진화되기 시작한다. 군사 지휘관과 재정관을 겸하는 절도사가 관할 구역의 병사를 고용하는 데 세수를 직접 사용하게 된 것이다. 국경 지역처럼 이민족 병사는 아니었으나, 내지 번병 또한 절도사의 사병에 가까웠다. 이는 내지의 절도사마저 중앙의 통제에서 벗어나게 되는 단초를 제공했다.

부병제는 북위의 군사제도이다. 유목을 하던 백성이 곧 병사가 되는 원리로, 농사일을 하는 백성들이 병사를 겸하는 병농일치의 징병제이다. 백성들은 농한기에 일정 기간 군사 훈련을 받고 각지에 배치되어 군역을 하게 된다. 그런데 영토의 확장은 이동거리 확대와 복무기간의 증가를 초래했다. 자연스럽게 부병제는 부작용을 보이며 백성들을 힘들게 만들었고 점차 붕괴되어 갔다. 그리고 번진에 나타난 제도는 모병에 가까운 장정건아제長征健兒制였다. 이는 둔전병의 성격을 가진 제도였다. 완전한 직업군인 제도라고 하기에는 다소 모자란 면이 있지만 자체 고용한다는 점에서는 모병에 가까운 형태였다. 부병제의 붕괴는 번진 제도가 비대해진 결정적인 원인이라고 봐야 할 것이다.

# 분할된
# 제국

## 9

---

## ▌샤를마뉴 사후의 프랑크 왕국

샤를마뉴는 AD 814년 세상을 떠난다. 궁재의
시대를 열었던 증조할아버지 피핀 2세가 세상을 떠난 지 정확히 100년 후
이다. 프랑크 왕국은 샤를마뉴 이후부터는 영토의 넓이와 로마 황제라는
칭호로 보았을 때 프랑크 제국帝國으로 부르는 것이 맞을 것이다. 전성기를
맞은 이 프랑크 제국 또한 다시 아들의 숫자만큼 분열되겠지만 말이다. 메
로빙거 왕조부터 항상 그래 왔던 것처럼. 하지만 행운인지 불행인지 샤를
마뉴는 숨을 거둘 때 자신을 이을 아들을 하나밖에 남기지 않았다.[271] 그러
나 운이 좋아 한 세대를 무사히 넘긴다 해도 그다음 세대 혹은 그 다음다음
세대에 나라가 조각나는 운명을 피할 수는 없었다.

샤를마뉴의 유산을 홀로 이어받은 외동아들은 루드비히 1세Ludwig I[272]였
다. 아버지의 이름 샤를마뉴는 프랑스어, 아들의 이름 루드비히는 독일어

---

271  샤를마뉴는 적서(嫡庶)를 합쳐 10명의 아들을 두었으나 적자들은 막내 루드비히를 빼고 모두 아버지보
     다 일찍 죽었다.
272  루드비히는 독일어 표기와 발음이다. 영어에서는 루이스(Louis)가 맞으나 독일어로 그대로 표기하고
     발음하기도 한다. 라틴어는 루도비쿠스(Ludovicus), 프랑스어는 루이(Louis)이다.

발음으로 표기한 것이다. 프랑스어 루이로 써도 무방하다. 루드비히와 루이, 샤를과 카를은 동일인임을 잊지 말지어다. 루드비히와 루이는 앞으로 수없이 만날 이름이다. 루드비히 1세는 독실한 가톨릭 신자였다. 그래서 얻은 별칭이 '경건한 사람The Pious' 또는 '신앙심 깊은 사람Der Fromme'이다. 보통 경건왕敬虔王으로 번역해 '경건왕 루이' 또는 '경건왕 루드비히'라고 한다. 그런데 이름과 달리 그가 다스린 제국은 그다지 경건하지 못했다.

프랑크 제국이 가진 태생적인 문제인 분할 상속은 왕이 죽음에 이르러서나 불거지는 것이었다. 그러나 루드비히 치하의 프랑크에서는 초반부터 드러나, 왕이 살아 있는 내내 그 부작용을 겪어야 했다. 그것도 극심하게 말이다. 루드비히는 AD 817년 '상속령'이라고 불리는 제국칙령Ordinatio imperii을 발표했다. 이는 지금의 유럽 지도를 있게 만든 근원적인 사건이라고 할 수 있다. 사실 이 칙령은 루드비히 즉위 직후부터 준비하였던 것으로 즉위하고 만 3년이 지난 시점에 발표가 이루어진 것이다.

루드비히에게는 세 아들과 요절한 형의 아들인 조카가 하나 있었다. 이들이 상속과 관련된 차세대 주자들이었다. 그런데 여기에 아들이 하나 더 가담한다. 늦둥이를 얻게 된 것이다. AD 9세기 초, 지금부터 프랑크라는 무대에서 '상속령'이 만든 막장 스토리가 펼쳐진다. 이 스토리는 왜 프랑크 왕국이 더 이상 하나의 나라로 통합되지 못했는지, 어떻게 현재 유럽 지도가 프랑스, 이탈리아, 독일로 나뉘었는지 이해하게 해준다. 다만 다소 복잡하다. 일단 등장인물은 아버지 경건왕 루드비히, 맏아들 로타르Lothar I, 둘째 피핀Pepin[273], 셋째 루드비히Ludwig II,[274] 조카 베른하르트Bernhard I, 그리

---

273 이 피핀은 카롤링거 왕조의 다섯 번째 피핀이다. 아키텐의 피핀(Pepin of Aquitania)으로 불린다.

274 카롤링거 왕조의 두 번째 루드비히이다. 아버지 루드비히 1세의 셋째 아들로 구별하기 위해 독일왕 루드비히(Ludwig II der Deutsche)로 부른다.

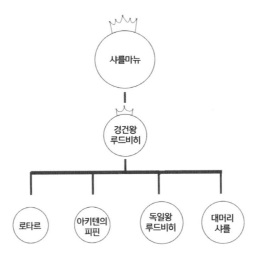

**| 샤를마뉴의 아들과 손자 |** 요기까지는 이 집안도 그리 복잡하지 않다.

고 늦둥이 막내 샤를Charles II[275]이다. 여섯 명. 다시 이름의 향연이다.

경건왕 루드비히는 상속령에 따라 장남에게 명목상 전부를 물려주고 나머지 두 아들에게는 변방을 떼어 주었다. 이는 루드비히 나름대로 게르만 전통인 분할 상속의 문제점을 미리 해결해보고자 장자상속제를 일부 도입한 것이다. 의도는 나쁘지 않았다. 하지만 전통이 그리 쉽게 바뀌겠는가. 장남만 신난 상황. 하지만 그를 제외한 모두는 불행에 빠졌다. 돈과 권력 앞에 형제가 어디 있던가. 봇물처럼 터진 불만이 반란으로 이어졌다.

가장 먼저 반기를 든 사람은 베른하르트. 루드비히의 요절한 형 카를로만의 아들이다. 등장인물 중 조카. 샤를마뉴는 어려서 아비를 잃은 손자를

---

275 수많은 카를과 구별하기 위해 보통 대머리 카를(Carolus II Calvus) 또는 대머리 샤를(Charles le Chauve)이라고 부른다. 영어로는 Charles the Bald이나 프랑스어 샤를을 그대로 발음하기도 한다. 라틴어 칼부스(Calvus)는 머리털이 없는 것을 뜻하는 말이다.

기원부터 천 년까지 전문세

불쌍히 여겨 베른하르트에게 일찌감치 이탈리아 땅을 떼어 주었다. 그래서 그는 사촌들과 거리를 두며 일찍부터 이탈리아의 왕으로 잘 지내왔다. 그런데 경건왕이 마음이 변해 베른하르트의 땅까지 자신의 장남에게 주어버린 것이다. 이 반란은 진압되었으며, 베른하르트는 눈을 뽑히는 벌을 받고 이듬해 사망했다. 하지만 이는 시작에 불과했다. 조카가 아니라 아들들의 반란이 줄줄이 일어났던 것이다.

## ▌유럽의 모양이 만들어져 가다

동서고금 왕가의 가장 큰 불씨는 아버지의 늦둥이다. 정확히 말하자면, 왕이 어리고 예쁜 새 여자에게 눈이 돌아가서 사달이 나는 것이다. 경건한 루드비히는 늦둥이 샤를을 AD 823년에 낳았다. 큰형인 로타르와는 스물여덟 살 차이가 난다. 사실 새 왕비가 로타르보다 어렸으니 그럴 수밖에. 그의 정식 명칭은 샤를 2세다. 샤를은 카롤링거 왕조를 산산조각 내버릴 풍파의 핵이 되는데, 이 늦둥이 샤를에게 물려줄 땅이 없다는 것이 문제의 시작이었다. 이미 상속이 끝났기 때문이다. 아이러니하게도 이러한 문제를 방지하려고 미리 칙령으로 정리한 것이 더 큰 싸움을 불러온 것이다.

샤를 2세의 별칭은 대머리calvus이다. 그의 별명이 대머리가 된 것은 실제 머리털이 없었기 때문이 아니다. 태어났을 때 그에게 줄 것이 아무것도 없었다는 의미로 붙은 별칭이다. 피핀 3세의 별칭이 단신왕이 된 것과 비슷한 경우이다. 아버지 루드비히는 포기하지 않고 막내아들에게 머리털을 심어주려 한다. 늦둥이를 향한 늙은 아버지의 사랑이 지극했던 것. 문제는 형들의 머리털을 뽑아서 이식하려고 했다는 데 있다. 가장 머리털이 많이 뽑힌 사람은 장남 로타르였다. 가진 것이 많으니 빼앗길 것도 많았던 것이다. 가진 걸 빼앗기게 되면 가장 많이 물려받은 데 대한 고마움은 온데간데

 | 경건왕 루이 |

 | 로타르 |

 | 독일왕 루드비히 |

 | 대머리 샤를 |

▌ 경건왕 루이의 세 아들 중 대머리 샤를은 배다른 늦둥이다.

없어지고 본전 생각만 나는 것이 인지상정인 모양이다.

로타르는 아버지의 이런 조치에 반란으로 맞선다. 같은 배에서 나온 두 동생 피핀, 루드비히까지 가담시킨다. 이때가 AD 830년. 경건왕 치하에서 왕자들이 일으킨 최초의 반란이다. 이 반란은 1년 만에 진압되는데, 로타르가 제대로 된 준비 없이 성급하게 행동한 것이 원인이었다. 하지만 더 큰 이유는 아버지가 두 동생에게 땅을 약속하였기 때문이다. 있는 자들에 겐 우애보다 우호 지분이라고 하였던가. 부동산을 한 아름씩 받은 동생들은 큰형이 안중에도 없었다. 반란 진압 후 루드비히는 아들들을 크게 처벌하지 않았다. 주범인 큰아들 로타르도 용서해주었다. 목숨을 살려주었을 뿐만 아니라 상속한 땅을 몰수하지도 않았다.

이렇게 봉합된 프랑크 제국에서 다시 반란이 일어난 것은 그로부터 2년 후였다. 이번에도 로타르가 동생들과 함께 반란을 일으켰다. 재작년에 큰형을 버리고 아버지의 손을 잡았던 그 동생들이다. 그사이 아버지에 대한 감정이 나빠졌던 것이다. 기회를 엿보던 로타르가 아버지와 동생들의 틈을 파고들었고, 갈대 같은 동생들이 그 꼬드김에 넘어가 다시 큰형으로 노선을 바꾼 것. 두 번째 반란은 거병 초반에 경건왕 루드비히를 감금하고 폐위시키면서 성공하는 듯하였으나 또다시 실패하게 된다. '갈대 동생'들이 다시 큰형을 배반한 것이다.

구사일생으로 복위한 루드비히는 이번엔 큰아들을 용서하지 않았다. 땅을 모조리 빼앗아버린 것이다. 다만 이번에도 목숨은 살려주었다. 몰수한 로타르의 땅은 늦둥이 샤를에게 주어졌는데, 이는 애초부터 루드비히가 구상하던 바였다. 대머리였던 샤를은 이제 머리숱이 가장 많은 아들이 되었다.

AD 838년 둘째 아들 피핀이 아버지 루드비히보다 먼저 세상을 떠난다. 그 자리는 피핀의 아들이 대신한다. 그 아들의 이름도 피핀. 아버지의 별칭까지 그대로 이어받아 아키텐의 피핀이다. 주니어를 붙여 '아키텐의 피핀 2세Pepin II of Aquitaine'라고 구별한다. 프랑크 제국의 세 번째 반란은 바로 이 아키텐의 피핀 2세가 일으켰다. 아버지가 죽은 다음 해인 AD 839년이다.

이유는 또 땅이다. 할아버지인 루드비히가 자신의 근거지인 아키텐을 대머리 샤를에게 주려고 했기 때문이다. 기록에 따라 차이는 있지만, 피핀은 삼촌인 대머리 샤를과 나이가 같다. 피핀 2세는 동갑내기 이복 삼촌과 대결하기 위해 나이 많은 동복 삼촌 독일왕 루드비히와 손잡는다. 그 또한 한해 전에 같은 방식으로 땅을 빼앗긴 적이 있어 불만이 있는 상태였다. 대결 구도는 경건왕 루드비히 대 손자 피핀과 아들 독일왕 루드비히이다.

그런데 이때 난데없이 자숙하던 장남 로타르가 나타나더니 아버지 경건왕 루드비히 편에 붙어버린다. 사실 당시 로타르는 이판사판이었다. 이미 모든 것을 잃은 상태라 이겨도 그만, 져도 본전이었던 것이다. 혹시 아버지가 이기면 콩고물이라도 떨어지지 않을까 하는 마음이었을 것이다. 여기서 콩고물이란 독일왕 루드비히와 아키텐의 피핀 2세의 땅. 결과는 아버지의 승. 로타르가 기사회생하는 순간이었다. 물론 진짜 승자는 샤를이었다. 이 모든 상황이 아버지가 그에게 땅을 주려고 하다 벌어진 상황이었기 때문이다. 대머리였던 샤를은 이제 머리숱을 감당하지 못해 솎아내야 할 지경에 이르렀다.

그 결과 프랑크 제국은 대머리 샤를이 서쪽을, 로타르가 동쪽을 가지는 모양이 되었다. 독일왕 루드비히는 바이에른 지역만을, 아키텐의 피핀 2세는 아키텐의 일부를 가지는 것으로 만족해야 했다. 동양인의 정서로 보았을 때는 반란을 일으켰던 자들이 살아남은 것이 신기할 따름인데, 이들은 작지만 땅까지 유지하게 된다. 어쨌든 부동산 앞에서는 부모형제도 없는 것은 같았던 모양이다. 1,200년 전이나 지금이나, 유럽이나 한국이나.

세 번째 반란이 일어나고 다음 해인 AD 840년 경건왕 루드비히는 세상을 떠난다. 온 나라를 내분과 외침의 도가니로 만들어놓고 말이다. 여기서 외침이란 노르만족의 침입을 말하는데, 노르만의 이동이 본격화한 것이 바로 이 시기였다.

루드비히의 장자상속 시도는 일관적으로 밀고 나갔다면 성사될 가능성도 있었다. 샤를마뉴로부터 단독으로 물려받은 권력은 전통으로 바꾸는 것

| 경건왕의 상속령에 따른 영토 배분 |
샤를마뉴가 경건왕 루드비히에게 상속한 땅 거의 그대로 장남 로타르에게 넘어가는 것이 AD 817년에 발표한 상속령의 골자이다.

이 가능할 정도의 분위기를 형성했다. 장남이 아닌 아들들도 어쩔 수 없이 수긍한 상태였기 때문이다. 하지만 모든 것은 샤를이 태어나면서 어긋나기 시작했다. 이 늦둥이로 인해 정책이 정면으로 뒤집어졌고 변덕을 주도한 것은 경건왕 루드비히 자신이었다. 결국 왕의 일관되지 못한 행동이 아들들의 반란을 부르고, 국가와 사회를 위기에 빠뜨렸다. 제국을 한 아들에게 상속한 샤를마뉴의 행운은 한 세대도 유지되지 못했던 것이다. 하지만 불행은 아직 끝나지 않았다. 더 큰 싸움이 기다리고 있기 때문이다.

세상의 모든 역사는 말하고 있다. 가진 자가 가장 조심해야 할 것이 부동산과 늦둥이임을.

## ▎아바스 왕조의 변화

아부 알 아바스가 아바스 왕조의 초대 칼리파 알 사파로 지낸 것은 3년밖에 되지 않는다. 긴 고생 후의 짧은 호강은 수차례나 보았던 창업자의 팔자이다. 아바스 제국의 제위는 곧 그의 이복형 알 만수르에게 넘어간다. 21세기 초인 현재 '만수르Mansur'는 세계적으로 유명한 이름이다. 그런데 원래이 이름은 1,300년 전 유명한 칼리파의 이름이었다. 칼리파의 칭호로서 만수르의 뜻은 승리자. 아바스 왕조가 초기에 힘을 발휘할 수 있었던 것은 전적으로 만수르의 공이라고 할 수 있다.

알 만수르는 신생 왕조의 토대를 닦기 위한 정지整地 작업을 이어나갔다. 전 왕조 지지세력 소탕과 시아파 무슬림 제거 등이 그것이다. 그리고 동쪽으로 영토를 더욱 확장해 거대한 판도를 자랑했다. 하지만 알 만수르가 이룬 가장 가시적인 업적은 새로운 수도 바그다드Bagdad의 건설이다. 왕조 최초의 수도 쿠파Kufa는 군사적으로, 정치·경제적으로도 문제가 많았다. 이는 많은 왕조가 겪는 일이다. 구멍가게 시절의 근거지가 대제국의 수도로 적합할 리 없다. 바그다드는 당唐에서 안록산의 난이 끝날 무렵인 AD 762년부터 5년간의 공사 끝에 건설되었다. 바그다드는 '신이 부여한'이라는 뜻의 페르시아어로 이 도시의 별명이었다. 공식 명칭은 마디나트 알 살람Madinat al-Salam. 평화의 도시City of Peace라는 뜻이다. 물론 이 공식적인 이름은 잘 사용되지 않았다. 로마의 콜로세움과 같은 경우이다.

바그다드가 이슬람 세계 전체에 미친 영향은 매우 크다. 교통의 요지이자 군사적 요충지였을 뿐 아니라 통치에도 효과적인 장소였기 때문이다. 또한 과거 시리아 지역주의를 조장했던 우마이야 왕조와 달리 비아랍인과 가까워져 정치적 효과도 높았다. 바그다드는 교역과 문화 교류의 중심지가 되어 엄청난 부를 이루게 되었다. 역시 만수르는 예나 지금이나 재물이 척척 붙는 이름이었던 것이다.

기원부터 천 년까지 전문세

바그다드는 당의 수도 장안과 함께 세계에서 가장 부유한 도시가 되어 실크로드Silk Road를 통한 교역을 활발하게 만들었다. 당시 바그다드의 화려함은 〈천일야화千一夜話〉를 대표로 하는 갖가지 문학작품과 철학을 만들어내는 결과로 이어졌다. 앞서 설명했듯 〈천일야화〉에 등장하는 칼리파는 아바스 왕조 최전성기를 이끈 알 라시드이다. 알 라시드는 만수르

**| 화려했던 아바스 왕조 문화 |**
바그다드의 도서관(Bayt-al-Hikma)을 묘사한 그림.

의 손자로서 그가 이룬 전성기는 할아버지가 채워놓은 통장에서 비롯된 것이다.

아바스 왕조가 남긴 또 다른 업적은 학문이다. 특히 수학이나 과학, 철학에서 인류는 아바스조에 큰 빚을 졌다고 할 수 있다. 바닷길과 비단길 등을 통해 사방팔방에서 바그다드로 문화가 들어오고 나가는 동안 아랍인은 수많은 학문을 흡수하고 활발하게 연구하였다. 당시 그들의 학문 수준이 유럽을 훨씬 능가하였다는 것은 익히 알려진 사실이다. 사라질 뻔했던 메소포타미아의 여러 학문과 문학, 철학이 연구되었고, 유럽에서는 그리스 등으로부터 철학을 받아들여 발전시켰다. 그 역시 사라질 수도 있었던 학문이었다. 그렇게 메소포타미아, 이집트, 그리스와 로마의 고전들이 보존되어 이슬람의 문화를 꽃피웠음은 물론이고, 다시 유럽에 전해져 르네상스가 가능하게 만들었다. 이때를 이슬람의 황금 시대라고 말한다. 모두 바그다드라는 풍요한 도시를 만든 아바스 왕조의 공이다.

아바스 왕조 시대에 일어났던 가장 중요한 사건 중의 하나는 동양의 제지술 도입이다. 때는 AD 751년. 나라를 세운 직후였던 이때 아바스 왕조는 탈라스Talas[276]에서 당과 격전을 벌인다. 이는 실질적으로 동서양이 처음으로 붙은 전투이다. 이 전투는 승패보다 중국의 제지 기술이 유럽에 전해지는 계기가 된 사건으로 더 유명하다. 이렇게 만들어진 종이가 이슬람 문화 발전에 큰 역할을 했음은 물론이다. 제지술이 유럽으로 건너간 것은 더 시간이 흐른 뒤의 일이다. 이렇듯 아바스 왕조 시대의 이슬람 문화는 다양한 문화가 폭넓게 융합된 세계적인 문화였다.

아바스 왕조는 화려했다. 아바스는 전 왕조의 실책을 거울삼아 비아랍인에 대한 차별을 없애는 데 힘썼다. 하지만 앞서 언급하였듯이 찬란한 문화가 꽃피던 시절에도 아바스 제국은 조용할 날이 없었다. 모든 칼리파 대에서 반란을 겪을 정도로 불안한 정치 상황이 공존했던 것이다.


## ▌프랑스·이탈리아·독일을 있게 한 조약

현재 서유럽 지도의 중심을 이루는 것은 프랑스와 이탈리아, 그리고 독일의 국경이다. 이들의 경계만 제대로 파악하면 나머지 국가를 그리는 것이 별로 어렵지 않을 정도로 이 세 나라는 유럽을 크게 나누고 있다. 이들 나라가 생겨나는 과정은 현대 유럽의 모양이 갖춰지는 과정이라 할 수 있는 것이다.

AD 840년 경건왕 루드비히 1세가 죽었을 때 프랑크 제국은 삼등분되어 있었다. 부자간, 형제간에 수많은 전쟁을 한 끝에 이룬 상태였다. 차라리 게르만의 전통대로 상속되었더라면 전쟁이라도 안 하고 분할되었을 텐데

---

276  탈라스 전투가 있었던 정확한 지역은 알려지지 않았다.

기원부터 천 년까지 전문세

힘들게 돌아온 것이다. 이렇게 나뉜 나라들 사이에는 클로비스나 클로타르가 죽었을 때와 달리 '형제가 아닌 그냥 원수'라는 분위기가 흐르고 있었다. 권력에 부모형제가 없는 것은 어디나 다를 바 없으나 메로빙거 왕조와 카롤링거 왕조의 분쟁 양상은 다소 차이가 있었던 것이다.

그 분위기대로 아버지가 돌아가시고 난 뒤에도 아들들은 하던 짓을 계속하게 된다. 아버지의 시신이 식기도 전에 치고받기 시작한 것이다. 처음 불을 댕긴 것은 장남 로타르. 경건왕 루드비히는 죽으면서 제국의 상징을 로타르에게 주었다. 처음 자신이 의도했던 장자상속에 대한 미련이었을 것이다. 하지만 이는 또 다른 분란을 야기하였다. 로타르가 AD 817년의 케케묵은 제국 상속령에 따라 모든 것을 원래대로 돌리려고 한 것이다. 한마디로 자신이 다 차지하겠다는 것.

다른 형제들이 가만히 있을 리 없었다. 아버지도 할 수 없었던 일을 로타르가 어떻게 할 수 있겠는가. 가장 영토가 넓었던 대머리 샤를이 가장 크게 반발하였고 나머지도 로타르의 선언을 인정하지 않았다. 전쟁이 일어나지 않을 수 없는 상황이었다. 카롤링거 왕조의 내전은 그야말로 '부동산 전쟁'이라고 이름을 붙이면 딱 들어맞을 일이었다.

세대가 바뀌고 일어난 첫 번째 내전에서는 대머리 샤를과 독일왕 루드비히가 한편이 되고, 로타르와 아키텐의 피핀 2세가 한편이 되었다. 다시 같은 편이 된 샤를과 루드비히는 큰형 로타르를 무찌르겠다는 굳은 약속을 한다. 서로 손을 잡고 놓기를 반복한 것이 스스로도 쑥스러웠는지 모르겠으나, 이 둘의 약속은 역사적으로 중요한 사건으로 남게 된다. 명칭은 '스트라스부르의 맹약Serments de Strasbourg'.[277] AD 842년 맺어졌다고 알려진 이 조약은 현재까지 기록으로 전해지고 있다. 프랑스어로 된 현존하는 최

---

277 영어 표기는 'Strasbourg Oath'이다.

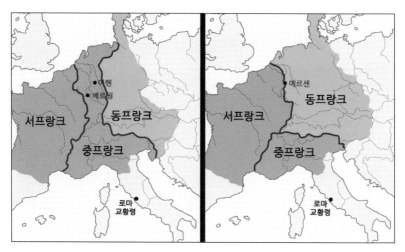

| 베르됭 조약(좌)과 메르센 조약(우)으로 인한 국경 변화 |

초의 문헌으로서 프랑스어 연구에 있어 매우 중요한 사료이다.

역사학적, 언어학적으로 가지는 중요성에 비해 약속의 내용은 간단하다. 둘이 힘을 합쳐 큰형 때려잡자는 것. 죽도록 서로 치고받았던 것이 불과 몇 해 전인데, 부동산은 이렇게 둘을 다시 손잡게 만들었다. 굳은 약속의 힘이었는지는 알 수 없으나 샤를과 루드비히는 로타르를 부수었다. 큰삼촌을 돕기 위해 아키텐에서 달려온 조카도 같이 부수었다. 패배한 로타르는 협상을 할 수밖에 없었고 힘센 동생들의 요구를 대폭 수용하게 된다. 이것이 바로 AD 843년 베르됭 조약Treaty of Verdun이다.

베르됭 조약은 카롤링거 제국을 공식적으로 세 개의 왕국으로 분할하는 조약이다. 실질적으로는 분열된 지 오래였으나, 역사적으로는 이 조약을 근거로 샤를마뉴의 제국이 삼분되었다고 본다. 로타르는 가운데 부분을 차지하여 중프랑크가 되고, 독일왕 루드비히는 동쪽을 차지하여 동프랑크, 대머리 샤를은 서쪽을 차지하여 서프랑크가 된다. 당시의 경계는 현재와 다소 차이는 있지만 이때를 프랑스, 이탈리아, 독일의 원형이 탄생하는 시점으로 본다.


## ▍프·이·독을 있게 만든 두 번째 조약

베르됭 조약을 맺은 후에도 로타르는 제국 황제의 직함을 유지했다. 물론 명목상이다. 실질적으로 이익이 되었다면 전쟁에서 진 그에게 그것이 허락되었을 리 없다. 조약의 결과로 생긴 로타르의 영토는 남북으로 긴 형태를 띠었다. 남쪽으로는 이탈리아의 중부에서 북쪽으로는 북해North Sea까지 뻗어 있었다. 동·서 프랑크를 양쪽에 두고 있는 데다 길쭉한 영토 중간에 알프스산맥이 놓여 있다. 한마디로 로타르의 나라는 수비하기도, 다스리기도 쉽지 않은 형태였다.

나라가 이 같은 형태가 된 데는 나름의 이유가 있었다. 로타르가 제국의 수도 아헨Aachen을 놓지 않기 위해 다른 영토를 양보한 결과였다. 웬만큼 우수한 왕이 아니고서는 이 지형적 열세를 극복하기가 쉽지 않았을 것이다. 그에게 명분이 실리보다 얼마나 더 중요하였는지는 정확히 알 수 없으나, 이 가운데 프랑크는 나라의 모양만큼이나 가장 불안한 역사를 써나갔다.

로타르는 3형제 중 가장 먼저 세상을 떠났는데 AD 855년이었다. 베르됭 조약 체결 후 12년이 지난 시점이었다. 게르만의 전통에 따라 중프랑크는 다시 아들의 수만큼 세 부분으로 나뉘었다. 세포 분열을 하듯 샤를마뉴의 나라는 대를 거듭하면서 잘도 쪼개져 갔다. 이때는 아바스 왕조가 수많은 독립왕조의 난립으로 혼란에 빠져 있을 때다. 어째 상황이 유사하다.

로타르의 아들들의 이름은 다 알려져 있다. 다만 그 사람이 누구인지 모르는 것이 문제. 하지만 이름만은 유명한데, 이들은 집안 조상들이 쓰던 이름을 그대로 가져다썼다. 첫째가 루드비히Ludwig II, 둘째가 로타르Lothair

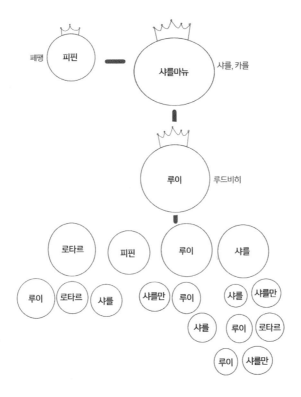

**| 샤를마뉴 - 경건왕 - 그 아들들 - 그 아들의 아들들 |** 작명소를 세웠으면 장사가 나쁘지 않았을 듯.

II, 셋째가 샤를Charles II이다.[278]

　사실 이름뿐 아니라 뒤의 숫자까지 같은 사람도 있는데, 이는 후세 사람들을 전혀 배려하지 않은 처사라고 하겠다. 어쨌든 서양의 중세사에서는 이런 경우가 흔해 별칭이 중요하다. 이름은 할아버지와 같고 숫자는 삼촌

---

278　로타르의 세 아들이 중프랑크를 삼등분한 조약을 프륌 조약이라고 한다. 아들 셋은 태어난 역순으로 세상을 떠난다. 막내 프로방스의 샤를은 AD 864년에 사망해 두 형이 그의 나라를 나누어 가졌다.

독일왕과 같은 루드비히는 '젊은' 루드비히Ludwig II Junior 또는 '이탈리아왕' 루드비히라고 한다. 둘째는 아버지의 이름을 받은 로타르 2세. 대머리 샤를과 이름도 숫자도 같은 막내는 프로방스의 샤를Charles of Provence이라고 부른다. 죽은 로타르가 자신의 삶이 억울했는지 아들들의 이름으로 복수를 하고 있다.

베르됭 조약이 체결되고 27년이 지나 프랑크 왕국들은 다시 한번 경계가 바뀌게 된다. 이는 중프랑크, 즉 큰형 로타르의 나라가 다시 상속으로 시끄러워지면서 벌어진 일이다. 메로빙거조부터 흔하게 있었던, 옆 나라 친척이 죽으면 쳐들어가기가 반복된 것이다. 오래 사는 것이 이렇게 중요하다.

로타르 사후 둘째 아들 로타르 2세가 물려받은 지역[279]은 중프랑크의 북쪽, 동·서프랑크의 사이에 있는 긴 땅이었다. 로타르 2세가 AD 869년 사망하자 이 지역을 놓고 동·서프랑크의 두 삼촌이 덤벼든 것으로 조카가 삼촌보다도 빨리 죽어서 벌어진 일이었다. 조카가 죽자 오촌에게 당숙들이 쳐들어간 모양새이다. 당숙들의 이름을 다시 한번 되뇌면 독일왕 루드비히와 대머리 샤를이다.

이 아재들의 명분은 로타르 2세에게 후계자가 없으므로 자신들에게 상속권이 있다는 것이었다. 게르만의 전통이 그러한 것은 맞다. 그리고 로타르 1세가 죽었을 때 침략하지 않고 가만히 놔둔 것만으로도 인정을 베풀었다고 하는 것이 맞을지도 모르겠다. 어쨌든 서프랑크의 대머리 샤를과 동프랑크의 독일왕 루드비히는 AD 870년 메르센에서 이 땅을 나누는 조약을 체결한다. 바로 메르센 조약Treaty of Meerssen이다. 독일왕 루드비히, 대

---

279  이를 로타링기아(Lotharingia) 왕국이라 부르는데 로타르의 나라라는 뜻이다. 로렌(Lorraine), 로트링겐(Lothringen)의 어원이 된다.

머리 샤를은 큰형보다, 또 조카보다 오래 살아서 많은 것을 챙겼다.

그사이 로타르 1세가 그토록 중시했던 황제라는 칭호는 그의 사후 아들 루드비히에게, 다음은 대머리 샤를, 다시 동프랑크의 샤를에게로 넘어갔다가 다시 어디론가 가게 된다. 당시 황제라는 간판은 '꼭 필요한 것은 아니나 주면 받는 것' 정도로 인식되었으며, 축구공처럼 이리저리 패스되다 나중에는 아무도 갖지 않게 되기도 한다. 이름뿐인 황제란 먹고사는 문제 정도는 해결되어야 신경 쓸 만한 감투였던 것이다.

이 메르센 조약으로 지금의 프랑스와 독일이 국경을 접하게 되었다. 베르됭 조약이 세 나라 '아이덴티티'의 시작이었다면 메르센 조약은 실질적인 프랑스—독일 경계의 시작이었다. 메르센 조약이 있고 10년 후에 동프랑크와 서프랑크는 새로운 조약인 리베몽 조약Treaty of Ribemont을 맺어 약간의 조정을 거친다. 이 조약은 대머리 샤를의 손자와 독일왕 루드비히의 아들이 맺은 것이다. 이때 정해진 경계는 이후 천 년이 넘는 세월 동안 반복된, 서유럽의 동쪽(독일)과 서쪽(프랑스) 간의 영토 싸움의 기준이 된다.

메르센 조약(AD 870)과 리베몽 조약(AD 880)의 사이 10년에 독일왕 루드비히와 대머리 샤를이 사망한다. 샤를마뉴의 제국을 거덜 내며 지금의 유럽을 탄생시켰던 아수라장 3형제가 모두 세상을 떠난 것이다. 이제 중세는 다시 한 페이지를 넘기게 된다.

🦅

## 9세기 이후 이슬람 등의 유럽 침입

투르−푸아티에 전투 이후 이슬람 세력이 유럽을 침입한 것은 대중적으로 크게 알려져 있지 않은 사실이다. 대부분의 침략은 에스파냐와 같은 북아프리카에서 쉽게 건너갈 수 있는 지역에 집중되어 있었으나, AD 973년에 이르러서는 피레네산맥에 가까운 아키텐은 물론 프랑스의 아를Arles, 생트로페Saint-Tropez 등 아프리카 세력의 영향이 적었던 지중해 연안도 장악되었다. 이탈리아는 더욱 심했다. 투르−푸아티에 전투 이전부터 이탈리아반도는 물론 주위의 섬들에 대한 침략이 이루어졌고, AD 9세기 중엽부터는 시칠리아Sicilia, 코르시카Corsica, 사르데냐Sardegna 등 주요 섬이 모조리 이슬람 세력권에 들어갔다. 심지어 AD 843년에는 로마까지 침략당했다.[280] 이탈리아반도 북부에 프랑크, 중남부에 교황령과 동로마가 있던 시절에도 이곳저곳이 이슬람의 지배를 받았다. 동로마의 약화가 이슬람의 팽창을 불렀듯, 카롤링거조 프랑크 왕국의 내분은 유럽에 진입하고자 하는 또 다른 이민족을 불러들였다. 노르만Norman, 마자르Magyar, 슬라브Slav 등이 그 주인공이다. 마자르족은 중앙아시아에서 온 유목민족으로서 현재 헝가리

---

280  AD 870년 메르센 조약으로 로타링기아 왕국이 동·서프랑크에 의해 나뉠 때 이탈리아왕 루드비히가 아무것도 할 수 없었던 것도 이슬람의 공격을 막고 있었기 때문이다.

민족의 원류이다. 이들은 AD 10세기 이후부터 프랑크 제국 전역을 휩쓸고 다녔다. AD 906년 작센을 약탈한 이후 튀링겐, 알자스를 넘어 서프랑크의 랭스에까지 다다른다. 이들의 진군을 멈추게 한 사람이 바로 오토 1세Otto I이니, AD 10세기 중엽까지 누구도 마자르족을 막지 못했던 것이다.

그러나 이들보다 더 큰 피해와 영향을 준 세력은 노르만족이다. 바이킹Viking이라고도 부른다. 바이킹의 어원에 대해서는 여러 학설이 있으나 명확한 것은 없다. 대개 노르만족 또는 노르만족 중 침략 활동을 하는 세력을 의미하는 통칭으로 사용된다. 노르만족은 게르만족의 일파로서 북쪽 사람North Man을 뜻하는 말이다. 이들의 이동은 게르만족 대이동의 대미를 장식한다. 노르만족의 이동 원인에 대해서는 여러 학설이 있으나 아직까지 정확한 것은 없다. 상식적인 추정은 인구 증가에 따른 토지의 부족 때문에 본토의 세력 다툼에서 밀려난 집단이 새로운 정착지를 찾는 행위라는 것이다. 이 과정에서 더 나은 환경에 대한 소문이 대규모 이동을 야기했다고 보는 것이다.

노르만족의 유럽 침입은 AD 793년 잉글랜드 동부 해안의 린디스판Lindisfarne 수도원 약탈을 공식적인 시작으로 보고 있고, 본격적인 대규모 침입은 AD 9세기에 이루어진다. 이때는 샤를마뉴의 자손들이 서로 머리가 터지도록 싸울 때였다. 영국과 서유럽 전체는 물론 서유럽을 넘어 아시아, 아프리카, 동유럽, 중앙아시아까지 노르만족의 발길이 닿지 않은 곳이 없었고 대서양을 건너 아메리카에 이르렀다는 주장도 있다.[281] 이들은 정착지 곳곳에 나라를 세웠는데 프랑스의 노르망디Normandie는 그들이 남긴 가장 뚜렷한 지명이다.

---

281  AD 11세기경 노르만인 브야니 헤리옵슨(Bjarni Herjólfsson)으로 알려져 있으나, 정설로 인정받지는 못하고 있다.

| 서양 | | 동양 |
|---|---|---|
| | AD 907 | 당 멸망<br>주전충 후량 건국<br>5대 10국 시대 시작 |
| 동프랑크 카롤링거 왕조 단절 | AD 911 | |
| 하인리히 1세 동프랑크 왕 즉위 | AD 918 | |
| | AD 923 | 후량 멸망, 후당 건국 |
| 오토 1세 동프랑크 왕 즉위 | AD 936 | 후당 멸망, 후진 건국 |
| | AD 946 | 후진 멸망 |
| | AD 947 | 후한 건국 |
| | AD 951 | 후한 멸망, 후주 건국 |
| | AD 960 | 후주 멸망, 송 건국 |
| 오토 신성 로마 제국 황제 즉위 | AD 962 | |
| | AD 979 | 송 통일 |
| 서프랑크 카롤링거 왕조 단절<br>위그 카페 즉위 | AD 987 | |

# 쇠퇴와
# 멸망

## 10

## ▌ 당의 쇠퇴

안·사의 난 이후 당의 역사는 중앙 권력과 지방 권력의 대결로 점철되었다. 현종이 제도로 만든 번진藩鎭은 초기 국경지방에만 설치되었으나 안·사의 난 이후에는 내륙에도 설치되기 시작하였다. 그 결과로 처음 10개였던 번진은 50여 개에 달하게 되었다. 이렇게 된 데는 안·사의 난이 어중간하게 진압된 원인이 컸다. 반란 진압에 관병과 의병뿐만 아니라 이민족까지 동원되었는데 여기에는 반란군에서 항복해 관군이 된 자들도 상당수 있었기 때문이다. 이 세력들을 이끄는 자들의 항복 조건은 절도사직을 받는 것이었다. 당 왕조는 이 약속을 지키기 위해서라도 번진을 늘려야만 했다. 이런저런 이유로 늘어난 번진은 점차 지방 행정 제도로 정착하게 되었는데 나중에는 낙양과 장안의 주위를 제외한 모든 지역이 번진에 속하게 되었다.

내륙 번진 절도사의 권한은 초기에는 변경의 절도사와는 차이가 있었다. 철저히 행정 권한이 분리된 군사의 책임자일 뿐이었다. 하지만 점차 변경 절도사의 권한과 비슷하게 변하게 된다. 이는 한 절도사가 여러 번진의 책임자를 겸하게 되면서 벌어진 현상인데 임시적으로 맡은 관직이 정리되지 못한 경우가 빈번했던 것이다. 실제로 당시 대부분의 변경 절도사들은 내지의 번진을 같이 다스리고 있었고 이는 결국 이들의 세력만 키워주는 꼴이 되었다. 힘이 커진 절도사들은 결국 다른 생각을 갖게 된다.

번진은 형식적으로는 당 왕조를 받들고 있었으나 실상은 전혀 그렇지 않았다. 세수를 자체적으로 사용하는 비율이 높아졌고 율령도 따르지 않았으며, 관리의 선발, 임면뿐만 아니라 사법기관 운영까지 독자적으로 하게 되었다. 게다가 마음대로 세습까지 하였으니 이는 춘추 시대나 전국 시대의 독립국가와 다를 바 없었다.

이러한 행태는 힘이 강한 번진일수록 그 정도가 심하였는데, 이들은 대부분 북쪽 지방에 위치하였다. 그중에서도 하북에 위치한 세 개의 번이 가장 강력하여 이들을 '하북삼진'이라고 불렀다. 반대로 당 왕조의 체제에 편입되어 있는 얌전한 번진 또한 존재했는데, 그러한 번진을 순지順地라고 하였다. 다소 늦은 감이 있긴 하지만 당 왕조는 번진의 순지화에 많은 노력을 기울였다.

번진들은 다투기도 하고 연합하기도 하였다. 이는 전국 시대의 합종연횡이나 삼국 시대 지방 군벌의 이합집산과 유사했다. 하지만 중앙 조정의 순지화 시도에 대해서는 연합하여 대항하는 행태를 보였다. 반란자들 간에 생긴 일종의 동업자 정신이었다. 당은 안록산의 난을 진압했던 대종代宗 시기에 강력한 순지화를 추진하였다. 특히 북쪽에 위치해 노골적으로 반항하는 번진에 대한 통제를 시도하였다.

중국 세제稅制 역사에서 매우 중요한 양세법도 이때 시행된 것이다. 양세법은 간소한 세제로써 조용조의 복잡함을 해결한 것이다. 여러 세금을 단일화함으로써 번진이 자의적으로 징세하는 것을 방지하고자 했던 것이다. 다양한 방법을 동원한 이러한 통제에 대해 번진은 반발했다. 중앙의 명령을 묵살해온 지 오래였기에, 그것들은 이미 자신의 당연한 권리가 되어 있

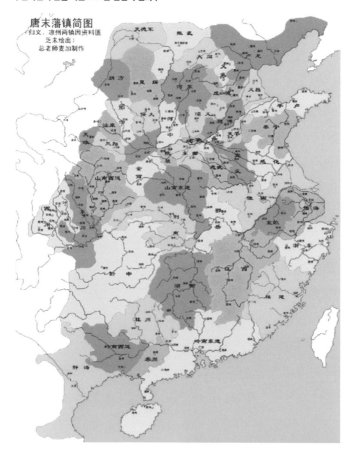

안록산 직할 병력이 18만이 넘고 안사순 역시 안록산의 혈족으로 그 병력 또한 안록산의 것이나 마찬가지였다. 총 25만이 넘는 규모이다. 안록산의 난 이후 내지(內地)도 번진화가 이루어져 당 전역에 50여 개가 넘는 번진이 생겼다. 당시의 상황을 도식화한 지도이다. 저곳 중 어느 몇 곳 정도가 중앙정부의 영역이다. 위 지도는 중국의 문화 및 역사 연구가인 마이라오슈(麦老师)가 제작한 것이다. 지도 상단에 기술한 대로 귀의(归义), 양주(凉州)의 두 진은 자료가 부족한 관계로 표시하지 못한 상태이다.

| 구분 | 설치연도 | 절도사 | 병력 | 임무 |
|---|---|---|---|---|
| 안서절도사 | AD 710 | 고선지 | 2만 4천 | 돌궐 방어 |
| 하서절도사 | AD 710 | 가서한 | 7만 3천 | 돌궐·토번 방어 |
| 북정절도사 | AD 712 | 봉상청 | 2만 | 돌궐 방어 |
| 하동절도사 | AD 711 | 안록산 | 5만 5천 | 돌궐 방어 |
| 범양절도사 | AD 713 | | 9만 2천 | 거란 방어 |
| 평로절도사 | AD 719 | | 3만 8천 | 말갈 방어 |
| 삭방절도사 | AD 721 | 안사순 | 6만 5천 | 돌궐 방어 |
| 농우절도사 | AD 713 | 가서한 | 7만 5천 | 토번 방어 |
| 검남절도사 | AD 714 | – | 3만 | 토번 방어 |
| 영남오부경략사 | AD 711 | – | 1만 5천 | 남만 방어 |

었던 것이다. 번진들은 당 왕조의 물리적 진압에 대해서도 무력으로 대항했다.

이러한 대종의 순지화 시도는 안록산의 난 이래 왕조의 권위가 다시 추락할 수도 있는 상황을 초래했다. 왕조의 운명이 갈림길에 선 것이다. 결과적으로 이 시도는 실패했다. 이전에 있었던 큰 규모의 순지화까지 포함하면 연속으로 실패한 셈이었다. 순지화를 거부한 번진들은 연합해 대항했고, 중앙의 진압을 물리쳐 기세가 오르자 대대적인 반란을 일으키기에 이른다. 이제 이 반란은 내전의 양상을 띠게 된다. 한쪽이 진압하는 형태가 아니라 대등한 전쟁이었던 것이다. 조정과 순지화된 번진의 연합 대 반란 지역 번진들의 연합. 이 내전은 자그마치 6년간이나 계속된다.[282] 안·사의 난 이후 가장 규모가 컸던 난리였다.

당은 이 싸움에서도 승리하지 못한다. 원인은 내분이었다. 조정이 동원한 군사들은 대부분 순지화된 번진의 병사들이었는데 그들마저 당 왕조의 통제를 벗어나 반란에 합류하였기 때문이다. 다시 말하면, 순지화되었던 번진들도 이제 스스로의 힘을 자각하게 된 것이다. 그리고 홀로 왕처럼 살수 있는 길을 선택한 것이다. 이에 대종의 뒤를 이은 덕종德宗은 장안을 버리고 몽진蒙塵에 올라야 했다. 현종의 꼴이 30년도 안 돼 재현된 것이다.


## ▌황소의 난과 당의 멸망

모진 고생 끝에 겨우 장안을 수복하였으나 당 왕조의 권위는 크게 손상되었다. 이후 한동안 조정은 번진을 통제하려는 시도를 하지 못하게 된다. 그렇다고 제국의 분열을 막으려는 당 왕조의 노력이 멈춘 것은 아니었다. 선

---

282  AD 781년부터 787년까지 내란이 있었다.

불리 순지화를 시도하기보다 착실히 조정 직속의 군사력을 키우는 데 힘을 썼다. 어찌 보면 통탄할 일이다. 외적도 아니고, 그렇다고 신하도 아닌 애매한 내부와 싸우기 위해 얼마나 많은 희생과 소모를 하는 것인지. 어쨌든 안·사의 난 이후 당은 내부의 싸움으로 쇠약해져 갔다.

두 번째 순지화가 실패하고 20여 년이 지나 당 왕조는 세 번째 토벌을 시도하게 된다. 이를 주도한 황제는 헌종憲宗으로 드디어 성공을 거둔다. 중앙군을 강화하고 오랜 세월 순지화에 공들인 번진을 동원, 당근과 채찍을 절묘하게 사용하여 대부분의 번진을 순지화하게 된 것이다. 정확하게는 AD 807년부터 818년까지 이루어진 것으로, 이를 헌종의 연호를 따 원화중흥元和中興이라고 한다.[283] 이 시기는 프랑크 제국의 샤를마뉴 말년과 경건왕 루드비히의 초년에 해당한다. 샤를마뉴의 사망 연도가 AD 814년이다.

고구려 유민의 후예로서 치청淄靑을 지배했던 절도사 이사도李師道도 이때 제압되었는데, 당 왕조로서는 안·사의 난 이후 처음으로 맞는 내부적 안정이었다. 물론 가장 반항적이었던 하북의 3진은 AD 820년 헌종이 세상을 떠나자 다시 과거로 돌아가게 되지만 당 왕조는 모처럼 얻은 기회를 살려 순지화를 유지하기 위해 번진 개혁에 진력을 다했고 한동안 안정을 구가한다. 하지만 이를 완전히 끝내버리는 사건이 일어난다. 바로 황소黃巢의 난이다.

황소의 난은 AD 875년에 일어났다. 물론 소가 아니라 사람이 일으킨 사건이다. 사람 중에서도 농민이 주체가 된 민중반란이었다. 안·사의 난 이후 줄곧 번진의 저항에 시달렸던 당이지만 언제부턴가 반란의 성격이 달라지기 시작하였다. 반란의 주체가 권력을 추구하는 집단이 아닌 생존을 위해 일어난 일반 백성들이었던 것이다. 당으로서는 불행이었다. 반란의 성

---

283  원화(元和)는 AD 806~820년이다. 헌종의 즉위는 AD 805년이다.

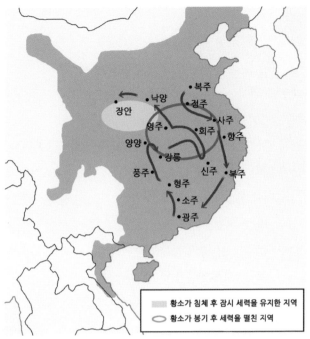

| 당시 황소가 장악한 판도 |

격이 더 나빠졌다고 할 수 있을 것이다. 하지만 선종宣宗을 마지막으로 민생을 돌보는 군주가 나타나지 않았고 조정은 당쟁과 환관의 전횡으로 혼탁해졌다. 윗물–아랫물 이론에 따라 지방은 혹리酷吏의 세상이 되었다. 민중의 삶은 더없이 힘들어진 것은 말할 것도 없었다.

과거 절반 이상의 번진이 저항할 때도 당 왕조가 버틸 수 있었던 것은 소금 산지를 비롯해 경제력이 높은 지역을 확보하고 있었기 때문이었다. 그런데 민중의 반란은 바로 그곳에서 일어났다. 황소의 난이 일어나기 전에도 곳곳에서 반란이 일어났다. 모두 진압되기는 하였지만 농민에 소지주, 대상인들, 폐廢번진의 병사들까지 가담한 수많은 반란이 있었고, 이는 새로운 사회로의 변화를 요구하는 것이었다.

하지만 연이은 반란에도 당 왕조는 자정을 위한 노력을 보이지 않았다.

그사이 흉작이 이어지면서 백성들은 유랑민이 되고, 도적이 되고[284], 강도가 되었다. 무장한 도적들은 점점 더 늘어났고, 백성들은 이들에 협조하면서 조정에 대한 저항감을 높였다. 여기에 당 왕조의 주된 과세 대상이었던 차茶와 전매품인 소금을 밀매하는 자들까지 극성을 부렸다. 이런 분위기에서 일어난 결정적인 반란이 황소의 난이다.

황소보다 1년 앞서 왕선지王仙芝라는 인물의 거병이 있었다. 황소가 이에 호응해 가담하였는데 반란 초반 이들 세력은 큰 전과를 올렸다. 3년 후 왕선지가 전사하면서 드디어 황소가 세력의 우두머리가 되었다. 그는 지금의 하남에서 시작해 안휘, 절강, 본건, 광동, 광서, 호남, 호북, 강서 등 강남의 전 지역을 휩쓸고 지나갔다. 이는 당의 정예군을 피하려고 했던 이유도 있었겠지만 백성의 호응 또한 적지 않았음을 보여준다.

이윽고 황소는 화북의 낙양과 장안까지 점령하여 AD 881년 칭제稱帝하기에 이른다. 국호는 대제大齊, 연호는 금통金統이었다. 희종僖宗[285]은 장안을 버리고 사천으로 피신하였다. 당의 황제들은 수많은 반란에 자주 장안을 내팽개치고 도망을 갔다. 다행히 한 번도 사로잡히지는 않았는데, 도망도 숙달이 되는 모양이다.

반란군은 황소의 부장 주온朱溫이 투항하는 시기에 맞춰 세력이 급속히 약화된다. 그들은 수많은 도적집단이 연합한 형태로, 각자의 이익에 집착할 뿐 대세가 기울어질 때는 여지없이 분열의 조짐을 보였다. 황소군이 패배하기 시작하자 내부의 상황이 극명하게 달라졌던 것. 주온 또한 그러한 인물이었다. 그는 황소의 운명이 다했음을 알게 되자 여지없이 배신하여 칼끝을 반란군에게로 돌렸다.

---

284  당에서는 백성이 도적화한 것을 초적(草賊)이라고 불렀다.
285  최치원이 빈공과에 급제하였을 때의 황제가 바로 희종이다.

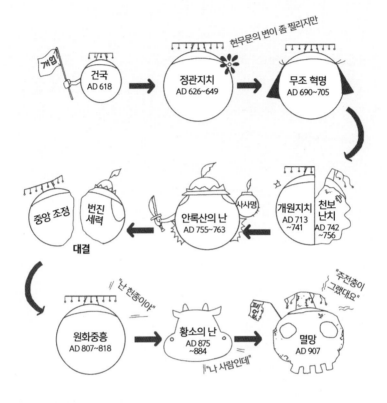

현무문의 변이 좀 찔리지만

개업

건국
AD 618

정관지치
AD 626~649

무조 혁명
AD 690~705

중앙 조정

번진
세력

대결

안록산의 난
AD 755~763

사사명

개원지치
AD 713
~741

천보
난치
AD 742
~756

"난 한족이야"

원화중흥
AD 807~818

황소의 난
AD 875
~884

"나 사람인데"

"주전충이
그랬대요"

멸망
AD 907

| 한눈에 보는 당의 역사 |

　당은 투르크계 무장 이극용李克用에게 왕으로 봉한다는 약속까지 해가며
황소를 공격했다. 이극용은 과거 반란 이력까지 있던 자였지만 사정이 급
한 당으로서는 어쩔 수가 없었다. 그러한 노력 끝에 당은 AD 884년 9년간
의 난을 진압하게 된다. 황소는 자결하였고, 황소를 배반한 주온은 당으로
부터 공을 인정받아 전충全忠이라는 이름을 하사받았으며 양왕梁王으로 책

봉되었다.

황소의 난은 당을 멸망으로 이끈 사건이다. 이는 안·사의 난과 곧잘 비교되는데 안·사의 난이 당의 정치제도의 모순에서 비롯된 것이라면 황소의 난은 사회제도의 모순에서 비롯된 것이다. 안·사의 난이 절도사라는 지배 세력의 반란이라면 황소는 농민이라는 민중 세력의 저항이라 할 수 있다. 당의 전반과 후반에 일어난 가장 중요한 두 사건은 이렇듯 본질적인 차이가 있는 것이다.

이후 이극용과 주전충은 당 조정의 가장 강력한 권신으로 부상하게 된다. 환관 또한 여전히 힘을 발휘하고 있었다. 당에 귀순한 주전충은 얼마 안 가 당 왕조의 실체를 알게 된다. 조정과 황실 모두 내부적으로 피폐해 얼마 버티지 못할 것임을 간파한 것이다. 황소의 운명을 본능적으로 알았던 것처럼 당의 망조 또한 본능적으로 느낀 배신의 달인.

때마침 그를 도와주는 사건까지 일어난다. 환관들이 소종昭宗을 폐하고 그 아들을 황제로 옹립하는 사태가 벌어진 것이다. 주전충은 이를 빌미로 장안으로 쳐들어가 환관들을 모조리 죽이고, 자신을 불러들인 관료들 또한 제거하면서 당 왕조를 장악하게 된다(AD 904). 그는 곧바로 계획에 따라 폐위되었던 소종을 복위시킨다. 그러고는 다시 소종을 살해하고 그 아들을 황제로 세우는데 그가 당의 마지막 황제 애제哀帝이다.

주전충은 3년 후 애제로부터 선양 받아[286] 스스로 황제가 된다. 국호는 양梁. 남조의 양과 구별하기 위해 보통 후량後梁[287]이라고 부른다. 이때가 AD 907년. AD 618년에 세워져 찬란한 문화와 강력한 위세를 떨친 당은 289년 만에 사라졌다. 이 나라는 국충國忠이라는 이름을 내린 사람 때문에

---

286  애제는 이듬해인 AD 908년에 살해된다.
287  후량은 5대 10국 시대의 첫 번째 왕조가 된다.

가장 큰 난리를 겪었고, 전충全忠이라는 이름을 내린 사람 때문에 멸망했다. 작명 센스가 많이 부족했다.

세계 제국 당의 멸망으로 중국은 다시 분열의 시대로 들어간다. 사실 당의 분열은 이미 예고된 것이나 다름없었다. 멸망 150년 전부터 지방이 독립성을 가지기 시작했고 후반 100년간은 전국 시대와 같은 대립 양상이 계속되었다. 실제 주전충이 후량을 세우고 난 후 우후죽순처럼 나타난 나라들은 모두 절도사였거나 그에 준하는 병마를 소유했던 무장들이 세운 나라였다. 중국의 10세기는 군웅이 다투는 것으로 그 문을 연 것이다.

## ▌카롤링거 왕조의 황혼

당의 건국과 멸망이 중국사의 큰 전환점이듯 카롤링거 왕조의 단절은 중세사의 큰 전환점이다. 이는 서양에 새로운 질서와 지배층이 탄생했음을 알리는 것이었다. 이미 유럽은 프랑크 제국의 분열로 더 이상 대제국이 통치하는 땅이 아니었다. 영토가 분열되자 황제의 권력이 왕들의 권력으로 쪼개졌다. 여기에 노르만의 이동이 겹치며 권력은 더욱 잘게 쪼개졌고, 봉건제라는 지방분권적 체제가 만들어졌다. 서유럽은 이제 제후의 시대로 접어들게 된 것이다.

동·중·서의 세 왕국으로 나뉜 프랑크 제국은 얼마 지나지 않아 모두 주인의 혈통이 바뀌게 된다. 카롤링거 왕조의 핏줄이 가장 먼저 끊긴 곳은 중프랑크이다. 정확하게는 영토를 모두 동프랑크에게 빼앗겨 중프랑크가 사라졌다고 하는 것이 맞을 것이다. 세 프랑크 왕국에서 카롤링거 왕조가 사라지는 과정을 이해하면 서프랑크에서 프랑스가 생겨나고, 동프랑크에서 신성 로마 제국이 생기는 이유를 알 수 있다. 이 시기는 역사에 관심 있는 일반인들이 가장 어렵게 생각하는 부분 중 하나이다.

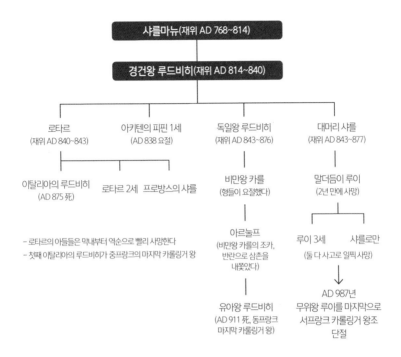

손쉬운 이해를 위해 다시 한번 등장인물들을 정리해 보았다. 카롤링거 왕조의 마지막을 장식한 인물들이다. 이상에서 정리한 정도의 카롤링거 식구들만 파악하고 있어도 준전문가 수준이라고 할 수 있다. 중프랑크가 있었던 이탈리아 지역을 살펴보자면 이러하다.

메로빙거 왕조가 상속으로 쪼개졌다 합쳐졌다를 거듭하고, 피핀에 의해 카롤링거 왕조로 바뀌는 사이 이탈리아반도 또한 바람 잘 날이 없었다. AD 526년 테오도리크가 세상을 떠나고 난 뒤 그의 나라 동고트 왕국은 동로마에게 멸망한다(AD 553). 비잔티움 제국의 명장 벨리사리우스Belisarius의 공격을 버티지 못했던 것이다. 하지만 비잔티움 제국은 이탈리아반도를 완전

기원부터 천 년까지 전문세

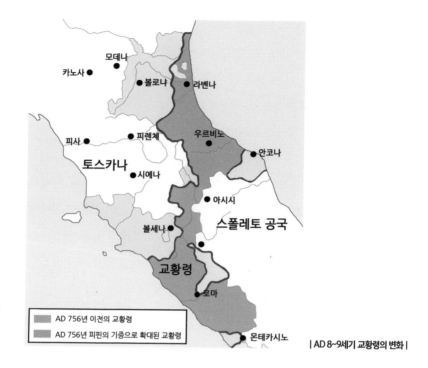

| AD 8~9세기 교황령의 변화 |

히 장악하지 못한다. 북쪽에서 롬바르드족[288]이 침입해 교황을 위협함과 동시에 북부와 중부 지방 일부를 차지한 것이다.

다급해진 교황은 프랑크 왕국의 단신왕 피핀[289]에게 도움을 청하고, 피핀은 이에 응하여 롬바르드족을 물리친다. 그리고 '성 베드로의 재산 Patrimony of Saint Peter'이라 이름 붙인 영토를 교황에게 기증한다. 20년 후 그의 아들 샤를마뉴는 교황령을 더욱 넓혀주고, 이탈리아 북부를 완전한 프랑크 왕국의 영토로 만든다. 당시 비잔티움 제국은 유스티니아누스 대제가 세상

---

288   AD 6세기 롬바르드족의 알보인(Alboino) 왕이 이탈리아 북부를 침입하였다. 이탈리아반도의 북부와 중부를 장악하였다. 수도는 파비아(Pavia). AD 774년 샤를마뉴에 의해 멸망당한다.

289   피핀은 AD 751년 교황의 협조로 메로빙거 왕조를 멸하고 카롤링거 왕조를 개창하였다.

을 떠나면서 영토를 마구 상실하던 시기였다. 이탈리아반도는 프랑크 왕국과 교황령이 북부와 중부를, 쪼그라든 비잔티움 제국이 남부를 다스리고, 여기에 이슬람 세력까지 침입해 왔던 혼란기였다. 이러한 분위기는 도시 단위로 생존을 모색하는 풍조로 이어져 AD 19세기까지 작은 나라들이 이탈리아반도를 나누어 지배하게 된다.

각국에서 카롤링거 왕조가 사라지는 시기는 중국의 당이 멸망하는 시기와 비슷하다. 메르센 조약이 있기 6년 전인 AD 864년 중프랑크는 두 나라로 갈라져 있었다. 로타르의 세 아들 중 막내인 프로방스의 샤를이 사망해 나머지 둘이 나눠 먹었던 것이다. 메르센 조약은 로타르의 둘째 아들 로타르 2세가 죽으면서 일어난 일이었다. 그러니까 메르센 조약 이후로 로타르의 아들은 첫째만 남아 이탈리아에 발을 붙이고 있는 상황이었다.


## ▎동·중·서프랑크의 카롤링거 왕조

당에서는 황소의 난이 일어난 AD 875년, 마침내 로타르의 첫째 아들이자 마지막 아들인 이탈리아왕 루드비히가 후계자 없이 세상을 떠나고 만다. 이름도 알기 힘든 그의 사망이 중요한 것이 아니라 그로 인해 메르센 조약 이후 5년 만에 또 국경에 변화가 생긴다는 것이 중요하다. 그의 땅은 동·서프랑크에 합쳐졌다.[290] 이로써 중프랑크는 사라졌고, 더불어 이탈리아 지역의 카롤링거 왕조의 핏줄도 사라졌다.

복잡하게만 보이는 프랑크 세 나라의 분열 과정이지만, 간단히 다시 정리하면 이러하다. 위대한 샤를마뉴의 유일한 계승자인 경건왕 루드비히 1세의

---

290 처음에는 서프랑크의 대머리 샤를의 손에 들어가는데, 샤를이 AD 877년에 사망하면서 독일왕 루드비히의 장남 카를로만이 차지하게 된다. 이는 이탈리아왕 루드비히의 유언이었다.

아들 3형제는 아버지 사후 격렬하게 다투다 베르됭 조약으로 동·중·서 프랑크로 나뉜다. 중프랑크는 장남 로타르의 나라였는데, 로타르는 베르됭 조약 후 12년 만에 사망한다. 그는 아들 3형제를 남겼는데, 이들은 하나같이 삼촌들보다 명이 짧았다. 로타르의 막내가 먼저 죽으면서 영토가 삼촌들한테 넘어갔고, 둘째가 죽으면서 또 삼촌들에게 넘어갔다. 둘째가 죽으면서 맺어진 조약이 메르센 조약이다. 바로 베르됭 조약과 더불어 프랑스·이탈리아·독일 탄생의 시초로 보는 사건이다. 그리고 마지막으로 로타르의 첫째 아들이 죽은 것이다. 가장 불안정한 행보를 보였던 중프랑크는 이렇게 간판을 내렸다.

이제 동프랑크를 살펴보자. AD 876년 독일왕 루드비히가 숨을 거두자 그의 영토 역시 세 아들에게 분할되었다. 지금부터는 독일왕 루드비히의 자식들이 죽을 차례다. 독일왕 루드비히의 아들 중에 뛰어난 인물은 없었다. 루드비히 또한 오래 살았다는 것 외에 별달리 이룬 것은 없는 왕이었다. 물론 동프랑크를 지켜낸 것만도 대단한 일이긴 하다. 그러나 이 루드비히의 막내 비만왕 카를Charles the Fat[291]은 예상치 못한 업적을 이룬다.

카를은 비만왕이라는 말의 이미지대로 능력이 없는 왕이었다. 그의 업적에는 능력보다 운이 작용한 바가 크다고 하겠다. 일단 비만왕 카를은 자신의 두 형이 일찍 세상을 떠나는 바람에 아버지가 이룬 동프랑크를 손실 없이 얻게 된다. 여기에 잃을 뻔했던 중프랑크까지 차지한다. 행운이 연속으로 따라온 것이다. 그의 운은 여기서 멈추지 않는다. 이를 이해하기 위해서는 잠시 서프랑크의 상황에 대한 설명이 필요하다.

서프랑크는 대머리 샤를이 AD 877년 세상을 떠나면서 새로운 상황을

---

291 라틴어로는 Carolus III Crasus, 프랑스어로는 Charles III le Gros이며 독일어는 Karl der Dicke 이다.

맞이한다. 아버지 경건왕 루드비히가 그를 편애하고 형들보다 오래 산 덕에 큰 영토를 차지했지만, 그도 자식들이 변변치 않았다. 네 명의 아들 중 셋이 자신보다 먼저 사망하였고, 하나 남아 대를 이은 루이 또한 건강이 좋지 않았다. 게다가 그는 말을 더듬었다. 그래서 그의 별칭은 말더듬이. 말더듬이 루이Louis the Stammerer[292]라고 부른다. 말더듬이 루이는 병약했던 터라 재위 2년 만에 사망한다.

카롤링거 왕조의 왕 이름은 베르됭 조약 이후 동프랑크는 독일어 발음으로, 서프랑크는 프랑스어 발음으로 부르는 것이 일반적이다. 그래서 같은 이름인데도 대머리 '샤를'이 되고 비만왕 '카를'이 되며, 독일왕 '루드비히'가 되고 말더듬이 '루이'가 되는 것이다.

말더듬이 루이가 급사하자 서프랑크는 다시 다음 대로 넘어간다. 말더듬이 루이는 두 아들을 남겼는데, 그들의 이름은 각각 루이 3세Louis III와 카를로만Carloman이다. 또 루이, 또 카를로만. 하지만 이 둘은 일찍 세상을 떠난다. 모두 사고사였다. 대머리 샤를이 오래 산 덕에 서프랑크는 분열된 프랑크 중에서 가장 큰 나라를 이루었건만 아들과 손자들이 다스린 해는 고작 7년밖에 되지 않는다. 참고로 경건왕 루드비히 사후 대머리 샤를이 다스린 해는 37년이었다.

순식간에 카롤링거 왕조의 대가 끊겨버리는 바람에 서프랑크는 동프랑크의 왕 비만왕 카를에게 넘어가게 된다. 비만왕 카를이 프랑크를 다시 통일한 왕이 된 것이다. 아무것도 한 것이 없는데. 운運이다. 아버지와 삼촌은 땅뙈기 하나 얻으려고 머리가 터지도록 싸운 것이 수십 번이었는데, 이 살찐 카를은 숨만 쉬고 있던 중에 땅이 품 안으로 떨어진 것이다. 이런 훈훈한 사연으로 샤를마뉴 이후 처음으로 통일 프랑크 제국이 탄생한다. AD

292  라틴어로는 Ludovicus II Balbus, 프랑스어로는 Louis le Bègue로 표기한다.

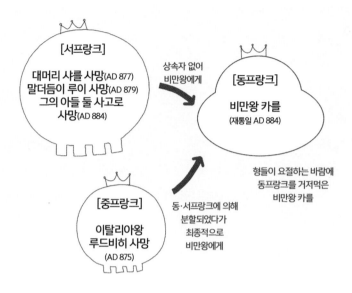

| **비만왕의 재통일** | 우주가 도우면 통일도 이렇게 수월하다.

884년의 어느 날이었다.[293]

하지만 어디 세상 일이 좋은 것만 있던가. 통일이라는 화려한 위업의 이면을 살펴보면, 그의 운이 부럽기만 한 것이 아님을 알 수 있다. 그는 어릴 때부터 건강이 좋지 않았다. 체형에서 알 수 있듯 온갖 병을 안고 있었는데, 그중에서도 간질이 그를 괴롭혔다. 사실 그가 얻은 나라도 하나같이 깊은 병에 걸려 있었다. 자신에게 나라를 물려주고 저세상으로 갔던 친척들은 죽기 직전까지 내분과 외적의 침입에 시달렸다. 그러니까 내분과 외침이 한창 이루어지고 있는 가운데 카를에게 양도된 것이다. 온갖 세입자와

---

293  대머리 샤를은 머리털이 없어서가 아니라 물려받을 나라가 없어서 대머리라는 별명을 얻었으나, 비만왕은 나라를 너무 많이 가져서가 아니라 실제로 뚱뚱해서 붙은 별명이다.

의 분쟁에 부채와 담보까지 걸려 있는 건물을 공짜로 낙찰받은 격이다. 그러니 공짜가 공짜가 아닌 셈. 우수하지도, 건강이 좋지도 않았던 카를의 스케줄은 원정과 반란 진압, 외적과의 전투 그리고 그것의 무한 반복이었다. 통일된 지 1년도 되지 않아 나라는 점점 쪼개져 갔다. 카를은 정말 힘들었을 것이다. 그렇지만 살은 빠지지 않았다.

비만왕 카를은 AD 887년 반란을 일으킨 조카 아르눌프Arnulf에 의해 폐위되었다. 명분은 노르만족을 물리치지 않고 돈으로 매수하여 후퇴시켰다는 것이다. 다행히 목숨은 부지하였으나 은퇴하여 죽을 날만 기다리는 신세가 되었다. 물론 그 기다림은 오래가지 않았다. 폐위 두 달 만에 숨을 거둔 것. 역시 카를의 행운은 온전한 행운이 아니었다. 그의 퇴위는 프랑크 제국을 다시 여러 왕국으로 분열시켰다. 아르눌프 외에도 허약한 왕을 노리며 세력을 키워온 야심가들이 많았던 것이다. 삼촌을 제거하고 왕이 되었건만 아르눌프는 동프랑크 외에 몇 개 지역밖에 다스릴 수 없었고, 다른 지역은 왕의 핏줄이 바뀌게 된다.

프랑크 왕국을 조각내면서 왕위에 오른 아르눌프는 12년 동안 나라를 다스렸다. 그동안 안으로는 분열된 여러 나라들과, 밖으로는 마자르족, 슬라브족, 노르만족 등 온갖 외적들과 싸워야 했다. 그의 사후 나라는 조각났고, 그중 적자에게 물려준 동프랑크는 AD 911년을 끝으로 대가 끊긴다. 카롤링거 왕조가 단절된 것이다. 당이 멸망한 지 3년이 지난 시점이다. 공식적으로 중프랑크는 AD 875년, 동프랑크는 AD 911년이 카롤링거조가 끝난 해이다.

## 카롤링거 르네상스

8세기 말 샤를마뉴 이후 카롤링거 왕조의 고전문화 장려 정책에서 비롯된 프랑크 왕국의 최대 문화융성기를 말한다. 게르만족이 유럽의 주인이 된 이후 로마의 문화는 기독교 성직자들에 의해 라틴어로 전해지고 있었다. 중세문화란 여기에 게르만의 전통이 더해진 것으로, 고전문화는 명맥만 유지되고 있었다. 이에 샤를마뉴는 성직자를 지원하고 학교를 건립하여 각종 기술과 과학, 문학, 음악 등을 교육하게 하였다. 라틴어 문학에 대한 지원은 자연스럽게 로마 문화의 부흥을 가져왔고 결과적으로 고전을 부활시켰다. 지식인 계급의 문화수준 향상은 일반 사회로도 영향을 미쳐 전반적인 발전을 가져왔다. 카롤링거 르네상스Carolingian Renaissance는 중세가 로마에 비해 문화수준이 퇴보하였다는 중론衆論에 대해 그나마 내세울 수 있는 기간이다. 이탈리아 르네상스 이전의 르네상스라고도 불리는 이유이다. 르네상스란 부활을 의미한다. 오랜 혼란의 시대를 지나오면서 문화라는 여유가 '겨우' 고개를 다시 든 상황이었던 것이다. 다만 좀 오래갔으면 좋았을 것을.

# 저물어가는
# 새천년

# 11

/

## ▌오토 대제와 위그 카페

　　카롤링거 왕조의 혈통이 끊긴 이후 동프랑크의
귀족들은 내심 왕이 생기지 않기를 바랐다. 어차피 자기 세력을 갖고 있었
던 데다 더욱이 당시는 봉건제의 시대가 아니던가. 위로 간섭할 사람이 다
시 생기는 것이 좋을 리 없었다. 그러나 전통은 무서운 것인지, 카롤링거
왕조의 사람이 아닌 그저 그런 귀족 하나를 왕으로 추대하게 된다. 콘라트
1세Conrad I. 그러나 왕의 세력이 약하니 외적을 막기가 어려웠다. 그래서
다음으로 선출된 왕이 강력한 제후 하인리히 1세Heinrich I였다. 별칭은 새
사냥꾼Finkler. 새 사냥 중에 선출되었다고 붙은 이름이다.

　　하인리히 1세는 강력하고 유능한 왕이었다. 유럽은 이 왕으로 인해 중요
한 전기를 만들게 된다. 물론 대중적인 인지도는 거의 없다. 유명세는 모조
리 아들의 차지가 되었기 때문. 하지만 그 아들이 유명해진 것은 아버지의
바탕이 있었기에 가능한 것이었다. 하인리히 1세는 즉위 직후 자신의 생에
는 강력한 왕권을 구축하기 어렵다는 것을 깨닫는다. 이 땅에서 이어져 온
정치적 전통과 그로 인해 벌어진 수많은 전쟁들, 그 결과 귀족과 주변국들
에게 완전히 인정받지 못한, 연맹체 정도의 결속을 가진 왕국의 현실. 결코

　　　　　　　　　　　　　　　기원부터 천 년까지 전문세

금세 정리될 문제가 아니었던 것이다. 하지만 이대로 와해되기엔 아까운 자신의 왕국이었다. 하인리히는 가문을 위해 터를 닦는 데 심혈을 기울인다. 후손이 잘해주기만을 바라면서 말이다. 그 결과로 힘겹게 이룬 것이 선출이 아닌 세습이었다. 공동왕으로 자신의 아들을 지명해 대를 잇게 한 것이다. 그 아들이 오토Otto라는 인물이었다. 바로 대제라고 불리는 그 오토 Otto I the Great이다. 이때가 AD 936년이었다.

한편 아르눌프가 비만왕 카를을 몰아낼 때 서프랑크를 차지한 가문은 로베르Robert가였다. 서프랑크에서는 카롤링거 왕조가 순순히 사라지지 않았기에, 이후 1세기 동안 카롤링거 왕조는 로베르 가문과 왕좌를 주거니 받거니 하면서 그 명맥을 유지한다. 그러나 AD 987년 무위왕 루이가 죽으면서 이마저도 사라져 카롤링거 왕조는 단절되고 만다. 비만왕이 왕위를 내놓은 지 정확하게 100년이 흐른 때였다. AD 987년에 왕이 된 사람은 위그 카페Hugh Capet였다.

위그 카페는 핏줄로 보면 카롤링거 왕가와 로베르 가문 모두와 연결되어 있다. 하지만 워낙 결혼 관계가 얽히고설켜 있어 그를 카롤링거 왕가나 로베르 가문이라고 하지는 않는다. 위그 카페는 AD 987년에 대주교 루앙의 주관하에 서너 명의 후보들 가운데서 왕으로 선출되었다. 물론 후보자들 중에서 위그 카페가 이미 가장 강력한 세력을 갖고 있었기에, 이는 기정사실을 승인하는 요식 행위에 지나지 않았다.

왕위에 올랐지만 왕관이 주는 실제 이익은 없었다. 혼자서 아무리 세력이 강하다 해도, 주변의 제후들이 결속하게 되면 아무런 의미가 없는 상황이었다. 이 선출직 왕은 아직 진정한 왕이 아니었던 것이다. 하지만 위그 카페는 이를 타개해 나간다. 미세하지만 앞선 힘, 프랑스 중심을 차지하고 있다는 지리적 이점, 그리고 종교를 적극적으로 이용하여 로베르 왕가와 귀족들의 힘을 누르고 내분을 수습했던 것이다. 그리고 자신의 자손들이 왕위를 세습하게 만들었다. 동프랑크의 하인리히와 같이 말이다. 이것이 바로 카페Capet 왕조이다.

오토는 AD 936년, 위그 카페는 AD 987년에 즉위했다. 오토는 귀족들을 제압하고 왕권을 안정시켰으며 지긋지긋한 마자르족을 쫓아냈다. 그 공로로 AD 962년 황제로 추대되었는데, 샤를마뉴처럼 성 베드로 대성당에서 대관식을 한다. 이것이 바로 신성 로마 제국의 시작이다.[294] 오토는 신성 로마 제국의 실질적인 초대 황제이고, 위그 카페는 프랑스의 실질적인 시조이다. 물론 유럽의 아버지는 샤를마뉴이고.[295]

게르만의 상속제도가 가장 큰 원인이겠지만 메로빙거나 카롤링거 왕조는 일족들끼리 싸우는 데 대부분의 힘을 쓰다가 끝이 났다. 만약 그 에너지를 외부로 발산하였다면 어떤 결과를 냈을까. 외부의 원정이나 이민족 방어에 힘을 쏟았으면 역사는 또 어떻게 달라졌을까. 어찌 되었건 카롤링거 왕조 시기 유럽은 또 한 번의 거대한 변화를 거쳤다. 로마를 이어 방대한 영토를 지배했던 프랑크 제국은 사라졌고, 나라가 자잘하게 나뉜 새로운 질서가 만들어진 것이다. 영토적으로는 프랑스, 이탈리아, 독일의 윤곽이 만들어졌고, 노르만을 비롯한 외부의 침입으로 봉건제가 수립되었으며, 동서의 갈등을 겪은 기독교는 세력이 확산되는 가운데, 가톨릭과 동방정교로 분열되었다.

서양사에서 카롤링거 왕조는 기원 후 인류가 맞은 처음 천 년을 마무리한 왕조였다. 카롤링거의 뒤를 이은 오토 왕조와 카페 왕조, 그리고 이탈리아의 도시국가들은 제각기 다른 모습으로 새로운 천 년을 맞게 된다.

---

294 샤를마뉴를 신성 로마 제국의 시작으로 보는 시각도 있다.

295 샤를마뉴는 라틴어로 파테르 에우로파이(Pater Europae), 즉 유럽의 아버지라 불리고 있으며 현재 유럽연합(EU)의 의회와 본부가 있는 스트라스부르와 브뤼셀은 샤를마뉴의 근거지였다.

## ▌아바스 왕조의 고난

아바스 왕조는 500년간 지속되었지만 제대로 힘을 발휘한 시기는 초기 100년 정도라고 볼 수 있다. 이는 아바스 왕조가 멸망시킨 전 왕조 우마이야조의 존속 시기와 별 차이가 없다. 나머지 400여 년은 제국이라는 이름이 아까울 정도로 혼란을 겪고 침탈을 당했으며, 칼리파는 꼭두각시로 세월을 보냈다. 지금부터 언급할 시기는 앞 장에서 틀을 잡은 내용 가운데 2기 왕조 난립기와 3기 부와이흐기이다.

전성기라고 불리는 시절에도 반란이 계속 일어났으니, 전성기가 아닌 시기에는 당연히 반란이 더 일어났다. AD 9세기 중반을 넘어가면서는 아바스 왕조의 넓은 영토 가운데 칼리파의 통제를 벗어나는 가문이 생겨나게 된다. 그것도 많이. 이들은 지방에 파견된 총독이나 토호들로서 저마다 독자적인 군사력을 보유하고 있었기에 언제 반기를 들어도 이상할 것이 없었다. 그 양상이나 세력 관계는 당의 후반기와 유사하다. 시기 또한 비슷하다. AD 751년에 아바스 왕조 건국 기념 타이틀매치를 펼쳤던 두 나라가 100년이 흘러 동병상련의 처지에 놓인 것이다.

안록산의 난이 일어난 다음 해인 AD 756년 이베리아반도에 세워진 후우마이야 왕조는 전 왕조의 남은 세력이기 때문에 아바스 왕조 내의 반란이라고 보기 어렵다. 그러나 AD 800년이 되기 전부터 이미 아바스 왕조의 통제를 거부하며 왕조를 표방하는 가문들이 나타나기 시작한다. 루스탐Rustam, 이드리스Idris, 아글라브Aghlab 등 생소하기 그지없는 이름들이 이집트를 비롯한 북아프리카에 등장한 왕조들이다. 물론 이들의 개별적인 세력은 그리 크지 않아 아바스 왕조를 능가하지 못했고 존속 시기도 대부분 길지 않다. 그러나 아바스 왕조는 이들 모두를 제압할 수 있는 힘을 갖고 있지 못하였다. 번진의 연합을 이기지 못했던 당과 비슷한 경우이다.

전성기를 이끌었던 칼리파 알 라시드 사후에 일어난 중앙의 권력 투쟁은 아바스 왕조의 힘을 급격하게 떨어뜨렸다. 권력 투쟁은 내분으로 이어졌고 나라가 위태로워져도 그칠 줄 몰랐다. 이로 인해 AD 9세기 후반에는 칼리파가 근위대의 용병들에게도 위협을 받는 한심한 존재가 되어버렸다.[296]

이후 아바스 왕조의 이슬람 제국은 왕조 세우는 것이 유행이 된 듯하였다. 북아프리카는 물론이고 제국의 동부까지 완전히 군웅할거의 장이 되었다. 하지만 스스로 칼리파라 칭하지는 않았다. 그들은 하나같이 아바스 왕조의 종주권을 인정하고 칼리파로 받드는 형식을 취하였으며, 그 대가로 '허가받은' 왕이라는 정통성을 세우고 독립된 정권을 만들었다. 아바스 왕조로서는 무력으로 진압할 수 없는 상황이었으니 형식상으로라도 제국과 칼리파를 유지하는 것이 낫다고 판단했던 것이다. 아바스의 천하에서 난립한 왕국들은 서로 협력하기도 하고 싸우기도 하면서 각기 다른 종파, 다른 민족으로서 특색 있는 문화를 이루며 생존했다. 이때까지만 해도 아바스 왕조는 바그다드를 중심으로 메소포타미아와 시리아 지역을 실질적으로 통치하고 있었다.

그러나 AD 10세기 초가 되면서 상황이 변하기 시작한다. 이집트에서 일어난 파티마Fātimah 왕조가 아바스 왕조의 권위를 부정하고 칼리파의 칭호를 쓴 것이다. 이는 아바스 왕조 내에서 처음 있는 일이었다. 아바스 왕조의 칼리파를 황제로 모시고 자신은 그 승인을 받는 형태를 취하는 이전까지의 관행을 깬 것이다. 칼리파를 부정한 최초의 왕조가 바로 파티마 왕조이다. 이후를 '세 칼리파의 시대'라고 한다. 이베리아반도의 후우마이야 왕조를 포함해 바그다드, 코르도바Cordova, 마디아Mahdia[297]에 각각 칼리파

---

296  칼리파의 근위대였던 맘루크(Mamluk) 용병들의 만행은 로마 근위대가 타락했을 때의 모습을 능가할 정도였다..

297  파티마 왕조 최초의 수도로 현재 튀니지에 속한 도시이다. AD 909년부터 948년까지 수도였다.

**| AD 10세기 세 칼리파 시대 시작 |**
아바스 왕조 내 부와이흐 장악기. 아바스 왕조, 파티마 왕조, 후우마이야 왕조에 칼리파가 있었다.

가 있었던 것이다.

춘추 시대에서 전국 시대로 넘어가는 시기의 주周와 같이 아바스 왕조의 권위는 점점 떨어져 갔다. 사실 왕조를 표방한 세력 외에도 실질적으로 칼리파의 통제를 벗어난 지방의 총독과 토호는 부지기수였다. 그런 상황에서 아바스 왕조에 치명적인 타격을 주는 일이 일어난다.

중국에서는 당이 멸망하고도 25년이 더 흘러 5대 10국 시대였던 AD 932년. 카스피해Caspian Sea 남부에서 새로운 왕조가 등장한 것이다. 명칭은 부와이흐Buwayh 왕조. 이 왕조 또한 아바스 왕조의 권위를 인정하지 않는 새로운 풍조를 따랐다. 종교적으로도 시아파였던 터라 애초부터 일말의 충성심도 없었다. 그들은 AD 945년 일어난 메소포타미아의 기근으로 혼란에 빠진 아바스 왕조를 공격해 순식간에 바그다드를 점령하였다. 근위병들은 모조리 도망갔고, 칼리파는 사로잡히고 말았다. 지켜야 할 칼리파를 위협해왔던 근위병들은 본연의 업무를 수행할 능력도, 의지도 없었던 것이다. 타락한 로마의 근위대를 보는 듯하다.

부와이흐 왕조는 이렇게 바그다드를 장악한 후 국정을 마음대로 주물렀다. 다만 아바스 왕조를 멸망시키지는 않았다. 대다수의 백성이 수니파인 곳에서 괜히 허수아비를 죽여 귀찮은 상황을 만들 필요는 없었던 것이다. 부와이흐 왕조는 이런 식으로 칼리파를 세우고 폐하기를 반복하며 1세기 동안 이슬람을 지배했다. 행동 방식은 고려의 무신 정권이 왕씨 왕조를 다루던 것과 유사하다고 할 수 있다.

그러나 부와이흐 왕조 또한 내분이 발목을 잡았다. AD 10세기 후반 전성기를 누린 후 내분으로 쪼개져 자멸하게 된 것이다. 잘게 쪼개진 부와이흐 왕조는 새로운 천 년을 맞아 가즈니Ghaznai 왕조에게 동쪽을 빼앗기고, AD 1055년에 셀주크투르크에게 멸망한다. 그사이 아바스 왕조는 뒷방 늙은이가 되어 인류의 두 번째 밀레니엄과 더불어 다시 자신을 조종할 새로운 실세를 맞이하게 된다. 바로 셀주크투르크였다.

기원부터 천 년까지 전문세

☥

# 맘루크 용병

맘루크Mamluk란 '누군가에 속한 재산'이라는 뜻의 아랍어로 보통 노예로 번역된다. 그러나 맘루크는 노예 중에서도 훈련받은 군인 노예를 말한다. 아바스 왕조에서 맘루크는 대개 투르크인들이었는데 어릴 때 노예 상인들에게 잡혀 팔려온 자들이었다. 맘루크는 먼저 이슬람으로 개종하여 신앙심을 키우는 교육을 받은 뒤 전투 훈련에만 종사하여 매우 우수한 전쟁 자원으로 여겨졌다. 게다가 노예였기에 용병과 같은 대가가 필요하지 않았고 전사하여도 원호援護할 가족이 없으므로 이슬람 제국 내에서는 매우 인기가 있었다.

8대 칼리파 알 무타심al-Mutasim은 등극 이전부터 자신의 호위대로 맘루크를 사용했다. 수천이던 맘루크 근위대는 금세 수만 명으로 늘어났다. 이들은 과거 아바스 왕조의 근간이었던 코라산Khorasan[298]군을 대신해 칼리파의 핵심 전력이 되었다. 그런데 맘루크 근위대의 세력이 커지면서 부작용이 나타나기 시작했다. 이들의 지휘관은 최고 권력과 가까워짐에 따라 노예에서 해방됨은 물론이고 고위직을 차지하게 된 것이다.

무력을 가진 세력이 권력을 갖게 되었을 때의 부작용은 고대 로마에서 숱하게 보아왔

---

298   호라산 또는 쿠라산, 후라산(Khurasan)이라고도 읽힌다.

다. 여기도 다르지 않았다. 그들은 칼로 칼리파를 위협하기 시작했고, 점차 모든 것을 자신들이 조종하게 되었다. 마음에 들지 않으면 칼리파를 죽이는 것도 서슴지 않았다. 통제되지 않는 힘이 보여주는 것은 동서고금이 다르지 않았다. 맘루크 근위대의 지휘관들은 자기들끼리 암투를 벌이며 칼을 맞대기도 했다. 이미 칼리파는 안중에도 없었다. 강력하고 유능한 칼리파는 목이 잘려 시신이 내팽개쳐졌다. 암살, 독살, 추방되는 등 맘루크의 위협에 칼리파들은 벌벌 떨었다. 물론 그사이 제국은 엉망이 되었다. 정부가 마비된 상황에서 국정이 돌아갈 리 없었다. 이런 상황에서 부와이흐 왕조가 바그다드를 치고 들어온 것이다.

적을 맞이한 맘루크 근위대는 모조리 도망갔다. 자신이 지켜야 할 상대에게 같잖은 힘 자랑만 하던 그들에게는 의무도, 능력도, 부끄러움도 없었던 것이다. 비겁한 자들의 뒷모습을 보며 칼리파는 바그다드의 성벽을 넘어온 적이 오히려 반가웠을지도 모를 일이다.

## ▌5대 10국 시대

약 300년의 통일왕조 시대를 보냈던 중국은 다시 분열의 시대를 맞는다. 대체로 몇 개의 단일 왕조를 거치면 다시 혼잡한 상황을 맞는 것이 반복되어온 중국 역사였다. 역사란 것도 심심한 모양인지 단조롭기를 거부하는 듯하다. 사실 역사를 숙제처럼 보면 수많은 왕조와 사람들이 등장하는 분열기는 꽤 머리를 복잡하게 만드는 측면이 있다. 하지만 조금 시각을 달리하면 더 흥미진진한 것이 이 시기이다. 춘추나 전국 시대 혹은 초한 시기나 삼국 시대를 보면 이해가 쉬울 듯하다. 희한하게 더 재미있는 이야기들이 많다.

분열 시대와 통일왕조 시대의 가장 큰 차이는 갈등의 형태라고 할 수 있다. 전자의 갈등은 국가 간의 경쟁, 즉 전쟁을 말하고 후자의 갈등은 내부자들 간의 경쟁, 즉 권력 투쟁을 말한다. 흥밋거리로 보았을 때 전쟁보다 더한 것이 있으랴. 물론 그것이 너무나 많이 등장해 무감각해지는 부작용이 있지만 말이다. 어쨌든 왕조로서 상한가와 하한가를 모두 찍었던 당이 문을 닫았다. 수와 당이라는 굵직한 왕조의 시대를 보내고 다시 새로운 선택의 시대를 맞은 것이다. 이제 하나의 왕조가 인수받을 것인가 아니면 여러 왕조가 나타나 시끄럽게 "저요!"를 외칠 것인가를 볼 때다.

주전충에 의해 당이 멸망한 AD 907년부터 시작된 분열의 시대를 역사는 5대 10국 시대라고 부른다. 혼란기이자 분열기. "저요!"의 함성을 들어야 할 시간이다. 이 시대는 송宋이 북한北漢을 멸망시킨 AD 979년까지 약 70년간 계속된다. 5대 10국에서 5대란 당이 있었던 화북을 지역으로 존재한 왕조로서 후량後梁 이후 후당後唐, 후진後晉, 후한後漢, 후주後周의 다섯 개 왕조이고, 10국은 대부분 화남華南 지역에 있었던 지방 정권으로 오월吳越, 민閩, 형남荊南, 초楚, 오吳, 남당南唐, 남한南漢, 북한北漢, 전촉前蜀, 후촉後蜀의 열 개 왕조를 말한다. 이 시대에 오면 다시 나라와 사람의 홍수를 만나

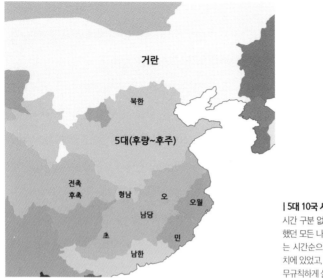

**| 5대 10국 시대 세력 지도 |**
시간 구분 없이 70여 년간 존재
했던 모든 나라의 자취이다. 5대
는 시간순으로 중앙의 같은 위
치에 있었고, 10국은 5대 주위를
무규칙하게 살다 갔다.

게 된다. 이름의 홍수를.

많은 왕조가 나온다고 숙제로 생각하면 곤란하다. 이야기의 보고寶庫인 역사를 가장 재미없게 만드는 것이 일로 대하는 것이다. 아무도 이것을 외우라고 강요하지 않는다. 혹시 학창 시절 가지고 있던 기억을 자신도 모르게 대입하는 우愚를 범한다면 의식적으로 바꾸기를 권한다. 나라가 많이 등장했다는 것은 리그에 수많은 선수와 팀이 등장했다는 것이다. 이는 리그가 확실히 더 재미있어질 것임을 뜻한다. 4개 팀이 전부인 대만 리그보다 30개 팀이 각축하는 메이저리그가 더 재미있는 것처럼 말이다.

5대 10국 시대와 5호 16국 시대를 헷갈려 하는 경우가 있다. 5호 16국 시대는 AD 3세기에서 6세기 말까지 있었던 위진남북조 시대의 한 부분이다. 위진남북조 중 위진을 뗀 남북조 시대, 그중에서도 북조 시대의 앞 130년을 말한다. 그때 남조에는 동진東晉이 있을 때였다. 5호 16국을 다시 설명하자면 다섯 이민족이 열여섯 개의 나라를 세웠음을 의미한다. 5대 10국은 이와는 의미가 조금 다른데, 5대와 10국이 완전히 별개의 나라이다. 그러니까 열다섯 개의 나라인 것이다. 앞서 언급한 대로 5대는 화북을 차례대로 차지한 다섯 개의 왕조이고 10국은 그것을 둘러싸고 거의 동시에 있었던 열 개의 나라이다.

5대 10국 시대는 70년 정도 지속되었는데, 그중에서 5대는 50년 정도밖에 되지 않는다. 단순히 계산했을 때 평균 10년 정도 지속되는 '미니' 역사를 가진 나라들이다. 그중 후한은 3년 밖에 존재하지 않아 이것을 나라라고 해야 할지도 고민스럽다.

## ▌후량

5대의 첫 주자인 주전충이 세운 후량이 그나마 가장 긴 역사를 자랑한다. 그래 봤자 16년. 찬란했던 300년의 당을 무너뜨린 것치고는 초라하기 그지없다. 그 후량을 멸망시킨 후당이 13년이다. 두 나라가 30년을 써버렸으니 뒤는 더 줄어든다. 후진이 10년. 다섯 나라 중 가운데에 속한 나라답게 평균을 지켰다. 다음 후한이 3년, 후주가 9년이다. 봄에 선 나라가 가을에 사라졌다는 춘추 시대나 하도 많은 나라가 서고 져서 언제 왔다 갔는지도 모른다던 5호 16국의 나라들은 이들에 비하면 양반이다.

앞서 존재했던 당의 역사를 대하소설이라고 한다면 5대 다섯 나라의 역사는 단편소설이나 콩트라고 할 수 있을 것이다. 그 유구(?)한 역사 53년을 한번에 서술하면 다음과 같다.

5대 10국 시대에서 가장 유명한 사람은 주전충일 것이다. 문을 연 장본인이기 때문이다. 당을 없앤 그는 후량을 세우고 태조가 된다. 후량 또한 당과 마찬가지로 지방 번진과의 싸움을 피할 수 없었다. 이는 이 시대 모든 왕조가 가진 숙명이었다. 사실 그들 자신이 번진의 절도사였으니 누굴 탓

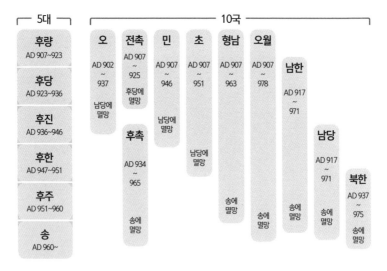

| 5대 10국의 존속 |

하랴. 주전충은 중앙의 권력을 강화하고 경제력을 키우는 것만이 왕조가 살길임을 알았으나 경제라는 것이 뜻대로 잘 풀릴 리 없었다. 관리들은 뜻대로 움직이지 않았고 번진의 힘은 공고했기 때문이다. 그 와중에 주전충은 당 말부터 자신과 경쟁하던 이극용의 아들 이존욱李存勖의 공격을 받게 된다. 이극용은 주전충과의 경쟁에서 지고 난 뒤 아들에게 원수를 갚을 것을 유언으로 남기고 세상을 떠났는데, 아들은 아버지의 유언을 충실히 따랐다. 절치부심 힘을 키운 것이다.

주전충은 후량이 망하기 10년 전에 자신의 아들에게 살해당한다. 아버지를 죽인 아들은 동생에게 살해당하고, 남은 형제들이 서로를 죽이는 잔인한 우애를 보여준다. 절치부심 힘을 키웠던 이존욱은 애매했다. 주전충이 알아서 죽어버렸기 때문이다. 그러나 그는 후량을 멸망시키고 후당을 세운다. 이것은 아버지의 유언을 지킨 것인가, 못 지킨 것인가. 어쨌든 5대 10국 중 5대의 첫 나라는 이렇게 세워지고 이렇게 망하였다. 2대 16년의 세월이었다. 그리고 두 번째 나라가 세워진다. 이존욱의 나라는 당이라는 국호답게 수도가 장안이었다. 5대의 다른 모든 나라가 수도를 변경汴京[299]으로 정하였고, 그 뒤를 이은 송도 변경을 수도로 하였는데 오직 후당만 장안을 수도로 하였던 것이다.

## 후당과 후진 그리고 후한

후당은 복수의 화신 이존욱의 치세가 기대되는 나라였다. 그의 시호는 장종莊宗이다. 장종은 아버지의 유언에 따라 복수의 칼을 갈던 시절과 전혀 다른 사람이 되었다. 그는 나라를 부강하게 하기 위해 주전충마저 했던 노력도 하지 않고 간신들과 놀아나다 부하에게 살해된다. 장종의 아들 또한 환관에게 살해되어 대가 끊긴다. 하지만 나라는 장종의 배다른 형제 이사원李嗣源에 의해 살아나 안정을 찾는다. 그는 제도를 개혁하고 민생을 돌보며 군사력을 키워 번진을 제압해 나갔다. 하지만 그 8년의 치세가 후당의 끝이었다. 이사원이 죽자 후당은 내분에 빠졌고 절도사 석경당의 침입을 받아 멸망하였다. 두 번째 나라는 이존욱의 활약으로 건국되었으나 이존욱의 실정으로 멸망한 것이다. 4대 13년. 멸망시킨 인물은 석경당石敬瑭. 바로 세 번째 나라를 세운 인물이다.

석경당이 세운 나라는 후진. 석경당은 이존욱의 아버지인 이극용의 부하였던 자로서 같은 투르크계 인물이었다. 그는 거란의 힘을 빌려 후당을 공격하였는데, 조공을 하고 칭신稱臣하는 조건이었다. 거란은 요遼로 국호를 고쳤고 석경당은 영토 중 연주燕州와 운주雲州 등 16주를 거란에게 바치며 스스로 아兒황제로 낮추었다. 석경당의 후진은 중국 역사상 최초의 유목민

---

299　현재 카이펑, 개봉(開封)이다. 변량(汴梁), 변경(汴京), 대량(大梁)으로 불리기도 했다.

족의 괴뢰 왕조였다. 5대 10국에서 후진이 중요한 이유는 바로 이 부끄러운 행동 때문이다.

석경당 사후 후진은 내분에 빠졌는데 반요反遼 세력이 득세하자 요가 침입하게 된다. 요는 새로운 황제를 옹립하느니 그냥 자신의 괴뢰 정권을 없애버리는데, 요의 도움으로 세워졌던 후진은 요에 의해 10년 만에 멸망한다. 요는 후진을 무너뜨렸으나 그 땅을 지배하지는 않았다. 애초부터 통치하겠다고 생각하고 공격한 것이 아닐뿐더러 화북 백성들의 거란에 대한 반감이 매우 강했기 때문이다. 그래서 거란은 후진의 영토를 주인 없는 상태로 비우게 된다.

그 자리를 유지원劉知遠이라는 인물이 차지한다. 역시 절도사였던 유지원은 후진이 멸망할 때 요와 관계를 맺어둔 인물이다. 요의 계획을 미리 알고서 그들이 후퇴할 때 재빨리 변경에 들어간 것이다. 그렇게 세운 나라가 후한이다. 그러나 그는 재위 1년 만에 세상을 떴고 조카가 제위에 오른다. 새 황제는 신하들을 의심하며 마구 숙청하였는데 이에 반란이 일어나 살해된다. 그와 동시에 후한도 멸망한다. 건국 4년 만의 일이었다. 한이라는 이름이 아깝다. 참고로 두 번째 황제의 이름은 유승우劉承祐.

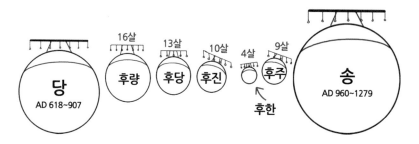

| 당과 송 그 사이의 시대 | 5대 10국 시대의 주류는 5대의 다섯 나라였다. 송은 그것을 잇는 국가였다.

기원부터 천 년까지 전문세

## ▌후주

유승우를 죽인 자는 곽위郭威라는 인물이다. 곽위 또한 절도사였다. 그가 세운 나라는 5대의 마지막 나라인 후주後周. 후주는 다섯 나라 중 그나마 가장 강력한 세력을 이룩했다. 곽위는 재위 3년 만에 사망하지만 다음 황제인 세종世宗이 기틀을 닦았다. 정치 개혁, 농업과 상업의 장려, 군사력 증강 등 훌륭한 군주라면 응당 해야 할 일을 충실히 실행했다. 그 결과 국가의 재정이 충실해졌고 민생은 안정되었으며 남과 북으로 영토를 대대적으로 확장할 수 있었다. 이대로라면 통일도 멀지 않아 보였다. 하지만 세종은 재위 6년 만에 병으로 급사하고 만다. 병사病死였다.

아직 완전히 안정되지 못한 나라에서 군주의 갑작스런 부재는 혼란을 불렀다. 그런 상황에서 추대를 받아 정권을 잡은 사람이 바로 조광윤趙匡胤이다. 후주의 입장에서는 반란이었다. 조광윤은 세종의 아들 공제恭帝로부터 선양을 받아 나라를 세우는데 이것이 송宋이다. 송의 건국으로 후주는 9년 만에 역사의 저편으로 사라진다. 단 조광윤은 공제를 비롯한 후주의 자손들을 도륙하지 않고 잘살게 해주었다. 이는 조광윤의 평판을 매우 높여주게 된다.

사실 6대 10국이라고 해도 틀리지는 않을 것이다. 왜냐면 5대에 이어 여섯 번째로 화북에 나타난 송이 10국을 통일하기 때문이다. 그러나 송은 5대 10국에 넣지 않는다. 이는 5호 16국을 통일한 북위를 16국 안에 넣지 않는 것과 같은 경우라고 하겠다. 5대의 고리를 끊은 송은 이제 10국을 정벌하러 나선다.

5대 10국의 10국도 대부분 당에서 절도사를 지냈던 지방의 군벌들이 세운 나라이다. 10국 중 7개 나라는 당이 멸망할 때 후량과 같이 세워졌고 3개 나라는 조금 뒤에 세워졌다. 북한을 제외한 나머지는 모두 남쪽 지방에 위치했으며 10국의 모든 나라가 5대의 다섯 나라보다 오래 존속했다. 하지만 대체로 세력은 5대보다 약했다. 그리고 자기들끼리는 싸우고 멸망시키는 일이 있었어도 5대의 국가를 멸망시킨 적은 없었다. 반대로 후량은 오월, 민, 초, 남한 등 여러 나라의 왕을 책봉했으며, 후당 또한 전촉을 공격해 멸망시키고 자신의 부하로 하여금 그 자리에 후촉을 세우게 했을 정도로 국력 차이가 있었다. 10국 중 오, 민, 초, 전촉의 네 나라는 5대 시대에 멸망하였고, 나머지 여섯 나라는 모두 조광윤의 송에 의해 멸망하였다.

송태조 조광윤은 아쉽게도 통일을 이루기 전에 세상을 떠나고 말았다. AD 976년. 아직 10국에서 오월과 북한이 남아 있었다. 통일을 완성한 것은 조광윤의 뒤를 이어 등극한 태종 조광의趙匡義였다. 그는 태조의 동생이었는데, 그때가 AD 979년이었다. AD 907년에 시작된 5대 10국 시대가 72년 만에 끝난 것이다. 물론 북쪽의 요遼가 있었기 때문에 송의 통일에 대해서는 논쟁의 여지가 있다. 하지만 대체로 이때를 통일을 완수한 시점으로 본다. 송의 활약으로 5대 10국 시대가 막을 내렸다. 송의 건국과 통일 시기는 5대 10국과 연결하면 기억하기가 용이하다. 5대를 이어 건국한 나라이니 AD 960년은 5대가 끝난 해이고, 10국을 없애면서 통일을 완수하였으니 AD 979년은 10국이 끝난 해인 것이다.

이렇게 합구필분 분구필합合久必分 分久必合[300]의 사이클은 또 한 번 돌았다. 중국은 이제 송이라는 부유하고 맷집 좋은 나라로 다시 새로운 천 년을 맞이하게 된다.

---

300 천하대세 합구필분 분구필합(天下大勢 分久必合 合久必分). 분열이 오래되면 반드시 합쳐지고, 합침이 오래되면 반드시 분열된다. 《삼국지》 나관중본의 첫 문장으로 분열과 통일이 반복되는 중국의 역사를 표현한 말이다. 《전문세》 1권도 마지막은 이 문장이었다.

# 부록

# 역사적 인물들의 형님아우 관계[161]

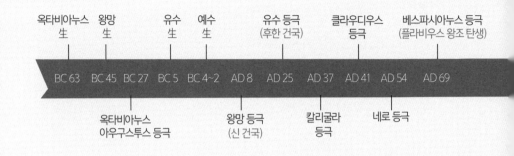

옥타비아누스 生 | 왕망 生 | 유수 生 | 예수 生 | 유수 등극 (후한 건국) | 클라우디우스 등극 | 베스파시아누스 등극 (플라비우스 왕조 탄생)

BC 63 | BC 45 | BC 27 | BC 5 | BC 4~2 | AD 8 | AD 25 | AD 37 | AD 41 | AD 54 | AD 69

옥타비아누스 아우구스투스 등극 | 왕망 등극 (신 건국) | 칼리굴라 등극 | 네로 등극

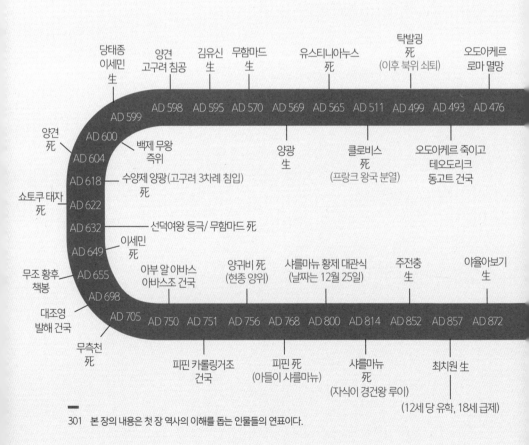

당태종 이세민 生 | 양견 고구려 침공 | 김유신 生 | 무함마드 生 | 유스티니아누스 死 | 탁발굉 死 (이후 북위 쇠퇴) | 오도아케르 로마 멸망

AD 599 | AD 598 | AD 595 | AD 570 | AD 569 | AD 565 | AD 511 | AD 499 | AD 493 | AD 476

양견 死 | AD 600 | 백제 무왕 즉위 | 양광 生 | 클로비스 死 (프랑크 왕국 분열) | 오도아케르 죽이고 테오도리크 동고트 건국

AD 604

AD 618 | 수양제 양광(고구려 3차례 침입) 死

쇼토쿠 태자 死 | AD 622

AD 632 | 선덕여왕 등극/ 무함마드 死

이세민 死 | AD 649

무조 황후 책봉 | AD 655 | 아부 알 아바스 아바스조 건국 | 양귀비 死 (현종 양위) | 샤를마뉴 황제 대관식 (날짜는 12월 25일) | 주전충 生 | 야율아보기 生

AD 698

대조영 발해 건국 | AD 705 | AD 750 | AD 751 | AD 756 | AD 768 | AD 800 | AD 814 | AD 852 | AD 857 | AD 872

무측천 死 | 피핀 카롤링거조 건국 | 피핀 死 (아들이 샤를마뉴) | 샤를마뉴 死 (자식이 경건왕 루이) | 최치원 生

(12세 당 유학, 18세 급제)

301  본 장의 내용은 첫 장 역사의 이해를 돕는 인물들의 연표이다.

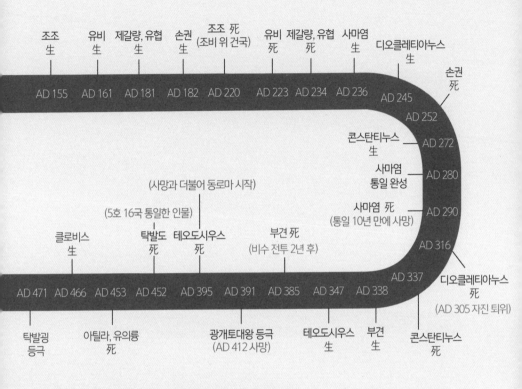

조조
生
AD 155

유비
生
AD 161

제갈량, 유협
生
AD 181

손권
生
AD 182

조조 死
(조비 위 건국)
AD 220

유비
死
AD 223

제갈량, 유협
死
AD 234

사마염
生
AD 236

디오클레티아누스
生
AD 245

손권
死
AD 252

콘스탄티누스
生
AD 272

사마염
통일 완성
AD 280

사마염 死
(통일 10년 만에 사망)
AD 290

AD 316

콘스탄티누스
死
AD 337

디오클레티아누스
死
(AD 305 자진 퇴위)

클로비스
生
AD 471

탁발규
등극

탁발도
死
(5호 16국 통일한 인물)
AD 466
AD 453

아틸라, 유의륭
死

테오도시우스
死
(사망과 더불어 동로마 시작)
AD 452
AD 395

광개토대왕 등극
(AD 412 사망)

AD 391

부견 死
(비수 전투 2년 후)
AD 385

테오도시우스
生
AD 347

부견
生
AD 338

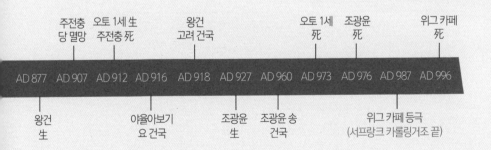

주전충
당 멸망
AD 877

왕건
生

오토 1세 生
주전충 死
AD 907

AD 912

야율아보기
요 건국
AD 916

왕건
고려 건국
AD 918

조광윤
生
AD 927

오토 1세
死
AD 960

조광윤 송
건국

조광윤
死
AD 973

위그 카페
死
AD 976

위그 카페 등극
(서프랑크 카롤링거조 끝)
AD 987

AD 996

# 중국 남북조 시대 왕조 정리[162]

## A. 북조(北朝)

### 한(漢)

| 이름 | 시호 | 연호 | 비고 |
|---|---|---|---|
| 유유(劉淵) | 광문제(光文帝) | 원희(元熙): 304.10~308.9)<br>영봉(永鳳): 308.10~309.4)<br>하서(河瑞): 309.5~310.6) | |
| 유총(劉聰) | 소무제(昭武帝) | 광흥(光興): 310.7~311.5)<br>가평(嘉平): 311.6~315.2)<br>건원(建元): 315.3~316.10)<br>인가(麟嘉): 316.11~318.6) | |
| 유찬(劉粲) | 영제(靈帝) | 한창(漢昌): 318.7~9) | |
| 유요(劉曜) | - | 광초(光初): 318.10~329.9) | 전조(前趙)로 국호 변경 |

### 성한(成漢)

| 이름 | 시호 | 연호 | 비고 |
|---|---|---|---|
| 이공(李特) | 경제(景帝) | 건초(建初): 303~303.9) | |
| 이웅(李雄) | 무제(武帝) | 건흥(建興): 304.10~306.6)<br>안평(晏平): 306.6~310)<br>옥형(玉衡): 311~334) | |
| 이기(李期) | 유공(幽公) | 옥항(玉恒): 335~338.3) | |
| 이수(李壽) | 소문제(昭文帝) | 한흥(漢興): 338.4~343) | |
| 이세(李勢) | 귀의후(歸義侯) | 태화(太和): 344~346.6)<br>가녕(嘉寧): 346.10~347.3) | |

302  본 자료는 《삼국지 다음 이야기 1》(신동준 저, 을유문화사)의 부록편을 인용해 재구성한 것이다. 개인적으로 이 <표>는 보석과 같은 것이라 사료되어 독자들에게 소개하는 바이다. 중국 남북조 시대 왕조에 대한 더 심도 있는 내용은 신동준 선생님의 논문과 저서를 참고하기 바란다. 방대한 조사를 요하는 자료를 정리해 후배들의 큰 짐을 덜어주신 신동준 선생님께 연구자로서 깊은 감사와 존경을 전한다.

**전량(前涼)**

| 이름 | 시호 | 연호 | 비고 |
|---|---|---|---|
| 장식(張寔) | 소공(昭公) | 건흥(建興: 317~320.5) | |
| 장무(張茂) | 성공(成公) | 건흥(建興: 320.6~324.4) | |
| 장준(張駿) | 문공(文公) | 건흥(建興: 324.5~346) | |
| 장중화(張重華) | 환공(桓公) | 건흥(建興: 346.5~353) | |
| 장조(張祚) | 위공(威公) | 화평(和平:354~355.9) | |
| 장현정(張玄靚) | 충공(沖公) | 건흥(建興: 355.윤9~361.11)<br>승평(昇平: 361.12~363.10) | |
| 장천석(張天錫) | 귀의후(歸義侯) | 승평(昇平: 363.8~376.8) | |

**후조(後趙)**

| 이름 | 시호 | 연호 | 비고 |
|---|---|---|---|
| 석륵(石勒) | 명제(明帝) | 태화(太和: 328.2~330.8)<br>건평(建平: 330.9~333) | |
| 석홍(石弘) | 해양왕(海陽王) | 연희(延熙: 334) | |
| 석호(石虎) | 무제(武帝) | 건무(建武: 335~348)<br>태녕(太寧: 349) | |
| 석감(石鑒) | 의양왕(義陽王) | 청룡(靑龍: 350.1~윤2) | |
| 석지(石祗) | 신흥왕(新興王) | 영녕(永寧: 350.3~351.) | |
| 염민(冉閔) | 위무도(魏武悼) | 영흥(永興: 350윤2~352.4) | 염위(冉魏) 건국 |

**전연(前燕)**

| 이름 | 시호 | 연호 | 비고 |
|---|---|---|---|
| 모용준(慕容儁) | 경소제(景昭帝) | 원새(元璽: 352.11~357.1)<br>광수(光壽: 357.2~359) | |
| 모용위(慕容暐) | 유제(幽帝) | 건희(建熙: 360370.11) | |

**후연(後燕)**

| 이름 | 시호 | 연호 | 비고 |
|---|---|---|---|
| 모용수(慕容垂) | 성무제(成武帝) | 연원(燕元): 384~386.2)<br>건흥(建興): 386.2~396.4) | |
| 모용보(慕容寶) | 혜민제(惠愍帝) | 영강(永康): 396.4~398.4) | |
| 모용성(慕容盛) | 소무제(昭武帝) | 건평(建平): 398.10~12)<br>장락(長樂): 399~401.7) | |
| 모용희(慕容熙) | 소문제(昭文帝) | 광시(光始): 401.8~406)<br>건시(建始): 407.1~7) | |

**서연(西燕)**

| 이름 | 시호 | 연호 | 비고 |
|---|---|---|---|
| 모용홍(慕容泓) | 제북왕(齊北王) | 연흥(燕興): 384.4~12) | |
| 모용충(慕容沖) | 위제(威帝) | 갱시(更始): 385~386.2) | |
| 단수(段隨) | 서연왕(西燕王) | 창평(昌平): 386.2~3) | |
| 모용개(慕容凱) | 서연왕(西燕王) | 건명(建明): 386.3) | |
| 모용요(慕容瑤) | 서연왕(西燕王) | 건평(建平): 386.3) | |
| 모용충(慕容忠) | 서연왕(西燕王) | 건무(建武): 386.3~9) | |
| 모용영(慕容永) | 하동왕(河童王) | 중흥(中興): 386.10~394.8) | |

**남연(南燕)**

| 이름 | 시호 | 연호 | 비고 |
|---|---|---|---|
| 모용덕(慕容德) | 헌무제(獻武帝) | 건평(建平): 400~405.11) | |
| 모용초(慕容超) | 말주(末主) | 태상(太上): 405.11~410.2) | |

**전진(前秦)**

| 이름 | 시호 | 연호 | 비고 |
|---|---|---|---|
| 부건(符健) | 명제(明帝) | 황시(皇始: 351~355.5) | |
| 부생(符生) | 여왕(厲王) | 수광(壽光: 355.6~357.5) | |
| 부견(符堅) | 선소제(宣昭帝) | 영흥(永興: 357.6~359.5)<br>감로(甘露: 359.6~364)<br>건원(建元: 365~385.7) | |
| 부비(符丕) | 애평제(哀平帝) | 태안(太安: 385.8~386.10) | |
| 부등(符登) | 고제(高帝) | 태초(太初: 386.11~394.6) | |
| 부숭(符崇) | 후주(後主) | 연초(延初: 394.7~10) | |


**후진(後秦)**

| 이름 | 시호 | 연호 | 비고 |
|---|---|---|---|
| 요장(姚萇) | 무소제(武昭帝) | 백작(白雀: 384.4~386.4)<br>건초(建初: 386.4~394.4) | |
| 요흥(姚興) | 문환제(文桓帝) | 황초(皇初: 394.5~399.9)<br>홍시(弘始: 399.9~416.1) | |
| 요홍(姚泓) | 후주(後主) | 영화(永和: 416.2~417.8) | |


**북연(北燕)**

| 이름 | 시호 | 연호 | 비고 |
|---|---|---|---|
| 고운(高雲) | 혜의제(惠懿帝) | 정시(正始: 407.7~409.10) | |
| 풍발(馮跋) | 문성제(文成帝) | 태평(太平: 409.10~430) | |
| 풍홍(馮弘) | 소성제(昭成帝) | 태흥(太興: 431~436.5) | |

**서진(西秦)**

| 이름 | 시호 | 연호 | 비고 |
|---|---|---|---|
| 걸복국인<br>(乞伏國仁) | 선열왕(宣烈王) | 건의(建義): 385.9~388.6 | |
| ·걸복건귀<br>(乞伏乾歸) | 무원왕(武元王) | 태초(太初): 388.6~400.7)<br>갱시(更始): 409.7~412.8) | |
| 걸복치반<br>(乞伏熾磐) | 문소왕(文昭王) | 영강(永康): 412~419)<br>건홍(建弘: 420~428.5) | |
| 걸복모말<br>(乞伏暮末) | 후주(後主) | 영홍(永弘: 428.5~431) | |

**후량(後凉)**

| 이름 | 시호 | 연호 | 비고 |
|---|---|---|---|
| 여광(呂光) | 의무제(懿武帝) | 태안(太安): 386.10~389.1)<br>인가(麟嘉): 389.2~396.6)<br>용비(龍飛): 396.6~399)<br>승강(承康): 399~?) | |
| 여찬(呂纂) | 영제(靈帝) | 함녕(咸寧): 399.12~401.1) | |
| 여륭(呂隆) | 후주(後主) | 신정(新鼎): 401.2~403.8) | |

**남량(南凉)**

| 이름 | 시호 | 연호 | 비고 |
|---|---|---|---|
| 독발오고<br>(禿髮烏孤) | 무왕(武王) | 태초(太初): 397~399) | |
| 독발리록고<br>(禿髮利鹿孤) | 강왕(康王) | 건화(建和): 400~402.3) | |
| 독발욕단<br>(禿髮褥檀) | 경왕(景王) | 홍창(弘昌): 402.3~404.2)<br>가평(嘉平: 408.11~414.7) | |

## 북량(北涼)

| 이름 | 시호 | 연호 | 비고 |
|---|---|---|---|
| 단업(段業) | 문왕(文王) | 신새(新璽): 397.5~399.1)<br>천새(天璽): 399.2~401.5) | |
| 저거몽손<br>(沮渠蒙遜) | 무선왕(武宣王) | 영안(永安): 401.6~412.10)<br>현시(玄始): 412.11~428)<br>승현(承玄): 428.6~431)<br>의화(義和): 431.6~433.4) | |
| 저거목건<br>(沮渠牧犍) | 애왕(哀王) | 영화(永和): 433.4~439.9) | |
| 저거무휘<br>(沮渠無諱) | 주천왕(酒泉王) | 승평(承平): 443~460) | |

## 서량(西涼)

| 이름 | 시호 | 연호 | 비고 |
|---|---|---|---|
| 이고(李暠) | 무소왕(武昭王) | 경자(庚子): 400.10~404)<br>건초(建初): 405~417.2) | |
| 이흠(李歆) | 후주(後主) | 가흥(嘉興): 417.2~420.7) | |
| 이순(李恂) | 관군후(冠軍侯) | 영건(永建): 420.10~421.3) | |

## 하(夏)

| 이름 | 시호 | 연호 | 비고 |
|---|---|---|---|
| 혁련발발<br>(赫連勃勃) | 무광제(武烈帝) | 용승(龍昇): 407.6~413)<br>봉상(鳳翔): 413.3~418.10)<br>무창(武昌): 418.11~419.1)<br>진흥(眞興): 419.2~425.7) | |
| 혁련창(赫連昌) | 폐주(廢主) | 승광(承光): 425.8~428.2) | |
| 혁련정(赫連定) | 후주(後主) | 승광(勝光): 428.2~431.6) | |

**북위(北魏)**

| 이름 | 시호 | 연호 | 비고 |
|---|---|---|---|
| 탁발십익건<br>(拓跋什翼健) | 소성제(昭成帝) | 건국(建國): 338.11~376) | |
| 탁발규(拓跋珪) | 도무제(道武帝) | 등국(登國): 386~396.6)<br>황시(皇始): 396.7~398)<br>천흥(天興): 398.12~404.10)<br>천사(天賜): 404.10~409.10) | |
| 탁발사(拓跋嗣) | 명원제(明元帝) | 영흥(永興): 409.윤10~413)<br>신서(神瑞): 414~416.4)<br>태상(泰常): 416.10~423) | |
| 탁발도(拓跋燾) | 태무제(太武帝) | 시광(始光): 424~428.1)<br>신가(神麚): 428.2~431)<br>연화(延和): 432~435.1)<br>태연(太延): 435~440.6)<br>태평진군(太平眞君): 440.6~451.6)<br>정평(正平): 451.6~452.2) | |
| 탁발여(拓跋余) | 남안왕(南安王) | 승평(承平): 452.2~10) | |
| 탁발준(拓跋濬) | 문성제(文成帝) | 흥안(興安): 452.10~454.7)<br>흥광(興光): 454.7~455.6)<br>태안(太安): 455.6~459)<br>화평(和平): 460~465) | |
| 탁발홍(拓跋弘) | 헌문제(獻文帝) | 천안(天安): 466~467.8)<br>황흥(皇興): 467.8~471.8) | |
| 원굉(元宏) | 효문제(孝文帝) | 연흥(延興): 471.8~476.6)<br>승명(承明): 476.6~12)<br>태화(太和): 477~499) | |
| 원각(元恪) | 선무제(宣武帝) | 경명(景明): 500~504.1)<br>정시(正始): 504.1~508.8)<br>영평(永平): 508.8~512.4)<br>연창(延昌): 512.4~515) | |
| 원후(元詡) | 효명제(孝明帝) | 희평(熙平): 516~518.2)<br>신구(神龜): 518.2~520.7)<br>정광(正光): 520.7~525.6)<br>효창(孝昌): 525.6~528.1)<br>무태(武泰): 528.1~4) | |

| 원자유(元子攸) | 효장제(孝莊帝) | 건의(建義: 528.4~9)<br>영안(永安: 528.9~530.10) | |
|---|---|---|---|
| 원엽(元曄) | 장광왕(長廣王) | 건명(建明: 530.10~531.2) | |
| 원공(元恭) | 절민제(節閔帝) | 보태(普泰: 531.2~10) | |
| 원랑(元朗) | 안정왕(安定王) | 중흥(中興: 531.2~10) | |
| 원수(元修) | 효무제(孝武帝) | 태창(太昌: 532.4~12)<br>영흥(永興: 532.12)<br>영희(永熙: 532.12~534) | |

### 동위(東魏)

| 이름 | 시호 | 연호 | 비고 |
|---|---|---|---|
| 원선견(元善見) | 효정제(孝靜帝) | 천평(天平: 534.10~537)<br>원상(元象: 538~539.11)<br>흥화(興和: 539.11~542)<br>무정(武定: 543~550.5) | |

### 서위(西魏)

| 이름 | 시호 | 연호 | 비고 |
|---|---|---|---|
| 원보거(元寶炬) | 문제(文帝) | 대통(大統: 535~551) | |
| 원흠(元欽) | 폐제(廢帝) | 건명(乾明: 551~554) | |

### 북제(北齊)

| 이름 | 시호 | 연호 | 비고 |
|---|---|---|---|
| 고양(高洋) | 문선제(文宣帝) | 천보(天保: 550.5~559) | |
| 고은(高殷) | 폐제(廢帝) | 건명(乾明: 560.1~560.8) | |
| 고연(高演) | 효소제(孝昭帝) | 황건(皇建: 560.8~561.11) | |
| 고담(高湛) | 무성제(武成帝) | 태녕(太寧: 561.11~562.4)<br>하청(河淸: 562.4~565.4) | |

| 고위(高緯) | 후주(後主) | 천통(天統: 565.4~569)<br>무평(武平: 570~576.12)<br>융화(隆化: 576.12) | |
| 고연종(高延宗) | 안덕왕(安德王) | 덕창(德昌: 576.12) | |
| 고항(高恒) | 유주(幼主) | 승광(承光: 577.1~3) | |

**북주(北周)**

| 이름 | 시호 | 연호 | 비고 |
| --- | --- | --- | --- |
| 우문육(宇文毓) | 명제(明帝) | 무성(武成: 559.8~560) | |
| 우문옹(宇文邕) | 무제(武帝) | 보정(保定: 561~565)<br>천화(天和: 566~572.3)<br>건덕(建德: 572.3~578.3)<br>선정(宣政: 578.3~12) | |
| 우문빈(宇文贇) | 선제(宣帝) | 대성(大成: 579.1~2) | |
| 우문연(宇文衍) | 정제(靜帝) | 대상(大象: 579.2~580)<br>대정(大定: 581.1~2) | |

# B.남조(南朝)

**동진(東晉)**

| 이름 | 시호 | 연호 | 비고 |
| --- | --- | --- | --- |
| 사마예(司馬睿) | 원제(元帝) | 건제(建武: 317.3~318.3)<br>대흥(大興: 318.3~321)<br>영창(永昌: 322~323.2) | |
| 사마소(司馬紹) | 명제(明帝) | 태희(太寧: 323.3~326.1) | |
| 사마연(司馬衍) | 성제(成帝) | 함화(咸和: 326.2~334)<br>함강(咸康: 335~342) | |
| 사마악(司馬岳) | 강제(康帝) | 건원(建元: 343~344) | |
| 사마염(司馬珥) | 목제(穆帝) | 영화(永和: 345~356)<br>승평(昇平: 357~361) | |

기원부터 천 년까지 전문세

| 사마비(司馬丕) | 애제(哀帝) | 융화(隆和: 362~363.2)<br>흥녕(興寧: 363.2~365) | |
|---|---|---|---|
| 사마혁(司馬奕) | 폐제(廢帝) | 태화(太和: 366~371.11) | |
| 사마욱(司馬昱) | 간문제(簡文帝) | 함안(咸安: 371.11~372) | |
| 사마요(司馬曜) | 효무제(孝武帝) | 영강(寧康: 373~375)<br>태원(太元: 376~396) | |
| 사마덕종<br>(司馬德宗) | 안제(安帝) | 융안(隆安: 397~401)<br>원흥(元興: 402~404)<br>의희(義熙: 405~418) | |
| 사마덕문<br>(司馬德文) | 공제(恭帝) | 원희(元熙: 419~420.6) | |

## 송(宋)

| 이름 | 시호 | 연호 | 비고 |
|---|---|---|---|
| 유유(劉裕) | 무제(武帝) | 영초(永初: 420.6~422) | |
| 유의부(劉義符) | 소제(少帝) | 경평(景平: 423~424.8) | |
| 유의륭(劉義隆) | 문제(文帝) | 원가(元嘉: 424.8~453) | |
| 유준(劉駿) | 효무제(孝武帝) | 효건(孝建: 454~456)<br>대명(大明: 457~464) | |
| 유자업(劉子業) | 전폐제(前廢帝) | 영광(永光: 465.1~8)<br>경화(景和: 465.8~11) | |
| 유욱(劉彧) | 명제(明帝) | 태시(泰始: 465.12~471)<br>태예(泰豫: 472) | |
| 유욱(劉昱) | 후폐제(後廢帝) | 원휘(元徽: 473~477.7) | |
| 유준(劉準) | 순제(順帝) | 승명(昇明: 477.7~479.4) | |

## 제(齊)

| 이름 | 시호 | 연호 | 비고 |
|---|---|---|---|
| 소도성(蕭道成) | 고제(高帝) | 건원(建元: 479.4~482) | |
| 소색(蕭賾) | 무제(武帝) | 영명(永明: 483~493) | |
| 소소업(蕭昭業) | 울림왕(鬱林王) | 융창(隆昌: 494.1~7) | |
| 소소문(蕭昭文) | 해릉왕(海陵王) | 연흥(延興: 494.7~10) | |
| 소란(蕭鸞) | 명제(明帝) | 건무(建武: 494.10~498.4)<br>영태(永泰: 498.4~12) | |
| 소보권(蕭寶卷) | 동혼후(東昏侯) | 영원(永元: 499~501.3) | |
| 소보융(蕭寶融) | 화제(和帝) | 중흥(中興: 501.3~502.3) | |

## 양(梁)

| 이름 | 시호 | 연호 | 비고 |
|---|---|---|---|
| 소연(蕭衍) | 무제(武帝) | 천감(天監: 502.4~519)<br>보통(普通: 520~527.3)<br>대통(大通: 527.3~529.9)<br>중대통(中大通: 529.10~534)<br>대동(大同: 535~546.4)<br>중대동(中大同: 546.4~547.4)<br>태청(太淸: 547.4~549) | |
| 소강(蕭綱) | 간문제(簡文帝) | 대보(大寶: 550~551) | |
| 소동(蕭棟) | 예장왕(豫章王) | 천정(天正: 551.8~11) | |
| 후경(侯景) | 하남왕(河南王) | 태시(太始: 551.11~552.3) | |
| 소기(蕭紀) | 무릉왕(武陵王) | 천정(天正: 552.4~553.7) | |
| 소역(蕭繹) | 원제(元帝) | 승성(承聖: 552.11~555.4) | |
| 소연명(蕭淵明) | 정양후(貞陽侯) | 천성(天成: 555.5~10) | |
| 소방지(蕭方智) | 경제(敬帝) | 소태(紹泰: 555.10~556.8)<br>태평(太平: 556.9~557.10) | |

기원부터 천 년까지 전문세

**진(陳)**

| 이름 | 시호 | 연호 | 비고 |
|---|---|---|---|
| 진패선(陳覇先) | 무제(武帝) | 영정(永定: 557.10~559) | |
| 진천(陳蒨) | 문제(文帝) | 천가(天嘉: 560~566.2)<br>천강(天康: 566.2~12) | |
| 진백종(陳伯宗) | 폐제(廢帝) | 광대(光大: 567~568) | |
| 진욱(陳頊) | 선제(宣帝) | 태건(太建: 569~582) | |
| 진숙보(陳叔寶) | 후주(後主) | 지덕(至德: 583~586)<br>정명(禎明: 587~589.1) | |

# 참고문헌

## • 동양사 1차 사료

사마천, 『사기』, 위즈덤하우스, 신용준 역, 서울, 2015.

사마천, 『사기』, 민음사, 김원중 역, 서울, 2015.

사마천, 『사기』, 고려원, 최진규 외 역, 서울, 1996.

司馬遷, 『史記』, 學習研究社, 福島中郎·黑須重彦 譯, 東京, 1973.

반고, 『한서』, 명문당, 진기환 역주, 서울, 2016.

반고, 『한서』, 팩컴북스, 김하나 역, 서울, 2005.

班固, 『漢書』, 筑摩書房, 小竹武夫 譯, 東京, 1977.

班固, 『漢書』, 唐 顔師古 註, 中華書房, 北京, 1992.

班固, 『漢書補注-淸 王先謙 補注』, 上海師範大學古籍整理研究所·上海古籍出版社, 上海, 2008.

범엽, 『후한서 본기』, 새물결, 장회태자 이현 주석, 장은수 역, 서울, 2014.

범엽, 『후한서』, 명문당, 진기환 역주, 서울, 2018.

진수, 『정사 삼국지』, 민음사, 김원중 역, 서울, 2016.

오긍, 『정관정요』, 파랑새미디어, 정연우 역, 서울, 2015.

오노 야스마로, 『고사기』, 지식을 만드는 지식, 강용자 역, 서울, 2014.

사마광, 『자치통감5~7 (후한시대)』, 삼화, 권중달 역, 서울, 2007.

사마광, 『자치통감8 (삼국시대)』, 삼화, 권중달 역, 서울, 2007.

사마광, 『자치통감9~12 (진쯥시대)』, 삼화, 권중달 역, 서울, 2007.

사마광, 『자치통감13~14 (남북조 송시대)』, 삼화, 권중달 역, 서울, 2007.

사마광, 『자치통감15 (남북조 제시대)』, 삼화, 권중달 역, 서울, 2007.

사마광, 『자치통감16~17 (남북조 양시대)』, 삼화, 권중달 역, 서울, 2008.

사마광, 『자치통감18 (남북조 진陳시대)』, 삼화, 권중달 역, 서울, 2008.

사마광, 『자치통감19 (수시대)』, 삼화, 권중달 역, 서울, 2008.

사마광, 『자치통감20~27 (당시대)』, 삼화, 권중달 역, 서울, 2009.

사마광, 『자치통감28 (오대후량시대)』, 삼화, 권중달 역, 서울, 2010.

사마광, 『자치통감29 (오대후당시대)』, 삼화, 권중달 역, 서울, 2010.

사마광, 『자치통감30 (오대후진후한시대)』, 삼화, 권중달 역, 서울, 2010.

사마광, 『자치통감31 (오대후주시대)』, 삼화, 권중달 역, 서울, 2010.

김부식 외, 『삼국사기』, 동서문화사, 신호열 역, 서울, 2016.

일연, 『삼국유사』, 서정시학, 박성규 역, 서울, 2009.

증선지, 『십팔사략』, 명문당, 진기환 역, 서울, 2013.

王圻·王思義, 『三才圖會』, 上海古籍出版社, 上海, 1988.

조익, 『이십이사차기』, 소명출판, 박한제 역, 서울, 2009.

『진서(晉書)』, 『송서(宋書)』, 『남제서(南齊書)』, 『양서(梁書)』, 『진서(陳書)』, 『위서(魏書)』, 『북제서(北齊書)』, 『주서(周書)』, 『남사(南史)』, 『북사(北史)』, 『수서(隋書)』, 『신·구당서(唐書)』, 『신·구오대사(五代史)』는 대만 중앙 연구원 <한적전자문헌> 자료를 이용하였음.

모든 지식의 시작 전문세

● 서양 고대사 1차 사료

헤로도토스, 『역사』, 동서문화사, 박현태 역, 서울, 2008.

헤로도토스, 『역사』, 길, 김봉철 역, 서울, 2016.

카이사르, 『내전기』, 사이, 김한영 역, 서울, 2005.

Robert Seymour Conway, 『Titi Livi Ab Urbe Condita』, Clarendon, 1969.

수에토니우스, 『열두 명의 카이사르』, 다른세상, 조윤정 역, 서울, 2009.

플루타르코스, 『영웅전 상·하』, 현대지성, 이성규 역, 서울, 2016.

타키투스, 『역사』, 한길사, 김경현·차전환 역, 경기도, 2012.

타키투스, 『연대기』, 범우, 박광순 역, 경기도, 2014.

요세푸스, 『유대전쟁사』, 생명의 말씀사, 김지찬 역, 서울, 2015.

마키아벨리, 『로마사 논고』, 한길사, 강정인·안선재, 경기도, 2003.

에드워드 기번, 『로마제국 쇠망사 I, II』, 민음사, 윤수용·김희용 역, 서울, 2008.

에드워드 기번, 『로마제국 쇠망사 III』, 민음사, 윤수용 역, 서울, 2009.

에드워드 기번, 『로마제국 쇠망사 IV, V』, 민음사, 김혜진·김지현 역, 서울, 2009.

에드워드 기번, 『로마제국 쇠망사 VI』, 민음사, 조성숙·김지현 역, 서울, 2010.

● 비잔티움 제국사 자료

존 줄리어스 노리치, 『비잔티움 연대기(Byzantium)』, 바다출판사, 남경태 역, 서울, 2007.

M. Maclagan, 『The City of Constantinople』, Praeger, New York, 1968.

Harris·Jonathan, 『Constantinople Capital of Byzantium』, Continuum Intl Pub Group, London, 2007.

미셸 카플란, 『비잔틴 제국』, 시공사, 노대명 역, 서울, 2012.

이노우에 고이치, 『살아남은 로마, 비잔틴 제국』, 다른세상, 이경덕 역, 서울, 2017.

게오르크 오스트로고르스키, 『비잔티움 제국사 324~1453』, 까치, 한정숙·김경연 역, 서울, 2014.

● 이슬람사 자료

이븐 할둔, 『역사서설-아랍, 이슬람, 문명』, 까치, 김호동 역, 서울, 2019.

Edited by John L. Esposito, 『The Oxford dictionary of Islam』, Oxford University Press, Oxford, 2003.

최성권, 『중동의 재조명: 역사』, 한울, 최성권 역, 경기도, 2012.

김정위, 『중동사』, 대한교과서, 서울, 2008.

프랜시스 로빈슨 외, 『케임브리지 이슬람사』, 시공사, 손주영·송경근·황병하 역, 서울, 2017.

압돌 호세인 자린쿠·루즈베 자린쿠, 『페르시아 사산제국: 정치사』, 예영커뮤니케이션, 태일 역, 2011.

김승철, 『우마이야: 최초의 이슬람 제국』, 좋은땅, 경기도, 2015.

김승철, 『압바스 연대기』, 좋은땅, 경기도, 2016.

정수일, 『이슬람 문명』, 창작과비평사, 서울, 2002.

이스마일 라지 알 파루키, 『이슬람 문명의 정수』, 쌀람누리, 쌀람누리 편집부 역, 서울, 2015.

공일주, 『이슬람 문명의 이해』, 예영커뮤니케이션, 서울, 2006.

Don Pertz, 『The Middle East Today』, Holt Rinehart Winston, New York, 1978.(재인용)

Davis·William Sterns, 『A short history of the near east』, The macmillan co., New York, 1949.(재인용)

스테판 버크, 『중동의 역사-문명 탄생의 요람』, 푸른길, 박경혜 역, 서울, 2012.

무타구치 요시로, 『상식으로 꼭 알아야 할 중동의 역사』, 삼양미디어, 박시진 역, 서울, 2009.

하메드 압드엘 사마드, 『무함마드 평전: 선지자에서 인간으로』, 한스미디어, 배명자 역, 서울, 2016.

김승철, 『포용의 정복자 이슬람』, 좋은땅, 서울, 2014.

## ● 서양 중세사 자료

브라이언 타이어니 외, 『서양 중세사』, 집문당, 이연규 역, 서울, 2015.

앙리 피렌, 『마호메트와 샤를마뉴』, 삼천리, 강일휴 역, 서울, 2010.

앙드레 모로아, 『프랑스사』, 기린원, 신용석 역, 서울, 1993.

콜린 존스, 『케임브리지 프랑스사』, 시공사, 방문숙·이호영 역, 서울, 2016.

레이몬드 카 외, 『스페인사』, 까치, 김원중·황보영조 역, 2015.

마틴 키친 외, 『케임브리지 독일사』, 시공사, 유정희 역, 서울, 2014.

움베르토 에코 외, 『중세 Ⅰ』, 시공사, 김효정·최병진 역, 서울, 2015.

움베르토 에코 외, 『중세 Ⅱ』, 시공사, 윤종태 역, 서울, 2015.

움베르토 에코 외, 『중세 Ⅲ』, 시공사, 김정하 역, 서울, 2015.

움베르토 에코 외, 『중세 Ⅳ』, 시공사, 김효정·주효숙 역, 서울, 2015.

패트릭 J. 기어리, 『메로빙거의 세계-한 뿌리에서 나온 프랑스와 독일』, 지식의 풍경, 이종경 역, 서울, 2002.

최재현, 『유럽의 봉건제도』, 역사비평사, 서울, 1992.

자크 르 고프, 『서양중세문명』, 문학과지성사, 유희수 역, 서울, 2008.

포스탄, 『중세경제와 사회』, 청년사, 이연규 역, 서울, 1989.

나종일, 『봉건제』, 까치글방, 서울, 1988.

스티븐스 C., 『봉건제란 무엇인가』, 탐구당, 나종일 역, 서울, 1977.

앤더슨·페리, 『고대에서 봉건제로의 이행』, 현실문화, 유재건·한정숙 역, 서울, 2014.

Ian Wood, 『The Merovingian Kingdoms 450-751』, Longman Group, 1994.

토마스 불핀치, 『샤를마뉴 황제의 전설』, 범우사, 이성규 역, 서울, 1998.

한일동, 『영국역사』, 살림, 경기도, 2018.

## ● 국내외 연구서

신승하, 『중국사학사』, 고려대학교출판부, 서울, 1996.

신승하, 『중국사』, 대한교과서, 서울, 2005.

중국사학사 편집위원회, 『중국사학사』, 간디서원, 김동애 역, 서울, 2006.

하계군, 『중국사학입문』, 고려원, 조관희 역, 서울, 1989.

고국항, 『중국사학사』, 풀빛, 조병한 외 역, 서울, 1998.

왕중추, 『중국사 재발견』, 서교출판사, 김영진 역, 서울, 2015.

市村瓚次郎, 『東洋史要』, 六合館, 東京, 1925.

쑹창빈, 『천추흥망-수·당나라: 중국문화의 절정기』, 따뜻한 손, 이지연 역, 서울, 2010.

신동준, 『삼국지 다음 이야기 Ⅰ, Ⅱ』, 을유문화사, 서울, 2014.

이정빈, 『고구려-수 전쟁 '변경 요서에서 시작된 동아시아 대전'』, 주류성, 서울, 2018.

노누메 조후·구리하라 마쓰오 등, 『중국의 역사-수당오대』, 혜안, 임대희 역, 서울, 2001.

모리 미키사부로, 『중국사상사』, 서커스출판상회, 조병한 역, 서울, 2018.

미야자키 이치사다, 『중국통사』, 서커스출판상회, 조병한 역, 서울, 2016.

젠보짠, 『중국사 강요 1,2』, 중앙북스, 심규호 역, 서울, 2015.

남경태, 『종횡무진 동양사』, 휴머니스트, 서울, 2015.

패트리샤 버클리 에브리, 『케임브리지 중국사』, 시공사, 이동진·윤미경 역, 서울, 2001.

오키 야스시, 『사기와 한서』, 천지인, 김성배 역, 서울, 2010.

R.G. 콜링우드, 『서양사상사』, 탐구당, 김봉호 역, 서울, 2017.

배영수, 『서양사강의』, 한울, 경기도, 2010.

프리츠 하이켈하임, 『하이켈하임 로마사』, 현대지성, 김덕수 역, 서울, 2017.

志田不動麿, 『世界歷史大系-東洋中世史』, 平凡社, 東京, 1933.
남경태, 『종횡무진 서양사』, 휴머니스트, 서울, 2015.
유인선, 『베트남-역사와 사회의 이해』, 세창출판사, 서울, 2019.
김창성, 『사료로 읽는 서양사2』, 책과함께, 서울, 2014.
고마츠 히사오 외, 『중앙유라시아의 역사』, 소나무, 이평래 역, 서울, 2005.
김호동, 『아틀라스 중앙유라시아사』, 사계절, 서울, 2016.
이삼성, 『제국』, 소화, 서울, 2014.
심규호, 『연표와 사진으로 보는 중국사』, 일빛, 서울, 2002.
정예푸, 『문명은 부산물이다』, 넥스트웨이브미디어, 오한나 역, 서울 2018.
Jon Coulston·Hazel Dodge, 『Ancient Rome』, Oxford University of Archaeology, 2008.
테오도어 몸젠, 『몸젠의 로마사』, 푸른역사, 김남우·김동훈·성중모 외 역, 서울, 2013.
메리 비어드, 『로마는 왜 위대해졌는가』, 다른, 김지혜 역, 서울, 2017.
김덕수, 『아우구스투스의 원수정 로마공화정에서 제정으로』, 길, 서울, 2013.
D. C. 서머벨, 『역사의 연구』, 동서문화사, 홍사중 역, 서울, 2007.
D. C. 서머벨, 『A. J. 토인비의 역사의 연구』, 범우사, 박광순 역, 서울, 1992.
E. H. 카, 『역사란 무엇인가』, 까치글방, 김택현 역, 서울, 2015.
버나드 로 몽고메리, 『전쟁의 역사 A History of Warfare』, 책세상, 승영조 역, 서울, 2004.
남경태, 『종횡무진 역사』, 휴머니스트, 서울, 2008.
수잔 와이즈 바우어, 『세상의 모든 역사』, 이론과 실천, 이광일 역, 서울, 2007.
허진모, 『전쟁사 문명사 세계사 I-모든 지식의 시작』, 미래문화사, 경기도, 2017
팀 마샬, 『지리의 힘』 사이, 김미선 역, 서울, 2016.
데이비드 리버링 루이스, 『신의 용광로』, 책과함께, 이종인 역, 서울, 2010.
마크 에드워드 루이스, 『하버드중국사 당-열린 세계제국』, 너머북스, 김한신 역, 서울, 2017.
마크 에드워드 루이스, 『하버드중국사 남북조-분열기의 중국』, 너머북스, 조성우 역, 서울, 2017.

국사편찬위원회 한국사데이터베이스(http://db.historygo.kr)
동북아역사넷(http://contents.nahf.or.kr)
그 밖의 연구논문은 대부분 고려대학교 학술정보원의 자료를 이용하였습니다. 감사드립니다.

# 전쟁사 문명사 세계사 II

초판 **1쇄** 인쇄 2020년 9월 21일
초판 **10쇄** 발행 2022년 10월 4일

**지은이** 허진모
**펴낸이** 김순일
**펴낸곳** 미래문화사
**신고번호** 제2014-000151호
**신고일자** 1976년 10월 19일
**주 소** 경기도 고양시 덕양구 고양대로 1916번길 50 스타캐슬 3동 302호
**전 화** 02-715-4507 / 713-6647
**팩 스** 02-713-4805
**이메일** mirae715@hanmail.net
**홈페이지** www.miraepub.co.kr
**블로그** blog.naver.com/miraepub

ISBN 978-89-7299-522-7 03900
· 이 책은 저작권법에 따라 보호받는 저작물이므로 무단 전재와 무단 복제를 금지하며,
· 이 책 내용의 전부 또는 일부를 이용하려면 반드시 저작권자와 미래문화사의 서면 동의를 받아야 합니다.
· 잘못 만들어진 책은 바꾸어 드립니다.
· 책값은 뒤표지에 있습니다.
· 이 도서의 국립중앙도서관 출판예정도서목록(CIP)은 서지정보유통지원시스템 홈페이지
  (Http://seoji.nl.go.kr)와 국가자료종합목록 구축시스템(Http://kolis-net.nl.go.kr)에서
  이용하실 수 있습니다.(CIP제어번호 : CIP2020037012)